	take	
ome at a problem from different angle. 問題を別の角度から考える)		
ight came on. 明かりがついた)	take on **A** / take **A** on (→ 1088) 「A を引き受ける／ A（性質）を帯びる」	[illegible]
ome in various sizes さまざまな大きさである)	take in **A** / take **A** in (→ 1262, 1263) 「A を理解する／だます／取り入れる」	**listen to him without taking it in** （理解せずに彼の話を聞く）
n idea comes to my ind. ある考えが私の頭に浮かぶ)	take to **A**（→ 1234） 「A に没頭する／ A を好きになる／ A が習慣になる」	**take to board games** （ボードゲームにはまる）
ome out from the room その部屋から現れる)	take out **A** / take **A** out 「A を取り出す／削除する」	**take out a ball from the box** （箱からボールを取り出す）
ome for the homemade e 手作りのパイを求めて来る)		
he button came off. ボタンが取れてしまった)	take off（→ 1103） 「離陸する／休みをとる」 take off **A** / take **A** off（→ 1083） 「A を脱ぐ」	**The flight took off at noon.** （フライトは正午に離陸した）
n emergency came up. 緊急事態が発生した)	take up **A**（→ 1141, 1142） 「A をやり始める／占領する／消費する」	**take up golf** （ゴルフを始める） **take up half of my allowance** （私の小遣いの半分を費やす）
he custom comes down om the Edo era. その風習は江戸時代から伝わってる)	take down **A** / take **A** down (→ 1154) 「A を書き留める／取り壊す」	**take down his phone number** （彼の電話番号を書き留める）
ome over for tea お茶を飲みにやって来る)	take over **A** / take **A** over (→ 1132) 「A を引き継ぐ／支配する」	**take over the shop from my father** （父親から店を引き継ぐ）
ome back in ten days 0 日後に戻る)	take back **A** / take **A** back (→ 1323) 「A を撤回する／取り戻す」	**The politician took back his words.** （その政治家は前言を撤回した）

群動詞（句動詞）❷

		call	
at （点）		call at **A** 「A（場所）を訪問する」	**call at his house** （彼の家を訪問する）
on （接触）		call on **A** 「A（人）を訪問する」	**call on my grandparents** （祖父母を訪ねる）
in （内部）		call in **A** / call **A** in 「A（助けなど）を呼ぶ／ A を呼び寄せる」	**call in a doctor** （医者を呼ぶ）
to （方向＋到達）		call to **A** 「A（人）に呼びかける」	**call to my friend** （友だちに声をかける）
out （外）		call out **A** 「A を呼ぶ」	**call out his name** （彼の名前を呼ぶ）
for （方向）		call for **A**（→ 1102） 「A を必要とする／要求する」	**The situation calls for severe measures.** （その状況には厳しい対応が求められている）
off （離れて）		call off **A** / call **A** off（→ 1081） 「A を中止する」	**call off the game** （その試合を中止する）
up （上）		call up **A** / call **A** up （→ 1267） 「A に電話をかける／心に呼び起こす」	**call up my teacher** （先生に電話をかける） **call up an image in my mind** （心にイメージを思い浮かべる）
down （下）		call down **A** / call **A** down 「A を叱りつける／ A に罵声を浴びせる」	**He called down the politician at the town hall.** （彼は公会堂でその政治家に罵声を浴びせた）
over （上方一帯）		call over **A** / call **A** over 「A を呼び寄せる」	**call over a waiter to the table** （ウェイターをテーブルに呼ぶ）
back （戻る）		call back **A** / call **A** back（→ 1555） 「A に折り返し電話する」	**call back in an hour** （1 時間後に折り返し電話する）

New Edition

POWER STAGE

［パワーステージ］

英文法・語法問題

瓜生 豊 編著

K 桐原書店

はじめに

大学入試の内容は，単に知識や技能を確認するものから，知識や技能を活用する能力としての思考力，判断力，表現力を試すものへと大きく転換しつつあります。この時代の流れに合わせて，受験生の皆さんが効率良く学習し入試を突破するための「大学入試の新時代に完全対応する英文法・語法本」として本書を書きました。

これからの大学入試に合格する力は，次の2つのステップで身につけることができます。
(1) 英文法・語法情報など入試に必要な知識を習得する。
(2) 習得した知識を英文読解問題や英作文問題で活用する訓練をする。

ステップ (1) はステップ (2) の前提であり，ステップ (1) の段階で英文法・語法情報を正確にまた深く理解することが，ステップ (2) における英文読解・英作文の訓練の前には不可欠です。そこで，今回の改訂では，(1) については，より学習効果の高い問題を精選し，さらに詳しい解説を追加しました。また，(2) については，近年，受験においてますます重要度が高まってきている英文読解・英作文問題への対策として問題数を増やすとともに，解説動画を追加しました。

また，無駄なく，無理なく学習を進められるように，次のような特長を持たせています。

本書の特長

1 入試突破のために必要十分な情報量

中堅大学では「大きく差をつける」レベルまで，難関大学では「しっかりと合格点を取る」レベルまで到達可能な情報量を収録しています。

2 入試頻出項目を 205 の KEY POINT で網羅

入試頻出項目を 205 の KEY POINT にまとめていますので，効率的に学習を進めることができます。

3 重要情報を 122 の TARGET で整理

重要情報を 122 の TARGET に整理していますので，必須の知識を漏らすことなく押さえることができます。

4 英文法・語法の知識を英文読解力，英作文力につなげる新学習システムを採用

本編の問題と同じ学習項目を「英文読解問題・英作文問題に挑戦！①～⑤」のコーナーの英文読解問題，英作文問題で応用練習することができます。

5 チェックシート

赤色のチェックシートがついていますので，通常の演習や暗記項目の確認，日本語から対応する英語の表現を考えて書く（言う）練習などに活用することができます。

6 学習アプリ「きりはらの森」を提供

「暗記カード」「即戦クイズ」の形で本書の内容を学習できるアプリです。
https://www.kirihara.co.jp/-/kirihara-morinogakko/kiriharanomori/

7 問題英文の音声無料視聴

❶音声ダウンロード＆音声ストリーミング
https://www.kirihara.co.jp/download/detail/209116/

❷音声アプリ LISTENING　PRACTICE
https://www.kirihara.co.jp/-/special/ListeningPractice/

8 本冊付属品紹介ページ

❶「英文読解問題・英作文問題に挑戦！①～⑤」解説動画
「英文読解問題・英作文問題に挑戦！①～⑤」のコーナーで扱われている全81問の解説動画を視聴することができます。

❷対訳式完成文リスト PDF データ
本書収録問題の完成英文と日本語訳のリストです。英文の暗唱等に利用してください。

❸TARGET 一覧 PDF データ
TARGET 欄をまとめて確認できるよう再掲載したデータです。

❶～❸は，右の QR コードにアクセスしてご利用いただけます。
https://www.kirihara.co.jp/topics_detail18/id=9524

本書は，英文法問題を解くだけでなく，英作文・英文読解問題をとおして完全に理解し定着できる内容になっています。そのため，本書を繰り返し学習すれば確実に成果が上がるはずです。

受験生の皆さんが本書を活用し見事に合格の栄冠をつかんでくだされればこれにまさる喜びはありません。

最後になりましたが，これまでに数多くのご意見をお寄せいただいた先生方，そして，日ごろ様々な質問をとおして本書の内容をよりわかりやすくするヒントを与えてくれた生徒諸君にこの場を借りて御礼申し上げます。

2022 年秋

編著者記す

本書の構成

本書は Part 1「文法」，Part 2「語法」，Part 3「イディオム」，Part 4「会話表現」から構成されています。また，各見開きの左ページに問題，右ページに解説があります。解答は右ページの下，問題英文の和訳は左ページの下にあります。

問題について

解答のしかた

設問指示文はつけていません。以下の要領で解答してください。

1 4択空所補充　空所に適当な選択肢の語句を入れます。

2 語句整序　英文の（　）内に複数の語句がある場合には，語句を並べかえて，正しい英文を作ります。

3 連立完成　(a) の英文とほぼ同意になるように (b) の空所に適語を入れます。

4 正誤指摘　英文に下線①～④が引かれているものに関しては，誤った箇所を指摘し，正しい形に直します。

5 適語補充　日本文が与えられ，英文に空所がある場合は，日本文の意味になるように空所に適語を入れます。

6 英文読解（英文読解問題・英作文問題に挑戦！）
与えられた英文の日本語訳を作ります。

7 英作文（英文読解問題・英作文問題に挑戦！）
与えられた日本文の英語訳を作ります。

問題文・選択肢

問題文や選択肢についてはネイティブ・スピーカーと協議の上，入試問題を一部変更したものもあります。また客観択一式の問題は，3択問題や5択以上の問題なども基本的に4択問題に統一しました。

発展レベルの問題の表示

発展レベルの問題については，問題番号の左側に 発展↑ を表示しています。

解答・解説について

解答

解答は右ページの下にあります。ただし「英文読解問題・英作文問題に挑戦！①～⑤」については，解答例が右ページの下に，ヒントが左ページ下にあります。

解説アイコン

► 問題を解くために前提となる最重要の知識についての解説です。

○ 正答を導くための知識や手順，正答選択肢についての解説です。

× 誤答選択肢についての解説です。

PLUS あわせて学習すべき情報についての解説です。

4技能アイコン R L W S

アイコンで表示された問題は，それぞれの技能で頻出の表現となっています。各技能で頻出の表現を意識的に覚え，活用することができます。

解説中の［ ］と（ ）

解説中の［ ］は言い換え可能であることを，また（ ）は省略可能であることを表しています。例えば so[as] は「so は as に言い換え可能」という意味，(in) doing は「in は省略可能」という意味です。

TARGET 00 欄

知識を整理して覚えた方がよいと思われる内容をまとめています。

さくいん

巻末に「英語さくいん」と「日本語さくいん」を掲載しています。

おすすめの学習方法

1. 不正解だった問題は ► ○ の内容を，正解した問題は× PLUS の内容を意識して習得することによって，習熟の状況に応じて効果的に学習を進めることができます。

2. ストリーミングや音声アプリを利用してリスニング力をアップさせたり，学習アプリの暗記カードを使って語彙力を増強させたりすることができます。

3. 学習アプリの反復練習や QR コードからダウンロードできる対訳式完成文リストを使ったディクテーションや瞬間英作文などを通じて，問題英文の効果的な定着を実現させることができます。

4. 読解問題や英作文問題を解いた後に解説動画を視聴することで，理解を深めることができます。

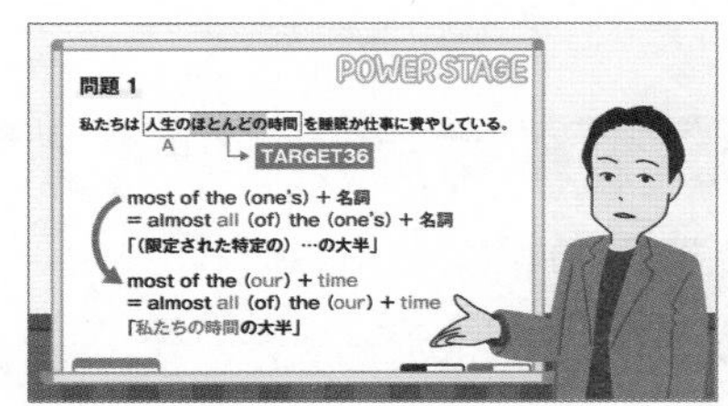

もくじ

Part 1　文法

第1章　時制

第2章　態

第3章　助動詞

第4章　仮定法

第5章 不定詞

第6章 動名詞

第7章 分詞

第8章 比較

第9章 代名詞

第10章 関係詞

第11章 接続詞

第12章 前置詞

第13章 主語と動詞の一致

第14章 疑問文と語順

第15章 否定・省略・強調

Part 2　語法

第16章 動詞の語法

第17章 形容詞の語法

第18章 副詞の語法

第19章 名詞の語法

Part 3 イディオム

第20章 動詞中心のイディオム

第21章 形容詞中心のイディオム

第22章 副詞中心のイディオム

第23章 名詞中心のイディオム

第24章　群前置詞

Part 4　会話表現

第25章　会話表現

Part 1

文法

第1章　時制

KEY POINT 001

1 □□□
I usually (　　　) home at around eight o'clock.
① leave　② am leaving　③ will leave　④ will be leaving　〈学習院大〉

2 □□□
Every high school student knows that water (　　　) at a temperature of 0℃.
① is freezing　② freezes　③ freezed　④ was freezing　〈上智大〉

3 □□□
I ① have lived in Canada ② for five years with ③ my mother and my uncle ④ when I was a child.　〈獨協大〉

4 □□□
When I was a child, I (　　　) the piano.
① was playing　② had played
③ had been playing　④ played　〈慶應義塾大〉

5 □□□
Something strange (　　　) at school yesterday when we were having lunch.
① happened　② happens
③ is happened　④ was happened　〈立命館大〉

6 □□□
Mrs. Johnson tells me that it (　　　) two more months to complete the project.
① will take　② takes　③ must take　④ has taken　〈東京電機大〉

TARGET 1　現在時制が表すもの

(1) 不変の真理　The earth goes around the sun.（地球は太陽のまわりを回る）→ 2
(2) 現在の習慣　Jack plays tennis after class every day.（ジャックは毎日放課後にテニスをする）→ 1
(3) 現在の事実　I live in this town.（私はこの町に住んでいます）

1　私は普段は8時頃に家を出ます。
2　どんな高校生でも，水が0度で凍ることは知っている。
3　私は子どもの頃，母とおじと一緒に5年間カナダに住んでいた。
4　私は子どもの頃，ピアノを弾いていた。
5　昨日，私たちがランチを食べている時，学校で何か奇妙なことが起こった。
6　ジョンソンさんは，そのプロジェクトを完了するのにあと2か月かかるだろうと私に言います。

基本時制の用法（現在，過去，未来）

001 KEY POINT

1 現在時制 ― 現在の習慣 W

► **現在時制は，一時的な「現在」だけを表すのではなく「現在」を中心に「過去」「未来」にも当てはまる状態・動作を表す。**「現在」の一瞬だけでなく時間的な幅があることに注意。

○ **現在の習慣的動作は現在時制で表す。**本問の場合は，usually に着目し，① leave を選ぶ。

2 現在時制 ― 不変の真理 W

► **不変の真理は「現在」だけでなく「過去」「未来」にも当てはまるので，現在時制で表す。**

3 過去時制 ― 過去のある期間にわたる状態

► **過去のある期間にわたる状態を表す場合，状態動詞の過去時制を用いる。**

○ **live** は瞬間的な動作ではなく，「ある一定の期間生活する」といった継続的な状態を表す動詞。したがって，本問は「子どもの頃の5年間という過去の一定の期間カナダで暮らした」のだから① have lived を lived に修正する。

4 過去時制 ― 過去のある期間にわたる反復的動作

► **過去のある期間にわたる反復的な動作や経験的動作を示す場合，動作動詞の過去時制を用いる。**

○ 本問は，「子どもの頃という過去の一定期間，反復的にピアノを弾いていた」のだから，過去時制の④ played を選ぶ。

5 過去時制 ― 過去のある時点での動作

► **過去のある時点での動作は過去時制で表す。**

○ yesterday に着目して過去時制の① happened を選ぶ。

PLUS 本問の **have** は **eat**「…を食べる」の意味で動作動詞。進行形で用いることができる。（→ TARGET 2）

6 未来時制

► **未来のことは，will do の形を用いて表すのが基本。**

1 ①　**2** ②　**3** ① have lived → lived　**4** ④　**5** ①　**6** ①

KEY POINT 002

7 □□□
A: That famous cherry tree ( ) because of pollution.
B: Yes, we have to do something to save it.
① has death ② has died ③ is dead ④ is dying 〈センター試験〉

8 □□□
Mr. Johnson ( ) to Chicago on business next month.
① go ② gone ③ is going ④ went 〈関西学院大〉

9 □□□
She is always ( ) the ball.
① to miss ② missed ③ missing ④ being missed 〈愛知学院大〉

10 □□□
My mobile phone rang while I ( ) lunch.
① have been having ② have had
③ was having ④ have 〈青山学院大〉

11 □□□
Tom ( ) a house, but he couldn't finish it.
① was building ② built ③ has built ④ had built 〈京都外大〉

12 □□□ 発展↑
A schoolboy ① drowned in the pond, ② but luckily a passerby ③ saved ④ him. 〈慶應義塾大〉

7 A: あの有名な桜の木は，公害のせいで枯れかけています。
B: はい，それを救うために私たちは何かをしなければなりません。
8 ジョンソン氏は来月，仕事でシカゴに行く予定です。
9 彼女はいつもボールを取り損ねてばかりいる。
10 私が昼食を食べている間に携帯電話が鳴った。
11 トムは家を建てていたが，完成できなかった。
12 男子生徒が池で溺れかけていたが，幸いなことに通行人が彼を救った。

進行形の用法（現在，過去，未来）

002 KEY POINT

7 現在進行形 ― be doing

W

▶ **動作がある時点で進行していることを表す場合，進行形（be doing）を用いる。**

○ 本問は，現在進行中の動作を表すので④ is dying が入る。

✖ ② has died（×）は不可。has died だと「枯れてしまった」の意味になるので第2文と矛盾する。

PLUS **die**「枯れる，死ぬ」，**drown**「溺れる」，**stop**「止まる」などの進行形は動作がまだ完結していないことを表す。**be dying**「枯れかけている，死にかけている」，**be drowning**「溺れかけている」，**be stopping**「止まりかけている」の意味になることに注意。

8 現在進行形で未来の予定 ― be going to A

▶ **現在進行形で未来の予定を表すことがある。**

○ 本問の **be going to A** は，「A に行くことになっている」という「未来の予定」の意味を表す。

PLUS 以下の例文も現在進行形が未来の予定を表す用例。この文での **see** は **meet**「…に会う」の意味。現在進行形を用いることで「弟と会う約束ができている」の意味が含まれる。
I'm seeing my brother tomorrow.（明日，弟に会う予定です）

9 現在進行形で反復的行為 ― S is always doing ...

▶ **進行形を用いて，反復的・習慣的行為を表す**場合がある。通例，**always, constantly, all the time** などを伴って，「いつも…ばかりしている」といった**話し手の「不平・不満」を表す。**

10 過去進行形 ― 過去のある時点での動作の進行

▶ **過去のある時点での動作の進行は，過去進行形（was[were] doing）で表す。**

○ 本問は，My mobile phone **rang**「電話が鳴った」という過去の一時点で進行中の動作なので，③ was having を選ぶ。

11 過去進行形 ― 過去形との区別

▶ **過去の一時的な動作は過去形で表すが，まだ動作が完結していないことを表す場合は，過去進行形を用いる。**

○ 本問はまだ完結していない動作を表すので，① was building が入る。（→7）

✖ ② built（×）は不可。built にすると「建てることを終えた」の意味になる。

12 S was drowning. と S drowned. の区別

○ 過去進行形の **was drowning** は「溺れかけていた」の意味を表す。（→7）

PLUS A school boy **drowned** in the pond. は「男子生徒は池で溺れ死んだ」の意味。but 以下の「通行人が彼を救った」の内容と矛盾する。

7 ④ **8** ③ **9** ③ **10** ③ **11** ① **12** ① drowned → was drowning

13 □□□ Mr. Richard (　　　) his position as an ALT at the beginning of the next month.

① has been started　② has started
③ started　④ will be starting　〈宮崎大〉

14 □□□ 発展↑ 明日の今ごろは汽車の旅に出かけていることでしょう。

At (be traveling / time / the train / this / on / tomorrow / we will).　〈早稲田大〉

15 □□□ Stop it. You're (　　　) ridiculous.

① be　② been　③ being　④ to be　〈桜美林大〉

16 □□□ Do you think he (　　　) his father?

① resembles　② is resembling
③ resembles to　④ resembles with　〈同志社大〉

TARGET 2 原則として進行形にしない動詞

●**知覚状態を表す動詞**

see「…が見える」　**hear**「…が聞こえる」　**feel**「…を感じる」
smell「…のにおいがする」　**taste**「…の味がする」

●**心理状態を表す動詞**

like「…が好きである」　**love**「…を愛する」　**hate**「…を嫌う」
know「…を知っている」→ 27　**understand**「…を理解する」　**believe**「…を信じる」
want「…が欲しい」

●**その他の状態を表す動詞**

belong「所属する」　**resemble**「…に似ている」→ 16　**depend**「頼る」
need「…を必要とする」　**include**「…を含む」　**contain**「…を含む」
consist「成り立つ，ある」　**exist**「存在する」　**have**「…を持っている」
possess「…を所有する」

＊ **have** は「…を持っている」の意味では進行形にしないが，「…を食べる」などの意味では進行形にできる。→ 10, 68

＊ **smell** が「…のにおいをかぐ」の意味の場合，**taste** が「…の味見をする」の意味の場合は進行形にできる。

＊ **listen**，**look**，**watch** は進行形にできる。

13 リチャード氏は，来月の初めにALT（外国語指導助手）として仕事を始めることになるでしょう。
15 やめなさい。あなたはふざけているんですね。
16 彼は父親に似ていると思いますか。

13 未来進行形 ― 未来のある時点での予定

R

► **未来の一時点での予定は未来進行形（will be doing）で表す。**

○ 本問は，at the beginning of the next month「来月の初めに」という未来の一時点での予定を表すので，④ will be starting を選ぶ。

14 未来進行形 ― 未来のある時点での動作の進行

W

► **未来の一時点での動作の進行は未来進行形（will be doing）で表す。**

○ S will be doing ...「S は…しているだろう」の形で we will be traveling on the train とまとめ，(At) this time tomorrow の後ろに置く。

PLUS **at[about] this time tomorrow**「明日の今ごろ」は英作文で重要。

15 be being ＋形容詞 ― be ＋形容詞との区別

► **「be being ＋形容詞」は一時的な状態を表し，**「いつもとは違って…の状態である」**の意味を表す。**

○ You are being ridiculous. は「(いつもとは違って) 今だけふざけている」の意味。You are ridiculous. であれば「(習慣的に) あなたはふざけた人だ」の意味になる。

PLUS Tom **is being kind** to me today.「今日，トムはやけに私に親切だ」も同じ例。Tom **is kind** to me. であれば，「(習慣的に) トムは私に親切だ」の意味になる。

16 原則として進行形にしない動詞 ― resemble

► **resemble**「…に似ている」**は，**状態を表す動詞（状態動詞）なので，通例，**進行形にはしない。**一般に，**状態・知覚・感情・認識を表す動詞は進行形にしない。**（→ TARGET 2）

✖ resemble は他動詞なので③ resembles to (×)，④ resembles with (×) は不可。（→ TARGET 79）

13 ④ **14** this time tomorrow we will be traveling on the train **15** ③ **16** ①

1 文法　2 語法　3 イディオム　4 会話表現

17 □□□
ある人たちは良き時代がいつまでも続くだろうと思っているようだった。
Some people seemed to (forever / going / good / last / the / think / times / to / were). 〈立命館大〉

KEY POINT 003

18 □□□
ドアの呼び鈴が鳴ったとき，私は今にも眠ってしまうところだった。
I was (about / when / asleep / fall / to) the doorbell rang. 〈早稲田大〉

19 □□□ 発展
I was (　　　) signing the document when my phone rang.
① due to　② just about for
③ on the point of　④ in the way of 〈法政大〉

KEY POINT 004

20 □□□
As soon as ① I will be ② done with ③ the dishes, ④ I will ⑤ do the laundry. 〈一橋大〉

TARGET 3 when 節と if 節の見分け

● **if 節のケース**

(1) 副詞節「もし…すれば」－ if は条件を表す副詞節を導く接続詞 → 20
if 節内が未来のことでも，現在形を用いる。
I'll stay home if it **rains** tomorrow.（明日雨が降れば私は家にいます）

(2) 名詞節「…するかどうか」－ if は名詞節を導く接続詞（=whether） → 21
if 節内が未来のことであれば，will を用いる。通例，動詞や be sure の目的語で用いられる。
I don't know <if it **will rain** tomorrow>.（明日雨が降るかどうかわかりません）
S V O

● **when 節のケース**

(1) 副詞節「…するとき」－ when は時を表す副詞節を導く接続詞 → 23
when 節内が未来のことでも現在形を用いる。
I'll call you when she **comes** home.（彼女が帰宅したら，あなたに電話します）

(2) 名詞節「いつ…するか」－ when は疑問副詞 → 22
when 節内が未来のことであれば，will を用いる。
I don't know <when she **will come** home>.（彼女がいつ帰宅するかわかりません）
S V O

19 電話が鳴ったとき，私はまさにその書類に署名するところだった。
20 食器を片づけたら，すぐに洗濯をします。

17 be going to do ...

► **be going to do ...** は「(人が) …するつもりだ[しようとしている]」の意味の他にも「(物・事が) …しそうである」の意味を表す用法がある。

○ 本問は，think の後に S were going to do ... の形でまとめる。S には無生物主語の the good times「良き時代」を立てる。

PLUS **last forever**「永遠に続く」は重要表現。動詞用法の **last** は「(…の間)続く」。(→791)

「まさに…するところだ」 003 KEY POINT

18 be about to do ...

► **be about to do ...** は「まさに…するところだ」の意味を表す。本問は過去時制だが，現在時制で用いれば，きわめて近い未来を表す。

PLUS **fall asleep**「(ぐっすり) 寝入る，眠り込む」は重要表現。

19 be on the point of doing ...

► **be on[at] the point of doing ...**「まさに…するところだ」は問題18で扱った **be about to do ...** と同意。

PLUS 同意表現の **be on[to] the verge of doing ...** も重要。**verge** は「間際，瀬戸際」の意味。
The government **was on the verge of** declaring victory in its war.
(政府は戦争の勝利宣言を今にもするところだった)

時・条件の副詞節と名詞節 004 KEY POINT

20 時・条件の副詞節 — 節内は現在時制 S

► **時・条件を表す副詞節内では**，原則として，未来のことでも will は用いず，**現在時制を用いる**。

○ **as soon as S + V ...**「Sが…するとすぐに」は時・条件を表す副詞節だと気づく。(→24)

PLUS **be done with A**「A を終える」は重要表現。

17 think the good times were going to last forever **18** about to fall asleep when
19 ③ **20** ① I will be → I am[I'm]

21 □□□
I'd really ①love to go to the concert because my favorite band ②is playing, but I'm ③not sure if my mother ④says OK. 〈早稲田大〉

22 □□□
A: John, is Mary still using your camera?
B: Yes, I wonder when she (　　) it.
① returns　② returned　③ will return　④ has returned 〈群馬大〉

23 □□□
She told me she would be here about six. Anyway, I'll tell you when she (　　).
① comes　② had come　③ will come　④ would come 〈立命館大〉

24 □□□
By the time she (　　) there, she will be happy again.
① get　② gets　③ will get　④ got 〈大阪電通大〉

25 □□□
The weather forecast predicts whether it (　　) or not.
① will rain　② has rained
③ must rain　④ has been raining 〈関西学院大〉

KEY POINT 005

26 □□□
Simon (　　) 12 films, and I think his latest is the best.
① makes　② had made　③ has made　④ was making 〈慶應義塾大〉

21 私の好きなバンドが演奏するので，そのコンサートにとても行きたいのだけれど，母が行っていいと言ってくれるかわかりません。
22 A: ジョン，メアリーはまだ君のカメラを使っているのかい？
B: そうなんだ，彼女がいつ返してくれるのだろうかと思う。
23 彼女はここに6時頃に来ると言っていました。とにかく彼女が来たらお知らせします。
24 そこに着くまでに，彼女はまた楽しい気分になっているだろう。
25 天気予報は雨が降るかどうかを予測する。
26 サイモンはこれまで12本の映画を作っており，私は彼の最新作が最も優れていると思う。

21 if 節が名詞節 ― 未来のことは未来時制

○ **be sure if S + V ...**「…かどうか確信している」の **if 節は名詞節であり，節内が未来のことであれば will を用いる**（→ TARGET 3 if 節のケース (2)）。④ says を will say に修正する。

22 when 節が名詞節 ― 未来のことは未来時制

► **wonder** は他動詞として wh 節を目的語にとる。

○ 本問の **wonder when S + V ...**「いつ…かと思う」の when 節は名詞節。節内は未来のことなので，③ will return を選ぶ。（→ TARGET 3 when 節のケース (2)）

23 when 節 ― 名詞節 or 副詞節

○ I'll tell you <when she will come>.「彼女がいつ来るのかあなたに知らせる」
S V O O
であれば，when 節は名詞節。I'll tell you when she comes.「彼女が来れば，（そのことを）あなたに知らせる」であれば when 節は副詞節。第1文の内容から① comes を選ぶ。（→ TARGET 3 when 節のケース (1)）

24 by the time S + V ... は常に副詞節

► 「期限」を表す接続詞 **by the time** を用いた **by the time S + V ...**「S が…するときまでに」は常に副詞節。

PLUS **as soon as S + V ...**「S が…するとすぐに」（→20）や **till[until] S + V ...**「S が…するまで（ずっと）」も常に副詞節を形成する。
She'll write to me **as soon as** she gets back to her own country.
（祖国に帰るとすぐに彼女は私に手紙をくれるだろう）
Let's wait **till[until]** he comes.（彼が来るまで待ちましょう）

25 whether 節が名詞節 ― 未来のことは未来時制

○ whether 節が predict「…を予測する」の目的語であり，名詞節を形成していることを見抜く。whether 節は「（これから）雨が降るかどうか」の意味なので，未来を表す① will rain を選ぶ。

現在完了 005 KEY POINT

26 過去時制 or 現在完了

► **過去時制は過去の事実を単に述べているだけで，現在とはつながっていないのに対し，現在完了（have done）は，現在を基点として，過去の事実が何らかの形で現在とつながっていることを表す。**

○ 本問は「今までに12本の映画を作った」という過去から現在に至るまでの事実が「私の映画への関心」という現在とつながっているので，③ has made を選ぶ。

✖ ② had made（×）であれば基点となる過去時制が必要なので，and I thought his latest was the best となるはず。

21 ④ says → will say **22** ③ **23** ① **24** ② **25** ① **26** ③

1 文法 2 語法 3 イディオム 4 会話表現

27 □□□ Tom and Sue (　　　) each other since 1985.

① have known　② have been knowing
③ were knowing　④ were known　〈熊本県立大〉

28 □□□ Haruka (　　　) German since she was a high school student, and she is interested in studying in Germany.

① is learning　② has been learning
③ learns　④ will learn　〈青山学院大〉

29 □□□ 空港まで友だちを見送りに行ってきたところです。

I have just (　　　) to the airport to see my friends off.　〈立命館大〉

30 □□□ He (　　　) at the hotel just now.

① has arrived　② arrives　③ had arrived　④ arrived　〈東京工科大〉

31 □□□ Oh, you are through with the work. (　　　)?

① When did you finish it　② When do you finish it
③ When have you finished it　④ When will you finish it　〈神戸女学院大〉

32 □□□ The girl ①has gone to Mexico City ②by herself ③a couple of days ago to ④join her family.　〈早稲田大〉

TARGET 4　現在完了ではなく過去時制で用いる表現

yesterday「昨日」　... ago「…前」→32　last ...「この間の…／昨…」
then「その時に」　just now「今しがた／たった今」→30　When ... ?「いつ…したか」→31
when I was six years old「私が 6 歳のとき」などの過去を明示する副詞節　など

27 トムとスーは1985年からずっと，お互いを知っています。
28 ハルカは高校生の時からドイツ語を学んでおり，ドイツへ留学することに興味を持っている。
30 たった今，彼はホテルに着いた。
31 おや，仕事が終わったのですね。いつ終えたのですか。
32 その少女は家族に合流するために2，3日前に一人でメキシコシティーに行った。

27 現在完了 ― 過去のある時点から現在までの状態

▶ **know**「…を知っている」は状態動詞で，**現在完了 (have done)** の形 **have known** になると，「(過去のある時点から現在まで) …を知っている」という現在までの状態を表す。

✖ **know は進行形にしない動詞**なので② have been knowing (×) は不可。(→ TARGET 2)

PLUS **each other**「お互い」**は副詞ではなく代名詞**なので know の目的語になる。(→375)

28 現在完了進行形 ― 現在までの動作の継続

R

▶ **learn**「…を学ぶ」は動作動詞で，**現在完了進行形 (have been doing)** の形 **have been learning** になると，「(過去のある時点から現在まで) …を学び続けて今も学んでいる」という**現在までの動作の継続を表す**。

29 have been to A

▶ **have been to A** は①「A に行ってきたところだ」，②「A に行ったことがある」の意味を表す。

○ 本問は①の用法。

PLUS **see A off**「A を見送る」は重要。

30 過去時制 ― just now「たった今」は過去を表す副詞句

▶ **just now「たった今」(= a moment ago) は過去時制で用いる**。現在完了とは併用しないことに注意。(→ TARGET 4)

PLUS **just now が「ちょうど今」(= right now) の意味の場合は，現在進行形と併用する**ことも押さえる。
He is sleeping **just now.** (彼はちょうど今，眠っているところです)

31 過去時制 ― When did S do ...?

▶ **疑問詞 when**「いつ…したか」**で始まる疑問文では**，原則として現在完了は用いない。現在までの「いつ」の時点かを問うのなら，**過去時制を用いる**。(→ TARGET 4)

PLUS **be through with A**「A を終える」は重要表現。

32 過去時制 ― a couple of days ago は過去を表す副詞句

▶ **a couple of days ago**「2，3日前」は過去時制で用いる。(→ TARGET 4)

○ 本問は，a couple of days ago に着目し，① has gone を過去形の went に修正する。

27 ①　**28** ②　**29** been　**30** ④　**31** ①　**32** ① has gone → went

KEY POINT 006

33 □□□

By next week you (　　　) the package.

① will have received　② receiving
③ received　④ have received　〈南山大〉

34 □□□

① After ② this next trip, I ③ have been to Paris three times, and I want to ④ make more trips.　〈早稲田大〉

35 □□□

As soon as you (　　　) that, I'd like you to start preparing supper.

① will do　② will have done　③ did　④ have done　〈京都外大〉

36 □□□

By the time he is thirty he (　　　) studying French for half of his life.

① will have ever been　② will be
③ has been　④ will have been　〈甲南大〉

KEY POINT 007

37 □□□

I (　　　) raw fish before I came to Japan.

① had never eaten　② never eat
③ was never eaten　④ was never eating　〈慶應義塾大〉

38 □□□

We (　　　) for nearly thirty minutes when the train arrived.

① had been waiting　② have been waiting
③ have waited　④ will have waited　〈獨協大〉

33 来週までには小包を受け取るでしょう。
34 次回のこの旅行を終えたら，パリには3回行ったことになるが，もっと行きたいと思う。
35 あなたがそれを終えたらすぐに，夕飯の準備を始めてもらいたい。
36 30歳になる頃には，彼は人生の半分の期間フランス語を学び続けたことになるだろう。
37 私は日本に来るまでに生魚を食べたことはなかった。
38 電車が到着したとき，私たちは30分近く待っていた。

未来完了

006 KEY POINT

33 未来完了の用法 ― 完了

▶ **未来完了（will have done）**が表す意味は，基本的には現在完了（have done）と同じで，基点が現在から未来のある時点に移行したものと考えればよい。

○ 本問は by next week「来週までに」という未来の一時点までに「受け取る」という動作が完了することを表すので，① will have received を選ぶ。

34 未来完了の用法 ― 経験

○ after this next trip「次回のこの旅行を終えたら」は未来の一時点を表す副詞句なので，未来完了の **will have been to A**「A に行ったことになるだろう」を用いる。

PLUS **have been to A**「A に行ったことがある」は重要。（→29）

35 時・条件を表す副詞節 ― 節内は現在完了

▶ **時や条件を表す副詞節では，**未来のことでも現在時制を用いる（→20, 23, 24）。それと同様に，**節内では未来完了（will have done）ではなく，現在完了（have done）を用いる。**

36 未来完了進行形 ― S will have been doing ...

▶ **未来完了進行形（will have been doing）**は基本的には現在完了進行形（have been doing）と同じで，基点が現在から未来のある時点に移行したもの。（→28）

PLUS **by the time S + V ...**「S が…するときまでに」は重要表現。（→24）

過去完了

007 KEY POINT

37 過去完了 ― S had done ...

▶ **過去完了（had done）**が表す意味は，問題26で扱った現在完了（have done）と基本的には同じで，基点となる時点が現在から過去のある時点に移行したもの。

○ 日本に来たのが過去の基点となり，それ以前のことだから，過去完了の① had never eaten を選ぶ。

38 過去完了進行形 ― S had been doing ...

▶ **過去完了進行形（had been doing）**が表す意味は，問題28で扱った現在完了進行形（have been doing）と基本的には同じで，基点となる時点が現在から過去のある時点に移行したもの。

○「電車が到着した」時点よりも前に「30分近く待っていた」のだから，過去完了進行形の① had been waiting を選ぶ。

33 ①　**34** ③ have been → will have been　**35** ④　**36** ④　**37** ①　**38** ①

39 □□□ The professor read my technical report which I (　　　) the day before.

① will be writing　② have written
③ have been writing　④ had written　〈名古屋工大〉

KEY POINT 008

40 □□□ It is a long time (　　　).

① after we saw you before　② that we saw you last
③ if we saw you before　④ since we saw you last　〈立命館大〉

41 □□□ 発展↑ 私は間食をしないことにしてから，半年以上になります。

More (since / between / six / to / than / have / eat / months / I / not / passed / decided) meals.　〈慶應義塾大〉

42 □□□ (a) It is three years since he died.

(b) He (　　　) (　　　) (　　　) for three years.　〈東北学院大〉

43 □□□ 彼は事務所へ来て5分もたたないうちに何をするかを指示し始めた。

He (been / before / five minutes / hadn't / in the office) he started telling us what to do.　〈日本大〉

TARGET 5 「…して～になる」の表現

以下の英文は，伝わる内容はほぼ同意と考えてよい。

(1) It **has been[is]** three years **since** he died. → 40
(2) Three years **have passed since** he died. → 41
(3) He **died** three years **ago**. → 42
(4) He **has been dead for** three years. → 42

＊(1)～(3) は他の「…して～になる」の表現に一般化することが可能だが，(4) は die の形容詞 dead の場合のみ成り立つ表現。

39 教授は，私が前の日に書いた技術報告書を読んだ。
40 私たちが最後にあなたと会ってから，かなり時間が経ちますね。
42 彼が亡くなってから3年になる。

39 大過去（had done）の用法

R

▶ 2つの過去の事柄があって，一方が他方より「前」にあったことを表す場合を**大過去**というが，形は問題37で扱った過去完了と同じ **had done** を用いる。

○ 本問では，「教授が読んだ」時点よりも，「私が書いた」時点の方が「前」なので，過去完了の④ had written を選ぶ。

「S が…してから〜になる」「S が…しないうちに S′は〜した」 008 KEY POINT

40 It is[has been] ＋時間＋ since S ＋過去形 …

W

▶ **It is[has been] ＋時間＋ since S ＋過去形 …**「S が…してから〜になる」は重要表現。（→ TARGET 5 (1)）

PLUS 主語の It は「時」(= the length of time) を表し，「最後に私たちがあなたに会った」時点から現在までの時間を表す。

41 時間＋ have passed since S ＋過去形 …

▶ **時間＋ have passed since S ＋過去形 …**「S が…してから〜になる」も重要表現。（→ TARGET 5 (2)）

○ 本問は More than six months を主語に立てることと，**decide not to do …**「…しないことに決める」，**eat between meals**「間食する」を知っていることがポイント。

PLUS 時間の長さを表す語句は，一般に複数形であっても単数扱いとなるが，本問の表現では，複数形なら原則として複数扱いとなる点に注意。下は単数扱いとなる例。
Six months **is** a long time to wait.（半年とは，待つには長い時間だ）

42 He has been dead for three years. = He died three years ago.

▶ **have been dead for A**「死んで A の期間になる」は現在完了の継続用法の1つだが，英語独特の表現として押さえておこう。（→ TARGET 5 (3) (4)）

43 S had not done ... before S′ ＋過去形 〜

▶ **S had not done ... before[when] S′＋過去形〜**「S が…しないうちに S′は〜した」は重要表現。原則として，**主節は過去完了，従節（before[when] 節）は過去時制で表すことに注意。**

○ 主節を過去完了で (He) hadn't been in the office five minutes「彼は5分も会社にいなかった」とまとめ，後ろに接続詞 before を置けばよい。

---

39 ④ **40** ④ **41** than six months have passed since I decided not to eat between
42 has been dead **43** hadn't been in the office five minutes before

1 文法 2 語法 3 イディオム 4 会話表現

第2章 態

KEY POINT 009

44 This word (　　　) with the stress on the first syllable.
□□□
① is pronounced　② is pronouncing
③ pronounces　④ pronounced　〈津田塾大〉

45 If chemicals like DDT (　　　) control insects, there may be serious problems for the environment.
□□□
① use　② uses　③ are used to　④ used to　〈慶應義塾大〉

46 Who was this machine invented (　　　)?
□□□
① of　② into　③ in　④ by　〈東京国際大〉

47 学校はどんな記号で地図にしるされていますか。
□□□
発展
By (a / is / school / sign / signified / what) on the map?　〈福岡大〉

KEY POINT 010

48 The girl was (　　　) all her classmates.
□□□
① laughed by　② laughed at　③ laughed at by　④ laughed　〈獨協大〉

49 It was ① really embarrassing ② to be looked by ③ such a big audience ④ when I slipped.
□□□
〈日本女子大〉

44 この単語は最初の音節に強勢を置いて発音される。
45 DDT のような化学物質が虫を駆除するために使われたら，環境に深刻な問題を引き起こすかもしれない。
46 この機械は誰によって発明されたのですか。
48 その少女はクラスメートの全員から笑われた。
49 私が転んだときに，あんなに大勢の聴衆に見られてしまったのは本当に恥ずかしかった。

受動態の基本

009 KEY POINT

44 受動態の基本と by A の省略

R

► **受動態は他動詞で作り be done で表す。**

► 受動態では，動作主（動作する側）を示す必要がある場合は by A で表すが，動作主が明らかな場合，逆に不明の場合は省略する。本問の場合は by people が省略されている。

45 受動態 ― A is used to do ...

○ **A is used to do ...**「A は…するために用いられる」は，**use A to do ...**「…するために A を用いる」の受動形。if 節内の主語 chemicals「化学物質」と use が受動関係になっていることを見抜く。

46 受動態 ― Who was S invented by?

○ Who invented this machine? の受動態は，**By whom was this machine invented?**, **Who was this machine invented by?**「S は誰によって発明されたのか」の両方が可能。本問は後者の形。文頭の疑問代名詞の Who は by の目的語となっている。**現代英語では主格の who は目的格の whom を兼ねること**に注意。

47 受動態 ― By what sign is S signified?

○ What sign (S) signified (V) a school (O)?「どんな記号が学校を表示するのか」の受動態を考える。

まず，By what sign「どんな記号で」とまとめ，次に，疑問形の受動態を想定し，is a school signified とすればよい。

群動詞の受動態

010 KEY POINT

48 群動詞の受動態 ― B was laughed at by A

W

► **2語以上から成る動詞を群動詞**というが，群動詞を受動態にする場合，その群動詞を1つのまとまった他動詞として考える。

○ A (S) laughed at (V) B (O) の受動態は **B was laughed at by A** となる。was laughed の後の at を忘れないこと。

49 群動詞の受動態 ― B is looked at by A

W

○ A (S) look at (V) B (O) の受動態は **B is looked at by A** となる。

本問は，形式主語 It が受ける② to be looked by A を，to be looked at by A に修正する。

---

44 ①　**45** ③　**46** ④　**47** what sign is a school signified（不要語：remark）　**48** ③
49 ② to be looked by → to be looked at by

KEY POINT 011

50 □□□
Up to now, nothing (　　) by the search committee.
① has been reporting　② has been reported
③ is reporting　④ is being reporting　〈聖心女子大〉

51 □□□
Fortunately, the hospital's new air-conditioning system (　　) when the first heat wave of the summer arrived.
① had already been installed　② had already been installing
③ had already installed　④ already installed　〈北里大〉

52 □□□
Next week, our meeting (　　) on Wednesday instead of Friday.
① will be held　② will hold
③ will have held　④ will be holding　〈南山大〉

53 □□□
A: What have you done with your car?
B: I had some engine trouble yesterday, so it is (　　) at the moment.
① being repaired　② having been repaired
③ having repaired　④ repaired　〈慶應義塾大〉

54 □□□ 発展↑
その問題は今政府で調査されています。
(the / into / the / being / government / matter / by / looked).
(1語不足)　〈中央大〉

55 □□□
The old woman is getting better and (　　) good care of by a nurse from the hospital.
① taking　② is taking　③ is being taken　④ having taken　〈玉川大〉

50 現在までのところ，調査委員会によって何も報告がなされていない。
51 幸いなことに，病院の新しい空調設備はこの夏の最初の熱波がやってくる前に設置された。
52 来週，私たちの会議は金曜でなく水曜に開かれます。
53 A: あなたの車はどうしたのですか。
B: 昨日エンジンに少し問題があったので，ちょうど今，修理中なんです。
55 その年配の女性は回復しつつあり，病院から来た看護師によって十分な世話を受けている。

完了形の受動態 /「助動詞＋ be done」/ 進行形の受動態 011 KEY POINT

50 現在完了の受動態 － have been done

▶ **現在完了の受動態は have been done で表す。**

○ The search committee has reported nothing.「調査委員会は何も報告していない」
S V O
の受動態を考える。

PLUS **up to now[the present]**「今のところ，現在まで」は重要表現。

51 過去完了の受動態 － had been done

▶ **過去完了の受動態は had been done で表す。**

○ 主語の air-conditioning system と install「…を設置する」が受動関係であることを見抜く。

52 助動詞＋ be done － will be done

▶ **助動詞がある場合の受動態は「助動詞＋ be done」で表す。**

○ hold our meeting「会議を開く」を想定すれば，主語の our meeting と他動詞 hold「…を開く」は受動関係だと気づく。受動態となっているのは① will be held だけ。

53 進行形の受動態 － be being done W

▶ **進行形の受動態は be being done で表す。**

PLUS **be being repaired**「修理中である」はよく用いられる表現。同意表現の **be under repair** と一緒に押さえておこう。(→555)

PLUS 本問の **at the moment** は「ちょうど今」(= **at present**) の意味。過去時制で用いられるときは「ちょうどその時」の意味になることに注意。

54 進行形の受動態 － B is being looked into by A W

○ A is looking into B「A は B を調査している」の受動態は，
S V O
B is being looked into by A「B は A によって調査されている」となる。(→48, 49)

PLUS **look into A**「A を調べる」(= **investigate A**) は重要。

55 進行形の受動態 － B is being taken good care of by A 

○ A is taking good care of B「A は B を十分に世話している」の受動態は，
S V O
B is being taken good care of by A「B は A によって十分な世話を受けている」となる。

PLUS 群動詞の **take good care of B** は「B を十分に世話する」の意味。

---

50 ② **51** ① **52** ① **53** ①
54 The matter is being looked into by the government（不足語：is） **55** ③

56 (a) You must take good care of your health.
□□□ (b) Good care (　　) (　　) (　　) of your health. 〈岡山理科大〉

KEY POINT 012

57 I want to sell my stereo, but nobody is interested (　　) it.
□□□ ① for buying ② on buying ③ in buying ④ to buy 〈慶應義塾大〉

58 We were (　　) in a heavy traffic jam and couldn't get there on time.
□□□ ① brought ② caught ③ met ④ put 〈学習院大〉

59 This sensor is known (　　) everybody as a means of obtaining information.
□□□ ① to ② for ③ at ④ with 〈城西大〉

60 Mt. Fuji is (　　) as "Fuji-san" in Japanese.
□□□ ① called ② known ③ named ④ referred 〈立教大〉

TARGET 6 by 以外の前置詞と結びつく be done 表現

● **be interested in A**「A に興味がある」→57
Paul **is interested in** astronomy.
(ポールは天文学に興味がある)

● **be covered with A**「A におおわれている」
The top of the desk **was covered with** dust.
(その机の上はほこりでおおわれていた)

● **be caught in A**「A (雨や交通渋滞など) にあう」→58
We **were caught in** a traffic jam during rush hour on Friday.
(私たちは金曜日のラッシュアワーで交通渋滞にあった)

● **be satisfied with A**「A に満足している」
They **were satisfied with** their new house.
(彼らは新しい家に満足していた)

56 あなたは健康には十分注意すべきだ。
57 ステレオを売りたいけれど，誰もそれを買うことに興味がない。
58 私たちは，ひどい渋滞にあって時間どおりにそこに着けなかった。
59 このセンサーは，情報を入手する手段としてみんなに知られている。
60 マウントフジは，日本語では「富士山」として知られている。

56 もう 1 つの群動詞の受動態 − Good care must be taken of B

○ A take good care of B の受動態は，問題55で扱ったように，
S V O

群動詞 take good care of を1つのまとまった他動詞と考えて **B is taken good care of by A** となるが，他動詞 take の目的語を good care と考えれば，**Good care is taken of B (by A)** という受動態も可能。本問は助動詞 must があるので，**Good care must be taken of B**「B には十分注意を払うべきだ」となる。

PLUS 群動詞 **take good care of B**「B に十分注意する」は重要表現。(→55)

by 以外の前置詞を用いる慣用表現

012 KEY POINT

57 be interested in A

► **be done の表現には by 以外の前置詞と結びつく表現がある。**

○ 本問の **be interested in A**「A に興味がある」は by 以外の前置詞と結びつく表現の代表例。慣用表現として押さえよう。(→ TARGET 6)

58 be caught in A

○ 考え方は問題57と同じ。**be caught in A**「A (雨や交通渋滞) などにあう」で押さえる。(→ TARGET 6)

59 be known to A

○ be known はさまざまな前置詞と結びつき，**be known to A**「A (人) に知られている」，**be known for A**「A で知られている」，**be known as A**「A として知られている」，**be known by A**「A で見分けられる」の表現がある。本問は，**be known to A** を問う問題。(→ TARGET 7)

60 be known as A

○ 本問は，**be known as A**「A として知られている」を問う問題。(→ TARGET 7)

✖ ① called (×)，③ named (×)，④ referred (×) を使う場合は，それぞれ Mt. Fuji is called[named] "Fuji-san" in Japanese. / Mt. Fuji is referred to as "Fuji-san" in Japanese. となる。call O C「O を C と呼ぶ」，name O C「O を C と名づける」，refer to O as C「O を C と呼ぶ」の受動態を考える。

56 must be taken **57** ③ **58** ② **59** ① **60** ②

61 □□□ 発展↑

A man is known (　　　) the company he keeps.

① to　② for　③ as　④ by　〈関西学院大〉

KEY POINT 013

62 □□□ 発展↑

彼はむりやり行かされた。

He (against / go / was / his / made / will).（1語不足）　〈中央大〉

63 □□□

Herds of ① cattle were seen ② eat grass ③ on the ranch in the warmth of ④ the spring sun.　〈早稲田大〉

TARGET 7 be known の後の前置詞句

● **be known to A**「Aに知られている」→59

This song **is known to** all Japanese.

（この歌はすべての日本人に知られている）

● **be known for A**「Aで知られている」

British people **are known for** their love of nature.

（イギリス人は自然を愛することで知られている）

● **be known as A**「Aとして知られている」→60

He **is known as** a jazz pianist.

（彼はジャズピアニストとして知られている）

● **be known by A**「Aで見分けられる」→61

A tree **is known by** its fruit.

（果実を見れば木の良し悪しがわかる＝人は行為によって判断される）

61 人はつき合っている仲間によって人柄がわかる。

63 春の日の陽気の中，家畜の群れが牧場で草を食べる姿が見られた。

61 be known by A

○ 本問は，**be known by A**「A で見分けられる」を問う問題。**be known by A** は，know B by A「B を A（の基準）によって見分ける，B を A によってそれと認める」の受動態だと考える。**by は受動態の「動作主」を表す by ではなく，「判断の基準」を表す by** であることに注意。（→ TARGET 7）

「S ＋ V ＋ O ＋ do」の形をとる動詞の受動態 013 KEY POINT

62 make A do の受動態 － be made to do ...

► **make A do ...**「A に…させる」の受動態は，**be made to do ...**「…させられる」になる。受動態にすると原形不定詞が to 不定詞になることに注意。

○「行かされた」は was made to go と表現するので不足語は to となる。

PLUS **against one's will**「意志に反して」は重要表現。

63 see A do ... の受動態 － be seen to do ...

► **see A do ...**「A が…するのを見る」の受動態は，**be seen to do ...**「…するのを見られる」になる。

○ 本問は，② eat を to eat と修正すればよいが，補語に原形不定詞ではなく現在分詞をとる **see A doing ...**「A が…しているのを見る」の受動態は **be seen doing ...**「…しているのを見られる」（→246）になるので② eat を eating と修正してもよい。

PLUS see 以外の知覚動詞を用いた **hear[feel / watch / look at / listen to] A do ...** も受動態にすると原形不定詞が to 不定詞になり，**be heard[felt / watched / looked at / listened to] to do ...** の形になる。

1 文法　2 語法　3 イディオム　4 会話表現

61 ④　**62** was made to go against his will（不足語：to）　**63** ② eat → to eat / eating

KEY POINT 014

64 □□□
A: May I go out now?
B: Yes, you may, but you (　　) come back before dark.
① must ② may ③ would ④ can 〈芝浦工大〉

65 □□□
You (　　) be a good athlete to have run a mile in such a short time.
① won't ② shall ③ cannot ④ must 〈愛知工大〉

66 □□□
She (　　) be wrong but I don't think she is.
① should ② shall ③ may ④ must 〈札幌学院大〉

67 □□□
(　　) you live long!
① Should ② Would ③ Can ④ May 〈芝浦工大〉

68 □□□
Dorothy isn't in the office; she (　　) coffee in the cafeteria.
① can be having ② can have
③ might be having ④ might have 〈センター試験〉

69 □□□
If you like, you (　　) use this computer for your next presentation.
① ought to ② should ③ must ④ can 〈神奈川大〉

70 □□□
John (　　) hungry because he has just eaten lunch.
① may be ② must be ③ can't be ④ should be 〈桜美林大〉

TARGET 8 「確信度」の順位

●「話者の確信度」は **must** が一番高く，**could** が一番低い。（左から右へ「確信度」が下がる）
must / will / would / ought to / should / can / may / might / could
＊ **can** は「理論上の可能性」で，**may** は「単なる推量」で 50% の「確信度」であり，「…するかもしれない（…しないかもしれない）」の意味。

64 A: 今，出かけてもいい？
B: ええ，いいけれど，暗くなるまでには帰ってきなさい。
65 1マイルをそんなに短時間で走ったなんて，君はよい選手に違いない。
66 彼女は間違っているかもしれないが，私はそうだとは思わない。
67 あなたが長生きしますように！
68 ドロシーはオフィスにいない。彼女はもしかすると食堂でコーヒーを飲んでいるのかもしれない。
69 よろしければ，このコンピューターを次のプレゼンテーションで使ってもいいですよ。
70 ジョンは昼食を食べたばかりなので，空腹であるはずがない。

may / can / must / might

014 KEY POINT

64 「義務」の must

○ 助動詞の問題は文意がわかれば解ける問題も多い。本問も文意から，① **must**「…しなければならない」を選ぶ。（→ TARGET 9 (3)）

65 「確信」の must

○ 本問は文意から，④ **must**「…に違いない」を選ぶ。（→ TARGET 8, 9 (3)）

PLUS **must be C** の反意表現 **cannot be C**「C であるはずがない」も重要。（→70）

66 「推量」の may

W

○ 本問は文意から③ **may**「…かもしれない」を選ぶ。（→ TARGET 8, 9 (1)）

PLUS **may … but ～**「…かもしれないが～」は重要な相関表現。

67 「祈願」の may

► **May S ＋ 原形 … !** の形で，「Sが…しますように！」という「祈願」を表す。儀礼的で格式ばった表現。（→ TARGET 9 (1)）

68 might be doing と can be doing の区別

► それぞれの助動詞には「推量・可能性」を表す用法がある。**might be doing …** は「（ひょっとして）…しているかもしれない」，**can be doing …** は「…していることもありうる」の意味を表す。日本語からは区別が難しいが，**might[may]** は「**単なる推量**」で「（逆に言えば）…していないかもしれない（状況次第だ）」というニュアンスを含むのに対して，**can** は「**理論上の可能性**」を表し，「（根拠に基づいて）…している可能性がある」の意味を含む。（→ TARGET 8）

○ 本問は文意から，③ might be having (coffee)「ひょっとして（コーヒーを）飲んでいるかもしれない」を選ぶ。

✖「彼女がオフィスにいない」ことが「食堂でコーヒーを飲んでいる」ことの「証拠」にはならないので，① can be having（×）は不可。

PLUS ここでの **have coffee** は **drink coffee** の意味で進行形にすることができる。（→7, 10, TARGET 2）

69 「許可」の can

○ 本問は文意から，④ **can**「…してもよい」を選ぶ。can と may には「許可」を表す用法がある。（→ TARGET 9 (2)）

70 can の用法 ― cannot be C

○ 本問は文意から，③ **can't be** を選ぶ。**can't[cannot] be C**「C であるはずがない」の **can** は「**理論上の可能性**」を表し，「（根拠に基づいて）C である可能性はない」のニュアンス。（→ TARGET 8, 9 (2) (3)）

64 ①　**65** ④　**66** ③　**67** ④　**68** ③　**69** ④　**70** ③

71 I've heard Jim rejected the proposal. What (　　　) he possibly want?
□□□
① shall ② must ③ oughtn't ④ can 〈東京国際大〉

KEY POINT 015

72 The car broke down, and we (　　　) a taxi.
□□□
① must have gotten ② had got to get
③ had to get ④ must get 〈慶應義塾大〉

73 A: Do you have to attend the meeting this afternoon?
□□□
B: (　　　), but I'd like to know more about the new committee, so I will.
① I think so ② I'm not ③ I don't have to ④ I hope so 〈明治大〉

74 It need hardly (　　　) that we should be punctual.
□□□ 発展↑
① be said ② to be said ③ to say ④ say 〈昭和女子大〉

75 行きたくても行きたくなくても行かねばなりません。
□□□
You've (go / got / it / like / or / to / whether / you) not. 〈早稲田大〉

TARGET 9 may / can / must

(1) may
①「…かもしれない」→ 66 ②「…してもよい」 ③（否定文で）「…してはいけない」
④「Sが…でありますように」(*May + S +原形 ...! の形で) → 67

(2) can
①「…できる」 ②「…でありうる」 ③（疑問文で）「はたして…だろうか」
④（否定文で）「…のはずがない」→ 70 ⑤「…してもよい (= may)」→ 69

(3) must
①「…に違いない」→ 65 (⇔ cannot「…のはずがない」→70)
②「…しなければならない」→ 64 (⇔ not have to / need not「…する必要はない」→ 73, 74)
③（否定文で）「…してはいけない」

71 ジムがその申し出を断ったということを聞きました。一体彼は何が望みなのでしょうか。
72 車が故障したので，私たちはタクシーを拾わなければならなかった。
73 A: あなたは今日の午後，その会議に出席しなければなりませんか。
B: 出席の必要はないのですが，新しい委員会についてもっと知りたいので，出席するつもりです。
74 私たちが時間を厳守すべきだと言われる必要などほとんどない。

71 can の用法 ― What can S possibly want?

► **can には，疑問文で用いられて「一体全体（はたして）…だろうか」という「強い疑念」を表す用法がある。**

PLUS **possibly** は疑問詞から始まる疑問文で用いられて「一体」の意味を表す。

have to do ... / 助動詞の need / have got to do ... 015 KEY POINT

72 have to の用法 ― had to do ...

► 「…しなければならない」の **must do ...** は，**have to do ...** に言い換えられる。また，**must** は語形変化がなく，現在時制でしか使わないのが原則。**have to do** はあらゆる時制に用いられる。

○ 本問は過去の文脈なので，③ had to get を選ぶ。

73 don't have to do ...

► have to do の否定形 don't have to do は「…する必要はない」の意味になる。

○ 本問は逆接の but 以下の「出席するつもりだ」の内容から but の前文は「出席する必要がない」を想定して③ I don't have to を選ぶ。代不定詞の to（→188）はto (attend the meeting this afternoon) と考える。

74 need の用法 ― 動詞用法の need との区別

► 助動詞の need は **need not do ...** で「…する必要はない」の意味を表す。問題73で述べた **don't have to do** と同意表現。動詞の need で表現すれば，**don't need to do ...** となる。ただし，（×）need not to do ... の形はないことに注意。

► need が助動詞として使えるのは，疑問文（**Need S do ...?**）と否定文（**S need not do ...**）の場合だけ。肯定文では用いない。「…する必要がある」は動詞の need を用いて，need to do で表すことに注意。

○ 本問の need は助動詞（動詞であれば needs になるはず）であり，that 節を受ける形式主語の It と say は受動関係なので，It need hardly be said that S + V ...「…はほとんど言われる必要がない」の形になる。したがって，① be said を選ぶ。

PLUS **hardly** は「ほとんど…ない」の意味を表す副詞。（→983）

75 have got to do ... = have to do ...

L

► **have got to do ...**「…しなければならない」は **have to do ...** と同意表現。

○ まず，have got to do ... を用いて，(You've) got to go とまとめる。次に，「譲歩」の意味を表す副詞節 whether ... or not「…であろうがなかろうが」（→505）を想定して文を作る。

PLUS **whether you like it or not**「好むと好まざるとにかかわらず」は慣用表現として重要。

71 ④ **72** ③ **73** ③ **74** ① **75** got to go whether you like it or

76 □□□
You have ( ) to let me have a glance at it.
① hardly ② never ③ nothing ④ only 〈早稲田大〉

KEY POINT 016

77 □□□
We have already sent out the invitations, (it / we / through / better / go / had / so / with). There is no going back. 〈早稲田大〉

78 □□□
こんなところを一人でぶらついてはだめですよ。
You (not / had / wander / here / around / better) by yourself.
〈関西学院大〉

79 □□□
Something has happened to this lock; the key ( ) turn.
① won't ② will ③ do ④ will be 〈東京家政大〉

80 □□□
We all tried to push the truck, but it ( ) move. Finally, we called the car service center.
① will ② would ③ won't ④ wouldn't 〈名古屋工大〉

81 □□□
When I was a child, I ( ) visit my grandparents every weekend.
① should ② used ③ was ④ would 〈慶應義塾大〉

76 あなたはそれを私にちょっと見せてくれるだけでいいのです。
77 私たちは，すでに招待状を出してしまったので，やり通した方がいいです。引き返すことはできません。
79 この錠は何かおかしい。鍵がどうしても回らない。
80 私たちはみなトラックを押そうとしたが，それはどうしても動こうとしなかった。とうとう，私たちは自動車のサービスセンターに電話をした。
81 子どもの時，私は毎週末に祖父母のところへ行ったものです。

76 have only to do ... の意味

▶ **have only to do ...**「…しさえすればよい」は助動詞の慣用表現として押さえる。

PLUS **let A have a glance at B** は「A に B をちらっと見せてあげる」の意味。**let A do**「(本人の望みどおり)A に…させる」(→728)と **have a glance at B**「B をちらっと見る」(= **glance at B**) が結びついた表現。

had better (not) do / would / used to do / 助動詞 dare　016 KEY POINT

77 had better do ...　S

▶ **had better do**「…した方がよい」は助動詞の慣用表現として押さえる。had better の後には動詞の原形がくる。

○ 本問は，so で文をつなぎ，S had better do ... を想定してまとめる。

PLUS **go through with A**「A（困難なこと）をやり抜く」，**There is no doing ...**「…できない」(→221) は重要。

78 had better do ... の否定形 ― had better not do ...

▶ **had better do ... の否定形は had better not do ...**「…しない方がよい」の形になる。not の位置に注意。

○ 本問は，wander around here「このあたりをぶらつく」の表現を作り，(You) had better not の後に置く。

79 強い拒絶を表す ― won't[will not] do ...

▶ **won't[will not] do ...**「どうしても…しようとしない」(**= refuse to do ...**) は主語の強い拒絶を表す。

PLUS 本問のように，won't[will not] do ... は無生物主語でも使えることに注意。なお，同意表現の **refuse to do ...** も無生物主語を用いることができる。

80 過去の強い拒絶を表す ― wouldn't do ... = refused to do ...

▶ **wouldn't[would not] do ...** は「(過去において) どうしても…しようとしなかった」(**= refused to do ...**) の意味を表す。

81 過去の習慣的動作を表す would do ...

▶ **would には，過去の習慣的動作「…したものだ」を表す**用法がある。

PLUS 過去の習慣を表す **would** は，本問の when 節のように，過去を表す副詞節とともに用いられたり，**would always[often / sometimes]** do ... のように頻度を表す副詞とともに用いられることも多い。本問は every weekend「毎週末に」が「頻度」を表している。

---

76 ④　**77** so we had better go through with it
78 had better not wander around here　**79** ①　**80** ④　**81** ④

82 □□□ Wood (A) be used as the main fuel, but nowadays fossil fuels (B) widely.

① A: used to B: are used ② A: used to B: have been used
③ A: was used to B: are used ④ A: was used to B: have been used

〈センター試験〉

83 □□□ Linda doesn't dance much now, but I know she ( ) a lot.

① was used to ② used to ③ would ④ would have 〈立命館大〉

84 □□□ How ( ) say such a rude thing in public?

① dare you ② you daring to
③ are you dare ④ are you in dare to 〈日本大〉

KEY POINT 017

85 □□□ It is essential that this company ( ) more diverse working styles for its employees.

① offer ② offering ③ would offer ④ to offer 〈日本女子大〉

86 □□□ Quebec law requires ①<u>that</u> all public signs ②<u>were</u> in French, but ③<u>permits</u> the addition, in smaller letters, ④<u>of</u> a translation into another language.

〈立教大〉

TARGET 10 後に「that＋S（＋should）＋原形」の形が続く形容詞・動詞

(1) 形容詞

・**necessary**「必要な」 ・**essential**「不可欠な」→85 ・**important**「重要な」
・**right**「正しい」 ・**desirable**「望ましい」 など

(2) 動詞

・**insist**「主張する」 ・**demand**「要求する」→87 ・**require**「要求する」→86
・**request**「懇願する」 ・**order**「命令する」 ・**propose**「提案する」
・**suggest**「提案する」 ・**recommend**「勧める」 など

＊過去時制でも that 節中の「should ＋原形」または「原形」は変化しない。

82 かつて木材が主な燃料として使われていたが，近頃では化石燃料が広く使われている。
83 リンダは今ではあまりダンスをしないが，かつてはよくダンスをしていたことを私は知っている。
84 あなたはよくも人前でそんな失礼なことが言えますね。
85 この会社は，社員にもっと多様な働き方を提供することが必要不可欠です。
86 ケベックの法律では，公共の標識はすべてフランス語で表記されることを求めているが，それよりも小さな字で別の言語の翻訳を加えることを許可している。

82 used to do ... の用法

► **used to do ...** には現在と対比させて，**過去の習慣的動作**「…したものだ」と**過去の継続的状態**「以前は…だった」を表す用法がある。

○ (A) は **S used to be used**「S は以前使用されていた」の形であることを見抜く。

○ (B) は，are used と have been used で迷うが，副詞の **nowadays**「近頃」は現在時制で用いることはできるが，現在完了では不可なので，are used が正しい。

PLUS 「近頃，最近」の意味を表す **nowadays** は現在時制，現在進行形では可だが，現在完了では不可。逆に，**recently[lately]** は通例，現在完了で用いる。英作文で特に注意したい。

83 used to do ... と would do ... の違い

► 問題81，82で述べたように，**would** にも **used to** にも過去の習慣的動作を表す用法があり，同じように使われることも多いが，次の点では厳密に用法を区別する。**used to** は現在と対照させた過去の動作を表しうるが，**would** は現在と対照させた本問のような文脈では使えないという点である。つまり，**used to** は通例，「今ではその習慣は行われていない」の意味を含み，**would** にはその意味はなく，個人的な回想をする場合に用いられることが多い。

PLUS 本問の used to の後には，前文との共通語句 dance が省略されている。また文尾の **a lot** は副詞で「とても，たくさん」の意味。

84 dare の用法 － How dare S do ...? S

► **dare**「あえて…する」**は**，動詞としても用いられるが，**疑問文・否定文では助動詞として用いることもできる。**

► **How dare S do ...?**「S はよくも…できるね」は話者の S に対する「憤慨・怒り」の気持ちを表す。慣用表現として押さえておく。

should

017 KEY POINT

85 should の用法 － It is essential that S (should) ＋原形 R

► **It is ... that S ＋ V** 〜の形式主語構文で，「**...**」に **essential**「絶対必要な，必要不可欠な」などの「必要・要求」などを表す形容詞がくる場合，that 節内は原則として「**S should ＋原形**」または「**S ＋原形**」の形になる。（→ TARGET 10 (1)）

86 should の用法 － require that S (should) ＋原形 R

► **require，propose，insist，demand，order** など，提案・要求・命令などを表す動詞の目的語となる that 節内は，問題85の場合と同様，「**S should ＋原形**」または「**S ＋原形**」の形をとる。（→ TARGET 10 (2)）

---

82 ① **83** ② **84** ① **85** ① **86** ② were → (should) be

87 □□□

She (that / money / demand / her / be / should) refunded. 〈関西学院大〉

88 □□□ 発展

You've done nothing wrong. Why (　　) you worry about it?

① may ② might ③ shall ④ should 〈國學院大〉

KEY POINT 018

89 □□□

私は将来，子どもを相手にする仕事に就きたいです。

I (children / work / would / with / to / in / like) the future. 〈日本大〉

90 □□□

I would rather (　　) here.

① to stay ② than I stay ③ staying ④ stay 〈上智大〉

91 □□□

本当に必要でなければ私は手術を受けたくない。

I (not / rather / the operation / have / unless / would) it is absolutely necessary. 〈関東学院大〉

92 □□□

I (　　) walk in the rain than ride in a taxi with Stewart. He never stops talking.

① could always ② quite possibly
③ should prefer ④ would rather 〈明治大〉

93 □□□

No one (　　) in handling radioactive waste.

① should be careful ② cannot be so careful
③ ought to be more careful ④ can be too careful 〈明治大〉

87 彼女はお金が払い戻されることを要求すべきだ。
88 あなたは何も間違ったことをしていません。一体どうしてそんなことを心配するの？
90 私はむしろここにとどまりたい。
92 スチュワートとタクシーに乗るくらいなら，私はむしろ雨の中を歩きたいです。彼は話をするのを決してやめないんです。
93 放射性廃棄物を取り扱うのにどんなに注意してもしすぎることはない。

87 **should の用法 ― demand that S (should) ＋原形** R

○ **demand that S ＋原形**が本問のポイント。(→86, TARGET 10 (2))

✖ should の位置に注意。demand that her money should be refunded(×)と並べると，主語が She なので，She demands that ... となるはず。

88 **「感情」の should**

► 疑問詞などで始まる疑問文で **should** が用いられると，「**驚き・怒り**」などの感情が加わり，「一体どうして(…なのか)」のニュアンスが含まれる。

助動詞を含む慣用表現

018 KEY POINT

89 **would like to do ... ＝ want to do ...**

► **would like to do ...**「…したい」＝ **want to do ...** で押さえる。**would like to do ...** のほうが丁寧な表現。

PLUS 否定表現の **wouldn't like to do ...**「…したくない」も重要。

90 **would rather do ... の意味**

► **would rather[sooner] do ...** は「むしろ…したい」の意味を表す。

91 **would rather do ... の否定形 ― would rather not do ...**

○ 問題90で扱った **would rather do ...** の否定形 **would rather not do ...**「むしろ…したくない」が本問のポイント。主節を (I) would rather not have the operation とまとめ，**unless S ＋ V ...**「…でない限り」(→495) の表現から接続詞 unless を最後に置く。

92 **would rather do ... than do 〜**

► **would rather[sooner] do ... than do 〜**は「〜するよりはむしろ…したい」の意味を表す。

93 **cannot ... too 〜** 

► **cannot ... too 〜**は，「どんなに〜しても…しすぎることはない」の意味を表す重要表現。(→ TARGET 11 (1))

○ 本問は，cannot の not の代わりとして，主語が否定表現の No one になっていることに注意。No one can be too careful in doing ... で「…することに誰もどんなに注意を払っても払いすぎることはない」の意味を表す。

87 should demand that her money be **88** ④
89 would like to work with children in **90** ④
91 would rather not have the operation unless **92** ④ **93** ④

1 文法 2 語法 3 イディオム 4 会話表現

94 □□□ 発展↑

よい結果を得るには練習に練習を重ねることです。

One (get / practice / in order to / result / a / cannot / good / intensively). (1語不足) 〈明治大〉

---

95 □□□

彼女が娘自慢なのももっともだ。

She (proud / well / be / may / of) her daughter. 〈関西大〉

---

96 □□□

You (　　　) come with us, since you say you have nothing better to do tonight.

① would have　② might as well　③ would　④ shouldn't 〈慶應義塾大〉

---

97 □□□

生半可な知識よりも何も知らない方がましだ。

You (not / well / as / know / might) a thing at all as know it imperfectly. 〈立正大〉

KEY POINT 019

98 □□□

There (　　　) something wrong with the host computer as all our computers crashed.

① must have　　② must have been
③ would be　　④ would have been 〈学習院大〉

---

99 □□□

You (　　　) have seen Tom in Kyoto yesterday. He is still in England.

① must　② may　③ shouldn't　④ cannot 〈西南学院大〉

TARGET 11 助動詞を用いた慣用表現

(1) **cannot ... too** ～「どんなに～しても…しすぎることはない」→93, 94
(2) **cannot help doing** = **cannot help but do** = **cannot but do**
①「…せずにはいられない」, ②「…せざるをえない」
(3) **may well do** ①「…するのも当然だ」→95, ②「おそらく…するだろう」→95
(4) **may[might] as well do ... as do** ～「～するくらいなら…する方がよい／～するのは…するようなものだ」→97
(5) **may[might] as well do**「…してもいいだろう／…する方がいいだろう」→96

96 今夜ほかにすることがないというのなら，私たちと一緒に来てもいいですよ。
98 私たちのすべてのコンピューターがクラッシュしたので，ホストコンピューターのどこかが故障していたに違いない。
99 君が昨日トムを京都で見かけたはずがない。彼はまだイギリスにいるのだから。

94 S cannot practice too intensively

○ 問題93で扱った **cannot ... too 〜** が本問のポイント（→ TARGET 11 (1)）。One cannot practice too intensively で「人はどんなに熱心に練習してもしすぎることはない」をまず作り，その後に **in order to do ...**「…するために」（→182）の表現を用いて，in order to get a good result とまとめる。

95 may を含む慣用表現 ― may well do ...

▶ **may well do ...** は「…するのも当然だ」の意味を表す。（→ TARGET 11 (3)）

PLUS **may well do ...** には「おそらく…するだろう」の意味もあり，実際には，この意味で用いられることの方が多い。
It **may well** be true.（それはたぶん本当だろう）

96 might を含む慣用表現 ― might as well do ...

R

▶ **might[may] as well do ...** は「…してもいいだろう」の意味を表す。（→ TARGET 11 (5)）

PLUS この表現は，might[may] as well as ... as not do 〜の省略で「(〜しないのも) …するのも同じだろう」が本来の意味。したがって，**had better do ...** のような「積極的な提案」ではなく「消極的な提案」を示す場合に用いることに注意。

PLUS **have nothing better to do (than do ...)** は「(…するより)ほかにすることがない」の意味。

97 might as well do ... as do 〜

▶ **might[may] as well do ... as do 〜** は「〜するくらいなら…する方がよい／〜するのは…するようなものだ」の意味を表す。（→ TARGET 11 (4)）

○ 本問は，**might as well not do ... as do 〜**「〜するくらいなら…しない方がよい」を想定してまとめられるかがポイント。

助動詞＋ have done ...

019 KEY POINT

98 must have done ... の意味

▶ **must have done ...** は「…した[だった]に違いない」の意味を表す。（→ TARGET 12 (1)）

PLUS **There is something wrong with A.**「A はどこか調子が悪い」は重要。（→394）

99 cannot have done ... の意味

▶ **cannot[can't] have done ...** は「…したはずがない」の意味を表す。（→ TARGET 12 (2)）

94 cannot practice too intensively in order to get a good result（不足語：too）
95 may well be proud of **96** ② **97** might as well not know **98** ② **99** ④

100 □□□
A: I saw Mr. Yamada at Shinjuku Station this morning.
B: You (　　　) have. He's still on vacation in Hawaii.
① couldn't　② didn't　③ might　④ should　〈センター試験〉

101 □□□
She hasn't arrived yet. She (　　　) got caught in a traffic jam.
① should have　② might have
③ mustn't have　④ won't have　〈神戸女子大〉

102 □□□
I (　　　) told you about the change in the schedule, but I forgot to do so.
① must have　② should have
③ must not have　④ should not have　〈明治大〉

103 □□□ 発展↑
彼に電話なんかしなければよかった。
I (better / him / should have / known / much / than / to call).
(1語不要)　〈日本大〉

104 □□□
My sister (　　　) here by now, for she took the early train.
① must arrive　② can arrive
③ may arrive　④ ought to have arrived　〈上智大〉

105 □□□
You (　　　) our secret to your father yesterday.
① ought to tell　② must not tell
③ ought to have not told　④ ought not to have told　〈芝浦工大〉

106 □□□ 発展↑
It's a pity we didn't visit Tom when we had the chance. I (　　　) him before he left the country.
① would like to see　② should like to see
③ would like to have seen　④ would like having seen　〈慶應義塾大〉

100 A: 私は今朝，山田さんを新宿駅で見かけました。
B: そんなはずはないでしょう。彼はまだ休暇中でハワイにいるのだから。
101 彼女はまだ到着していない。交通渋滞につかまったのかもしれない。
102 私はスケジュールの変更についてあなたに伝えておくべきだったのに，そうするのを忘れてしまった。
104 私の妹はもうここに到着しているはずだ。早めの列車に乗ったのだから。
105 あなたは私たちの秘密を昨日父親に話すべきではなかった。
106 その機会があったのに私たちがトムを訪ねなかったのは残念です。彼が国を出る前に会っておきたかったのに。

100 couldn't have done ... の意味

► **couldn't have done ...** は「…したはずがない」の意味を表す。**cannot have done ...** と同様，過去の事柄に対する確信度の強い否定的推量を表す。(→ TARGET 12 (3))

○ 本問では，You couldn't have の後の seen him が省略されていることを見抜く。

101 might[may] have done ... の意味

► **might[may] have done ...** は「…したかもしれない」の意味を表す。(→ TARGET 12 (4))

102 should have done ... の 2 つの意味

► **should have done ...** には①「…すべきだったのに（実際はしなかった）」，②「当然…した［している］はずだ」の2つの意味がある。本問は①の用法。(→ TARGET 12 (6))

PLUS ②の用法は以下の通り。
Since she left very early, she should have arrived in Tokyo by now.
（彼女はとても早く出発したのだから，今頃は東京に到着しているはずだ）

103 S should have known better than to do ...

○ 比較級を用いた慣用表現 **know better than to do ...**「…しないくらい分別がある，…するほど愚かではない」に，問題102で扱った **should have done ...**「…すべきだったのに」が結びついた表現 **should have known better than to do ...**「…しないくらい分別があるべきだった，…なんてしなければよかった」が本問のポイント。

104 ought to have done ... の 2 つの意味

► **ought to have done ...** は **should have done ...** と同意表現で，①「…すべきだったのに（実際はしなかった）」，②「当然…した［している］はずだ」の2つの意味がある。本問は②の用法。

PLUS なお，否定形の **ought not to have done ... (= should not have done ...)** は「…すべきではなかったのに（実際はした）」という①の用法の否定形の意味しか表さないことに注意。

105 ought not to have done ... = should not have done ...

○ 問題104で扱った **ought not to have done ...**「…すべきではなかったのに（実際はした）」が本問のポイント。(→ TARGET 12 (7))

106 would like to have done ... の意味

► **would like to have done ...** は「…したかったのだが（実際はできなかった）」の意味を表す。過去の実現できなかった願望を表す表現。(→ TARGET 12 (8))

---

100 ①　**101** ②　**102** ②
103 should have known better than to call him（不要語：much）　**104** ④　**105** ④
106 ③

1 文法　2 語法　3 イディオム　4 会話表現

107 彼に金を払わなくてもよかったのに。

□□□ (didn't need / need / him / you / have / paid / not). (1語(句)不要)

〈神奈川大〉

KEY POINT 020

108 I went to Mexico last week, and I (　　　) her then.

□□□ ① could meet　② had met

③ cannot meet　④ was able to meet

〈明治大〉

TARGET 12 「助動詞＋have done」の意味

(1) **must have done**「…したに違いない」→98

(2) **can't [cannot] have done**「…したはずがない」→99

(3) **couldn't have done**「…したはずがない」→100

(4) **may [might] have done**「…したかもしれない」→101

(5) **needn't [need not] have done**「…する必要はなかったのに(実際はした)」→107

(6) **should have done** / **ought to have done**
① 「…すべきだったのに(実際はしなかった)」→102, 103
② 「当然…した[している]はずだ」→104

(7) **should not have done**「…すべきではなかったのに(実際はした)」→105
ought not to have done「…すべきではなかったのに(実際はした)」→105

(8) **would like to have done**「…したかったのだが(実際はできなかった)」→106

108 私は先週メキシコに行き，そのときに彼女に会うことができた。

107 need not have done ... と didn't need to do ... の区別

○ **need not[needn't] have done ...**「…する必要がなかったのに（実際はした）」が本問のポイント。（→ TARGET 12 (5)）

PLUS 動詞の need を用いた **didn't need to do ...**「…する必要がなかった」との区別は重要。didn't need to do ... の場合，実際にその行為をしたかどうかは文脈で決まる。

could do ... と was able to do ...

020 KEY POINT

108 could do ... と was able to do ... の区別

► **「（過去に）…する能力が備わっていた［…することが可能だった］」の場合は，could do ...** も **was[were] able to do ...** もともに用いられる。

► 他方，**「（過去のある時に）…する能力があり［…することが可能であり］，実際にその行為・動作を行った」の場合，was[were] able to do ...** は用いられるが，could do は不可であることに注意。

○ 本問は「実際に彼女と会うことができた」わけだから，④ was able to meet を選ぶ。

PLUS **否定文の場合**は，「実際にその行為・動作は行われなかった」のだから，**どちらを用いても意味に大差はない**。下記の例文では，wasn't able to の代わりに couldn't を用いても可。
She **wasn't able to[couldn't]** come to the restaurant on time then.
（その時，彼女はレストランに時間どおりに来ることができなかった）

107 You need not have paid him.（不要語句：didn't need）　**108** ④

第4章 仮定法

KEY POINT 021

109 If you (　　) the book you ordered by tomorrow, please let us know.
□□□
① wouldn't receive　② haven't received
③ won't receive　④ didn't receive　〈センター試験〉

110 If I (　　) his telephone number, I would call him.
□□□
① can know　② had known　③ knew　④ known　〈慶應義塾大〉

111 If you ① are president of the club, ② whom would you ③ appoint ④ chairperson of the social committee?　〈早稲田大〉
□□□

112 If I ① were a company owner, I ② will start a special online system to communicate directly ③ with all employees in order ④ to learn what they think.　〈立教大〉
□□□

113 He told me that he (　　) the offer if he were in my place.
□□□
① will not be accepted　② will not have accepted
③ would not accept　④ would not have been accepted　〈京都産業大〉

TARGET 13 仮定法過去の基本形 →110, 111, 112, 113

If＋S＋動詞の過去形 ..., S′＋would / could / might / should＋動詞の原形～.
if 節　主節

「もしSが…するなら，S′は～するだろう（に）」

＊if 節内の be 動詞は原則として were を用いる（今では単数扱いの主語の場合は was が使われることもある）。

＊if 節内の動詞表現が「助動詞の過去形＋動詞の原形」となり，助動詞の意味が含まれる場合がある。

＊主節の助動詞に should を用いるのは，原則として1人称主語（I, we）の場合のみ。

109 もしあなたが注文した本が明日までに届いていなければ，私どもにご連絡ください。
110 彼の電話番号を知っていれば，電話をかけるのに。
111 もしあなたがクラブの会長だったら，懇親委員会の議長に誰を任命しますか。
112 もし私が会社の経営者だったら，全社員と直接意思疎通をするための特別なオンラインシステムを開設して，彼らが考えていることを知るようにするでしょう。
113 彼は，自分が私の立場であれば，その提案を受け入れないだろうと言った。

仮定法の基本と仮定法過去

021 KEY POINT

109 直説法と仮定法

S

▶ **話者が，ある事柄を事実として述べる動詞の形を直説法，話者が，事柄を心の中で想像して述べる動詞の形を仮定法**と呼ぶ。

○ 本問は，主節が命令文なので（仮定法の形になっていないので），if 節内の動詞の形は直説法で表す。節内の文意は未来完了だが，時・条件を表す副詞節の場合，動詞は現在完了になるので，② haven't received を選ぶ。（→35）

110 仮定法過去の基本形

R W

▶ **仮定法過去は，現在の事実と反対の仮定や実現性の低い仮定を行い，それに基づく推量を表す。**

▶ **if 節，主節どちらか一方だけを仮定法の形にすることは原則できない**ことに注意。

PLUS if 節内で時制をずらす（現在時制→過去形）と，話者の考える可能性が消され「現在」の想像上のことになると考えよう。この時制の移行は **tense shift** と呼ばれている。

111 仮定法過去 ― if 節の形

○ 主節が will ではなく would になっているので，if 節内の動詞を仮定法過去の形（現在時制→過去形）にする。

PLUS **appoint O C**「O を C に任命［指名］する」は重要表現。

112 仮定法過去 ― 主節の形

○ 文意から仮定法過去であることを見抜き，主節の動詞も仮定法過去の形（will do ... → would do ...）にする。

PLUS **communicate with A**「A と意思の疎通をする」は重要表現。

113 仮定法過去 ― 主節の形

▶ **仮定法の動詞は，直説法の動詞の時制の支配は受けない。**したがって，**主節の動詞が現在であれ過去であれ，その時点で「…するならば」であれば仮定法過去（動詞の過去形）を用いるし，それよりも前の時点で「…していたならば」であれば，仮定法過去完了（動詞の過去完了形）**を用いる。

○ 本問は，「彼が私に言った」時点での仮定の内容なので，仮定法過去の主節の形③ would not accept を選ぶ。

PLUS 以下の例も同じ。

He said that he **couldn't** do such a thing if he **were** in my position.
（彼は，自分が私の立場なら，そんなことはできないだろうと言った）

---

109 ② **110** ③ **111** ① are → were **112** ② will → would **113** ③

KEY POINT 022

114 □□□ You went out and got terribly wet. Ten minutes later the rain stopped. You said to yourself: “I (had left / have got / if I / so wet / ten minutes later / wouldn’t).” 〈センター試験〉

115 □□□ If we had known about his car accident at that time, we (　　　) our plans.

① changed　　② have changed
③ had changed　　④ would have changed 〈青山学院大〉

116 □□□ No one would have ①attended the meeting if you ②told ③the truth about the ④speaker. 〈東京都市大〉

117 □□□ Jim (　　　). Even if he hadn’t practiced, he still would have won.

① didn’t win the race　　② lost badly
③ should win　　④ won the race easily 〈センター試験〉

TARGET 14　仮定法過去完了の基本形 →114, 115, 116

If＋S＋動詞の過去完了形 (had done) ...,
（if 節）

S′＋would / could / might / should＋have done ～.
（主節）

「もしSが…したなら，S′は～しただろう (に)」

＊if 節内の動詞表現が「助動詞の過去形＋**have done**」となり，助動詞の意味が含まれる場合がある。

＊主節の助動詞に **should** を用いるのは，原則として1人称主語 (I, we) の場合のみ。

---

114 あなたは外出してひどくぬれた。10分後，雨はやんだ。あなたは独り言を言った。「10分遅く出発していたなら，そんなにぬれずに済んだのに」

115 もし私たちがあの時，彼の自動車事故を知っていたなら，計画を変更していたでしょう。

116 講演者について本当のことを話していたら，誰もその会合には出席しなかっただろう。

117 ジムはそのレースで簡単に勝利した。たとえ練習していなかったとしても，彼はそれでもなお勝っただろう。

仮定法過去完了

022 KEY POINT

114 仮定法過去完了の基本形

W

► 現在の事実に反することは仮定法過去で表すが，**過去の事実に反することは仮定法過去完了で表す。**

► **if 節内で時制をずらす（過去時制→過去完了）と，話者の考える可能性が消され「過去」の想像上のことになる**と考える。

○ 本問は，get so wet「そんなにぬれる」の表現から，主節を仮定法過去完了の形で(I) wouldn't have got so wet とまとめ，if 節内を動詞の過去完了形を用いて作ればよい。

115 仮定法過去完了 ― 主節の形

○ if 節内の動詞が had known になっていることに着目し，文意から仮定法過去完了だと見抜く。主節の動詞は would have done となるので④ would have changed を選ぶ。

116 仮定法過去完了 ― if 節の形

○ 主節の動詞が would have done の形になっていることに着目し，文意から仮定法過去完了だと見抜く。if 節内の動詞は had done となるので② told を had told と修正する。

117 直説法と仮定法

○ 第2文の仮定法の文意「(過去に)練習していなかったとしても勝っただろう」を正確に把握して，第1文の直説法の文意を考えることが本問のポイント。

114 wouldn't have got so wet if I had left ten minutes later **115** ④
116 ② told → had told **117** ④

KEY POINT 023

118 □□□ If I (　　　) the seminar last year, I would be able to speak English more fluently now.

① had attended　② have attended
③ should have attended　④ were attending 〈立教大〉

119 □□□ I realize that if I ①had followed all the good advice ②that ③has been given to me since childhood, I ④am a better man now. 〈明治学院大〉

KEY POINT 024

120 □□□ If I (　　　) you, I would not have said such nonsense.

① am　② have been　③ were　④ will be 〈玉川大〉

118 去年，そのゼミに通っていたら，今頃は英語をもっとすらすらと話せているだろうに。
119 もし私が子どもの頃から私に与えられてきたすべてのよいアドバイスに従っていたら，今頃もっとよい人間になっているだろうということを私はよくわかっています。
120 私があなただったら，そんなばかげたことは言わなかったでしょう。

仮定法過去と仮定法過去完了の併用形

023 KEY POINT

118 仮定法過去と仮定法過去完了の併用形

R

► **仮定法表現では，主節・if 節において仮定法過去と仮定法過去完了が併用されることがある。**

○ 本問は，if 節に仮定法過去完了を用いて過去の事実の反対の仮定を行い，主節に仮定法過去を用いて現在の事実と反対の推量を行ったもの。if 節に「過去」を表す last year が使われていることに着目すること。

119 仮定法過去と仮定法過去完了の併用形

R

○ 考え方は，問題118と同じ。if 節が仮定法過去完了の形になっていることと，主節に now があることに着目すれば，仮定法過去完了と仮定法過去の併用形だと気づく。仮定法過去の主節の形は「would ＋動詞の原形」なので④ am を would be に修正する。

「不変の真実」に反する仮定

024 KEY POINT

120 「不変の真実」を仮定する場合は仮定法過去

○ 主節が仮定法過去完了になっていることから，if 節は「(その時) 私があなただったら」の内容になるので，If I had been you だと考えられるが，「私はあなたになれない」という「不変の真実」に反する仮定をする場合，「あなたにはなれない」という真実は，特定の過去だけでなく，現在を含むどの時点でも当てはまるので，if 節内の動詞の形は仮定法過去でよく，if I were you で表す。

PLUS 以下の例も同じ。

If English **were** a difficult language to learn, the spread of English around the world would never have begun.
(英語が習得の難しい言語ならば，世界中に広まり始めることは決してなかっただろう)
「英語は習得しやすい言語だ」という「不変の真実」は，特定の過去だけでなくどの時点でも当てはまると書き手［話者］が考えているので，主節は仮定法過去完了の形だが，if 節は仮定法過去の形を用いている。

118 ①　**119** ④ am → would be　**120** ③

1 文法　2 語法　3 イディオム　4 会話表現

KEY POINT 025

121 What would happen to your family if you (　　　) be transferred abroad for work?
□□□
① will　② might　③ were to　④ shall　〈関西学院大〉

122 (　　　), please give him my best regards.
□□□
発展↑
① If you had happened to see him
② If you happened to see him
③ If you happen to see him
④ If you should have happened to see him　〈慶應義塾大〉

KEY POINT 026

123 (a) I am sorry that I am not in Paris now.
□□□
(b) I wish (　　　) (　　　) in Paris now.　〈津田塾大〉

TARGET 15 if S should do ...

● **if S should do ...,** で if 節を表す表現は，**if S were to do ...,** とほぼ同意だが，前者は，主節に助動詞の過去形だけでなく，助動詞の現在時制が用いられる場合も多い。また，主節が命令文になっていることもある。

If anything should happen, please **let** me know immediately.
（もし何かあれば，すぐに私に知らせてください）

● **if S should do ...,** は「まずあり得ないだろう」という話者の判断を表す表現なので，未来［現在］の実現性の低いことを仮定する場合には用いるが，実現性のないことを仮定する場合には用いない。たとえば，「息子が生きているなら 20 歳になっているだろう」は If my son were alive, he would be twenty years old. と表現できるが，（×）If my son should be alive, ... とすることはできない。

TARGET 16 S wish＋仮定法

(1) S wish ＋S′＋動詞の過去形（仮定法過去）**...**
「S は S′が…すればよいのにと思う（現在の事実と反対の事柄の願望）」

(2) S wish ＋S′＋動詞の過去完了形（仮定法過去完了）**...**
「S は S′が…すればよかったのにと思う（過去の事実と反対の事柄の願望）」

121 もしあなたが外国に転勤することになれば，あなたの家族はどうなるだろう。
122 万が一，彼を見かけるようなことがあったら，私がよろしくと言っていたと伝えてください。
123 (a) 今パリにいないのは残念だ。
(b) 今パリにいればと思う。

if S were to do ... / if S should do ...

025 KEY POINT

121 if S were to do ... と if S should do ...

R

► **If S were to do ... , S′＋would / could / might / should＋動詞の原形～.** の形は，一般に未来の事柄に対する仮定を表す。仮定法過去の1つの表現形式だが，**were to do ...** は「be ＋ to 不定詞」(→ TARGET 23 (1)) の過去形であり，未来の意味を含んでいる。

► この表現は，比較的実現の可能性の低い仮定を表すとされているが，現実には，かなり実現性の高い場合にも用いる。if 節内の時制の移行（現在時制→過去形）はあくまでも，話者の考える可能性が消えるだけであり，客観的な実現の可能性が消えるわけではない。下記例文参照。

If it were to rain tomorrow, how disappointed would my son be?
（明日，雨が降れば，息子はどんなにがっかりするだろうか）

PLUS **happen to A**「(…が) A に起こる」は重要。

PLUS 同じような意味を表す **if S should do ...**「S が (万一) …すれば」も重要。(→ TARGET 15, 122, 144)

122 直説法で表す if 節

○ 主節が命令文なので（仮定法の形になっていないので），if 節内の動詞の形は直説法で表すと考える (→109)。**時・条件を表す副詞節内では現在形を用いる** (→20) ので③ If you happen to see him を選ぶ。

PLUS ただし，問題121で扱った **if S should do ...** を用いて，If you should see him とすることも可。この **should** は「**偶然性**」を表し，if 節内で用いると節内の可能性を下げる働きがある。if 節内の **should do ...** は **happen to do ...**「偶然…する」と同意。

PLUS **if S should do ...** の強調表現である **if S should happen to do ...** (→144) も押さえておきたい。したがって，④ If you should have happened to see him (×) は **If you should happen to see him** (○) なら可。

PLUS **give A my best regards = give my best regards to A**「A によろしく伝える」は重要表現。(→1074)

S wish ＋ S′＋仮定法

026 KEY POINT

123 S wish ＋ S′＋動詞の過去形（仮定法過去）

W

► **S wish** は，後に続く **that 節内で仮定法の if 節の動詞の形を用いる** (that はよく省略される)。

○ 本問は，現在の事実と反対の事柄の願望を表すので，S wish (that) S′ ＋動詞の過去形 ... の形になる。(→ TARGET 16 (1))

121 ③ **122** ③ **123** I were[was]

124 I wish I (　　　) that guy from Tokyo for his e-mail address last night.
□□□ ① asked　② had asked　③ was asking　④ would ask　〈南山大〉

125 I can't hear him. I wish he (　　　) a little louder.
□□□ ① would speak　② will speak　③ speaks　④ can speak　〈南山大〉

126 A: He's a good skier, isn't he?
□□□ B: Yes, he really is. I wish I (　　　) like him.
① can ski　② could ski　③ ski　④ will ski　〈センター試験〉

KEY POINT 027

127 I'd rather you (　　　) me. I can do it all by myself.
□□□ ① didn't help　② won't help
③ have not helped　④ were helping　〈上智大〉

128 (　　　) I had studied English much harder when I was young!
□□□ ① How　② If only　③ What　④ Wishing　〈成城大〉

124 東京から来たあの男性に，昨日の夜メールアドレスを聞いておけばよかったと思います。
125 彼の声が聞こえない。もう少し大きな声で話してくれたらいいのに。
126 A: 彼はスキーが上手ですよね。
B: ええ，本当にそうです。私も彼のように滑れたらと思います。
127 あなたは私を手伝ってくれなくていいのに。私は自分一人でできます。
128 若い頃にもっと英語を勉強しておけばよかった！

124 S wish＋S′＋動詞の過去完了形（仮定法過去完了） W

○「昨夜メールアドレスが欲しいと頼まなかった」という過去の事実の反対を想定しているので，**S wish (that) S′＋動詞の過去完了形 ...** の形になる。（→ TARGET 16 (2)）

PLUS **ask A for B**「A に B をくれと頼む」は重要表現。

125 S wish S′ would do ...

► **S wish S′ would do ...** は「S は S′が（これから）…してくれればよいと思う」の意味を表す。

○ TARGET 13で，if 節内の動詞表現が「助動詞の過去形＋動詞の原形」となり，助動詞の意味が含まれる場合があることに触れたが，S wish の後に続く that 節内（→123）でも「助動詞の過去形＋動詞の原形」になる場合がある。本問はその例。

126 S wish S′ could do ...

○ 考え方は問題125と同じ。**S wish S′ could do ...** で「S は S′が…できればいいのにと思う」の意味を表す。

PLUS 以下の文は，**S wish S′ could have done ...**「S は S′が（過去に）…できればよかったのにと思う」の例。（→114, TARGET 14）
The play was very interesting. **I wish you could have been there.**
（その芝居はとてもおもしろかった。君も来られたらよかったのに）

S would rather＋S′＋仮定法／If only＋仮定法 027 KEY POINT

127 S would rather S′＋動詞の過去形 ... S

► **S would rather (that) S′＋動詞の過去形 ...** は，問題123で扱った **S wish (that) S′＋動詞の過去形 ...** と同意。慣用表現として押さえる。

PLUS 以下の文は，**S would rather (that) S′＋動詞の過去完了形 ...** の例。
I **would rather** you hadn't told her the truth.
= I **wish** you hadn't told her the truth.
（あなたが彼女に本当のことを言わなければよかったのにと思います）

128 If only S＋動詞の過去完了形 ...!

► **If only S＋動詞の過去完了形 ...!** は **I wish S＋動詞の過去完了形 ...** と同意で **I wish** よりも強い言い方。

PLUS **If only S＋助動詞の過去形＋動詞の原形 ...!** も重要。
If only I could speak English as fluently as you!
= **I wish** I could speak English as fluently as you.
（あなたくらい英語がすらすら話すことができればと思う）

124 ②　125 ①　126 ②　127 ①　128 ②

KEY POINT 028

129 □□□ It is high time you (　　　) a new business.

① start　② started　③ will start　④ will have started　〈法政大〉

130 □□□ 発展↑ When I was a child, the man treated me as if I (　　　) his own daughter.

① am　② have been　③ were　④ will be　〈近畿大〉

131 □□□ ヴィンセントは何でも知っているかのような口のきき方をする。

(as / everything / he / if / knew / know / talked / talks / Vincent).
(2語不要)　〈東京理科大〉

132 □□□ He spoke (　　　) he knew all about our plans when in fact he knew nothing about them.

① that　② as though　③ even though　④ although　〈慶應義塾大〉

133 □□□ When Mary came back, she looked pale as if she (　　　) a ghost.

① saw　② has seen　③ had seen　④ sees　〈相模女子大〉

134 □□□ The flame that seemed as if it (　　　) last forever has begun to fade.

① is　② was　③ will　④ would　〈明治学院大〉

TARGET 17 「主節＋as if 節」の注意点

(1) He **speaks** as if he were an expert.（彼はまるで専門家のように話す）

(2) He **spoke** as if he were an expert.（彼はまるで専門家のように話した）

(3) She said to him,"You speak as if you were an expert."

→ She told him that he spoke as if he were an expert.

[時制の一致]　[直説法の時制の一致は受けない]

129 君は新しいビジネスを始めてもよい時期だ。

130 私が子どもの頃，その男性は私をまるで自分の娘のように扱った。

132 彼は，私たちの計画について何でも知っているかのように話したが，実際にはそれについて何も知らなかった。

133 メアリーが戻ってきたとき，彼女はまるで幽霊を見たかのように顔色が真っ青だった。

134 永遠に続くかと思われた炎が消え始めた。

It is (high) time + S +仮定法過去／as if[though]+仮定法 028 KEY POINT

129 It is (high) time S +動詞の過去形 … W

► **It is time S +動詞の過去形（仮定法過去）…** は,「Sは…してもよい時期[時間]だ」の意味を表す。慣用的な表現として押さえておこう。

PLUS **It is high time S +動詞の過去形**であれば,「当然…してもよい時期 [時間] だ」, **It is about time S +動詞の過去形**であれば「そろそろ…してもよい時期 [時間] だ」のニュアンスになる。

130 S +動詞の過去形 … + as if S′+動詞の過去形 … R

► **as if S +動詞の過去形（仮定法過去）…** は,「まるでSが…するかのように」の意味を表す。

○ 仮定法過去の if 節では，原則として were を使うので，③ were を選ぶ。

PLUS 問題113で扱ったが，仮定法の動詞は，直説法の動詞の時制の支配は受けない。したがって，主節の動詞が現在であれ過去であれ，その時点で「…するかのように」であれば，仮定法過去（動詞の過去形）を用いるし，それよりも前の時点で「…したかのように」であれば，仮定法過去完了（動詞の過去完了形）を用いることに注意。（→ TARGET 17 (2)）

131 S +動詞の現在形 … + as if S′+動詞の過去形 … R

○ 問題130で扱った **as if S +動詞の過去形 …** を用いるのが本問のポイント。

132 S +動詞の過去形 … + as though S′+動詞の過去形 … R

○ **as though S +動詞の過去形 …**「まるでSが…するかのように」は，**as if S +動詞の過去形 …** と同意。

133 S +動詞の過去形 … + as if S′+動詞の過去完了形 … R

○ 問題130で述べたように，she looked pale の時点より前に「幽霊を見たかのように」という仮定状況があったのだから，as if 節は仮定法過去完了（動詞の過去完了形）を用いる。

134 S +動詞の現在形 … + as if S′ would do … R

► TARGET 13，問題125で述べたように，**仮定法の if 節内の動詞表現は「助動詞の過去形+動詞の原形」となることがある。**それと同様に，**as if 節にも,「as if S +助動詞の過去形+動詞の原形 …」の形がある**ことに注意。

---

129 ② **130** ③
131 Vincent talks as if he knew everything（不要語：know, talked） **132** ②
133 ③ **134** ④

135 空模様から判断すると，雪になりそうだ。
□□□ Judging from the look of the sky, (looks / as / it / it is / if / snow / to / going). 〈早稲田大〉

KEY POINT 029

136 (for / it / not / if / air / were), all animals would die. 〈中央大〉
□□□

137 If (　　) her kind help, I would have missed the deadline.
□□□ ① it were not for　② it had not been for
③ without　④ with 〈大阪薬科大〉

138 Science would make (much less progress / the computer network / to exchange / used by many scientists / without) ideas. 〈センター試験〉
□□□

139 (　　) the traffic accident, we would have arrived earlier.
□□□ ① But for　② Just only　③ Out of　④ The same as 〈名古屋工大〉

KEY POINT 030

140 (　　) it a little warmer, I would go out for a walk.
□□□ ① Have been　② Had been　③ Were　④ Been 〈日本大〉

136 空気がなければ，すべての動物は死んでしまうだろう。
137 彼女の親切な手助けがなかったら，私は締め切りを守れなかっただろう。
138 多くの科学者がアイデアをやり取りするコンピューターネットワークがなければ，科学の進歩はずっと小さなものになるだろう。
139 その交通事故がなかったら，私たちはもっと早く到着しただろう。
140 もう少し暖かければ，散歩に出かけるのに。

135 as if 節内で直説法の動詞を用いる場合

► as if 節内で直説法の動詞表現が用いられることがあることに注意。直説法の動詞を用いるか，仮定法の動詞を用いるかは話者の判断。一般に，**as if 節内の可能性を考える場合には，直説法の動詞を用い，as if 節内の可能性を消したい場合には，仮定法の動詞を用いる**。

○ 本問の場合は，直説法の動詞で表現しているので，話者は「これから雪が降る」ことを想定していると考えればよい。

仮定法を用いた慣用表現〈if it were not for A〉など 029 KEY POINT

136 if it were not for A

► **if it were not for A**「(現在) A がなければ」は慣用化した仮定法過去の表現。**主節は**原則として**仮定法過去 (助動詞の過去形＋動詞の原形) の形をとる**。

137 if it had not been for A

► **if it had not been for A**「(過去に) A がなかったならば」は慣用化した仮定法過去完了の表現。主節は，原則として**仮定法過去完了 (助動詞の過去形＋ have done) の形をとる**。

138 仮定法での without A

► **without A** は，仮定法において，「A がなければ／ A がなかったら」の意味で用いる慣用表現。**but for A** も同意。

○ 本問は，without A を without the computer network used by many scientists to exchange ideas「多くの科学者がアイデアをやり取りするコンピューターネットワークがなければ」とまとめられるかがポイント。

PLUS **make progress**「進歩する」は重要表現。

139 but for A = without A

○ **but for A**「A がなければ／ A がなかったら」が本問のポイント。

接続詞 if の省略 030 KEY POINT

140 接続詞 if の省略 − Were S＋C

► **仮定法の if 節に，倒置形 (疑問文の語順) を用いることによって，接続詞 if が省略されることがある。**

○ **If S were C**「S が C ならば」を **Were S ＋ C** という if を省略した倒置形で表す。

135 it looks as if it is going to snow **136** If it were not for air **137** ②
138 much less progress without the computer network used by many scientists to exchange **139** ① **140** ③

141 □□□

(　　　) to Washington, he would have visited Patty.

① He had gone　② Had he gone
③ If going　④ Did he gone 〈関西外大〉

142 □□□

太陽や月や星は，たまたま貪欲（どんよく）な人間の手の届くところにあったとすればとうの昔になくなっていただろう。

The sun, the moon and the stars would have disappeared long ago, (within / happened / of / had / be / where / to / reach / they) greedy human hands.（1語不要） 〈慶應義塾大〉

143 □□□

(　　　) she to tell us what really happened, we could do our best to solve her problems.

① Were　② Would　③ If　④ Should 〈上智大〉

144 □□□

(　　　) you happen to meet them, please give them my best regards.

① Shall　② Should　③ Will　④ Would 〈立命館大〉

145 □□□

あの非常にうまい守備のプレーがなければ，そのゲームに負けてしまっただろう。

(been / for / had / it / not / that) great defensive play, we would have lost the game. 〈近畿大〉

KEY POINT 031

146 □□□

(　　　) a little more effort, he would have succeeded.

① For　② But　③ Owing to　④ With 〈立命館大〉

147 □□□

It rained heavily, (　　　) I would have played tennis outside.

① then　② otherwise　③ since　④ because 〈中央大〉

141 彼がワシントンに行っていたら，パティを訪ねていたでしょうに。
143 彼女が実際に起こったことを私たちに話してくれれば，私たちは彼女の問題を解決するために最大の努力をすることができるのに。
144 もし彼らに会うことがあったら，よろしくとお伝えください。
146 もう少し努力していれば，彼は成功しただろうに。
147 激しく雨が降っていました。そうでなかったら，私は外でテニスをしたでしょう。

141 接続詞 if の省略→ Had S done ...

○ **If S had done**「（過去に）S が…していたなら」を **Had S done** という if を省略した倒置形で表す。

142 接続詞 if の省略 − had S done ...

○ 問題141でテーマ化した **had S done** の形を想定して，had they happened to be と作り，**within reach of A**「A の手の届くところに」の表現を続ける。

PLUS **happen to do ...**「たまたま…する」，**within reach of A**「A の手の届くところに」は重要。

143 接続詞 if の省略 − Were S to do ...

○ 問題121でテーマ化した **If S were to do ...**「S が（これから）…するならば」を **Were S to do ...** という if を省略した倒置形で表す。

144 接続詞 if の省略 − Should S do ...

○ 問題122で扱った **If S should happen to do ...**「S が（万一）…すれば」を **Should S happen to do ...** という if 節を省略した倒置形で表す。

145 接続詞 if の省略 − Had it not been for A

○ 問題137でテーマ化した **If it had not been for A**「A がなかったなら」を **Had it not been for A** という if を省略した倒置形で表す。

if 節を用いない仮定法の表現

031 KEY POINT

146 if 節の代用 − with A

► **with A** は，仮定法において「A があれば／A があったなら」の意味で用いる慣用表現。問題138でテーマ化した **without A**「A がなければ／A がなかったら」と一緒に覚えておこう。

147 if 節の代用 − otherwise

► 仮定法の文脈での副詞 **otherwise**［接続詞 **or**］「そうしなかったら／さもなければ」は，前述の内容を受けて，その反対の内容を仮定する表現で用いられる。

○ 本問の **otherwise** は **if it had not rained heavily** の内容を表す。

141 ②　**142** had they happened to be within reach of（不要語：where）　**143** ①
144 ②　**145** Had it not been for that　**146** ④　**147** ②

1 文法 2 語法 3 イディオム 4 会話表現

148 □□□
A: What did you think of last night's game?
B: The team played well, but they (　　) better in the first twenty minutes.
① could've done　② didn't do
③ hadn't done　④ must've done　〈センター試験〉

149 □□□
The man at the window must be a spy, since he works slowly and keeps looking around. A real cleaner (　　) the windows twice.
① had never washed　② was not washing
③ would not wash　④ did not wash　〈慶應義塾大〉

150 □□□
フランス人ならばその光景を違う観点から説明するだろう。
(describe / if / would / be / a Frenchman) the scene from a different point of view. (2語不要)　〈東京理科大〉

151 □□□
(　　) her talk, you would think that she was an actress.
① Hear　② Heard　③ In hearing　④ To hear　〈上智大〉

152 □□□
I (　　) happy to see him, but I didn't have time.
① will have been　② would be
③ will be　④ would have been　〈慶應義塾大〉

153 □□□
A few years ago it (　　) for Japan to send troops overseas.
① would have been inconceivable　② could be inconceivable
③ is inconceivable　④ will have been conceivable
〈桜美林大〉

154 □□□
Forty seconds earlier, (　　) we could have caught the last train.
① but　② and　③ or　④ otherwise　〈駒澤大〉

148 A: 昨夜の試合はどう思った？
B: チームはがんばったけれど，最初の20分間はもっとうまくやれただろうね。
149 窓のところにいる男はスパイに違いない。なぜなら，彼はゆっくりと作業して，ずっとあたりを見回しているからだ。本物の清掃員なら，窓を2回も洗ったりしないものだ。
151 彼女が話すのを聞けば，彼女が女優だったと思うことだろう。
152 彼に会っていたらうれしかったでしょうが，時間がありませんでした。
153 2，3年前だったら，日本が軍隊を海外に送るなどということは考えられなかっただろう。
154 40秒早かったら，私たちは最終列車に間に合っていただろう。

148 条件を表す表現がない仮定法

► 仮定法表現で条件を表す表現がなく，話者の心の中でのみ「…しようと思えばできただろうに」などといった気持ちが働いている場合がある。

○ 本問はその例。A の文の内容から過去の文脈だと気づき，仮定法過去完了の主節の形である① could've done を選ぶ。

PLUS 以下の文も同じ例。
You have done very well, but you **could have done better**.
（君はとてもうまくやったよ。でも（やろうと思えば）もっとうまくやれただろう）

149 主語に仮定の意味 W

► 仮定法表現では，**if 節の代わりに主語に仮定の意味が含まれている**場合がある。

○ 本問は，主語の **A real cleaner**「本物の清掃員なら」に条件が含まれている。**If he were a real cleaner**, he would not wash the windows twice. と書き換えることができる。

150 主語に仮定の意味 W

○ 考え方は問題149と同じ。**A Frenchman**「フランス人なら」を主語にして仮定法過去の主節の形で動詞を would describe とまとめればよい。

151 不定詞に仮定の意味 － To hear her talk,

► 仮定法表現では，**if 節の代わりに不定詞に仮定の意味が含まれる**場合がある。

○ 本問の **To hear her talk**「彼女が話すのを聞けば」は，**If you heard her talk** の意味を表す。

152 不定詞に仮定の意味 － to see him

○ 副詞用法の不定詞 **to see him** に「（私が）彼に会っていたならば」という条件の意味を含ませたもの。**to see him** は **if I had seen him** の意味を表す。

✖ ② would be（×），③ will be（×）なら，I would[will] be happy to see him, but I don't have time. となるはず。

153 副詞句に仮定の意味 － A few years ago S would have done ... R

○ **A few years ago**「2，3年前だったら」**に仮定の意味が含まれている**ことを見抜けば，仮定法過去完了の形になることに気づく。したがって，① would have been inconceivable を選ぶ。

154 副詞句 , and ＋仮定法

► 「**副詞句 , and ＋仮定法**」は，「…すれば，〜だっただろう」の意味を形成する。

PLUS 「**名詞句 , and ＋仮定法**」も同類の表現。
One more step, and I would have fallen off the cliff.
（もう一歩進んでいれば，私は崖から落ちていただろう）

---

148 ①　**149** ③　**150** A Frenchman would describe（不要語：if, be）　**151** ④
152 ④　**153** ①　**154** ②

R 英文読解問題 ・ W 英作文問題 に挑戦！ 1

（第1章 時制～第4章 仮定法）

問題

01 私たちは人生のほとんどの時間を睡眠か仕事に費やしている。 〈福島大〉

02 Bacteria have been evolving to resist the drugs designed to kill them since the first antibiotic was discovered in 1928. 〈愛知県立大〉

03 ここでどれくらい働いているんですか？ 〈愛知県立大〉

04 More concern over people's health must be taken into consideration when architects design a new office, park or shopping mall. 〈高崎経済大〉

05 行きたくなければその会合に行く必要はありません。 〈岩手医科大〉

06 人々はもはや前と同じようなやり方で計画を立てない。 〈明治大〉

07 私は大丈夫です，でもあんなに食べなきゃ良かった。 〈愛知教育大〉

08 もし1年の休みを取れるとしたら，あなたはどんなことをしたいですか。 〈成城大〉

01 現在時制 ― 不変の真理（➔2）

○ 本問は，「不変の真理」を表しているので現在時制で表す。全体の構造は，S spend A (in) doing ... .「S は…するのに A（時間）を使う」（➔225）とすればよい。A は most of the time, almost all (of) the time（➔390, 391）, doing ... は sleeping or working で表現できる。

02 現在完了進行形（➔28）

○ 本問の have been evolving「進化してきた」は，現在完了進行形（have been doing）で「現在までの動作の継続」を表す。to resist the drugs「薬に耐えるために」は「目的」を表す副詞用法の不定詞（➔176）。designed to kill them (= bacteria)「バクテリアを殺すために設計された」は過去分詞句の後置修飾（➔238, 239）。since は接続詞で since S was discovered で「S が発見されて以来（ずっと）」の意味を表す。

03 現在完了進行形（➔28）

○ **02** で扱った現在完了進行形（have been doing）で表現する。「どれくらい（の時間の長さ）」は，how long で表す（➔TARGET 59）。「ここで働く」は work here と表現できる。

Hint

02 **evolve**「進化する」，**design A to do**「A を…するように設計する」，**antibiotic**「抗生物質」
04 **concern over A**「A に対する懸念」，**architect**「建築家」，**shopping mall**「ショッピングモール」

04 助動詞＋ be done (➔52)

○ 助動詞がある場合の受動態は「助動詞＋be done」で表す。本問は，must take A into consideration「A を考慮しなければならない」の受動態 A must be taken into consideration となっている。

05 don't have to do ...「…する必要はない」(➔73)

○「…する必要はない」は don't have to do ... で表現できる。don't need to do ..., need not do ...(➔74)でも可。「会合に行く」は「会合に出席する」と考えて，attend the meeting で表現できる(➔633, 762)。「行きたくなければ」は if you don't want to (attend it) とすればよい。attend it は省略して，代不定詞の to だけ用いる(➔188)。

06 used to do ... の用法 (➔82)

○「人々はもはや計画を立てない」は no longer「もはや…ない (= not ... any longer)」(➔315)を用いて People no longer make plans と表現する。「前と同じようなやり方で」は過去の習慣的動作を表す used to do ...「…したものだ」，(in) the way S + V ...「…するやり方で (= as S + V ...)」(➔527)を用いて，(in) the way they used to do(= as they used to do) と表現すればよい。

07 should not have done ... (➔104, 105)

○「でもあんなに食べなきゃ良かった」は but で文をつなぎ，should not have done ...「…すべきではなかったのに」(= ought not to have done ...) を用いて I shouldn't[ought not to] have eaten so much と表現できる。

08 仮定法過去の基本形 (➔110)

○ 本問は，話者の想像上のことなので仮定法過去で表現する。「もし1年の休みを取れるとしたら」は you can take a year off「あなたは1年の休みを取れる」を想定し，if you could take a year off, と表現する。「どんなことをしたいですか」は「S + would ＋動詞の原形～」から，what would you like to do? と表現すればよい。

解答例

01 **We spend almost all of the time of our lives (in) sleeping or working.**

02 **バクテリアは，1928 年に最初の抗生物質が発見されて以来，バクテリアを殺すために設計された薬に耐えるように進化してきた。**

03 **How long have you been working here?**

04 **建築家たちが新しいオフィス，公園，あるいはショッピングモールを設計する際には，人々の健康に対するより多くの懸念が考慮に入れられなければならない。**

05 **You don't have[need] to attend the meeting if you don't want to.**

06 **People no longer make plans (in) the way they used to (do).**

07 **I'm all right[OK], but I shouldn't have eaten so much.**

08 **If you could take a year off, what would you like to do?**

問題

09 If you had an interview with the president of a major corporation, you might be shocked and flattered to see how closely that person listened to your words. 〈富山大〉

10 その自転車がもう少し安かったら，彼は買っていただろう。 〈学習院大〉

11 生まれてくる時代を間違えた，もっと昔に生まれたかったと思ったりします。 〈大分大〉

12 私にもう少し経験と知識があれば，誰もが難しいと思うその仕事を成し遂げられるだろう。 〈慶應義塾大〉

13 If we were to make everything we think public by saying it aloud, it would sometimes be quite embarrassing, or face-threatening, not only for the speaker, but for both (or all) parties. 〈東京大〉

14 It's easy to picture Freud worrying about his friend's surgery, spending hours sunk in his armchair, sighing, "If only I could see her once more." 〈一橋大〉

09 仮定法過去の基本形 (➔110)

○ 本問は，if 節と主節の形から，仮定法過去であることを見抜く。if 節内の have an interview with A は「A と面談［会見］する」の意味を表す。主節の to see ... は感情の原因「…とわかって」を表す副詞用法の不定詞句 (➔169)。したがって，be shocked and flattered to see how closely S + V ... は「いかに注意して…するかわかって，驚き喜ぶ」の意味を表す。

10 仮定法過去完了の基本形 (➔114)

○ 本問は，過去の事実に反する事柄を表しているので，仮定法過去完了を用いる。if 節は，the bicycle is a little cheaper, 主節は he will buy it を想定し，仮定法過去完了の形で書けばよい。

11 S wish + S′+動詞の過去完了形 ... (➔124)

○ 本問は，過去の事実と反対の事柄の願望を表しているので「S wish+S′+動詞の過去完了形」の形を用いる。「生まれてくる時代を間違えた，と思ったりします」は「私はときどき間違った時代に生まれたと感じる」と考えて，I sometimes feel that I was born into[in] the wrong era[times / period] と表現できる。「もっと昔に生まれたかった」は，I wish I had been born earlier. と表現すればよい。

Hint

09 **major corporation**「大企業」，**be flattered**「うれしく思う」，**listen to A**「A に耳を傾ける」

13 **embarrassing**「きまりが悪い，当惑させるような」(➔ TARGET 99)，**face-threatening**「面目をつぶすよう 面目を失わせる」，**speaker**「話し手」，**both parties**「当事者双方」

14 **surgery**「外科手術」，**spend A**「A（時間）を使う」，**sunk in his arm chair**「肘かけ椅子に深く座っ **sigh**「(…だと) ため息まじりに言う」

12 副詞句 with A に仮定の意味 (➔146)

○ 本問は，仮定法で「A があれば／A があったなら」の意味を表す with A を用いて表現できる。「もう少し経験と知識があれば」は with a little more A and B の形でまとめられる。if 節を使って，If I had a little more A and B で表現してもよい。「誰もが難しいと思うその仕事」は連鎖関係代名詞節 (➔444) と形容詞の意味を限定する副詞用法の不定詞を用いた A is hard to do「A（仕事）はするのに難しい」(➔173, 174, 175) を用いて，the task[work / job] (which) everyone thinks is hard to do と表現できる。

13 If S were to do ...「S が（これから）…すれば」(➔121)

○「If S were to do ... , S′ would＋動詞の原形 ～」は一般に未来の事柄に対する仮定を表す。make everything we think public は make O ＋ C「O を C にする」の形で everything we think「私たちが思うすべてのこと」が目的語，public「公の，公開の」が補語となっている。not only for A, but for B は「A にとってだけでなく，B にとっても」の意味 (➔471)。

14 If only S ＋助動詞の過去形＋動詞の原形 ... (➔128)

○ If only S could do ...「S は…することができさえすれば」は，I wish S could do ... と同意。本問の If only I could see her once more は「私がもう一度彼女に会うことができさえすれば」の意味を表す。主語の It は形式主語で to picture 以下の不定詞句を指す。picture は picture A doing で「A が…しているのを想像する」の意味を表すが，本問は，to picture Freud worrying ... , ～ , ～ の構造となっている。

解答例

09 もしあなたが大企業の社長と面談すれば，その人物がどれほど注意深くあなたの言葉に耳を傾けるかがわかって驚き喜ぶかもしれない。

10 **If the bicycle had been a little cheaper, he would have bought it.**

11 **I sometimes feel that I was born into[in] the wrong era[times / period] and wish I had been born earlier.**

12 **With a little more experience and knowledge, I could accomplish[complete] the task (which) everyone thinks is hard to do.**

13 もし思っているすべてのことを口に出して公にしたならば，それは話し手にとってだけではなく当事者双方（あるいはすべての人）にとってもかなりきまりが悪くなるか，面目をつぶしたりすることにもなりかねないだろう。

14 フロイトが肘かけ椅子に深く座って何時間も過ごし，「もう一度彼女に会うことができさえすればなあ」とため息まじりに言って，友人の手術のことを心配している姿を想像するのはたやすいことだ。

第5章 不定詞

KEY POINT 032

155 □□□ To (resort / has / to / a / hot-spring / go) long been my favorite pastime. 〈獨協大〉

156 □□□ My (to / novel / dream / a / write / is) in English. 〈中央大〉

157 □□□ My suggestion is for more trees (　　) along the streets.
① planting　② to be planted　③ to be planting　④ to plant 〈京都産業大〉

158 □□□ (　　) swim across the river.
① You are easy to　② It is easy for you to
③ It is easy to you to　④ It is easy you to 〈昭和大〉

159 □□□ It was heartless (　　) him to say such a thing to the sick man.
① of　② on　③ in　④ about 〈早稲田大〉

160 □□□ 大吹雪のために時間通りにそこに着くことができなかった。
The heavy snowstorm (us / get / for / impossible / to / it / made) there on time. 〈中央大〉

TARGET 18 It is ... of A to do ～で用いられる形容詞

- **kind**「親切な」
- **considerate**「思いやりがある」
- **polite**「礼儀正しい」
- **rude**「不作法な」
- **clever**「利口な」
- **wise**「賢い」
- **foolish**「愚かな」
- **stupid**「愚かな」
- **careless**「不注意な」
- **cruel**「冷酷な」 など

155 温泉リゾート地に行くことが，長いこと私の大好きな気晴らしになっています。
156 私の夢は英語で小説を書くことです。
157 私の提案は，もっと多くの樹木を通り沿いに植えるということです。
158 あなたがその川を泳いで渡るのは簡単だ。
159 病気の人にそんなことを言うなんて，彼は思いやりがなかった。

名詞用法の不定詞

032 KEY POINT

155 名詞用法の不定詞 ― 主語

► **文中で主語，動詞の目的語，補語になる名詞的役割を果たす不定詞は，名詞用法の不定詞**と呼ばれる。

○ 本問は，主語に To go to a hot-spring resort を立てられるかがポイント。

156 名詞用法の不定詞 ― 補語

○ **S is to do ...** の形を意識し，to write a novel in English を補語としてまとめる。

157 不定詞の意味上の主語

► **不定詞の意味上の主語を明示する場合，for A（代名詞／名詞）を不定詞の直前に置く。**

○ **for A to do ...** が補語となっているが，不定詞の意味上の主語である more trees と plant「…を植える」が受動関係になっているので，② to be planted を選ぶ。

158 It is ... (for A) to do 〜

R

► 不定詞が主語になる場合は，形式主語 it を用いて，不定詞句を後置し，文のバランスをとることもある。**It is ... (for A) to do 〜**「（A が）〜するのは…だ」の形式主語構文はその代表例。

✖ ① You are easy to（×）は不可。形容詞の easy は，原則として「人」を主語にとらない。

159 It is ... of A to do 〜

► It is ... to do 〜の形式主語構文で「人」を不定詞の意味上の主語として使い，人の「性質・性格」を表す語が補語にくる場合，**It is ... of A（人）to do 〜**の形になる。一般にこの形は A（人）is ... to do 〜の形に言い換えることができる。（→ TARGET 18）

160 make it impossible for A to do 〜

W

► **make A C**「A を C にする」のような第5文型をとる動詞の目的語 (A) を名詞用法の不定詞とする場合は，必ず形式目的語の it を用いて，不定詞を補語 (C) の後に置く。

○ 本問は，**S make it impossible for A to do 〜**「S のために A は〜できない」の形を作るのがポイント。

155 go to a hot-spring resort has　**156** dream is to write a novel　**157** ②　**158** ②
159 ①　**160** made it impossible for us to get

KEY POINT 033

161 正直言って，何を言ってよいかわからない。

□□□ Honestly, (don't know / I / what / saying / to say). (1語(句)不要)

〈立命館大〉

162 いつその計画を始めるかもっと真剣に議論すべきです。

□□□ When (project / start / the / be / to / should) discussed more seriously.

〈関西学院大〉

KEY POINT 034

163 A: Mom, can you type my paper?

□□□ B: I don't have time (　　　) it right now. Maybe later.

① to be doing ② to do ③ to doing ④ to have done

〈関西学院大〉

164 The bus company has started (its / more / hire / implementing / to / drivers / policy / experienced). Maybe that's why there are more older drivers now.

□□□

〈早稲田大〉

165 The last person (　　　) the office will have to turn off all the lights.

□□□ ① to be left ② to leave ③ who leave ④ for leaving

〈鹿児島大〉

166 We have a lot of problems (　　　).

□□□ ① to deal ② for dealing ③ to deal with ④ to be dealt

〈南山大〉

163 A: 母さん，僕のレポートをタイプしてくれる？
B: 今はそれをする時間がないわ。後でね。

164 そのバス会社は経験豊富なドライバーを雇う方針を実行し始めた。今，年齢の高いドライバーが増えているのは，ひょっとしたらそれが理由かもしれない。

165 最後にオフィスを出る人は，照明をすべて消さなければならないでしょう。

166 私たちには対処すべき多くの問題がある。

疑問詞＋不定詞

033 KEY POINT

161 疑問詞＋ to 不定詞 － what to do

▶「**疑問詞＋ to 不定詞**」は名詞句となり，文中で主語・動詞［前置詞］の目的語・補語になる。

○ 本問は，don't know の目的語に what to say「何を言うべきか」を立てればよい。

162 疑問詞＋ to 不定詞 － when to start A

▶ **「疑問詞＋ to 不定詞」は，文中で名詞表現として機能する。**

○ When to start the project「いつその計画を始めるのか」を主語に立て，should be done「…されるべき」の形で述語動詞をまとめる。

形容詞用法の不定詞

034 KEY POINT

163 同格関係 － time to do ...

▶ **名詞を修飾する不定詞は，形容詞用法の不定詞**と呼ばれるが，その場合，修飾される名詞 A と不定詞の間には，①**同格関係**（名詞の内容を説明するもの），②**主格関係**（「A が…する」の関係），③**目的格関係**（「A を…する」の関係）の3つの関係が成り立つ。

○ 本問は①同格関係の例。time to do ... で「…する時間」の意味を表す。

PLUS 同格関係の不定詞をとる名詞には **time to do ...** 以外にも **decision to do ...**「…する決心」，**courage to do ...**「…する勇気」，**plan[program / project] to do ...**「…する計画」，**way to do ...**「…する方法」，**policy to do ...**「…する方針」などが代表例。

164 同格関係 － policy to do ...

○ start doing ...「…し始める」から (has started) implementing とする。implement は「…を実行する」の意味であり，その動名詞の目的語を，問題163で扱った **A's policy to do ...**「A が…する方針」を想定して，its policy to hire more experienced drivers とまとめればよい。

165 主格関係 － the last person to do ...

○ 問題163で述べた3つの用法の中で，本問は②主格関係の例。The last person と leave the office「オフィスを出る」の間に「S ＋ V」の関係が成立している。

166 目的格関係，前置詞の残留 － A to deal with

○ 問題163で述べた3つの用法の中で，本問は③目的格関係の例で，a lot of problems が deal with の目的語となっている。**deal with A**「A を扱う，A を論じる」が A to deal with の形となり，前置詞が残る。

---

161 I don't know what to say（不要語：saying）
162 to start the project should be **163** ②
164 implementing its policy to hire more experienced drivers **165** ② **166** ③

167 This apron has no (things / put / in / pocket / to). 〈東洋大〉

□□□

168 われわれは何百回と会っているのだが，話題にこと欠かなかった。

□□□ 発展↑

Although we met several hundred times, (about / never / of / out / ran / talk / things / to / we). 〈立命館大〉

KEY POINT 035

169 お母さんが手術後危機を脱したそうで，よかったですね。

□□□

I'm glad (danger / hear / is / of / out / that / to / your mother) after her operation. 〈成城大〉

170 目を覚ましてみると家が火事になっていた。

□□□

I awoke (find / fire / found / house / on / the / to). (1語不要) 〈学習院大〉

171 (a) I went all the way to my friend's house, but in vain.

□□□

(b) I went all the way to my friend's house, (　　　) to find he wasn't there. 〈西南学院大〉

167 このエプロンには物を入れるポケットが1つもない。

171 (a) わざわざ友人の家まで行ったが，無駄だった。

(b) わざわざ友人の家まで行ったが，彼が不在であることがわかった。

167 目的格関係，前置詞の残留 ― A to put things in

○ 考え方は問題166と同じ。**put things in A**「A に物を入れる」を前提とした A <u>to put things in</u> の表現を考える。

168 目的格関係，前置詞の残留 ― A to talk about

○ talk about things を前提とした things to talk about「話題←話すためのことがら」を ran out of の目的語にする。

PLUS **run out of A**「A を切らす」は重要表現。

副詞用法の不定詞　035 KEY POINT

169 感情の原因 ― be glad to do ...

W

► **glad / happy / angry / sorry / surprised / delighted**「喜んで」/ **hurt**「感情を害して」などの感情や気持ちを表す形容詞や過去分詞の分詞形容詞の後に不定詞を用いることで，感情の原因「…して」を表す。

○ **be glad to do ...**「…してうれしい」の表現から，まず (I'm glad) to hear that を作る。that 節内は，be out of danger「危機を脱している」に気づけばまとめられるはず。

170 結果 ― awake to do ...

► 副詞用法の結果を表す不定詞は，慣用的な表現で用いられる。
① **awake[wake (up)] to find[see] ...**「目が覚めると…だとわかる」, ② **grow up to be C**「成長して C になる」, ③ **live to do ...**「…するまで生きる／生きて…する」が代表例。

○ 本問は① **awake to find ...** の用法。

PLUS **on fire**「燃えて（いる）」は重要。find A on fire で「A が燃えているのに気づく」の意味を表す。

171 逆説的な結果 ― only to do ...

R

► **only to do ...** で，逆説的な結果を表す用法。「(〜したが) 結局…だった」の意味を表す。なお，only to do ... がすべてこの意味になるわけではなく，場合によっては「…するためだけに」という「目的」を表す副詞用法に only がついた場合もあるので注意。

PLUS 本問は，以下のように言い換えることができる。
I went all the way to my friend's house, **but (I) found** he wasn't there.

PLUS **but in vain**「しかしだめだった」(過去時制とともに用いる) は，慣用表現として押さえる。

---

167 pocket to put things in　**168** we never ran out of things to talk about
169 to hear that your mother is out of danger
170 to find the house on fire（不要語：found）　**171** only

172 My grandfather lived (　　　) ninety-two, though he was born weak.
□□□ ① to be　② being　③ for being　④ till he would be　〈成蹊大〉

173 This problem is easy to (　　　).
□□□ ① solve it　② solve　③ be solved　④ solution　〈立命館大〉

174 インフレがひどくなって医療費もなかなかおさえがきかなくなってきた。
□□□ With (control / costs / difficult / are / inflation / medical / soaring, / to).　〈立命館大〉

175 This city is hard (　　　).
□□□ ① living in　② to live in
③ to live in it　④ so that you may live in it　〈獨協大〉

176 Many tourists wait outside Buckingham Palace just (　　　) the changing of the Guards.
□□□ ① for a sight　② catch sight of　③ to seeing　④ to see　〈立命館大〉

TARGET 19 A is ＋形容詞＋ to do「A は…するには～だ」で用いられる形容詞

- **dangerous**「危険な」
- **pleasant**「楽しい」
- **convenient**「便利な」
- **difficult**「難しい」→174
- **impossible**「不可能な」
- **safe**「安全な」
- **comfortable**「快適な」
- **easy**「簡単な」→173
- **hard**「難しい」→175
- **tough**「難しい」

＊**possible** は用いられないので注意。

172 私の祖父は生まれつき体が弱かったが，92歳まで生きた。
173 この問題は解くのが簡単だ。
175 この町は暮らしにくい。
176 多くの旅行者が衛兵の交代を見るためだけにバッキンガム宮殿の外で待つ。

172 結果 ― live to be C

○ 問題170で扱った **live to be C**「C まで生きる」が本問のポイント。

173 形容詞の限定 ― A is easy to do

► 「A is ＋形容詞＋ to do」の形には,「A は〜するには…だ」の意味を表し, **不定詞が形容詞を修飾してその意味を限定する用法**がある。この場合, 主語が不定詞の目的語となる関係が内在しており, 一般に形式主語 it を用いて「**It is ＋形容詞＋ to do A**」の形へと言い換えられる。

○ 本問は, It is easy to solve this problem. と言い換えることができる。solve の目的語である this problem が形式主語の It に取って代わった構造なので, ② solve を選ぶ。

174 形容詞の限定 ― A is difficult to do

○ 和文と文頭の With から付帯状況の表現である **with A doing ...**「A が…している状態で」(→271) を想定し, (With) inflation soaring を作る。次に, 問題173で扱った「**A is ＋形容詞＋ to do**」の形で medical costs are difficult to control とまとめる。

175 形容詞の限定 ― A is hard to live in

R

○ 問題173で扱ったように, It is hard to live in this city. は This city is hard to live in. で言い換えられる。**不定詞句に前置詞の in が残留することに注意。**

PLUS 不定詞が形容詞の意味を限定する用法で不定詞句に前置詞が残留する形は読解で重要。追加で2例を挙げておく。
A man so difficult to please must be hard to work **with**.
= It must be hard to work **with** a man so difficult to please.
(気難しい人と一緒に働くのは厄介に違いない)
I was surprised at how easy the President was to talk **to**.
= I was surprised at how easy it was to talk **to** the President.
(大統領がとても話しやすい人だったことに驚きました)

176 目的 ― just to see A

► **不定詞で「…するために」という「目的」の意味を表す用法がある。**

○ 本問は, to see A の前に just が入った形。**just to see A** で「A を見るためだけに」の意味を表す。

---

172 ① **173** ② **174** inflation soaring, medical costs are difficult to control
175 ② **176** ④

KEY POINT 036

177 □□□ 失礼ですが，私をどなたか他の方と間違っていらっしゃるようですけれど。

Excuse me, but you seem (me / else / for / mistaken / to / somebody / have). 〈立命館大〉

178 □□□ The wall was ①part of the base of a structure ②believed to ③be built ④in the fifth century. 〈早稲田大〉

179 □□□ Students should try (　　) late.

① not be　② to not be　③ to don't be　④ not to be 〈上智大〉

KEY POINT 037

180 □□□ I'm (　　) excited to eat anything.

① enough　② hardly　③ much　④ too 〈関西学院大〉

TARGET 20 副詞用法の不定詞の意味と用法

(1) 目的「…するために／…する目的で」 →176

We must study hard **to pass the exam**.

（その試験に受かるためには一生懸命勉強しなければならない）

(2) 感情の原因「…して」 →169

I was very glad **to hear the news**.（その知らせを聞いてとてもうれしかった）

(3) 判断の根拠「…するなんて／…するとは」

He must be rich **to have such a luxury watch**.

（彼がそんな高級腕時計を持っているなんて，金持ちに違いない）

(4) 結果「その結果…する」 →170, 171, 172

She grew up **to be a famous scientist**.（彼女は大きくなって有名な科学者になった）

(5) 条件「…すれば」 →151

To hear her talk, you would take her for a Japanese.

（彼女が話すのを聞けば，君は彼女を日本人だと思うだろう）

(6) 形容詞の限定「…するには」 →173, 174, 175

This river is dangerous **to swim in**.（この川は泳ぐには危険だ）

178 その壁は，5世紀に建てられたと思われる構造の基礎の一部だった。

179 学生は遅刻しないようにすべきだ。

180 私は興奮しすぎて何も食べられません。

完了不定詞，不定詞の否定

036 KEY POINT

177 完了不定詞 − seem to have done ...

▶ **完了不定詞 (to have done) は，文の述語動詞の時点よりも「前」であることを表す**。現在時制と完了不定詞が用いられている場合，完了不定詞が「過去」の内容を表しているか，「現在完了」の内容を表しているかは，文脈によって決まる。

○ **seem to have done ...** の形で (you seem) to have mistaken ... とまとめられるかが本問のポイント。

PLUS **mistake A for B**「A を B と間違える」は重要表現。

PLUS 本問の完了不定詞は「現在完了」の内容。It seems that you have mistaken me for somebody else. と書き換えられる。

178 完了不定詞 − A believed to have been done

○ 本問は，問題177でテーマ化した完了不定詞を問う問題。be believed to have been done「…されたと思われている」の表現で名詞を後置修飾している。

A believed to have been done「…されたと思われている A」の形を想定して

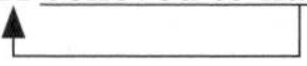

a structure believed to have been built in the fifth century「5世紀に建てられたと思われる構造物」とすれば文意に合う。

PLUS **be believed to have done** と同じ形の **be said to have done**「…したと言われている」, **be rumored to have done**「…したとうわさされている」, **be reported to have done**「…したと報じられている」も重要。
They **are rumored to have gone bankrupt**.
= It is rumored that they have gone[went] bankrupt.
（彼らは破産したとうわさされている）

179 不定詞の否定 − try not to be C

▶ **不定詞を否定する語 not は不定詞の直前に置く。**

不定詞を用いた慣用表現

037 KEY POINT

180 不定詞の慣用表現 − too ... to do 〜

R W

▶ **too ... to do 〜**は「とても…なので〜できない／〜するには…すぎる」の意味を表す。

---

177 to have mistaken me for somebody else **178** ③ be built → have been built
179 ④ **180** ④

181 □□□ Mary is too clever for (　　) to be any disagreement concerning her intelligence.

① her　② it　③ me　④ there　〈明治学院大〉

182 □□□ 発展↑ 子どもたちが耐えられない圧迫から逃れるために暴力に走ることを考えると，教育体制がどこか間違っているに違いない。

When children resort to (escape / in / violence / from / to / pressure / unbearable / order), there must be something wrong with the education system.　〈立命館大〉

183 □□□ He turned off the lights (electricity / so / to / waste / as / not).

〈中央大〉

184 □□□ 恐縮ですが9時にここにお出でいただけますか。

(be / enough / kind / to / you / will) be here at nine o'clock?

〈慶應義塾大〉

185 □□□ 君は一人で泳ぎに行ける年ではない。

(are / enough / go / not / old / swimming / to / you / yourself / by).

〈早稲田大〉

186 □□□ She was kind enough to take me around the city.

= She was (　　) (　　) (　　) to take me around the city. 〈関西大〉

181 メアリーはとても賢いので，彼女の知性について意見の不一致はまったくない。
183 彼は電気を無駄にしないように電灯を消した。
186 彼女は親切にもその町を案内してくれた。

181 不定詞の慣用表現 ― too ... for there to be A

► There is A.「A がある」の文で there は副詞だが，代名詞として for there の形で不定詞の意味上の主語となる場合がある。**too ... for there to be A** は「とても…なので A はない」の意味を表す。問題180でテーマ化した too ... to do ～の応用形として押さえておこう。

PLUS 本問は，**so ... that S + V ～**（→506）の形で書き換えることができる。
Mary is **so** clever **that** there cannot be any disagreement concerning her intelligence.

PLUS **concerning A**「A に関して」(= **about A**) は重要。

182 不定詞の慣用表現 ― in order to do ... = so as to do ... 

► **in order to do ...** は「…するために」という「目的」の意味を表す。

○ 本問は in order to do ... を用いて，in order to escape from unbearable pressure とまとめて，resort to violence の後に続ける。

PLUS **resort to A**「A に訴える」は重要表現。in order to do ... の同意表現の **so as to do ...**「…するために」も一緒に覚えておこう。

183 不定詞の慣用表現 ― so as not to do ... = in order not to do ...

► 問題182で触れた **so as to do ...** の否定形は **so as not to do ...**「…しないように」で表す。

PLUS 同意表現の **in order not to do ...** も押さえておこう。

184 不定詞の慣用表現 ― 形容詞＋ enough to do ～

► **「形容詞 [副詞] ＋ enough to do ～」**は「～するほど…／とても…なので～する」の意味を表す。**enough が形容詞 [副詞] を修飾する場合，その語の後に置くことに注意。**

○ 本問は，丁寧な依頼の表現 **Will you be kind enough to do ～?**「～していただけますか」の形に気づくかがポイント。

185 不定詞の慣用表現 ― not ＋形容詞＋ enough to do ～ 

► 問題184で扱った**「形容詞 [副詞] ＋ enough to do ～」**の否定形**「not ＋形容詞 [副詞] ＋ enough to do ～」**は「～するほど…ない」の意味を表す。

○ S is not old enough to do ～「S は～できる年ではない」の形でまとめられるかが本問のポイント。

186 so ... as to do ～ = ... enough to do ～ 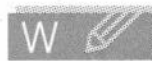

► **so ＋形容詞 [副詞] ＋ as to do ～**「～するほど…/ とても…なので～する」は**「形容詞 [副詞] ＋ enough to do ～」**(→184) の同意表現。

---

181 ④ **182** violence in order to escape from unbearable pressure
183 so as not to waste electricity **184** Will you be kind enough to
185 You are not old enough to go swimming by yourself **186** so kind as

187 □□□ I am not so stupid as (　　　) its great beauty.

① deny　② to deny　③ denying　④ to denying　〈龍谷大〉

KEY POINT 038

188 □□□ He is prepared to help you if you want him (　　　).

① do　② to　③ it　④ do it　〈東京理科大〉

189 □□□ The boy turned on his father's computer, though he had been told (　　　).

① not do it　② not to　③ to do not　④ to not　〈青山学院大〉

190 □□□ マイクは，父親が開けるなと言ったのにもかかわらず，ドアを開けた。

Mike opened the door, (him / his father / although / not / told).
(1語不足)　〈西南学院大〉

KEY POINT 039

191 □□□ John failed many of his classes last year. (　　　) to say, he should study harder.

① Needed　② Needless　③ Necessary　④ Necessity　〈南山大〉

TARGET 21 独立不定詞

- **to tell (you) the truth**
「本当のことを言うと」→197
- **to be frank with you**
「率直に言えば」→192
- **so to speak[say]**「言わば」→193
- **to begin[start] with**「まず第一に」
- **to be sure**「確かに」
- **to do A justice**
「Aを公平に評価すると」→199
- **to make matters worse**
「さらに悪いことには」→198
- **to say the least (of it)** →196
「控えめに言っても」
- **strange to say**「奇妙な話だが」
- **not to say A**「Aとは言わないまでも」
- **needless to say**「言うまでもなく」→191
- **to say nothing of A** →195
「Aは言うまでもなく」
= **not to speak of A**
= **not to mention A** →194

187 その偉大な美しさを否定するほど私は愚かではありません。
188 もし彼にそうしてほしければ，彼はあなたを助けるつもりだ。
189 少年は，そうしないように言われていたが，父親のコンピューターの電源を入れた。
191 ジョンは去年，多くの教科で落第した。言うまでもなく，彼はもっと勉強すべきだ。

187 not so +形容詞+ as to do 〜 = not +形容詞+ enough to do 〜

► **not so +形容詞[副詞]+ as to do 〜**「〜するほど…ない」は **not +形容詞[副詞]+ enough to do 〜** (→185) の同意表現。

代不定詞

038 KEY POINT

188 代不定詞 ― want A to

R

► **前述の動詞表現の反復を避けるために，to だけを用いて不定詞の意味を表す用法**がある。これを**代不定詞**という。

○ 本問の代不定詞は if you want him to (help you) の内容だと考える。

189 否定の代不定詞 ― A had been told not to

R

► **不定詞を否定する語は不定詞の直前に置く**ので，**否定の代不定詞は，not to** で表す。

○ 本問はその形を問うもので，he had been told not to (turn on his father's computer) と考えればよい。

PLUS **tell A not to do ...**「Aに…しないように言う」の受動態は**A is told not to do ...**になる。本問は過去完了形 A had been told not to (do ...) となっている。

190 否定の代不定詞 ― told A not to

R

○ 問題189でテーマ化した not to を用いて，his father told him not to (open the door) とまとめられるかが本問のポイント。

独立不定詞

039 KEY POINT

191 独立不定詞 ― needless to say

W

► **needless to say**「言うまでもなく」は，**独立不定詞**と呼ばれる慣用表現。TARGET 21の独立不定詞は正確に覚えること。

PLUS **Needless to say, S + V ...**「言うまでもなく…だ」は英作文でよく用いられる表現だが，同意表現の **It goes without saying that S + V ...** (→234) も頻出。
Needless to say, I agree with you.
= **It goes without saying that** I agree with you.
(言うまでもないですが，私はあなたの意見に賛成です)

---

187 ②　**188** ②　**189** ②　**190** although his father told him not to (不足語：to)
191 ②

192 □□□
率直に言って彼女は好きではない。
(be / frank / saying / to / with / you), I don't like her.（1語不要）
〈中央大〉

193 □□□
Our English teacher is, so to (　　　), a "walking dictionary."
① think　② talk　③ hear　④ speak
〈西南学院大〉

194 □□□
She speaks German, not to (　　　) English.
① state　② speak　③ talk　④ mention
〈高崎経大〉

195 □□□
建物の被害は言うまでもなく，人間もひどくけがをした。
People were badly hurt, to say (　　　) of the damage to the building.
〈学習院大〉

196 □□□
Your estimation of him is a little high, to say the (　　　).
① least　② less　③ more　④ much
〈中京大〉

197 □□□
実を言うと，昔タバコを1日に2箱吸っていて体を壊したんだ。
(　　　) (　　　) the (　　　), I used to smoke two packs a day and ruined my health.
〈立命館大〉

198 □□□
We ran out of gas, and to (　　　) matters worse, it started snowing.
① have　② make　③ get　④ take
〈南山大〉

199 □□□
(　　　) her justice, she is the last woman to do such a thing.
① To do　② Doing　③ Do　④ Done
〈関西学院大〉

193 私たちの英語の先生は，言わば「歩く辞書」だ。
194 彼女は英語は言うまでもなく，ドイツ語も話す。
196 彼に対するあなたの評価は，控えめに言っても少し高いでしょう。
198 私たちはガス欠になり，さらに悪いことに，雪が降り始めた。
199 彼女を公平に評価すると，彼女はそのようなことをする人ではまったくない。

192 独立不定詞 — to be frank with you

○ **to be frank with you**「率直に言えば」が本問のポイント。

193 独立不定詞 — so to speak

○ **so to speak**「言わば」が本問のポイント。

194 独立不定詞 — not to mention A

○ **not to mention A**「A は言うまでもなく」が本問のポイント。

PLUS **not to mention A** の同意表現，**to say nothing of A**，**not to speak of A** も重要。紛らわしいので正確に覚えること。

195 独立不定詞 — to say nothing of A

○ **to say nothing of A**「A は言うまでもなく」が本問のポイント。

PLUS **be badly hurt[injured]**「ひどくけがをする」は重要表現。

196 独立不定詞 — to say the least

○ **to say the least**「控えめに言っても」が本問のポイント。

197 独立不定詞 — to tell the truth

○ **to tell the truth**「実を言うと」が本問のポイント。

198 独立不定詞 — to make matters worse

○ **to make matters worse**「さらに悪いことには」が本問のポイント。

PLUS **to make matters worse** と同意表現の **what is worse** もここで覚えておこう。

199 独立不定詞 — to do A justice

○ **to do A justice**「A を公平に評価すると」が本問のポイント。

PLUS 否定語を含まない否定表現の **the last A to do**「最も…しそうにない A」(→673)も重要。

---

192 To be frank with you（不要語：saying） **193** ④ **194** ④ **195** nothing
196 ① **197** To tell, truth **198** ② **199** ①

KEY POINT 040

200 All you have to do is (　　) the dishes.
□□□ ① to washing　② wash　③ for washing　④ to be washed　〈立命館大〉

201 その幼い少女はただ泣くだけだった。
□□□ The (cry / nothing / did / little / but / girl).　〈京都女子大〉

KEY POINT 041

202 The fees listed after each course description (　　) directly to the instructor at the first class meeting.
□□□
① are to be paid　② are to pay
③ is being paid　④ is paying　〈明治学院大〉

203 If you are (　　) your dreams, you must exercise your imagination.
□□□
① realize　② being realized
③ realized　④ to realize　〈大東文化大〉

TARGET 22 原形不定詞を用いた重要表現

(1) **All S have to do is (to) do ...**「S は…しさえすればよい」→ 200
All you have to do is (to) fill in this form.
(この用紙に必要なことを記入するだけでよい)

(2) **All S can do is (to) do ...**「S にできることといったら…することだけだ」
All I can do is (to) write a letter to him.
(私にできることといったら，彼に手紙を書くことだけだ)

(3) **S do nothing but do ...**「S は…してばかりいる／S はただ…するだけだ」→ 201
She did nothing but cry all day.
(彼女は一日中泣いてばかりいた)

(4) **There is nothing to do but do ...**「…するより仕方ない」
There was nothing to do but wait until the next morning.
(翌朝まで待つしかなかった)

200 あなたはお皿を洗いさえすればよい。
202 それぞれのコース説明の後に示されている料金は，最初の授業のときに直接講師に支払ってください。
203 自分の夢を実現するつもりなら，想像力を働かせなければなりません。

原形不定詞

040 KEY POINT

200 原形不定詞を用いた表現 ― All S have to do is do ...

► **All S have to do is (to) do ...**「Sは…しさえすればよい」は慣用的な表現として押さえる。この構造の場合，**補語は原形不定詞か to 不定詞で表す**。補語に動名詞は用いないことに注意。

PLUS 同意表現の **S have only to do ...** も重要。(→76)

201 原形不定詞を用いた表現 ― do nothing but do ...

► **do nothing but do ...** は「Sは…してばかりいる／Sはただ…するだけだ」の意味を表す。(→ TARGET 22 (3))

be + to 不定詞

041 KEY POINT

202 be + to 不定詞 ― 義務・命令

► 「**be + to 不定詞**」の形で，「**…すべきだ／…しなさい**」を表す用法がある。この形は，本問のように，パンフレットや掲示などでよく用いられる。

○ 本問は，主語の The fees「料金」と他動詞 pay「…を支払う」が受動関係なので，be 動詞の後には，受動態の不定詞 to be paid が続く。

203 be + to 不定詞 ― 意図・目的

R

► 「**be + to 不定詞**」で「**…するつもりなら／…するためには**」を表す用例。ただし，**「be + to 不定詞」で「意図・目的」を表す用法は，if 節で用いる**のが原則。

PLUS 通例，**if A is to do ...** は **in order (for A) to do ...**「Aが…するためには」(→182) で書き換えられる。

If you are to realize your dreams, you must exercise your imagination.
= **In order to realize your dreams**, you must exercise your imagination.

PLUS **if 節内で用いられる「意図・目的」を表す「be + to 不定詞」**は読解で頻出。

If people **are to live** on the moon, they will need a safe structure and air.
(もし人々が月面に住むつもりならば，安全な建物と空気が必要になるでしょう)

200 ② **201** little girl did nothing but cry **202** ① **203** ④

204 A: Did you rent an apartment?
□□□ B: No. We (　　　) one, but the plan fell through.
発展↑
① were to have rented　② are to have rented
③ are to rent　④ should rent 〈慶應義塾大〉

205 To the disappointment of the lady, her ring was nowhere (　　　).
□□□ ① to find　② being found　③ founding　④ to be found 〈東邦大〉

TARGET 23 「be + to 不定詞」の用法

(1) 予定・運命「…する予定だ／…することになっている」
We **are to meet** Mr. Tanaka tomorrow morning.
(私たちは明日の朝，田中さんと会う予定です)

(2) 意図・目的「…するつもりなら／…するためには」 → 203
If you **are to succeed,** you must work hard.
(成功したいなら，一生懸命働きなさい)

(3) 可能「…できる」(to be done と受動態になっている場合が多い)
The pen **was not to be found**.
(ペンは見つからなかった)

(4) 義務・命令「…すべきだ／…しなさい」 → 202
You **are to come** home by six.
(6 時までに帰ってらっしゃい)

204 A: アパートは借りたのですか。
B: いいえ。借りるつもりでしたが，その計画は実現しませんでした。
205 その女性ががっかりしたことに，彼女の指輪はどこにも見つからなかった。

204 be + to 不定詞 − S was[were] to have done ...

► **was[were] to have done ...「…するつもりだったが(できなかった)」は，過去の実現しなかった「意図」または「予定」を表す。**

PLUS **fall through**「(計画などが) だめになる」は重要表現。

PLUS 過去の実現しなかった「意図」または「予定」を表す表現は **was[were] to have done** のほかにも **had intended[meant] to do** や **intended[meant] to have done**(ややまれ)もある。

I **had intended[meant] to finish** the task in an hour.
= I **intended[meant] to have finished** the task in an hour.
(1時間でその仕事を終わらせるつもりだったのだが)

205 be + to 不定詞 − be nowhere to be found

► **be nowhere to be found**「どこにも見つからない」は「be + to 不定詞」(可能)から派生したものだが，慣用的な表現として覚えておこう。

204 ① **205** ④

第6章 動名詞

KEY POINT 042

206 □□□
(　　　) a train can be dangerous.

① Rush for catch　　② Rush to catch
③ Rushed for catch　　④ Rushing to catch　〈青山学院大〉

207 □□□
彼は誰にも見られることなく部屋を出た。

He left the room without (　　　) seen by anybody.　〈学習院大〉

208 □□□
He was ashamed of (　　　) make his point.

① being not able to　　② not being able to
③ being impossible to　　④ being incapable to　〈同志社大〉

209 □□□
The mother insisted on her children (　　　) in the park after dark.

① not playing　　② not to play
③ having not to play　　④ not to have played　〈京都産業大〉

210 □□□
Nobody dreamed (　　　) such a beautiful lake there.

① it to be　　② of there being
③ there being　　④ to be　〈明治学院大〉

211 □□□
There's very little probability of an agreement (　　　).

① being reached　　② is reached
③ reaching　　④ will be reached　〈立教大〉

212 □□□
I'm ashamed (　　　) kind to the old woman on the train.

① not of having been　　② of having been not
③ of having not been　　④ of not having been　〈日本女子大〉

206 あわてて列車に乗ることは危険な場合がある。
208 彼は自分の主張が正しいことを示すことができなかったことを恥じていた。
209 母親は子どもたちに暗くなってから公園で遊ばないように強く言った。
210 誰もそこに，それほど美しい湖があるなんて夢にも思わなかった。
211 協定が結ばれる可能性は非常に少ない。
212 列車の中で年配の女性に親切でなかったことを恥ずかしく思っている。

動名詞の基本

042 KEY POINT

206 主語となる動名詞（句）

R

▶ **動名詞は文中で，主語・目的語・補語・前置詞の目的語として用いられる。**

○ 本問では動名詞句 Rushing to catch a train「あわてて列車に乗ること」を主語として用いている。

PLUS **rush to do**「あわてて…する／急いで…する」は重要表現。

207 受動態の動名詞 － being done

▶ 受動態の動名詞は，**being done** の形をとる。

○ 本問の動名詞句 being seen by anybody は前置詞 without の目的語となる。

208 動名詞の否定 － not の位置

W

▶ **動名詞を否定する語 not は，動名詞の直前に置く。**

PLUS **be ashamed of A**「A を恥じている」, **make one's point**「自分の主張が正しいことを示す」は重要表現。

✖ ③ being impossible to（×）は不可。being impossible の意味上の主語は He になるが，He is impossible to do ...（×）とは言えない。（→937）

209 動名詞の意味上の主語 － A('s) doing

L

▶ **動名詞の意味上の主語は，代名詞の場合は所有格または目的格，名詞の場合も所有格またはそのままの形で表す。**

✖ insist on A not to do ...（×）の形はないので② not to play（×）は不可。

210 there is A 構文の動名詞化 → there being A

▶ **there is A**「A がある」の文を動名詞化する場合，there を残して，**there being A**「A があること」の形にする。

○ 本問は，**dream of there being A**「A があることを夢見る」の形だと見抜けるかがポイント。

PLUS **dream of doing**「…することを夢見る」は重要表現。

211 受動態の動名詞の意味上の主語 － A('s) being done

○ 本問は受動態の動名詞 being done（→207）に意味上の主語がついた形。意味上の主語の agreement「合意」と他動詞の reach「…に達する」は受動関係なので，受動態の動名詞 being reached とする。

PLUS **reach an agreement (with A)**「（A と）協定［契約］を結ぶ」は重要表現。

212 完了動名詞 － having done

R

▶ **完了動名詞（having done）は，文の述語動詞の時点よりも「前」であることを表す**。否定形は **not having done** で表す。

✖ having not done（×）の形はない（→208）ので③ of having not been（×）は不可。

206 ④ **207** being **208** ② **209** ① **210** ② **211** ① **212** ④

1 文法 2 語法 3 イディオム 4 会話表現

KEY POINT 043

213 □□□ She looked forward ① to meet the new family ② that was moving ③ in ④ next door to her house. 〈早稲田大〉

214 □□□ The participants objected to (　　　) like children.
① be treated　② being treated
③ have treated　④ treat 〈立命館大〉

215 □□□ I have a strong objection (　　　) treated like this.
① to be　② to being
③ whether I am　④ whether I should be 〈センター試験〉

216 □□□ She is not used to (　　　) formal letters.
① write　② writing　③ writes　④ written 〈名古屋工大〉

217 □□□ When it comes (　　　), everybody becomes very careful.
① with houses bought　② to buy houses
③ to buying houses　④ in buying houses 〈法政大〉

TARGET 24 to do ではなく to doing となる表現

- **look forward to A[doing]**「A［…すること］を楽しみに待つ」→ 213
- **be used[accustomed] to A[doing]**「A［…すること］に慣れている」→ 216
- **object to A[doing]**「A［…すること］に反対する」→ 214, 215
- **devote A to B[doing]** → 220
「A を B［…すること］にささげる／A を B［…すること］に充てる」
- **come near (to) doing**「もう少しで…するところだ」→ 219
- **when it comes to A[doing]**「話が A［…すること］になると」→ 217
- **What do you say to A[doing]? = What[How] about A[doing]?** → 218
「A はいかがですか［…しませんか］」

213 彼女は自分の家の隣に引っ越してくる新しい家族と会うのを楽しみにしていた。
214 参加者は，子どものように扱われることに異議を唱えた。
215 私はこのように扱われることに強く反対します。
216 彼女は正式な手紙を書くことに慣れていません。
217 家を買うことになると，誰もがとても注意深くなります。

to の後に動名詞〈または名詞〉が続く表現

043 KEY POINT

213 look forward to doing ...

► **look forward to doing ...** は「…することを楽しみに待つ」の意味を表す。

○ この to は，不定詞を作る to ではなくて前置詞なので，to do ではなく to doing になることに注意。① to meet を to meeting に修正すればよい。

214 object to doing ...

► **object to doing ...** は「…することに反対する」の意味を表す。

○ 本問は，主語の The participants「参加者」と他動詞 treat「…を扱う」が受動関係なので object to doing ...「…することに反対する」の前置詞 to の目的語になる動名詞は，受動態の動名詞 being done（→207）になる。したがって② being treated を選ぶ。

215 an objection to doing ...

○ 問題214で扱った動詞 object の名詞形 objection も to doing を後にとる。**an objection to doing ...**「…することに対する反対［異議］」で押さえる。本問は，主語の I と treat が問題214と同じように受動関係となっているので② to being を選ぶ。

216 be used to doing ...

► **be used[accustomed] to doing ...**「…することに慣れている」は「状態」を表す。

PLUS **get used[accustomed] to doing ...** は「…することに慣れる」の意味を表す。

217 when it comes to doing ...

► **when it comes to doing ...** は，「（話が）…することになると」の意味を表す。

PLUS **When it comes to doing ..., S + V 〜**「…することになると，〜」は，英作文でよく用いられる表現。本問や下記のような会話表現を覚えておこう。

When it comes to getting married, what does a man really think?
（結婚するとなると，男性は実際，何を考えるのでしょうか）

---

213 ① to meet → to meeting　**214** ②　**215** ②　**216** ②　**217** ③

218 □□□ A: What do you say ①<u>to join</u> the basketball club ②<u>with</u> me, Takashi?
B: I'd like to, but I can't because ③<u>I've got to</u> spend more time ④<u>studying</u>.
〈南山大〉

219 □□□ She came pretty near to ( ) at the sight of her mother.
① cried ② cry ③ crying ④ being cried 〈京都産業大〉

220 □□□ Most of their time was probably devoted to ( ) food.
① collect ② collection ③ collects ④ collecting 〈青山学院大〉

KEY POINT 044

221 □□□ It is impossible to tell when an earthquake will occur.
= There is ( ) ( ) when an earthquake will occur. 〈大東文化大〉

222 □□□ I don't feel ( ) waiting any longer.
① useful ② necessary ③ like ④ for 〈早稲田大〉

223 □□□ The high school students are busy ( ) the examination.
① preparing ② preparing for
③ to prepare ④ to prepare for 〈早稲田大〉

224 □□□ 他人のあら探しをする癖を直すのに苦労しました。
I had difficulty (fault / finding / getting / habit / in / of / over / the / with) others. 〈慶應義塾大〉

TARGET 25 (in) doing の形を従える表現

- **be busy (in) doing ...**「…することに忙しい」→ 223
- **spend A (in) doing ...**「…するのに A（時間・お金）を使う」→ 225
- **have trouble[difficulty] (in) doing ...**「…するのに苦労する」→ 224
- **have no trouble[difficulty] (in) doing ...**
「…することが容易だ／難なく…する」
- **There is no point[use / sense] (in) doing ...**「…しても無駄だ」→ 226, 227

218 A: 僕と一緒にバスケットボール部に入らないかい，タカシ。
B: そうしたいけれど，勉強する時間を多くしなければならないから無理なんだ。
219 彼女は母親の姿を見ると，ほとんど泣きそうになった。
220 彼らのほとんどの時間は，おそらく食料を集めることに充てられた。
221 いつ地震が起こるのかはわからない。
222 私はこれ以上待つ気がしません。
223 その高校生たちは，試験の準備をするのに忙しい。

218 What do you say to doing ...?

L

► **What do you say to doing ...?** は「…しませんか」の意味を表す。

PLUS 同意表現の **What[How] about doing ...?** も重要。(→634)

219 come near (to) doing ...

► **come near (to) doing ...** は「もう少しで…するところだ」の意味を表す。

220 devote A to doing ...

► **devote A to doing ...**「Aを…することに充てる／Aを…することにささげる」の受動形，**be devoted to doing ...**「…することに充てられる／…することに向けられる」もよく用いられる表現。

PLUS **be devoted to doing ...** は以下の文を参照。
He **was devoted to studying** physics.（彼は物理の研究に没頭した）

動名詞を用いる慣用表現

044 KEY POINT

221 There is no doing ...

R

► **There is no doing ...** は「…できない」(= It is impossible to do ...) の意味を表す。慣用表現として押さえる。

PLUS It is impossible to do ... は，There is no doing ... のほかにも，No one can do ..., We cannot do ... で言い換えられる。

222 feel like doing ...

S

► **feel like doing ...** は「…したい気がする」の意味を表す。**like は前置詞なので，目的語には**不定詞の to do ではなく**動名詞の doing をとる**。

223 be busy (in) doing ...

► **be busy (in) doing ...** は「…するのに忙しい」の意味を表す。

○ 本問のように前置詞 in は省略されることが多い。

PLUS **prepare for A**「Aに備えて準備する」は重要表現。

224 have difficulty (in) doing ...

R W

► **have difficulty[trouble] (in) doing ...** は「…するのに苦労する」の意味を表す。

○ **get over A**「Aを克服する」，**the habit of doing ...**「…する癖」，**find fault with A**「Aのあら探しをする」の表現を知っていることが本問の前提。I had difficulty の後を上記の表現を用いて in getting ... とまとめればよい。

---

218 ① to join → to joining **219** ③ **220** ④ **221** no telling **222** ③ **223** ②
224 in getting over the habit of finding fault with

225 □□□
I ① <u>should spend</u> the rest of the evening ② <u>study</u>, but I ③ <u>would rather watch</u> my favorite show ④ <u>on television</u>. 〈早稲田大〉

226 □□□
彼はこの分野でさらに研究しても無駄だと思った。
He (in / no / studying / point / that / there / thought / was) further in this field. 〈立命館大〉

227 □□□
There is (　　　) in standing when there are seats available.
① one another　② what is more
③ each other　④ no sense 〈早稲田大〉

228 □□□
It (him / is / no / telling / to do / use / what). 〈立命館大〉

KEY POINT 045

229 □□□
(　　　) trying to make a decision, it is important to keep a proper sense of priority.
① At　② By　③ During　④ In 〈青山学院大〉

230 □□□
(　　　), the boy knocked on it loudly.
① With arriving at the door　② On arriving at the door
③ In arriving at the door　④ While arriving at the door 〈福岡大〉

225 晩の残りの時間を勉強に使うべきですが，私はそれよりもテレビでお気に入りの番組を見たい。
227 座席が空いているのに立っているのは意味がない。
228 彼に何をすべきか言っても無駄だ。
229 決断を下すときには，正しい優先意識を持っていることが大切だ。
230 ドアのところまで来るとすぐに，その少年は大きな音を立ててノックした。

225 spend A (in) doing ... R

▶ **spend A (in) doing ...** は「…するのにA（時間・お金）を使う」の意味を表す。

○ spend A (in) doing ... の形から② study を (in) studying にする。

226 There is no point (in) doing ... R

▶ **There is no point (in) doing ...** は「…しても無駄だ」の意味を表す。

PLUS この表現の **point** は「**目的，効用**」の意味。

227 There is no sense (in) doing ... R

▶ **There is no sense (in) doing ...** も「…しても無駄だ／…するのは意味がない」の意味を表す。

PLUS この表現の **sense** は「**意義，意味**」の意味。

228 It is no use[good] doing ... R

▶ **It is no use[good] doing ...** も「…しても無駄だ」の意味を表す。主語の It は形式主語で動名詞（句）doing ... を指す。no use は It is の補語にならないので文法的に正しい形は It is <u>of</u> no use doing ... となるはずだが，時とともに補語となる **of no use (= useless)**（→596）の of がとれたもの。慣用的な表現として押さえる。

○ まず，It is no use doing ... を想定して，It is no use telling とまとめる。次に二重目的語をとる tell の動名詞句 telling A B の A に him，B に「疑問詞＋不定詞」の what to do「何をすべきか」（→161）を立てればよい。

PLUS 「…しても無駄だ」を表す表現は，**There is no point[use / sense] (in) doing ...**，**It is no use[good] doing ...**，**It is useless to do ...** を覚えておこう。

On doing / In doing ... 045 KEY POINT

229 前置詞＋動名詞 − in doing ...

▶ **in doing ...** は「…するときに／…している間に」の意味を表す。

PLUS **in doing ...** は **when[while]** で始まる節に言い換えられる場合が多い。本問は以下のように書き換えられる。
When you try to make a decision, it is important to keep a proper sense of priority.

230 前置詞＋動名詞 − on doing ...

▶ **on doing ...** は「…すると同時に／…するとすぐに」の意味を表す。

PLUS **on doing ...** は **as soon as** で始まる節で言い換えられる場合が多い。本問は以下のように書き換えられる。
As soon as he arrived at the door, the boy knocked on it loudly.

---

225 ② study → (in) studying **226** thought that there was no point in studying
227 ④ **228** is no use telling him what to do **229** ④ **230** ②

KEY POINT 046

231 □□□ Is that project worth (　　　) at a great expense to the taxpayer?

① launch　② launching　③ launched　④ to launch　〈東京理科大〉

232 □□□ It is worth (　　　) the estimated cost of the project.

① to consider　② in considering
③ considering　④ considered　〈法政大〉

KEY POINT 047

233 □□□ Those windows need (　　　).

① be cleaned　② clean　③ cleaning　④ to clean　〈立命館大〉

234 □□□ 健康が富に勝ることは言うまでもない。

(above / goes / health / is / it / saying / that / wealth / without).

〈獨協医科大〉

231 そのプロジェクトは，納税者に多大な犠牲を払わせても立ち上げる価値がありますか。
232 そのプロジェクトの見積もられた費用は検討する価値がある。
233 あれらの窓はきれいにする必要がある。

A is worth doing / It is worth doing A 046 KEY POINT

231 A is worth doing の用法

► **A is worth doing** の形で「A は…する価値がある」の意味を表す。この場合，**主語の A が必ず動名詞 doing の意味上の目的語**になることに注意。

► **worth** はかつて形容詞に分類されていたが，現在では**前置詞と考えるのが一般的**。したがって，動名詞や名詞を目的語にとる（不定詞は不可）。

○ 本問は，主語の that project が launching の意味上の目的語となっている。

PLUS **主語の A が動名詞の後の前置詞の目的語**になる場合がある。下の例文は，主語の This symphony が (listening) to の目的語になっている。
This symphony is worth listening **to** over and over again.
（この交響曲は何度も何度も繰り返し聞く価値がある）

PLUS **A is worth doing.** は **It is worth doing A.**，**It is worth while to do A.**，**It is worth while doing A.** に言い換えられることも押さえておこう。

PLUS **A is worth ＋名詞**「A は…の価値がある」も重要。
This house **is worth the price.**（この家はその価格の価値がある）

232 It is worth doing A = A is worth doing

► 問題231で扱ったように，**It is worth doing A.** は **A is worth doing.** と同意表現。

○ 本問は以下のように言い換えられる。
The estimated cost of the project **is worth considering.**

A need doing / It goes without saying that S ＋ V ... 047 KEY POINT

233 need doing の意味と用法

► **A need[want] doing.** は「A は…される必要がある」の意味を表す。この場合，**主語の A が必ず動名詞 doing の意味上の目的語になる**ことに注意。

○ 本問は，主語の Those windows が他動詞 clean「…をきれいにする」の動名詞 cleaning の意味上の目的語になっていることに注意。

PLUS **A need doing.** は **A need to be done.** で言い換えられることも重要。
Those windows **need cleaning.** = Those windows **need to be cleaned.**

234 It goes without saying that S+V ... = Needless to say, S+V ...

► **It goes without saying that S ＋ V ...** は「…は言うまでもないことだ」の意味を表す。

PLUS 問題191でテーマ化した **needless to say**「言うまでもなく」を用いて言い換えられることも押さえておこう。

PLUS **A is above B**「A は B に勝る」は重要表現。

231 ②　**232** ③　**233** ③　**234** It goes without saying that health is above wealth

KEY POINT 048

235 The workers want higher pay to keep up with ( ) prices.
□□□ ① rise ② risen ③ rising ④ rose 〈早稲田大〉

236 A: Do you know that Chris had a skiing accident?
□□□ B: Yes. He has a ( ) leg, but I think he'll be OK.
① breaking ② broke ③ broken ④ break 〈法政大〉

237 田舎へ通じている道は，車でいっぱいだ。
□□□ The (into / roads / of / the / full / country / are / leading) cars.
〈関西学院大〉

238 Many of the apples ( ) in Japan come from Nagano Prefecture.
□□□ ① that consumed ② which consumed
③ are consumed ④ consumed 〈南山大〉

239 A quarter ①of British adults walk ②for less ③than ten minutes a day,
□□□ including time ④spend walking to their cars. 〈東京都市大〉

KEY POINT 049

240 She sat ( ) her children.
□□□ ① surround ② surrounding
③ surrounded by ④ to surround 〈西南学院大〉

235 労働者たちは，上がり続ける物価に追いつけるように，より高い賃金を求めている。
236 A: クリスがスキーの事故に遭ったことを知っている？
B: はい。脚を骨折したけれど，よくなると思います。
238 日本で消費されているリンゴの多くは，長野県産だ。
239 英国の成人の4分の1は，自分の車までの歩行時間を含め，1日に10分足らずしか歩かない。
240 彼女は自分の子どもたちに囲まれて座っていた。

名詞修飾の分詞

048 KEY POINT

235 名詞修飾の分詞 ― 現在分詞（名詞の前） R

► **分詞1語が名詞を修飾する場合**，原則として**名詞の前**に置く。**2語以上の場合は名詞の後**に置く。

► **修飾される名詞と分詞が能動関係なら現在分詞で，受動関係なら過去分詞**を用いる。

○ 本問では prices「物価」と自動詞 rise「上がる」（→794）が能動関係なので，現在分詞の③ rising を選ぶ。

PLUS **keep up with A**「A についていく」は重要表現。

236 名詞修飾の分詞 ― 過去分詞（名詞の前） R

○ leg と他動詞 break「…を折る」は受動関係なので，過去分詞の③ broken を選ぶ。

237 名詞修飾の分詞 ― 現在分詞句（名詞の後） R

○ the roads と lead into A「（道が）A に通じる」は能動関係なので現在分詞句 leading into the country とし，2語以上なので (The) roads の後に置き，(The) roads leading into the country と主語を完成する。述語部分は **be full of A**「A でいっぱいである」の表現を作ればよい。

238 名詞修飾の分詞 ― 過去分詞句（名詞の後） R

○ 主語の Many of the apples と他動詞の consume「…を消費する」は受動関係なので過去分詞句の後置修飾となる。したがって，④ consumed を選ぶ。

✖ ① that consumed（×），② which consumed（×）は不可。that are consumed か which are consumed なら可。

239 名詞修飾の分詞 ― 過去分詞句（名詞の後） R

○ time と他動詞 spend「…を使う」は受動関係なので，④ spend を過去分詞 spent に修正する。

PLUS **less than A**「A 足らず」（→312），**including A**「A を含めて」，**spend A (in) doing ...**「…するのに A を使う」（→225）は重要表現。

主格補語として用いられる分詞

049 KEY POINT

240 過去分詞が主格補語

► **分詞は，主格補語として用いられる。主語との間に能動関係が成立すれば現在分詞を，受動関係が成立すれば過去分詞**を用いる。

○ sit には，**S sit doing[done]**「S は…しながら［されながら］座っている」の形があるが，She と他動詞 surround「…を囲む」は受動関係なので，③ surrounded by を選ぶ。

---

235 ③　**236** ③　**237** roads leading into the country are full of　**238** ④
239 ④ spend → spent　**240** ③

KEY POINT 050

241 I'm sorry to have kept you ( ) so long.
□□□ ① waited ② to wait ③ waiting ④ wait 〈獨協大〉

242 As for me, I'd like to change our plan. Please keep me ( ) about your idea.
□□□ ① informed ② inform ③ to inform ④ informing 〈青山学院大〉

243 I was glad to see birds ( ) in the blue sky.
□□□ ① flying high ② to fly high
③ were highly flying ④ highly fly 〈北里大〉

244 I saw the injured schoolboys ( ) to the hospital.
□□□ ① to be carried ② be carried ③ carried ④ carrying 〈岩手医科大〉

245 We often hear it ( ) that honesty is the best policy.
□□□ ① say ② said ③ says ④ saying 〈東海大〉

246 The lady was seen ( ) shoes.
□□□ ① be bought ② bought ③ buy ④ buying 〈明治学院大〉

247 No matter ①how hard ②I tried, I simply ③could not make myself ④understand to the local people. 〈早稲田大〉
□□□
発展↑

241 あなたを大変長く待たせてしまい申し訳ありません。
242 私はといえば，計画を変更したいと思います。あなたの考えについて常にお知らせください。
243 私は鳥たちが青空高く飛んでいるのを見てうれしかった。
244 私は，けがをした男子生徒たちが病院に運ばれるのを見た。
245 正直は最良の策と言われるのをよく耳にします。
246 その婦人は靴を買っているところを見られた。
247 たとえどんなに一生懸命やってみても，私は地元の人たちにまったく意思を伝えることができなかった。

目的格補語として用いられる分詞

050 KEY POINT

241 現在分詞が目的格補語 ― keep A doing ...

W S

► **分詞は，目的格補語として用いられる。目的語との間に能動関係が成立すれば現在分詞を，受動関係が成立すれば過去分詞**を用いる。

○ keep には，**keep A doing[done]**「A に…させて［…されたままにして］おく」の形があるが，you と自動詞 wait「待つ」は能動関係なので，keep A doing の形になる現在分詞の ③ waiting を選ぶ。

242 過去分詞が目的格補語 ― keep A done

○ me と他動詞 inform「…に知らせる」は受動関係なので，過去分詞の① informed を選ぶ。

PLUS **inform A about[of] B**「A に B を知らせる」は重要。(→809)

243 現在分詞が目的格補語 ― see A doing ...

► **see** には，**see A doing[done]**「A が…している［されている］のを見る」の形がある。

244 過去分詞が目的格補語 ― see A done

○ the injured schoolboys と他動詞 carry「…を運ぶ」は受動関係なので，see A done の形になる過去分詞の③ carried を選ぶ。

PLUS **carry A to B**「A を B に運ぶ」は重要表現。

245 過去分詞が目的格補語 ― hear A done

► **hear** には，問題243の **see** と同様に，**hear A doing[done]** の形がある。

○ that 節を受ける形式目的語の it と他動詞 say は受動関係なので，hear A done の形になる過去分詞の② said を選ぶ。

246 see A doing ... の受動態 ― A is seen doing ...

○ **see A doing ...** の受動態は，**A is seen doing ...**「A は…しているところを見られる」となる。したがって，現在分詞④ buying を選ぶ。

247 過去分詞が目的格補語 ― make oneself understood

► **make oneself understood (by A)** は，「(A に) 自分の言っていることを理解させる」の意味を表す。目的語の oneself「自分（の言うこと）」と他動詞 understand「…を理解する」が受動関係なので，目的格補語が過去分詞 understood になっている。

---

241 ③　**242** ①　**243** ①　**244** ③　**245** ②　**246** ④
247 ④ understand to → understood by

248 □□□ I couldn't make myself (　　　) above the noise of the traffic.
① hearing ② heard ③ having heard ④ to hear 〈北里大〉

249 □□□ I want all of the furniture (　　　) to our house right away.
① to take ② taken ③ taking ④ take 〈獨協大〉

250 □□□ I was shocked to find that someone had left the water (　　　) in the upstairs bathtub.
① ran ② run ③ running ④ is running 〈学習院大〉

251 □□□ There is no bread (　　　) in the basket.
① leave ② leaving ③ left ④ to leave 〈宮崎大〉

KEY POINT 051

252 □□□ (　　　) what to say, Travis remained silent all through the meeting.
① Knowing not ② Knowing nothing
③ Not knowing ④ No knowing 〈高知大〉

248 交通の騒音がうるさすぎて，私の声を届かせられなかった。
249 すべての家具を今すぐ家に運んでもらいたい。
250 私は，誰かが上の階のバスタブに水を流したままにしておいたのを見つけてびっくりした。
251 バスケットの中にはパンがまったく残っていない。
252 何と言っていいのかわからなかったので，トラヴィスは会議の間じゅう黙っていた。

248 過去分詞が目的格補語 ― make oneself heard

► **make oneself heard** は「自分の声を届かせる」の意味を表す。問題247で扱った **make oneself understood** と考え方は同じ。目的語の oneself「自分(の言うこと)」と他動詞 hear「…を聞く」が受動関係となっている。

249 過去分詞が目的格補語 ― want[would like] A done

► want には，**want A to do**「A に…してもらいたい」，**want A (to be) done**「A を…してもらいたい」の形があるが，目的語の all of the furniture と take「…を持っていく」は受動関係なので，**want A taken to B**「A を B に運んでもらいたい」の形となる。

PLUS 同意表現の **would like A done** もここで押さえる。

250 現在分詞が目的格補語 ― leave A doing ...

○ leave には，**leave A doing[done]**「A が…している［されている］ままにしておく」の形があるが，目的語の the water と run「流れる」は能動関係なので，③ running を選ぶ。

251 There is no A left

○ 主語の no bread と他動詞 leave「…を残しておく」は受動関係なので，③ left を選ぶ。

PLUS 本問のような否定文のほかにも，**Is there any coffee left?**「コーヒーは残っていますか」や**There is some money left in the safe.**「金庫には多少お金が残っている」などの疑問文・肯定文でもよく用いられる。

分詞構文

051 KEY POINT

252 分詞構文の基本

W

► **分詞句が副詞句として機能し，述語動詞などを修飾するものは，分詞構文と呼ばれる。**

► 「**時**(…するとき)」「**理由**(…なので)」「**付帯状況**(…しながら／そして…する)」「**条件**(…ならば)」「**譲歩**(…だけれども)」を表すとされるが，条件・譲歩の用例は慣用的なものを除けば少ない。また，時・理由・付帯状況などは判断できない場合も多く，常に接続詞を用いて「書き換え」られるわけではない。

► **分詞を否定する語 not は分詞の直前に置く**ことも押さえておこう。

Not having anything else to buy, she went out of the store.
(買うべきものがほかになかったので，彼女は店を出た)

○ 本問では，主語の Travis と他動詞 know は能動関係なので，否定の現在分詞③ Not knowing を選ぶ。

PLUS **what to say**「何を言うべきか」は「**疑問詞＋ to 不定詞**」の形。(→161)

---

248 ②　**249** ②　**250** ③　**251** ③　**252** ③

253 □□□ A fiber-optic cable ①across the Pacific ②went into service ③in April 1989, ④link the United States and Japan. 〈早稲田大〉

254 □□□ (　　　) in Guam for a long time, she is used to the tropical climate.
① Had lived　② Lived　③ Having lived　④ Have lived 〈日本大〉

255 □□□ I failed to recognize her at first, not (　　　) her for ten years or so.
① seeing　② to see　③ having seen　④ saw 〈上智大〉

256 □□□ My car, (　　　), looks as if it were new.
① painting and polishing　② having painted and polished
③ having been painted and polished　④ been painted and polished 〈中央大〉

257 □□□ (　　　) from the plane, the islands were very pretty.
① Seeing　② Seen　③ To see　④ Having seen 〈慶應義塾大〉

258 □□□ At least (　　　) with other firms, ours is in a convenient location.
① compare　② compared
③ comparing　④ having compared 〈青山学院大〉

259 □□□ Other things (　　　) equal, the simplest explanation is the best.
① being　② are　③ to be　④ be 〈成蹊大〉

260 □□□ (　　　) the night before, the road was muddy.
① It having rained　② Having rained
③ Having been rained　④ It being rained 〈千葉工大〉

253 太平洋を横断する光ファイバーケーブルが1989年4月に始動し，アメリカと日本を結んだ。
254 長年グアムに暮らしていたので，彼女は熱帯の気候には慣れている。
255 最初，彼女が誰だかわからなかった。彼女とは10年くらい会っていなかったので。
256 私の車は塗装されて磨かれていたので，まるで新車のように見える。
257 飛行機から見ると，その島々はとても美しかった。
258 少なくとも他の会社と比較すると，わが社は便利な場所にある。
259 ほかのことが同じならば，最も簡単な説明が一番よい。
260 前の晩に雨が降っていたので，道路はぬかるんでいた。

253 分詞構文の位置 ― 文尾

► **分詞構文は，文頭だけでなく，文尾や文中でも用いられる。**

○ ④ link を linking とすれば，文尾に置く分詞構文として機能する。

PLUS **go into service**「(システムが) 始動する」，**link A and B**「AとBを結ぶ」は重要。

254 完了分詞構文 ― having done

R

► **完了分詞 (having done) を用いた分詞構文は文の述語動詞の時点よりも「前」であることを表す。**

○ 本問は，Because she lived[has lived] ..., とほぼ同意なので，完了分詞の③ Having lived を選ぶ。

PLUS **be used to A**「Aに慣れている」は重要表現。(→216, TARGET 24)

255 否定の完了分詞構文 ― not having done

○ 本問は，because I had not seen her ... とほぼ同意なので，否定の完了分詞 (not having done) の形となるように③ having seen を選ぶ。

256 受動態の完了分詞構文 ― having been done

► **受動態の完了分詞構文は having been done** で表す。

○ my car と他動詞 paint，polish が受動関係であることを見抜き，「車の現状」と「車が塗装された [磨かれた] こと」には時間差があるので，空所は受動態の完了分詞となるはず。

257 過去分詞から始まる分詞構文 ― seen from A

R

○ 主語の the islands と他動詞 see は受動関係なので，Being seen from the plane となるが，分詞構文では being[having been] は省略されることがあるので，過去分詞の② Seen を選ぶ。

258 過去分詞から始まる分詞構文 ― compared with A

○ 考え方は問題257と同じ。主語の ours (= our firm) と他動詞 compare「…を比較する」は受動関係なので，過去分詞の② compared を選ぶ。

PLUS **compare A with B**「AをBと比較する」は重要表現。

259 独立分詞構文

R

► 分詞の意味上の主語が文の主語と異なる場合，分詞の意味上の主語を分詞の前に置く。この形は，一般に**独立分詞構文**と呼ばれる。ただし，it (→260) 以外の I[we / you] などの人称代名詞は独立分詞構文では用いられないことに注意。

○ 本問は，If other things are equal, とほぼ同意なので other things を意味上の主語に置く独立分詞構文の形になることを見抜く。

260 完了の独立分詞構文

R

► 考え方は問題259と同じ。本問は，Because it had rained ... とほぼ同意なので，「天気・天候」を表す it を完了分詞の意味上の主語に置いた独立分詞構文の形になる。

253 ④ link → linking **254** ③ **255** ③ **256** ③ **257** ② **258** ② **259** ①
260 ①

261 □□□ There (　　　) no available information on the crime, the police asked the mass media for cooperation.

① being　② having　③ is　④ seems　〈鹿児島大〉

262 □□□ (　　　) control herself, she burst into tears at the news.

① Being unable　② In unabling
③ Unabling to　④ Unable to　〈青山学院大〉

263 □□□ Though (　　　) no Spanish, she was able to communicate with the other students.

① understand　② understanding
③ understood　④ being understood　〈日本大〉

KEY POINT 052

264 □□□ 天気がよければ私たちはテニスをするつもりです。

Weather (　　　), we will play tennis.　〈明治薬科大〉

TARGET 26 慣用的な分詞構文

- **frankly speaking**「率直に言えば」
- **generally speaking**「一般的に言えば」
- **strictly speaking**「厳密に言えば」
- **roughly speaking**「大ざっぱに言えば」
- **talking[speaking] of A**「A と言えば」→ 268
- **judging from A**「A から判断すると」
- **seeing (that) ...**「…なので」
- **depending on A**「A に応じて／A 次第で」→ 269
- **weather permitting**「天気がよければ」→ 264
- **such being the case**「そのような事情なので」
- **considering A**「A を考慮に入れると」→ 266
- **considering (that) ...**「…を考慮に入れると」
- **given A**「A を考慮に入れると／A だと仮定すると」→ 265
- **given (that) ...**「…を考慮に入れると／…と仮定すると」
- **granting[granted] (that) ...**「仮に…だとしても」
- **provided[providing] (that) ...**「もし…なら」
- **suppose (that) ...**「もし…なら」
- **supposing (that) ...**「もし…なら」
- **all things considered**「あらゆることを考慮に入れると」→ 267

261 その犯罪について入手できる情報は何もなかったので，警察はマスコミに協力を求めた。
262 自分を抑えられなくて，彼女はそのニュースを聞いて泣き出した。
263 スペイン語がまったくわからなかったが，彼女はほかの学生たちとコミュニケーションをとることができた。

261 there is A 構文の分詞構文 － there being A

► there is A「A がある」の分詞構文は **there being A** になる。

262 形容詞から始まる分詞構文 R

○ 本問は，Being unable to control herself, の being が省略された形。結果として形容詞から始まる分詞構文となる。

PLUS **be unable to do ...**「…できない」は重要表現。(→939)

PLUS 形容詞から始まる分詞構文は分詞構文だと気づきにくいので，読解問題でよく出題される。下記の例文で再確認しておこう。
Curious to know what happened, he began to run toward the accident scene.
（何が起こったのか知りたくて，彼は事故現場の方へ走り始めた）

263 接続詞＋分詞構文 R

► 分詞構文の表す意味を明確にするため，分詞の前に接続詞を置くことがある。

○ 本問は，Though she understood no Spanish, と同意なので，分詞構文で表現すると Understanding no Spanish, となるが，「逆接」の意味になることを明確にするために接続詞の though を分詞構文の前に置いた形だと考える。

PLUS **接続詞＋分詞構文**は読解において重要。特に，**while doing ...** で「…だけれども」という「逆接」の意味を表す場合は気づきにくい。
While resembling his father in appearance, he has inherited much from his mother in character.
（彼は外見は父親に似ているが，性格は母親から受け継いだところが多い）
***inherit A from B**「A を B から受け継いでいる」

分詞構文を用いた慣用表現 052 KEY POINT

264 慣用的な分詞構文 － weather permitting

► **weather permitting**「天気がよければ」は慣用的な分詞構文として押さえる。(→ TARGET 26)

1 文法　2 語法　3 イディオム　4 会話表現

---

261 ①　**262** ④　**263** ②　**264** permitting

265 □□□ 発展↑
(　　　) the fact that I was tired, I managed to play the piano pretty well.
① Considered　② Given　③ Providing　④ Thinking　〈立教大〉

266 □□□
(　　　) your love of the outdoors, I am really surprised that you decided to live in the city rather than in the countryside.
① Considered　② Considerate
③ Considering　④ Considerable　〈南山大〉

267 □□□
All things (　　　), we have done a good job.
① considering　② considered
③ to consider　④ consider　〈西南学院大〉

268 □□□
(　　　) of digital cameras, what would you recommend?
① By speaking　② Speaking　③ Spoken　④ To be spoken　〈宮崎大〉

269 □□□
Could you show me how to make my mobile phone ring differently, (　　　) who's calling me?
① depending on　② in spite of
③ on behalf of　④ relying on　〈センター試験〉

KEY POINT 053

270 □□□
The basketball player made the free throw for the victory with only 2.2 seconds (　　　) on the clock.
① leave　② leaving　③ left　④ to leave　〈立命館大〉

271 □□□
I can't concentrate on (me / my reading / watching / with / you).
〈早稲田大〉

265 自分が疲れていたことを考慮すれば，私はピアノをとてもうまく弾くことができた。
266 アウトドアが大好きなことを考慮すれば，あなたが田舎ではなく都会に住むことに決めたことに本当に驚いています。
267 あらゆることを考慮に入れると，私たちはいい仕事をしました。
268 デジタルカメラと言えば，あなたはどれを薦めますか。
269 誰が電話をかけているのかに応じて，私の携帯電話に異なる着信音を鳴らす方法を教えてもらえますか。
270 そのバスケットボール選手は，残り時間わずか2.2秒でフリースローを投じて勝利を決めた。
271 あなたが私を見つめていると，読書に集中できません。

265 慣用的な分詞構文 ― given A　R

▶ **given A** は「A を考慮に入れると／A だと仮定すると」の意味を表す。慣用表現として押さえる。(→ TARGET 26)

○ 本問の **given A** は「A を考慮に入れると」の意味を表す。

266 慣用的な分詞構文 ― considering A

▶ **considering A** は「A を考慮に入れると」の意味を表す。(→ TARGET 26)

267 慣用的な分詞構文 ― all things considered　W

▶ **all things considered**「あらゆることを考慮に入れると」は慣用的な分詞構文。(→ TARGET 26)

268 慣用的な分詞構文 ― speaking[talking] of A

▶ **speaking[talking] of A** は「A と言えば」の意味を表す。(→ TARGET 26)

269 慣用的な分詞構文 ― depending on A

▶ **depending on A** は「A に応じて／A 次第で」の意味を表す。(→ TARGET 26)

付帯状況表現〈with A done / with A doing ...〉　053 KEY POINT

270 with A done　R

▶「付帯状況」を表す with には，**with A doing ...** と **with A done** の形がある。A と分詞の原形が能動関係であれば現在分詞が，受動関係なら過去分詞が用いられる。

○ 前置詞の目的語である only 2.2 seconds「わずか2.2秒」と他動詞 leave「…を残す」は受動関係なので，過去分詞③ left を選ぶ。

271 with A doing ...　R

○ 本問は，with you watching me「あなたが私を見つめていると」を作れるかがポイント。

PLUS **concentrate on A**「A に集中する」は重要表現。

PLUS 問題270の **with A done** や本問の **with A doing ...** は読解問題で頻出。with A doing[done] が長くなると見抜きづらくなるので注意。以下の例文で再確認しておく。
My daughter came back home, **with her face glowing with the warmth of exercise.**
(私の娘は運動で体が温まり，顔を赤くほてらせて家に帰ってきた)
***glow**「ほてる」

265 ② **266** ③ **267** ② **268** ② **269** ① **270** ③
271 my reading with you watching me

R W

英文読解問題・英作文問題に挑戦！ 2

（第 5 章 不定詞～第 7 章 分詞）

問題

01 It was foolish and selfish to raise children in the hope that they might someday pay back the debt of their existence. 〈東京大〉

02 僕がしたいことは，僕の旅行を他の何らかの活動と組み合わせることです。〈早稲田大〉

03 大学に入ってから友達を作るコツを教えてくれる? 〈慶應義塾大〉

04 私は忙しすぎて今週末どこにも行けません。 〈学習院大〉

05 明治時代に入ると日本は西洋の近代技術を導入するために，多くの外国人技師を招いた。 〈名古屋大〉

06 言うまでもないことだが，生命ほど貴いものはない。 〈宮城大〉

07 Understanding how reading on paper differs from reading on screens requires some explanation of how the human brain interprets written language. 〈同志社大〉

01 形式主語を用いた It is ... (for A) to do ～ (➔158)

○ 本問の主語の It は形式主語で to raise children「子どもを育てる」以下を表す。in the hope that S might someday do ... は hoping that S might someday do ... と同意で「S がいつの日か…してくれるかもしれないと期待して」の意味を表す。pay back the debt of their existence は「自分たちの存在の負債を返済する／自分たちが存在することで（親に）受けた恩義に報いる」の意味。

02 名詞用法の不定詞 ― 補語 (➔156)

○ 本問は，補語に不定詞を用いて，What I want to do is to do ...「私のしたいことは…することだ」の形で表現できる。補語の to do ... は combine A with B「A を B と組み合わせる」を用いて，to combine my trip with some other activities と表現すればよい。

03 疑問詞＋ to 不定詞 ― how to do ... (➔161, 162)

○「コツ」は tips で表現できる。「A のコツを教えてくれる？」は「A についてのコツをいくつか与

Hint

01 **foolish and selfish**「愚かで利己的な」，**raise A**「A を育てる」（＝ bring up A）(➔793)，**pay back A**「A
返済する」，**debt**「負債／恩義」，**existence**「存在」

05 **in the Meiji era**「明治時代には」，**modern Western technology**「西洋の近代技術」

07 **reading on paper**「紙で読むこと」，**reading on screens**「画面上で読むこと」，**the human brain**「人間の
written language「書き言葉」

えてくれますか」と考えて，Can you give me some tips about A? と表現する。A は，how to do「…する仕方」の形で how to make friends「友達の作り方」とすればよい。なお,「大学に入ってから」は単に at university「大学で」でよい。

04 不定詞の慣用表現 － too ... to do 〜 (➔180)

○ 本問は，too ... to do 〜「とても…なので〜できない／〜するには…すぎる」の形を用いて表現できる。「忙しすぎて今週末どこにも行けない」は，be too busy to go anywhere this weekend とすればよい。

05 不定詞の慣用表現 － in order to do .../so as to do ... (➔182)

○「西洋の近代技術を導入するために」は，in order[so as] to do ...「…するために」を用いて in order[so as] to introduce modern Western technology と表現できる。「日本は多くの外国人技師を招いた」は，invite A from B「B から A を招く」を用いて，people in Japan[Japanese people] invited a lot of engineers from abroad[foreign countries] と表現できる。

06 独立不定詞 － needless to say (➔191)

○「言うまでもなく…だ」は Needless to say, S + V ... か It goes without saying that S + V ... (➔ **234**) で表す。「生命ほど貴いものはない」は nothing is ＋比較級＋ than A (➔ **337**, TARGET 31) を用いて，nothing is more precious than life と表現できる。

07 動名詞が主語 (➔206)

○ 動名詞は文中で，主語・目的語・補語・前置詞の目的語として用いられる。本問は Understanding から screens までの動名詞句が主語となり，Understanding how A differ from B「A が B とどのように異なるかを理解すること」の構造となっている。述語は，requires some explanation of how A interpret B「A がどのように B を解釈するかについての説明が必要である」となっていることを見抜く。

解答例

01 子どもがいつの日か自分が存在していることの負債を返済してくれるかもしれないと期待して子どもを育てるのは愚かで利己的だった。

02 **What I want to do is to combine my trip with some other activities.**

03 **Can you give me some tips about how to make friends at university?**

04 **I'm too busy to go anywhere this weekend.**

05 **In the Meiji era, people in Japan invited a lot of engineers from abroad in order to introduce modern Western technology.**

06 **Needless to say, nothing is more precious than life.**

07 紙で読むことが画面上で読むこととどのように異なるかを理解するには，人間の脳がどのように書き言葉を解釈するかについての説明が必要である。

問題

08 The primary function of language is for concealing thoughts, diverting others' attention from knowing what one is thinking. 〈東京大〉

09 家族や友人に会うのを楽しみにしています。 〈静岡県立大〉

10 どの辞書を買ったらいいか，その学生はなかなか決められませんでした。〈学習院大〉

11 Research shows that most of us spend less time thinking over negative outcomes than we do over positive ones. 〈愛知教育大〉

12 Once cooking allowed us to expand our cognitive capacity at the expense of our digestive capacity, there was no going back. 〈東京工大〉

13 長い間お待たせしてすみません。 〈岩手医科大〉

08 動名詞が前置詞の目的語 (➜229, 230)

○ 本問の構造は，S is for doing ... , doing 〜「Sは〜して…することを目的としている［…することだ］」となっている。doing 〜は文尾に置かれた分詞構文。diverting others' attention from knowing what one is thinking は，divert A from B「AをBからそらす」，関係代名詞の what を用いた what one is thinking「自分の考えていること」(➜437)から，「他者の注意を自分の考えていることからそらして」の意味を表す。concealing thoughts は「思考を隠すこと」の意味を表し，前置詞 for の目的語となっている。

09 to の後に動名詞が続く表現 − look forward to doing ... (➜213)

○「(私は) …するのを楽しみにしています」は look forward to doing ...「…することを楽しみに待つ」の現在進行形で表現すればよい。「家族や友人と会う」は see my family and friends と表現できる。

Hint

08 **the primary function of language**「言語の主要な機能」，**conceal A**「Aを隠す」，**divert A from B**「AからBをそらす」，**others' attention**「他者の注意」

11 **think over A / think A over**「Aについて考える」，**negative**「否定的な，マイナスの」，**outcome**「結果，成
positive「肯定的な，プラスの」

12 **cooking**「料理」，**expand A**「Aを拡大する［高める］」，**cognitive capacity**「認知能力」，**at the expe
of A「Aを犠牲にして」，**digestive capacity**「消化能力」

13 **(for) so long**「とても長い間」

10 動名詞を用いる慣用表現 ― have difficulty[trouble] (in) doing ... (➔224)

○「その学生はなかなか決められませんでした」は have difficulty[trouble] (in) doing ...「…するのに苦労する」を用いて，The student had difficulty[trouble] (in) deciding ... と表現できる。「どの辞書を買ったらいいか」は「疑問詞＋ to 不定詞」(➔161)で，which dictionary to buy と表現できる。

11 動名詞を用いる慣用表現 ― spend A (in) doing ... (➔225)

○ Research shows that S + V ... は「研究によると…ということが明らかになる」の意味を表す。that 節内は，spend A (in) doing ...「…するのに A（時間）を使う」が用いられていて，most of us spend less time thinking over A than we do(=spend time thinking) over B「私たちの大部分は B について考える時間よりも A について考える時間の方が少ない」という比較構造となっている。

12 動名詞を用いる慣用表現 ― There is no doing ... (➔221)

○ 主節の there was no going back は there is no doing ...「…できない」(=it is impossible to do ...) の形で「もうあと戻りはできなかった」の意味を表す。従節は，接続詞の once を用いた once S + V ...「ひとたび…すると」の形となっており，節内は，allow A to do ...「A が…するのを可能にする，A が…するのを許す」(➔734)が用いられ，S allowed us to expand A at the expense of B「S によって，私たちは B を犠牲にして A を拡大することができた」の構造となっていることに気づく。

13 目的格補語として用いられる現在分詞 ― keep A doing ... (➔241)

○「あなたを待たせる」は keep A doing ...「A を…させておく」を用いて，keep you waiting と表現できる。「…してすみません」は完了不定詞 (➔177) を用いて，I'm sorry to have done ...，または，完了動名詞 (➔212) を用いて I'm sorry for having done ... と表現できる。

解答例

08 言語の主要な機能は，自分の考えていることを知られないように他者の注意をそらして思考を隠すことである。

09 **I'm looking forward to seeing my family and friends.**

10 **The student had difficulty[trouble] (in) deciding which dictionary to buy.**

11 研究によると，私たちの大部分は，プラスの結果について考える時間よりもマイナスの結果について考える時間の方が少ないということだ。

12 私たちはひとたび料理をすることによって，消化能力を犠牲にしながら認知能力を高めると，もうあと戻りはできなかった。

13 **I'm sorry to have kept[for having kept] you waiting so long.**

問題

14 Having tasted the pleasure in mathematics, he will not forget it easily and then there is a good chance that mathematics will become something for him: a hobby, or a tool of his profession, or his profession, or a great ambition. 〈中央大〉

15 Thirsty for national profit, nations, and their systems of education, are heedlessly discarding skills that are needed to keep democracies alive. 〈神戸大〉

16 As a species, humans have exceptionally large brains — about seven times larger than should be expected, given the average body size. 〈新潟大〉

17 British identity has even become less important to the British population itself, with only about 50 per cent regarding it as an important part of their identity. 〈高知大〉

14 完了分詞 (having done) を用いた分詞構文 (➔254)

○ taste the pleasure in A「Aの喜びを味わう」の表現が用いられたHaving tasted the pleasure in mathematics, は，主節の時制とのずれを表し，「(彼は) 数学の喜びを味わってきたので」という「理由」の意味を表す。there is a good chance that ...「…という十分な可能性がある」の that は同格の名詞節を導く接続詞 (➔475)。something は「何か重要なもの［こと］」を意味する。コロン以下の A, or B, or C, or D は，something for him と同格関係で具体的な例を表している。

15 形容詞から始まる分詞構文 (➔262)

○ be thirsty for A「Aを渇望する」の表現が用いられたThirsty for national profit, はBeing thirsty for national profit, の Being が省略された形で「国益を渇望して」の意味を表す分詞構文。主語は nations, and their systems of education「各国とその教育制度」。動詞は，現在進行形となっている are heedlessly discarding skills「技術を不注意に捨てている」。その目的語 skills を修飾する主格関係代名詞 that を用いた形容詞節 (➔407) が続いている。節内の表現 be needed to keep A alive は「Aを生かしておくために必要とされる」の意味を表す。

Hint

14 **hobby**「趣味」，**tool**「道具」，**profession**「職業」，**ambition**「野心，野望」
15 **heedlessly**「不注意に，気に留めることもなく」，**discard A**「Aを捨てる」，**democracy**「民主主義」
16 **as a species**「種として」，**humans**「人間 (=human beings)」，**exceptionally**「例外的に」，**brain**「脳」
17 **British identity**「英国人としてのアイデンティティ」，**become less important to A**「Aにとってそれほ 要でなくなる」，**the British population**「英国民」，**itself**「それ自体」(直前の名詞の強調➔405)

16 慣用的な分詞構文 ― given A (➜265)

○ 本問の given the average body size は，given A「A を考慮すると」の形となっており，「平均的な体の大きさを考慮すれば」の意味を表す。about seven times larger than should be expected は，比較級を用いた倍数表現（➜279）で「予想されるよりも約7倍大きい」の意味を表す。

17 付帯状況を表す with A doing ... (➜271)

○ 本問の with only about 50 per cent regarding it as an important part of their identity は，付帯状況を表す with A doing ...「A が…しているので」の形であることを見抜く。regard A as B「A を B だと見なす」から，「約50%（の英国民）しかそれ（＝英国人としてのアイデンティティ）を彼らにとって重要な一部だと見なしていないので」の意味を表す。

解答例

14 数学に喜びを味わってきたので，彼はそれを簡単には忘れることはないだろうし，その後，数学が彼にとって何がしかのもの―例えば趣味や職業上の道具，あるいは職業，はたまた大きな野望―になる十分な可能性がある。

15 国益を渇望して，各国とその教育制度は，民主主義を存続させるために必要な技術を気に留めることもなく捨て去っている。

16 生物種として，ヒトは例外的に大きな脳を持っている―平均的な体の大きさを考慮に入れるとすれば予想される大きさの約 7 倍である。

17 英国人としてのアイデンティティは，約 50 パーセントの英国民しかそれを自分自身のアイデンティティの重要な一部として見なしていないので，英国民自身にとって重要ではなくなってきてさえいる。

第8章 比較

KEY POINT 054

272 □□□ In writing songs, I've learned as much from Cezanne (　　) I have from Mozart.

① so　② than　③ as　④ rather than 〈同志社大〉

273 □□□ 本を読みたいだけ読むことができた。

I was (able / as / books / many / read / to) as I wanted to. 〈慶應義塾大〉

274 □□□ 彼はもとのように丈夫ではない。

He (as / he / be / not / so / strong / to / used / is). 〈立命館大〉

KEY POINT 055

275 □□□ This battery lasts (　　) made by other battery makers.

① as twice long batteries as　② as twice long as batteries
③ twice as long batteries as　④ twice as long as batteries 〈愛知医科大〉

276 □□□ The average Japanese today has only (as / space / two-thirds / housing / much) as his / her American counterpart. 〈慶應義塾大〉

272 曲を書くことに関して，私はモーツァルトと同じくらい多くのことをセザンヌから学びました。
275 この電池は他のメーカー製の電池よりも2倍長もちする。
276 今日の平均的な日本人は，平均的なアメリカ人の3分の2の住居スペースしかない。

原級比較の基本

054 KEY POINT

272 原級比較 ― as＋原級＋as ...

S

► 「**as＋原級＋as ...**」は「…と同じくらい〜」の意味を形成する。

○ 本問は learn much from A「A から多くのことを学ぶ」を用いた原級比較の表現。I have learned as much from A as I have (learned) from B「B から学んだのと同じくらい多くのことを A から学んだ」の構造であり，from A と from B が比較する対象となっている。

273 原級比較 ― as＋原級＋as ...

○ I was able to read many books を想定し，「**as＋原級＋as ...**」を組み合わせるのがポイント。

274 原級比較 ― not so[as]＋原級＋as ...

R

► 「**as＋原級＋as ...**」の否定形「**not so[as]＋原級＋as ...**」は「…ほど〜でない」の意味を表す。

○ 本問は「現在」と「過去」を比較した表現。as ... を「過去の継続的状態」を表す used to be C「以前は C であった」(→82) を用いて as he used to be とまとめればよい。

PLUS 「**not as[so]＋原級＋as ...**」は，比較級表現の「**less＋原級＋than ...**」「…ほど〜ではない」(→296) と同意表現であることも押さえておこう。

In those days sugar was **not as[so]** valuable **as** salt.

= In those days sugar was **less** valuable **than** salt.

（当時，砂糖は塩ほど価値がなかった）

倍数表現

055 KEY POINT

275 倍数表現 ― twice as＋原級＋as A

W

► 倍数表現は，一般に「**... times as＋原級＋as A**」「A の…倍〜」で表すが，2倍の場合は，「**twice as＋原級＋as A**」で表す。

PLUS 「A の半分の〜」は，「**half as＋原級＋as A**」，「A の3分の1の〜」は「**one third as＋原級＋as A**」，「A の3分の2の〜」は「**two(-)thirds as＋原級＋as A**」(分母の third に s がつく) (→276)，「A の1.5倍の〜」は「**one and a half times as＋原級＋as A**」になることも覚えておこう。

276 倍数表現 ― two(-)thirds as＋原級＋as A

○ 問題275で触れた「**two(-)thirds as＋原級＋as A**」「A の3分の2の〜」を想定し，「as＋原級」を as much housing space とまとめればよい。

272 ③ **273** able to read as many books **274** is not so strong as he used to be
275 ④ **276** two-thirds as much housing space

1 文法 2 語法 3 イディオム 4 会話表現

277 □□□ 新しい競技場は古いものよりも3倍くらい大きい。
The new stadium (about / is / of / size / the / three / times) the old one. 〈立命館大〉

278 □□□ According to recent statistics, the number of vending machines in France is (　　) in Japan.
① as much as ② nearly the same that
③ half as many ④ one tenth the number 〈東京都市大〉

279 □□□ The U.S. is about twenty-five times (　　) Japan in area.
① more big than ② bigger as ③ bigger than ④ the biggest 〈上智大〉

KEY POINT 056

280 □□□ She is as good a student (　　) in her class.
① as little ② so many ③ as so ④ as any 〈日本大〉

281 □□□ It is said that he was (　　) great a scientist as ever lived.
① as ② far ③ same ④ such 〈東京理科大〉

278 最近の統計によると，フランスにある自動販売機の数は日本の10分の1だ。
279 アメリカ合衆国は，面積が日本より25倍大きい。
280 彼女はクラスの誰にも劣らず優秀な生徒です。
281 彼は，古来まれな偉大な科学者だったと言われている。

277 倍数表現 ― three times the size of A

► 問題275で扱った「**... times as ＋原級＋ as A**」は「**... times the ＋名詞＋ of A**」と表現できる。なお，この形で用いる名詞は，一般的に，大きさ（**size**），長さ（**length**），重さ（**weight**），高さ（**height**），数（**number**），量［額］（**amount**）などに限られることに注意。

○ 本問は，the size of A を用いた，S is about three times the size of A. を想定できるかがポイント。

278 倍数表現 ― one tenth the number of A

○「A の数の10分の1」は **one tenth the number of A** で表すので，④ one tenth the number を選ぶ。本問では of A は省略されている。the number (of vending machines) in Japan と考える。

279 倍数表現 ― twenty-five times bigger than A

► 問題275で述べたように，「A の25倍大きい」は **twenty-five times as big as A** で表現すればよいが，「**... times ＋比較級＋ than A**」の形で **twenty-five times bigger than A** と表現されることがあることに注意。

PLUS 英作文では原級比較で表現するのが原則。

原級を含む慣用表現

056 KEY POINT

280 as ＋原級＋ as any

►「**as ＋原級＋ as any**」は「誰にも劣らず…」という最上級に近い意味を表す（→335）。原級を用いた慣用表現として押さえる。

PLUS「**as[so / too / how] ＋形容詞＋ a ＋名詞**」の語順に注意。（→655）

PLUS 類似表現の「**as ＋原級＋ as any ＋ A（名詞）**」「どの A にも劣らず…」も一緒に押さえておこう。

This is **as** good **as any pen** I've ever used.
（これは，私が今まで使ったどのペンにも劣らず書きやすい）

281 as ＋原級＋ as ever lived

►「**as ＋原級＋ as ever lived**」は「古来まれな［並外れた］…←これまで生きた誰にも劣らず…」という最上級に近い意味を表す。（→335）

PLUS 問題280同様，「**as[so / too / how] ＋形容詞＋ a ＋名詞**」の語順に注意。（→655）

PLUS 紛らわしい表現の「**as ＋原級＋ as ever**」「あいかわらず…」もここで押さえておこう。
He is **as** busy **as ever**.（彼はあいかわらず忙しい）

277 is about three times the size of　**278** ④　**279** ③　**280** ④　**281** ①

282 □□□
(a) Happiness consists in contentment rather than in wealth.
(b) Happiness consists not (　　　) much in wealth as in contentment.
〈福岡県立大〉

283 □□□
He cannot so (　　　) as sign his own name.
① more ② far ③ much ④ many 〈中央大〉

284 □□□
He left the farewell party (　　　) saying a word of thanks.
① not too much for ② not much as
③ as much as ④ without so much as 〈青山学院大〉

285 □□□
We were surprised to hear that (　　　) 200 people attended the lecture.
① so many ② as much ③ as much as ④ as many as 〈昭和大〉

286 □□□ 発展↑
彼は10行の中でつづりを10か所間違えた。
He made (ten / in / so / as / many / mistakes / spelling) lines.
(1語不要) 〈青山学院大〉

287 □□□ 発展↑
The boys were swimming in the pond (　　　) frogs.
① like so many ② like such many
③ like as much ④ like much of 〈東海大〉

282 幸せとは，富というよりもむしろ満足にある。
283 彼は自分の名前をサインすることさえできない。
284 彼は，感謝の一言さえ言わないで送別会を後にした。
285 200人もの人々がその講演会に出席したと聞いて，私たちは驚いた。
287 その少年たちは，さながらカエルのように池で泳いでいた。

282 not so much A as B = B rather than A

R W

► **not so much A as B**「Aというよりむしろ B」は慣用表現として押さえる。**A と B は文法的に共通なもの**がくる。

○ 本問は，A が in wealth，B が in contentment となっていることに気づくことが重要。

PLUS 同意表現の **B rather than A** や **rather B than A** も重要。

PLUS **consist in A**「A にある」は重要表現。

PLUS「A というよりむしろ B」は比較級を用いた，**more B than A**，**less A than B** でも表現できる。(→297, 298)

283 cannot so much as do ...

► **cannot so much as do ...**「…すらできない」は cannot do の強意形で，**cannot even do ...** と同じ意味を表す。

PLUS 同じく原級を用いた強調表現の **go so far as to do ...**「…しさえする」もここで覚える。

She **went so far as to say** that he was a coward.
(彼女は，彼は臆病者だとさえ言った)

284 without so much as doing ...

► **without so much as doing ...**「…すらしないで」は without doing ... の強意形で，**without even doing ...** と同じ意味を表す。

285 as many as A

►「**as many as A** (A は「数詞 + 複数名詞」)」は A が「数」的に多いことを示し，「A も (多くの数の)」という意味を表す。

✖ ③ as much as A (×)「A も (多くの量の)」は「量」的に多いことを表すため，A には「金額・重さ」などを表す名詞がくることに注意。

Would you pay **as much as** 100 dollars for the book?
(その本に100ドルも支払いますか)

286 as many A

► **as many A (複数名詞)** は前述の数詞を受けて「それと同数の A」の意味を表す。

○ 本問は，まず made の後に ten spelling mistakes を置き，as many A を用いた in as many lines を続ければよい。

287 like so many A

► **like so many A (複数名詞)** は「さながら (同じ数の) A のように」の意味を表す慣用表現。そのまま覚えておこう。

282 so **283** ③ **284** ④ **285** ④
286 ten spelling mistakes in as many (不要語：so) **287** ①

288 □□□
彼女はできるだけお金をためようと努力している。
She is trying (save / much / she / money / can / as / to / as). 〈近畿大〉

289 □□□
She (as / as / to / told / go / was / soon / home) possible. 〈東洋大〉

290 □□□
On some days there were as (   ) as three or four students in his lectures.
① few ② little ③ more ④ much 〈関西学院大〉

291 □□□
In Japan, a beautiful city was built as (   ) as the eighth century.
① early ② old ③ soon ④ long 〈立命館大〉

292 □□□
The problem is as (   ) as settled.
① well ② good ③ much ④ likely 〈慶應義塾大〉

293 □□□ 発展↑
I said I would be as (   ) as my word.
① brave ② honest ③ good ④ kind 〈学習院大〉

289 彼女はなるべく早く家に帰るように言われた。
290 彼の講義に3人か4人の学生しかいない日が何日かあった。
291 日本では，美しい都市が早くも8世紀に建設されました。
292 その問題は解決されたも同然だ。
293 私は約束を守ると言った。

288 as＋原級＋as S can

▶「**as ＋原級＋ as S can**」は「できるだけ…」の意味を表す。

○ She is trying to save much money. という前提となる文を想定し,「as ＋原級＋ as S can」の形でまとめればよい。

PLUS 同意表現の「**as ＋原級＋ as possible**」も重要。(→289)
She is trying to save **as** much money **as she can.**
= She is trying to save **as** much money **as possible.**

289 as＋原級＋as possible

R

▶「**as ＋原級＋ as possible**」「できるだけ…」は,「**as ＋原級＋ as S can**」(→288)と同意表現。

○ まず,be told to do ...「…するように言われる」の形を想定し,was told to go home とまとめ,次に,as soon as possible を続ければよい。

290 as few as A

R

▶ **as few as A** (A は数詞＋複数名詞)は A が「数」的に少ないことを示し,「わずかA／A しか〜ない」の意味を表す。

PLUS A が「量」的に少ないことを示す **as little as A**「わずかA／A しか…ない」もここで押さえておこう。
In some parts of the world, people working six or seven days a week make **as little as** four dollars.
(世界の一部の地域では,週に6日か7日働いても,わずか4ドルしか稼げない人々がいる)

291 as early as A

▶「**as ＋副詞＋ as A** (A は数詞を含む場合が多い)」は強調表現で,**as early as A**「早くもAに←Aと同じくらい早くに」はその代表例。

PLUS **as early as the eighth century**「早くも8世紀に」のほかにも,**as late as last week**「つい先週に」,**as recently as a month ago**「ほんの1か月ほど前に」,**as often as five times a week**「1週間に5回も」,**as high as 30 degrees Celsius**「摂氏30度にも」などのフレーズも一緒に覚えておこう。

292 as good as＋形容詞

▶「**as good as ＋形容詞**」は「…も同然」の意味を表す慣用表現。この as good as は副詞の **almost**,**nearly** に置き換えられる場合も多い。

293 as good as one's word

▶ **as good as one's word[promise]** は「約束を守って」の意味を表す。慣用表現として押さえる。

---

288 to save as much money as she can　**289** was told to go home as soon as
290 ①　**291** ①　**292** ②　**293** ③

KEY POINT 057

294 □□□ In many countries, the commercial side of Christmas is (religious / more / than / important / the) part. 〈日本大〉

295 □□□ シェイクスピア劇公演は我々の予想以上に多くの観客を集めた。 (1語不足)
The Shakespeare performance (audience / had / a larger / expected / attracted / we). 〈西南学院大〉

296 □□□ The situation proved (expected / had / less / serious / than / we). 〈立教大〉

297 □□□ He is (　　　) than sincere.
① more clever　② cleverer　③ the cleverest　④ clever 〈日本大〉

298 □□□ 発展↑ Tom is (　　　) a hard-working student than a mathematical genius; he always gets high scores in math without studying very hard.
① less　② more　③ not　④ rather 〈センター試験〉

294 多くの国々では，クリスマスの商業的側面の方が，宗教的な部分よりも重要となっている。
296 状況は，私たちが予想していたほど深刻ではないことがわかった。
297 彼は誠実というよりも利口だ。
298 トムは，勤勉な学生というよりむしろ数学の天才だ。彼はいつも大して勉強もせずに数学で高得点を取る。

比較表現の基本

057 KEY POINT

294 比較表現の基本 ― 比較級＋ than ...

► 「**比較級＋ than ...**」は「…よりも〜」の意味を表す。

○ A is more important than B.「A は B よりも重要だ」の形を想定し，B を the religious part「宗教的な部分」とまとめればよい。

295 比較級＋ than S expect

W

► 「**比較級＋ than S expect**」は「S が予想するよりも…」の意味を表す。英作文でもよく用いる表現。

○ 主語の後に attracted a larger audience を置き，不足語の than を補って than we had expected を続ければよい。過去完了になるのは，「(実際に) 集めた」時点よりも前に予想をしていたから。

PLUS 「**比較級＋ than S think[guess]**」も頻出表現。

296 less ＋原級＋ than ...

► 「**less ＋原級＋ than ...**」は「…ほど〜でない」の意味を表す。「**not so[as] ＋原級＋ as ...**」と同意。(→274)

○ 問題295で扱った「比較級＋ than S expect」の否定形「less ＋原級＋ than S expect」「S が予想するほど〜でない」を想定し，less serious than we had expected とまとめ，prove C「C だとわかる」の形から，動詞 proved の後に補語として続ければよい。

297 more B than A

► **more B than A** は「A というよりむしろ B」の意味を表す。A と B は文法的に共通なものがくる。

○ 本問は，A に当たる sincere「誠実な」が形容詞であることに気づけば，more B の B も形容詞になるので① more clever を選ぶ。

PLUS 同意表現は，**less A than B**，**not so much A as B**，**B rather than A**，**rather B than A**。(→282)

✖ ② cleverer (×) は不可。He is cleverer となれば，than 以下には sincere ではなく「彼」の比較対象となる「人」がこなければならない。以下の例文を参照。
He is cleverer than **she (is)**. (彼は彼女よりも賢い)

298 less A than B

○ **less A than B**「A というよりむしろ B」が本問のポイント。(→282, 297)

---

294 more important than the religious
295 attracted a larger audience than we had expected (不足語：than)
296 less serious than we had expected **297** ① **298** ①

299 □□□ Heavy industry is moving in the direction of more automated machines and ( ) manpower.

① bigger ② few ③ less ④ many 〈センター試験〉

KEY POINT 058

300 □□□ 彼は実際の年よりはるかに若く見える。

He (age / he really / is / looks / than / younger / much).
(1語(句)不要) 〈東京理科大〉

---

301 □□□ Fewer people make phone calls today than twenty years ago and ( ) fewer people write letters.

① less ② more ③ some ④ still 〈上智大〉

---

302 □□□ There are ( ) more ways of doing this than you might imagine.

① any ② little ③ many ④ much 〈日本大〉

---

303 □□□ According to ①recent research, the Moon ②seems to have ③many more water under the surface than we ④had expected. 〈南山大〉

TARGET 27 比較級・最上級の強調表現

●**比較級の強調表現**

- much →300
- even →300
- lots
- far
- by far
- a great[good] deal
- still →301
- a lot

●**最上級の強調表現**

- by far →338
- far
- much
- very

＊ただし，very は「the very ＋最上級＋名詞」の語順になることに注意。

She is **by far** the best swimmer in her class.

= She is **the very best** swimmer in her class.

(彼女はクラスでずば抜けて泳ぎがうまい)

---

299 重工業は，よりオートメーション化した機械を使い，人力を使わない方向に進んでいる。

301 今では電話をかける人は20年前よりも少ないが，手紙を書く人はさらに少ない。

302 これには，あなたが想像するよりもさらに多くのやり方がある。

303 最近の研究によると，月にはその表面下に私たちが予想していたよりずっと大量の水が蓄えられているようだ。

299 than 以下の省略

► 比較対象が明らかな場合，than 以下が省略されることがある。

○ 本問は，文脈から than now[today]「今よりも」が省略されていることを見抜き，③ less を選ぶ。

PLUS **be moving in the direction of A**「A の方向に向かっている」は重要表現。

比較級の強調表現

058 KEY POINT

300 much の用法 ― much ＋比較級＋ than ...

► **much には比較級の強調表現**としての用法があり，比較級の前に置いて「はるかに…」の意味を表す。

PLUS **even[still]** にも比較級の強調用法があり,「**even[still] ＋比較級＋ than ...**」で「…よりもさらに一層〜」の意味を表す。たとえば, Tom is even taller than Ken. は Ken is tall, but Tom is taller. の意味で「Ken も背は高いが，Tom の方がもっと背が高い」の意味になる。Tom is much taller than Ken.「Tom は Ken よりもはるかに背が高い」との違いを理解しておこう。

301 still の用法 ― still ＋比較級＋ than ...

○ 問題300で扱った **still[even]** の比較級強調用法が本問のポイント。still fewer people write は「(電話をかける人も少ないが,) 手紙を書く人はそれよりもさらに一層少ない」の意味を表す。

302 many more ＋複数名詞

► **many more A（複数名詞）than ...** は「…よりもさらに多くの A」を表す。

○ 本問は more の後の名詞句 ways of doing this「これを行う方法」が複数形なので，③ many を選ぶ。

✖ ④ much（×）は more A の A が複数名詞の場合は使えない。つまり，「much more ＋複数名詞」(×) の形はない。

PLUS ただし，money のような不可算名詞では使えるので，**much more A（不可算名詞）(than ...)**」「(…より) さらに多くの A」で押さえておく。

PLUS many more ways や much more money の more は副詞的に機能して，それぞれ形容詞の many, much を修飾する。five more books「さらに5冊の本」の more と同じだと考える。

303 much more ＋不可算名詞

○ 問題302で扱った **much more A（不可算名詞）than ...**「…よりもさらに多くの A」が本問のポイント。A に当たる water が不可算名詞であることに気づく。

299 ③ **300** looks much younger than he really is（不要語：age） **301** ④ **302** ③
303 ③ many → much

KEY POINT 059

304 □□□ John is (　　　) of the two boys.
① the most tall　② taller　③ the taller　④ more tall　〈青山学院大〉

305 □□□ (　　　) went on, the more tired the players became.
① The long game　② The longer game
③ The longer the game　④ The longest the game　〈南山大〉

306 □□□ 彼女は最善を尽くしたにもかかわらず失敗したので，我々は一層気の毒に思う。
We are (all / for / more / the / sorry / to) her because she failed after all her efforts.　(1語不要)　〈関西大〉

307 □□□ ジェームズは裕福であっても少しも幸せではない。　(2語不要)
James is (for / happier / happy / less / none / the) his wealth.
〈東京理科大〉

308 □□□ When we are told not to come, we become (　　　) eager to go.
① too far　② all the more　③ too much　④ to the utmost　〈早稲田大〉

304 2人の男の子のうちでは，ジョンの方が背が高い。
305 試合が長引けば長引くほど，選手たちは疲れてきた。
308 来るなと言われると，それだけ行きたい気持ちになる。

比較級を用いた定型表現

059 KEY POINT

304 the ＋比較級＋ of the two

► 「**the ＋比較級＋ of the two（＋複数名詞）**」の形で「2人［2つ］の中でより…」の意味を表す。

305 the ＋比較級 ..., the ＋比較級～

R W

► 「**the ＋比較級 ..., the ＋比較級～**」は，「…すればするほど，ますます～」の意味を表す。

○ この構造は，一種の倒置構造。本問は，「the ＋比較級 ...」の前提となる The game went on long「試合は長く続いた」の文から副詞 long の「the ＋比較級」である the longer を節の文頭に置いた形となる。

306 (all) the ＋比較級＋ because ...

R

► 「**(all) the ＋比較級＋ because S ＋ V ... [for ＋名詞]**」は「…なので，それだけ～」の意味を表す。

○ 本問は，**be sorry for A**「A を気の毒に思う」を想定し，形容詞 sorry を「all the ＋比較級」の形にした be all the more sorry for A でまとめればよい。

PLUS この表現では，「for ＋名詞」，because 節が比較級の後に続くと一般に言われるが，**if 節や when 節，because of A などの群前置詞，分詞構文などさまざまな形と対応して，「(all) the ＋比較級」が用いられる**ことに注意。なお，all は省略されることもある。

If you start now, you will be back **all the sooner**.
（今出発すれば，あなたはそれだけ早く帰れるでしょう）

307 none the ＋比較級＋ for ＋名詞

R

► 問題306でテーマ化した「**(all) the ＋比較級**」「（…なので）それだけ～」の否定形である「**none the ＋比較級**」は「（…だからといって）少しも～ない」の意味を形成する。

○ 本問は，James is happy for his wealth. を想定して，happy の「none the ＋比較級」の形である none the happier を用いてまとめればよい。

308 all the ＋比較級＋ when ...

○ 本問は，問題306で述べたように，「**all the 比較級**」「それだけ…」**に対応する because 節の代用として when 節が用いられている**。

304 ③ **305** ③ **306** all the more sorry for（不要語：to）
307 none the happier for（不要語：happy, less） **308** ②

309 He cannot even speak English, ( ) French.
□□□ ① still less ② still more ③ still better ④ much more 〈中央大〉

310 A: Is Satoko still writing her research paper?
□□□ B: Well, I think she's ( ) finished it.
① now and then ② one after another
③ more or less ④ one by one 〈センター試験〉

311 私たちの日常はますます忙しくなってきた。
□□□ (busier / become / lives / and / daily / busier / our / have).
〈名古屋市立大〉

312 5日もしないうちに，奇跡のように彼の病気は完治した。
□□□ In ( ) ( ) ( ) days, he miraculously recovered from his illness. 〈日本大〉

313 Unfortunately, the peace conference was ( ) than peaceful.
□□□ ① farther ② less ③ more ④ worse 〈立教大〉

KEY POINT 060

314 The man was none ( ) the writer the journalist had been looking for.
□□□
① another than ② anyone or other
③ other than ④ some than 〈日本大〉

315 We couldn't afford to ①wait any ②long, or we ③would have ④missed our train.
□□□ 〈西南学院大〉

309 彼は英語さえ話せないし，ましてやフランス語なんて話せない。
310 A: サトコはまだ研究レポートを書いているのですか。
B: えーと，ほぼ終えていると思います。
313 残念ながら，その平和会議は決して平和的ではなかった。
314 その男性は，まさにそのジャーナリストが探し求めていた作家だった。
315 私たちはもう待っている余裕はなかった。さもなければ，列車に乗り遅れていただろう。

309 否定文, still less ...

R

► 否定文・否定的内容の文に続けて「**, still less ...**」を置くことによって,「ましてや…ない/…は言うまでもなく」の意味を表す。

PLUS 同意表現の「**, much less ...**」「**, let alone ...**」(→1384)も一緒に覚えておこう。
I am no pianist. I can't play a simple tune, **much less [let alone / still less]** Mozart's sonatas.
(私は決してピアニストではありません。簡単な曲も弾けませんし, ましてやモーツァルトのソナタなんてなおさら弾けません)

310 more or less

► **more or less** は「多かれ少なかれ/およそ」の意味を表す慣用表現。

PLUS **sooner or later**「遅かれ早かれ」もここで押さえる。

311 比較級+ and +比較級

► **「比較級+ and +比較級」**は「ますます…」の意味を表す。

○ Our daily lives を主語に立て,「比較級+ and +比較級」を用いた have become busier and busier を続ければよい。

312 less than A

► 「**less than A**(数詞表現を含む)」は「A 未満/A 足らず」の意味を表す。

PLUS 反意表現の **more than A**, **over A**「A 以上, A より多い」も押さえておこう。

313 less than +形容詞

► less than が形容詞を修飾すると強い否定の意味を形成する。**less than +形容詞**「決して…ない」(**= not +形容詞+ at all**)(→667)で押さえる。

否定語を含む比較級の定型表現

060 KEY POINT

314 none other than A

► **none other than[but] A** は「ほかならぬ A/誰か[何か]と思えば A」の意味を表す。慣用表現として覚える。

315 not ... any longer = ... no longer

► **not ... any longer** は「もはや…ない」という強い否定の意味を表す。**... no longer** と同意。

PLUS **can afford to do ...**「…する余裕がある」は重要表現。

PLUS なお, 本問の **or** は **otherwise** と同意で「さもなければ」の意味。(→147)

---

309 ① **310** ③ **311** Our daily lives have become busier and busier
312 less than five **313** ② **314** ③ **315** ② long → longer

1 文法 2 語法 3 イディオム 4 会話表現

316 □□□ Don't buy that car. It's no (　　　) than the one we already have.

① better　② greater　③ less　④ worse　〈学習院大〉

317 □□□ A whale is (　　　) a horse is.

① not more a fish than　② not a fish less than
③ no more a fish than　④ not less a mammal than　〈岩手医科大〉

316 その車を買ってはいけません。私たちがすでに持っている車と同じくらいよくありません。
317 クジラが魚でないのは，馬が魚でないのと同じだ。

316 no ＋比較級＋ than A と not ＋比較級＋ than A の区別

R

► **「no ＋比較級＋ than A」**「A 同様…ではない」を理解するには**「not ＋比較級＋ than A」**との違いを考える。

► **「not ＋比較級＋ than A」**は「A より…ということはない」の意味で，A と同等かそれ以下という比較の差を表す普通の比較級である。他方，強い否定の意味を持つ no を用いた**「no ＋比較級＋ than A」**は「no ＋比較級」で「まったく…ない」といった絶対性を表すので，than 以下は比較の差を示す対象としてではなくて「no ＋比較級」の内容をより明白にするための例としての役割を果たす。したがって，「A と同様…ではない」の意味を持つ。例えば，He is **no richer** than I am. は「彼は私同様金持ちではない」の意味になる。

► 結論として**「no ＋比較級＋ than A」の no は (1)「比較の差をゼロにし」，(2)「no の後の語を意味的に否定する」**という働きがあると考えればよい。

○ 本問は，It is not good. という文を「**no ＋比較級＋ than A**」で書いたもの。(1) の観点から，車の「よさ」の程度において It (That car) = the one[car] we already have が成り立つことに注意。

PLUS **no better than A** は「A も同然」の意味を表す場合があるが，考え方は同じ。
He is **no better than** a beast.
(彼はけだものも同然だ←彼はけだものと同じくらいひどい)

317 A is no more B than C is D.

► **A is no more B than C is D.**（動詞は be 動詞と限らないが，便宜的に is で表記しておく）は，「C が D でないのと同様に A は B でない／A が B でないのは C が D でないのと同様である」の意味になる。

► **A is no more B than C is D.** は問題316で扱った「**no** ＋比較級＋ **than** A」「A 同様…ではない」の考え方を公式的に拡大し，B，D に形容詞・副詞以外に名詞や動詞なども用いるようになったものである。no の **(1)「比較の差をゼロにする」**という働きから A is B = C is D が成り立ち，**(2)「no の後の語を意味的に否定する」**という働きから，肯定表現の more を意味的に否定して否定的視点から述べることになる。よって「C が D でないように A は B でない／A が B でないのは C が D でないのと同様だ」の意味となる。

► なお，「C is D」の箇所に A is no more B との共通語句がある場合，本問のように省略することが多い。

PLUS B, D に名詞・動詞がくる例は以下を参照。
He is no more a **fool** than you (are).
(あなたがばかでないのと同様に，彼もばかではない)
I can no more **swim** than a stone can.
(石が泳げないのと同様に，私はまったく泳ぐことができません)

316 ① **317** ③

318 □□□
私に責任がないのはあなたにないのと同じだ。
I am (any / blame / more / not / than / to) you are. 〈佛教大〉

319 □□□
A whale is no (　　) a mammal than a horse.
① more　② less　③ fewer　④ better 〈慶應義塾大〉

320 □□□
He is (　　) a person than the President.
① nothing less　② no less
③ none the less　④ not lesser 〈関西学院大〉

321 □□□
Human beings can live up to 40 days without food, but (　　) more than 7 without water.
① much　② still　③ any　④ no 〈慶應義塾大〉

322 □□□
A: What an excellent picture this is! It must be expensive.
B: Yeah. It was probably no less (　　) ten thousand dollars. 〈福島大〉

323 □□□
(a) He paid not more than ten thousand dollars.
(b) He paid (　　) (　　) ten thousand dollars. 〈昭和女子大〉

TARGET 28 no＋比較級＋ than A

なかなか覚えにくい表現のようだが，問題316から述べてきた「**not** ＋比較級＋ **than A**」「**no** ＋比較級＋ **than A**」の違いを認識していれば容易。

- **not more than A**「多くとも A ← A 以上ではない」= **at most A** → 323
- **not less than A**「少なくとも A ← A 以下ではない」= **at least A** → 324
- **no more than A**「わずか A ／ A しか…ない」（←① A と同じだが，② more の反対（少ない）という視点から）= **only A** → 321
- **no less than A**「A も（たくさん）」（←① A と同じだが，② less の反対（多い）という視点から）= **as many as A**（数の場合），**as much as A**（量の場合）→ 285, 322
- **no fewer than A**「A も（たくさん）」= **as many as A** → 285

319 クジラがほ乳類なのは，馬がほ乳類であるのと同様だ。
320 彼がほかならぬ大統領だ。
321 人間は食料なしに最長40日まで生きていられるが，水なしでは7日間しか生きられない。
322 A: これはなんて素晴らしい絵でしょう！　きっと高額なんでしょうね。
B: ええ。おそらくは1万ドルもしたでしょうね。
323 彼はせいぜい1万ドルしか支払わなかった。

318 A is not B any more than C is D. = A is no more B than C is D.

► **A is not B any more than C is D.**「CがDでないのと同様にAはBでない／AがBでないのはCがDでないのと同様である」は，問題317でテーマ化した **A is no more B than C is D.** と同意になる。no が not と any に分解された形。共通語句の省略が行われるのも A is no more B than C is D. と同じ。(→317)

○ 本問は，**be to blame** (for A)「(A に対して) 責任がある」= **be responsible** (for A) の表現に気づき，A is not B any more than C is (D). の形を想定できるかがポイント。A is not B は，(I am) not to blame とまとめ，後に any more than (you are) と続ければよい。

319 A is no less B than C is D.

► **A is no less B than C is D.** は「AがBなのはCがDなのと同じだ」の意味を表す。考え方は問題317で述べた通り。問題316で述べた no の働きから① **A is B = C is D** が成り立ち，② **less** は否定表現だから二重否定の意味が生まれ，**肯定的視点から述べる**ことになる。したがって，「CがDであるようにAはBである／AがBなのはCがDなのと同じだ」の意味となる。

PLUS なお，**A is no less B than C is D.** でも，「C is D」の箇所に A is no less B との共通語句がある場合，省略することが多い。

320 no less a person than A

► **no less a person than A** で「ほかならぬA」の意味を表す。慣用表現としてそのまま覚えるのがよい。問題314で扱った **none other than A** の同意表現。

321 no more than A

► **no more than A** は「わずかA／Aしか…ない」の意味を表す。**only A** とほぼ同意。

322 no less than A

► **no less than A** は「Aも(たくさん)」の意味を表す。(→ TARGET 28)

PLUS **no less than A** の A が本問のように「金額・重さ」の場合は **as much as A** と同意。(→285)

It was probably **no less than** ten thousand dollars.
= It was probably **as much as** ten thousand dollars.
(それは，おそらくは1万ドルもしたでしょう)

323 not more than A

► **not more than A** は「多くともA」の意味を表す。**at most A** と同意表現。(→ TARGET 28)

318 not to blame any more than **319** ② **320** ② **321** ④ **322** than
323 at most

324 □□□

(a) We have to change trains at least three times to reach our destination.

(b) We have to change trains (　　　) three times to reach our destination.

① not less than　② no sooner than
③ rather than　④ not more than 〈駒澤大〉

KEY POINT 061

325 □□□ After a brief conversation with Mary, John found he is (　　　) to her by a year.

① adult　② mature　③ older　④ senior 〈中央大〉

326 □□□ This computer is technically (　　　) to its competitors.

① quicker　② superior　③ more efficient　④ faster 〈中央大〉

KEY POINT 062

327 □□□ 発展 Now that he has grown older, he seems (to / before / more / be / than / reluctant) do such a job. （1語不要） 〈立教大〉

TARGET29 ラテン比較級

- **be inferior to A**「A より劣っている」
- **be superior to A**「A より優れている」→326
- **be senior to A**「A より先輩だ／A より年上だ」→325
- **be junior to A**「A より後輩だ／A より年下だ」
- **be preferable to A**「A より好ましい」

TARGET 30 senior, junior の名詞用法

senior「先輩／年長者」, **junior**「後輩／年少者」という名詞として用いる表現がある。

He is senior to me. = He is my senior. = I am his junior.
（彼は私の先輩だ／彼は私より年上だ）　（私は彼の後輩だ／私は彼より年下だ）

324 私たちは，目的地に着くまでに，少なくとも3回列車を乗り換えなければならない。
325 メアリーとの短い会話の後で，ジョンは自分が彼女より1歳年上であることがわかった。
326 このコンピューターの方が競合他社のものより技術的に優れている。
327 今や年を取ったので，彼は前にも増してそのような仕事をしたくないようだ。

324 at least A = not less than A

► **at least A** は「少なくとも A」の意味を表す。**not less than A** と同意表現。（→ TARGET 28）

ラテン比較級

061 KEY POINT

325 be senior to A

► **be senior to A** はラテン比較級と呼ばれる表現で「A より先輩だ／A より年上だ」の意味を表す。senior のように**ラテン語に由来する形容詞**は比較対象を示すのに **than ではなく to を用いる**ことに注意。（→ TARGET 29, 30）

PLUS なお，**be senior to A** は年齢に関係がなく，「A より先輩だ／A より位が高い」の意味で使われることの方が多く，本問のように「A より年上だ」の意味を表す場合，英作文では **be older than A** を使う方がよい。
Although he only joined the firm last year, he **is senior to** me already.
（彼は昨年会社に入ったばかりだが，すでに私より地位が高い）

326 be superior to A

► **be superior to A** は「A より優れている」の意味を表す。（→ TARGET 29）

その他の注意すべき比較表現

062 KEY POINT

327 比較対象の前方への繰り出し

► 比較表現において，比較対象を早めに指示したい意識や，英文のバランスといった意識から，**比較対象の than 以下が前に（比較級の形容詞の後に）登場することがある。英文読解上も重要。**

○ 本問は，まず seem reluctant to do ...「…するのを嫌がるようだ」を使って，he seems reluctant to do such a job という形を想定する。この文に比較表現を入れると，he seems more reluctant to do such a job than before となるが，本問は，比較対象の than before が more reluctant の後に入り込む形。

PLUS 以下の文も同じ用例。be eager to do ... は「…することを切望する」の意味を表すが，以下の文は I am no less eager to study abroad than you. の比較対象の than you が前方へ繰り出し，形容詞 eager の後に置かれた形。
I am no less eager **than you** to study abroad.
（留学したいという気持ちは君に劣らず持っている）

---

324 ① **325** ④ **326** ② **327** more reluctant than before to（不要語：be）

328 □□□
It was a beautiful, sunny day. The weather couldn't have been (　　) for a picnic.
① worse　② worst　③ better　④ best　〈南山大〉

KEY POINT 063

329 □□□
Diamonds are (　　) all substances; they can be cut only by other diamonds.
① the hardest of　② more than hard
③ harder of　④ hardest　〈南山大〉

330 □□□
① Although it is ② neither new nor big, the house we bought ③ is one of the most elegant ④ building in this city.　〈北里大〉

331 □□□
The last question was (　　) one for the students to answer. Only Jennifer marked the correct answer.
① easier　② less easiest　③ the easiest　④ the least easy　〈日本大〉

332 □□□ 発展↑
他人の性格を述べるときほど自分の性格がはっきり現れることはない。
A man never discloses his own character (when / describes / as / that / clearly / another's / so / he).（1語不要）　〈慶應義塾大〉

328 その日は素晴らしい晴れの日だった。ピクニックにはそれ以上いい天気はなかっただろう。
329 ダイヤモンドはあらゆる物質の中で最も固いものです。それは他のダイヤモンドでしか切断することはできません。
330 新しくも大きくもないが，私たちが購入した家はこの町で最も優雅な建物の1つだ。
331 最後の問題は学生が答えるのが最も難しいものだった。ジェニファーだけが正しい答えを示すことができた。

328 仮定法の否定文中の比較表現 ― S couldn't have done＋比較級

▶ **if 節のない仮定法**（→148）**で，主節の否定形，S couldn't do ...**（仮定法過去），**S couldn't have done ...**（仮定法過去完了）**に比較級がある場合，最上級的な意味が内在した表現**となる。（→335）

○ The weather **couldn't have been better** for a picnic.「ピクニックにはそれ以上よい天気はなかっただろう←ピクニックにとって天気はそれ以上によいことはあり得なかっただろう」は The weather was perfect[best] for a picnic. の意味を表す。

PLUS 以下は仮定法過去の例。
The weather **couldn't be better** for a picnic.（ピクニックには最高の天気です）
= The weather is perfect[best] for a picnic.

最上級表現

063 KEY POINT

329 the＋最上級＋ of A（複数名詞）

L

▶ **「the ＋最上級＋ of A（複数名詞）」**は「A の中で一番…」の意味を表す。

▶「A の中で」を表すときに，A が構成要素を表す**複数名詞の場合は of A** を用い，A が範囲を表す**単数名詞の場合は in A** を用いることに注意。
Who is the fastest runner **in** this class?
（このクラスで一番速く走る人は誰ですか）

330 one of the＋最上級＋複数名詞

▶ **「one of the ＋最上級＋複数名詞」**は「最も…な〜の中の1つ［1人］」の意味を形成する。**この形の場合，必ず複数名詞になる**ことに注意。one of の後の名詞は最上級で修飾されてもされなくても必ず複数名詞になると考えればよい。

331 the least＋形容詞

R

▶ 副詞の **least** は「最も少なく／最も…でなく」の意味だが，**「the least ＋形容詞」**の形では「最も…でない」の意味を形成する。

PLUS 本問の the least easy one「最も容易でない問題」は the most difficult one「最も難しい問題」とほぼ同じ意味を表す。

332 最上級的な意味を内在する原級表現

R W

▶ **「S never do A so ＋副詞＋ as when ...」**は「S は…の時ほど〜に A することは決してない」という最上級的な意味を形成する。（→335）

○「so ＋副詞＋ as」を so clearly as とまとめ，when 節を when he describes another's とまとめればよい。

PLUS so clearly as when 節の as と when 節の間に a man discloses his own character が省略されていると考えれば，比較対象がくるはずの as の後に when 節が直接登場するのが理解しやすい。本問のような形は，英文読解，英作文で重要。

328 ③ **329** ① **330** ④ building → buildings **331** ④
332 so clearly as when he describes another's（不要語：that）

333 □□□ ナオミは私がこれまで会った中で最も才能のある人だ。
Naomi (have / I / is / most / person / talented / the) ever met.
〈京都女子大〉

KEY POINT 064

334 □□□ Looking it up in the book of statistics, I've learned that Chicago is the third (　　) city in the United States.
① large　② larger　③ largest　④ enlarged　〈上智大〉

335 □□□ (a) He is the brightest of all the boys in his class.
(b) He is brighter than (　　) (　　) boy in his class.　〈早稲田大〉

336 □□□ 私がこれまでに観たすべての映画の中で，これほど感動した映画はほかにはなかった。
Of all the movies I've seen so far, (me / has moved / other movie / so much / no) as this one.　〈日本大〉

TARGET 31 最上級の意味を表す原級・比較級表現

● **Mt. Fuji is the highest of all the mountains in Japan.（最上級）** → 329
（富士山は日本で一番高い山だ）
＝ **No other mountain** in Japan is **so[as]** high **as** Mt. Fuji.（原級）→ 336
＝ **No other mountain** in Japan is **higher than** Mt. Fuji.（比較級）
＝ Mt. Fuji is **higher than any other mountain** in Japan.（比較級）→ 335

＊最上級表現の場合は「(the) ＋最上級＋ of ＋複数名詞」の形で「〜の中で最も…」の意味になることが多い。この場合「of ＋複数名詞」が文頭に来る場合もあるので注意。

● **Time is the most precious thing of all.（最上級）** → 329
（時はすべての中で一番貴重である）
＝ **Nothing** is **so[as]** precious **as** time.（原級）
＝ There is **nothing so[as]** precious **as** time.（原級）
＝ **Nothing** is **more** precious **than** time.（比較級）→ 337
＝ There is **nothing more** precious **than** time.（比較級）
＝ Time is **more** precious **than anything else**.（比較級）

334 統計の本で調べてみると，シカゴがアメリカで3番目に大きい都市だとわかった。
335 彼は，彼のクラスのどの少年よりも賢い。

333 the ＋最上級＋名詞＋ S have ever done

W

►「**the ＋最上級＋名詞＋ (that) S have ever done**」は「Sが今まで〜した中で一番…」の意味を形成する。

○ 本問は「the ＋最上級＋名詞」を the most talented person とまとめればよい。

比較級・原級を用いた最上級の同等表現など

064 KEY POINT

334 the ＋序数＋最上級 ― the third largest city「3 番目の大都市」

►「**the ＋序数＋最上級**」は「…番目に〜」の意味を表す。

335 A is ＋比較級＋ than any other ＋単数名詞

R W

►「**A is ＋比較級＋ than any other ＋単数名詞**」(動詞は be 動詞に限らないが，便宜的に is で記しておく) は「A は他のいかなる〜よりも…である」の意味を形成する表現。**比較級表現で最上級的な意味を表す。**

► なお，比較対象が一般的な「物」なら，**than anything (else)**，一般的な「人」なら **than anyone (else)** を用いることにも注意しよう。

PLUS「**A is ＋比較級＋ than any other ＋単数名詞**」と同様に，最上級的な意味を表す比較級表現の「**No (other) ＋名詞＋ is ＋比較級＋ than A**」「A ほど…な〜はない」や原級表現の「**No (other) ＋名詞＋ is so[as] ＋原級＋ as A**」「A ほど…な〜はない」も押さえておこう。(→336, TARGET 31)

PLUS「no other ＋名詞」の代わりに nothing を用いた最上級的意味を持つ原級表現である「**Nothing is so[as] ＋原級＋ as A**」=「**There is nothing so[as] ＋原級＋ as A**」「A ほど…なものはない」，そして比較級表現の「**Nothing is ＋比較級＋ than A**」=「**There is nothing ＋比較級＋ than A**」も頻出表現なので，ここで押さえておきたい。(→ TARGET 31)

336 No other ＋名詞＋ is so ＋原級＋ as A

○「**No other ＋名詞＋ is so[as] ＋原級＋ as A**」「A ほど…なものはない」が本問のポイント (→335)。主語に no other movie を立て，be 動詞の代わりに move「…を感動させる」の完了形 has moved me を用いて，so much as を続ければよい。

333 is the most talented person I have **334** ③ **335** any other
336 no other movie has moved me so much

337 □□□ 私に関する限り，今は健康が一番大切なのだ。

As for myself, (　　　) (　　　) (　　　) precious than my health now.

〈日本大〉

---

338 □□□ Of ① <u>all the films</u> released this month, ② <u>the one</u> with ③ <u>lots of</u> special effects is ④ <u>too</u> far the most exciting.

〈兵庫医科大〉

338 今月公開されたすべての映画の中で，たくさんの特殊効果を使ったものが断然，刺激的だ。

337 Nothing is ＋比較級＋ than A

W

○「**Nothing is ＋比較級＋ than A**」「A ほど…なものはない」が本問のポイント。（→335, TARGET 31）

338 最上級の強調表現 － by far

▶ **by far**「断然／はるかに」は最上級の強調表現。（→ TARGET 27）

337 nothing is more **338** ④ too → by

KEY POINT 065

339 □□□ John bought a nice jacket for his father. I want to buy (　　) for my father too.

① it　② one　③ ones　④ them　〈慶應義塾大〉

340 □□□ I will give the money to Bob if he really needs (　　).

① one　② the other　③ it　④ them　〈東邦大〉

341 □□□ This bag is out of fashion, so I want to buy (　　).

① a new one　② my new one
③ new one　④ some new one　〈天理大〉

342 □□□ This book is not so exciting as (　　) I read last year.

① a one　② it　③ the one　④ which　〈共立女子大〉

343 □□□ You ① <u>can't</u> just wait for ② <u>happiness</u> to come ③ <u>without doing anything</u>. You should try to grab ④ <u>one</u>.　〈早稲田大〉

339 ジョンは父親のためにすてきなジャケットを買った。私も自分の父親のためにそのようなものを買いたいと思う。
340 本当に必要としているなら，そのお金はボブにあげよう。
341 このバッグは流行遅れなので，新しいものを買いたい。
342 この本は去年読んだものほどおもしろくない。
343 何もせずに幸せがやってくるのを待っているだけではいけない。それは自分でつかみ取ろうとするべきだ。

it / one / ones

065 KEY POINT

339 one の用法 ― it との区別

► one は可算名詞の反復を避ける代名詞で，「**a[an] ＋可算名詞の単数形**」を表し，不特定のものを指す。**one は不可算名詞を受けることはできない**点に注意。

○ 空所には，代名詞を用いなければ，不特定の上着である a nice jacket が入る。a nice jacket は代名詞② one で代用できる。

PLUS one に形容詞がつくと，「**a[an] ＋形容詞＋ one**」の形になる。
She is wearing a red dress, but **a blue one** would suit her better.
（彼女は赤い服を着ているが，青い服の方がもっと似合うだろう）

✖ ① it（×）にしないこと。**it** は「**the ＋単数名詞（可算名詞および不可算名詞）**」を表し，特定のものを指す。

340 it の用法 ― one との違い

► **it** は「**the ＋単数名詞（可算名詞および不可算名詞）**」を表し，特定のものを指す。

○ 本問の正答 it は the money を指す。

341 one の用法 ― a ＋形容詞＋ one

► 問題339で述べたように，one に形容詞がつくと，「**a[an] ＋形容詞＋ one**」の形になる。

○ 本問の a new one は a new bag を指す。

PLUS **out of fashion**「流行遅れの」は重要表現。

342 one の用法 ― the one

► **one** は名詞と同様に，**関係詞節や修飾語句がついて限定されると定冠詞がつく。**

○ 本問は I read last year の関係代名詞節で限定しているので，the one となる。

✖ ② it（×）は修飾節や句を伴えない（単独で用いる）ので不可。

PLUS one の指す名詞が限定されている場合，形容詞がつくと，「**the ＋形容詞＋ one**」の形になる。
"Which one of these children is yours?" "**The tall one.**"
（「これらの子どもたちの中で，どの子があなたのお子さんですか」「あの背が高い子です」）

343 it の用法 ― one との区別

► **one** は「a ＋可算名詞の単数形」を表すので，**不可算名詞を指すことはできない。**（→339）

○ 不可算名詞の happiness は one ではなく it で受ける。したがって，④ one を it に修正すればよい。

---

339 ②　**340** ③　**341** ①　**342** ③　**343** ④ one → it

344 □□□ I have a great number of English books and keep (　　　) in a box.
① some expensive　② the expensive ones
③ them to be expensive　④ those which expensive 〈名古屋工大〉

KEY POINT 066

345 □□□ The bread my mother makes is much better than (　　　) which you can buy at a store.
① one　② that　③ the one　④ those 〈東邦大〉

346 □□□ 彼はイメージチェンジをして陽気になろうとしている。
He is changing (a / fun-loving / his / image / man / of / that / to).
〈立命館大〉

347 □□□ The cars we drive now are very different from (　　　) we used to drive 40 years ago.
① it　② that　③ those　④ which 〈青山学院大〉

348 □□□ 人権に関する彼の講演は出席者に深い感銘を与えた。
His lecture on human rights left a deep (those / impression / present / on). 〈成蹊大〉

344 私は非常に多くの英語で書かれた本を持っており，高価なものは箱の中にしまってある。
345 私の母が作るパンは，店で買えるものよりもずっとおいしい。
347 今私たちが乗っている車は，40年前に乗っていたようなものとはかなり異なっている。

344 ones の用法 ― the＋形容詞＋ones

R

► **ones** は one の複数形で，前に出た名詞の複数形を表す不定代名詞。また，ones は，one と同様に定冠詞がついた「**the ones**」や「**形容詞＋ ones**」の形もとりうる。

○ 空所には，代名詞を用いなければ，限定された本である the expensive English books が入る。複数形の English books は，代名詞 ones で代用できるので，② the expensive ones を選ぶ。本問は，「**the ones**」に形容詞がついた「**the ＋形容詞＋ ones**」の形。

PLUS **ones** は問題339の one のように単独で用いる用法はなく，**常に形容詞や関係詞節などによって修飾される。**

that / those

066 KEY POINT

345 that の用法 ― the＋単数名詞／ the one との区別

R

► **that** は名詞の反復を避ける代名詞で，「**the ＋単数名詞（不可算名詞および可算名詞の単数形）**」を表す。

○ 空所には，代名詞を用いなければ関係詞節で限定された the bread が入る。「the ＋不可算名詞」は代名詞② that で代用できる。

✖ ③ the one（×）は不可。one は関係詞節で限定されると the one になるが，bread「パン」は不可算名詞なので one で受けることはできない。(→343)

346 that の用法 ― that of A

R

○ 考え方は問題345と同じ。**change A to B**「A を B に変える」を用いて，A に his image，B に that(the image を指す)を用いた that of a fun-loving man「陽気な人のイメージ」を置いてまとめればよい。

347 those の用法 ― the＋複数名詞

R

► **those** は名詞の反復を避ける代名詞で「**the ＋複数名詞**」を表す。

○ 空所には，代名詞を用いなければ，関係詞節で限定された the cars が入る。「the ＋複数名詞」は代名詞③ those で代用できる。

348 those の用法 ― those present

► **those present** は「出席者」の意味を表す。**those** は「人々」(=**the people**) を表す代名詞で，形容詞 present「出席している」に後置修飾されている。those (who are) present が本表現の前提となる形と考えればわかりやすい。

○ 本問は，**leave a deep impression on A**「A に深い感銘を与える」を知っていることが前提。A に those present を置けばよい。

PLUS この those を用いた **those concerned[involved]**「関係者／当事者」，**those chosen**「選ばれた者」も頻出表現。ここで押さえておこう。

344 ② **345** ② **346** his image to that of a fun-loving man **347** ③
348 impression on those present

KEY POINT 067

349 □□□ 今日は雨だから，外に出ない方がいいでしょう。
I (it / out / better / think / not / go / to) because it is raining today.
〈中央大〉

350 □□□ ガソリンを切らさないよう，われわれは気をつけなければならない。
We must (don't / that / we / see / to / out / it / run) of gas. 〈関西学院大〉

KEY POINT 068

351 □□□ 彼の言うことから判断すると彼女は有罪であり得ないということになる。
It (he / cannot / says / follows from / that / she / what) be guilty.
〈獨協大〉

TARGET 32 「形式目的語 it + that 節」の形をとる慣用表現

● **depend on[upon] it that** 節「…するのをあてにする」
You may **depend on it that** he will join us.
（彼が私たちに加わると思っていいですよ）

● **take it that** 節「…だと思う」
I **take it that** you are not interested.
（あなたは興味がないと思います）

● **have it that** 節「…と言う」
Rumor **has it that** he is getting married.
（うわさによれば彼は結婚するそうです）

● **see (to it) that** 節「…するように気をつける／…するように取り計らう」→ 350

TARGET 33 非人称の it を用いた構文

(1) **It happens[chances] that** 節「たまたま…である」
It happened that I met him.（偶然彼に会った）
(= I happened to meet him.)

(2) **It seems[appears] that** 節「…のように思われる」→ 352
It seems that she is sick.（彼女は病気のようだ）
(= She seems to be sick.)

(3) **It follows that** 節「（したがって）…ということになる」→ 351
From this evidence **it follows that** she is guilty.
（この証拠から彼女は有罪ということになる）

形式目的語の it

067 KEY POINT

349 形式目的語の it ― think it better not to do ...

► **think it better not to do ...**「…しない方がよいと思う」は，形式目的語 it を用いた表現。it は not to do ... を受ける。

○ 本問は，この形を想定し，not to do ... を not to go out とまとめればよい。

350 形式目的語の it ― see to it that 節

► **see (to it) that 節**は「…するように気をつける／…するように取り計らう」の意味を表す。**see to A** は「A に気をつける／A を引き受ける」の意味だが，A に当たる it は that 以下を受ける形式目的語。慣用表現として押さえる。なお，to it は省略されることもあるので注意。(→ TARGET 32)

○ 本問は，(We must) see to it that とまとめ，that 節内を **run out of A**「A を切らす」の表現を否定形にして作ればよい。

非人称の it

068 KEY POINT

351 非人称の it ― It follows that 節

► **It follows that 節**は「…ということになる」の意味を表す。**it** は特に指すものはなく **happen**, **chance**, **seem**, **appear**, **follow** などの動詞の主語として使われ，後に that 節を従える用法がある。慣用的な表現として押さえる。(→ TARGET 33)

○ 本問は，この表現を用いるのだが，全体の英文構造が **It follows from A that ...**「A から判断して…ということになる」になることを見抜く。from A を from what he says とまとめれば英文を完成できる。

349 think it better not to go out **350** see to it that we don't run out
351 follows from what he says that she cannot

352 □□□
君は僕が言いたいことを理解していないようだ。
(seems / it / don't understand / what I / that you) mean. 〈日本大〉

353 □□□
ここから福岡までどのくらいありますか。
How (takes / to / is / here / far / Fukuoka / it / from)? （1語不要）
〈福岡大〉

354 □□□
長いこと彼女は私を理解してくれなかった。
(long / before / was / a / while / it) she understood me. 〈慶應義塾大〉

KEY POINT 069

355 □□□
He is a friend and I treat him as (　　　).
① to　② so　③ if　④ such 〈中央大〉

356 □□□ 発展↑
空所に共通する1語を書きなさい。
(a) Wealth, as (　　　), does not matter much.
(b) She told her story in (　　　) a way that we all laughed. 〈慶應義塾大〉

TARGET 34 人称代名詞

		主格	所有格	目的格	所有代名詞
1人称	単数	I	my	me	mine（私のもの）
	複数	we	our	us	ours（私たちのもの）
2人称	単数	you	your	you	yours（あなたのもの）
	複数	you	your	you	yours（あなたたちのもの）
3人称	単数	he	his	him	his（彼のもの）
		she	her	her	hers（彼女のもの）
		it	its	it	―
	複数	they	their	them	theirs（彼らのもの）

*it の所有代名詞はないことに注意

355 彼は友人であり，彼をそのような人として扱っています。
356 (a) 富というものは，それ自体ではそれほど重要なものではない。
(b) 彼女は私たち全員が笑うような仕方で話をしてくれた。

1 文法
2 語法
3 イディオム
4 会話表現

352 非人称の it ― It seems that 節

▶ **It seems that 節**は「…のように思われる」の意味を表す。(→351, TARGET 33 (2))

○ that 節内は，you don't understand の目的語に関係代名詞の what を用いた what I (mean)「私が言いたいこと」を作ればよい。

353 「距離」の it ― How far is it from A to B?

▶ **it** には**「距離・時間・天候」などを表す文の主語**として用いる用法がある。

○ 本問は「距離」の it を主語に立てた **How far is it from A to B?**「A から B まではどのくらいの距離ですか」の形を想定し，from A to B を from here to Fukuoka とまとめればよい。

354 「時間」の it ― It is a long while before ...

○ 本問は「時間」の it を主語に立てた **It is ＋時間＋ before ...**「…までに（時間が）～かかる」(→483) の形の過去時制を想定して「時間」の箇所に a long while「長時間」を置く。なお，この **while** は接続詞ではなく名詞で「**しばらくの間［時間］**」の意味を表すことに注意。

such

069 KEY POINT

355 such の用法 ― as such

▶ **as such** は「そういうものとして」の意味を表す。**such** は「そのような人［物／事］」を表す。

PLUS such の代わりに one も可だが，入試ではほとんど such が問われる。

356 as such のもう 1 つの意味

▶ **as such** は通例，名詞の直後に置いて「**それ自体としては**」の意味で用いられることがある。

○ **in such a way (that) S ＋ V ...** は「…するようなやり方で」の意味を表す。(→428)

---

352 It seems that you don't understand what I
353 far is it from here to Fukuoka（不要語：takes） **354** It was a long while before
355 ④ **356** such

KEY POINT 070

357 □□□ My jacket is not the same as (　　　).
① that of you ② you ③ your ④ yours 〈東京理科大〉

358 □□□ (　　　) was a present from my father.
① My old camera of this ② My old this camera
③ This my old camera ④ This old camera of mine 〈センター試験〉

359 □□□ It's nice if a child can have (　　　).
① a room of his ② a room of his own
③ a room of himself ④ a room of only him 〈立命館大〉

KEY POINT 071

360 □□□ I asked two policemen the way to the stadium, but (　　　) of them could help me.
① both ② none ③ neither ④ either 〈芝浦工大〉

357 私のジャケットは，あなたのものとは同じではない。
358 私のこの古いカメラは，父からのプレゼントでした。
359 子どもが自分だけの部屋を持つのはよいことだ。
360 2人の警察官にスタジアムへの道順を聞いたが，彼らのどちらも私の役に立たなかった。

所有代名詞

070 KEY POINT

357 所有代名詞の用法 ― yours = your jacket

▶ **yours は所有代名詞**で「あなたのもの」の意味。(→ TARGET 34)

○ 空所には，代名詞を用いなければ your jacket が入る。your jacket は代名詞④ yours で代用できる。

✖ ② you (×) としないこと。「私の上着」と比べる対象が「あなた」ではおかしい。

PLUS **the same as A**「A と同じもの」は重要表現。

358 所有代名詞の用法 ― this old camera of mine

▶ **my などの所有格は a，this，these，those，no，some，any などと一緒に並べて名詞を修飾することはできない**。このような場合，所有格の代わりに所有代名詞を用いて，「**不定冠詞および冠詞相当語 (a，this，these，that，those，no，some，any など) ＋名詞＋ of ＋所有代名詞**」の語順にして表現する。

○「私のこの古いカメラ」は「**this ＋名詞＋ of ＋所有代名詞**」の語順から④ This old camera of mine となる。なお，of は「…の中の」の意味を持つ前置詞。mine は my cameras という複数名詞を表す。

✖ my と this は一緒に並べて camera を修飾できないので，「私のこの古いカメラ」は② My old this camera (×) や③ This my old camera (×) とは表現できない。

359 a room of his と紛らわしい a room of his own

▶「**名詞＋ of A's own**」は「A 自身の…」の意味を表す。慣用的な表現として押さえておこう。

○ 本問の「自分の部屋」は② a room of his own で表せばよい。

✖ ① a room of his (×) にしないこと。his は his rooms を表すから，a room of his は「子どもが持っているいくつかの部屋の中の1つ」の意味になって，文意に合わない。

neither / either / none

071 KEY POINT

360 対象が 2 つの neither の意味 ― neither of A

▶ **neither** は「どちらも…ない」の意味を表す代名詞。neither は both に対応する否定語で，**対象は2つ [2人]** であることに注意。**対象が3つ [3人] 以上**の場合 **none** を用いる。

○ two policemen に着目し，「逆接」の but があるので，but 以下は「(2人のうちどちらも) 私を助けることができなかった」の意味内容になるはず。neither of A「A のどちらも…ない」の形を想定して③ neither を選ぶ。

357 ④　358 ④　359 ②　360 ③

361 □□□
(　　) book I read last week was very good.
① Neither　② Scarcely　③ None of the　④ Both of the　〈慶應義塾大〉

362 □□□
Kenji has two brothers, but he is not on speaking terms with them. In other words, he doesn't talk to (　　) of them.
① which　② both　③ either　④ neither　〈名古屋工大〉

363 □□□
(　　) of us has to ask him to give us some advice about the project.
① Both　② All　③ Either　④ Every　〈関西学院大〉

364 □□□
There are tall buildings on (　　) side of the street.
① both　② opposite　③ either　④ all　〈愛知県立大〉

365 □□□
Fortunately, (　　) of the three school children were hurt yesterday.
① either　② neither　③ nobody　④ none　〈立命館大〉

361 先週読んだどちらの本もあまりよくなかった。
362 ケンジには2人兄弟がいますが，彼らとは口をきく間柄ではありません。言い換えれば，2人のうちどちらとも話をしません。
363 私たちのうち，どちらかがそのプロジェクトについて彼に何かアドバイスをくれるよう頼まなければなりません。
364 通りの両側にはいくつか高い建物があります。
365 幸運なことに，昨日その3人の生徒は誰もけがをしなかった。

361 形容詞の neither ― neither A

▶ **形容詞の neither** は **neither A**（単数名詞）の形で「（二者のうち）どちらのAも…ない」の意味を表す。主語になる場合は3人称単数扱いになる。

✖ ③ None of the（×）や④ Both of the（×）は後ろに複数名詞がくる。さらに Both of A であれば複数扱いなので，動詞は were となる。

362 either の用法 ― not ... either

▶ **not ... either** は「どちらも…ない」の意味を表す。**not ... either = neither** と押さえておこう。

PLUS he **doesn't** talk to **either** of them は neither を用いれば，he talks to **neither** of them となる。

363 either の 2 つの意味

▶ **either** は肯定文で用いられると「①**どちらか一方**，②**どちらも**」という2つの意味を表す。**対象は2つ［2人］**。

○ 本問は，動詞が has to ask となっていることから，主語は3人称単数扱いの表現になることに気づく。**either of A** は3人称単数扱いの主語になるので③ Either を選ぶ。本問の Either of us は「私たちのうちの一方」の意味。

✖ ① Both（×），② All（×）は複数扱いなので have to ask になるはず。

PLUS either は形容詞としても用いられ「**either＋名詞**」で「①どちらかの…，②どちらの…も」という2つの意味を表す。なお，**either の後の名詞は必ず単数形**。以下は②「どちらの…も」の意味になる例。either が **side**，**end**，**hand** などを修飾する場合は必ずこの意味になる。

There are many restaurants on **either side** of the street.
= There are many restaurants on **both sides** of the street.
（通りのどちらの側にもたくさんのレストランがある）

364 形容詞の either の用法 ― either＋単数名詞

○ **on either side of the street**「通りのどちら側にも」が本問のポイント。（→363）

365 none の用法 ― none of A と neither of A の区別

▶ **none**「誰ひとり…ない／何ひとつ…ない」**は対象が3人［3つ］以上の場合に用いる**。（→360）

○ the three school children から対象が「3人」であることに着目し，文意から④ none を選ぶ。

✖ ② neither（×）は不可。neither of A「Aのどちらも…ない」は対象が2人［2つ］の場合に用いる（→360）。③ nobody（×）は nobody of A（×）の形がないので不可。それ以外にも anybody of A（×），anyone of A（×），everybody of A（×），everyone of A（×）の形もない。正誤問題で頻出。

361 ①　**362** ③　**363** ③　**364** ③　**365** ④

366 □□□ A: How much gasoline is left in the tank?

B: (　　　), I'm afraid.

① Not some　② None　③ Nothing　④ Not one　〈慶應義塾大〉

KEY POINT 072

367 □□□ 発展↑ ①Each of girls applying ②for the job is eager to be chosen, and can't wait ③until tomorrow when the decision ④is to be made.　〈同志社大〉

368 □□□ You can catch (　　　) of these buses. They all go downtown.

① no　② any　③ some　④ every　〈東京理科大〉

369 □□□ (　　　) food is better than none.

① Few　② Almost　③ Any　④ Every　〈東洋大〉

366 A: タンクには，どれくらいガソリンが残っていますか。
B: まったく残っていないのではないかと思います。

367 その仕事に応募している少女たちのそれぞれはとても選ばれたがっていて，決定されることになっている明日まで待ちきれないでいる。

368 これらのバスのどれに乗っても大丈夫です。みな市内に行くので。

369 どんな食べ物でもないよりましだ。

366 none の用法 ―「no＋名詞」― no gasoline = none

► **none** は先行する名詞を受けて「**no ＋名詞（不可算名詞・可算名詞）**」を表し「何も…ない」の意味を表すことがある。

○ 空所には，代名詞を用いなければ，会話内容から No gasoline が入る。「no ＋不可算名詞」は none で代用できるので② None を選ぶ。なお，None, I'm afraid. は there 構文で表現された There is none[= no gasoline] left, I'm afraid.（→251）の There is と left が省略されたものだと考えてよい。

✖ ③ Nothing（×）を入れると，There is nothing left, I'm afraid. となり，「どんなものも残っていないと思う」の意味になる。nothing がガソリン以外のものにまで言及することになるので，不可。

each / any / some / no / both / every

072 KEY POINT

367 each の用法 ― each of A

W

► 代名詞用法の each は **each of A** の形で「A のめいめい／A のおのおの」の意味を表す。**A には必ず定冠詞や所有格で限定された名詞や us や them などの目的格の代名詞がくる**。なお，**each of A は単数扱い**であることに注意。
Each of the brothers **has** a car.（その兄弟はそれぞれ車を所有している）

○ each of A の A は限定された名詞がくるので，① Each of girls を Each of the girls とする。また，each には形容詞用法もあり，each A（可算名詞の単数形）で「それぞれの A」を表すので，① Each of girls を Each girl としてもよい。

PLUS **apply for A**「A に応募する」，**be eager to do**「…することを切望する」は重要表現。

PLUS **each of A** だけでなく，**neither of A**，**none of A**，**both of A**，**some of A**，**a few of A**，**any of A**，**many of A**，**most of A などの A には必ず定冠詞や所有格で限定された名詞や us や them などの目的格の代名詞がくる**こともここで押さえておこう。

368 any の用法 ― any of A

► 肯定文で用いられる代名詞の any は **any of A** の形で「A の中のどれでも［誰でも］」の意味を表す。

✖ ④ every（×）は，形容詞であって代名詞として単独では用いない。「**every ＋単数名詞**」の形で使う。

369 any の形容詞用法 ― any A

R

► 肯定文の中で用いられる「**any A（単数名詞）**」は強意の意味が含まれ「どんな A も」の意味になる。

○ 本問は，文意から③ Any を選ぶ。なお，be better than none の none は，no food「まったく食べ物がない（ということ）」を指す（→366）ので，**be better than none** は「何もないよりましだ」の意味を表す。慣用表現として覚えておこう。

366 ②　**367** ① Each of girls → Each of the girls / Each girl　**368** ②　**369** ③

370 □□□
A: What are you eating?
B: Soup. Do you want (　　)?
① soup ② some ③ it ④ one 〈青山学院大〉

371 □□□
(　　) students at this university don't even know how to talk to teachers.
① Any ② Any of ③ Some ④ Some of 〈慶應義塾大〉

372 □□□ 発展↑
①When it comes to the question ②of how to pull through ③these hard times, ④anybody cannot find an easy solution. 〈明治学院大〉

373 □□□
(　　) my parents are from Illinois.
① Both ② Neither ③ Either ④ On 〈慶應義塾大〉

374 □□□
I've got three sisters, and (　　) is quite different from the others.
① all ② any ③ each ④ every 〈西南学院大〉

375 □□□
We talked (　　) about what we ought to do.
① with each other ② each another
③ with one other ④ one another 〈明治学院大〉

370 A: 何を食べているの？
B: スープよ。あなたも少し欲しい？
371 この大学の学生の中には教師への話し方を知らない者さえいる。
372 今の困難な時期をどう乗り越えるかという問題に関しては，誰も簡単な解決策が見つからない。
373 私の両親のどちらもイリノイ出身だ。
374 私には3人の姉妹がいて，それぞれはまったく似ていない。
375 私たちは何をすべきかについてお互いに話し合った。

370 some の用法

► **代名詞 some** は既出の不可算名詞を指し，「いくらか／多少」の意味を表す。

○ some soup「いくらかのスープ」を代用する② some を選ぶ。

✖ ① soup(×)は不可算名詞なので量的な意味があるときは，単独で用いない。I need some milk.「ミルクがいくらか必要だ」のように some が必要。

371 some の形容詞用法 ― some A（複数名詞）

► **「some A（複数名詞）」**は「（…する）A もいる［ある］」の意味を形成する。

✖ ① Any（×）にしないこと。主語に any を用いて，述語動詞を否定形にすることはできない。例えば，(×) Any girls did not come. や (×) Anybody doesn't know the fact. とは表現しない。それぞれ，No girls came. や Nobody knows the fact. と表現する。このことは正誤問題などでも頻出項目。

✖ some of A の A には必ず限定された名詞がくる（→367）。したがって，④ Some of（×）は不可。Some of the なら，正答となる。

372 nobody の用法 ― anybody ... not は不可

► **主語に any を用いて述語動詞を否定形にすることはできない。**（→371）

○ 本問は，④ anybody cannot find を nobody[no one] can find に訂正する。

373 both の用法 ― both of A

► **代名詞用法の both** は **both of A** の形で「A の両方」の意味を表す。**A には定冠詞や所有格などで限定された名詞や us や them などの目的格の代名詞がくる**（→367）。ただし，限定された名詞の場合，of は省略できることに注意。また，主語で用いられる場合は複数扱いになる。

○ both of my parents の of は省略できるので① Both を選ぶ。

374 each の代名詞用法

► **代名詞用法の each** は「それぞれ／おのおの」の意味を表す。主語で用いられる場合は，**3人称単数扱い**であることに注意。

○ 本問は，動詞が is であることに気づき，3人称単数の主語になる③ each を選ぶ。

375 2 語から成る代名詞の each other

► **each other「お互い」は代名詞**であって，副詞句でないことに注意。

○ 本問は，**talk with A about B**「B について A と話をする」の A に代名詞の each other が入った形だと見抜く。

PLUS **each other** と同意表現の **one another** も代名詞であることに注意。

---

370 ②　**371** ③　**372** ④ anybody cannot find → nobody[no one] can find　**373** ①
374 ③　**375** ①

376 □□□ ① Every students ② may enter the room ③ whenever they desire ④ to do so. 〈上智大〉

377 □□□ I meet him once (　　　) six months.
① every　② during　③ any　④ other 〈中央大〉

378 □□□ He writes to his girlfriend almost every (　　　) day.
① another　② other　③ any　④ each 〈法政大〉

KEY POINT 073

379 □□□ A bird in flight can change direction by dipping one wing and lifting (　　　).
① the one　② another　③ the other　④ the latter 〈立命館大〉

380 □□□ I've already had one bad experience buying goods by mail order and I don't want (　　　).
① another　② any longer　③ at all　④ other 〈センター試験〉

TARGET 35 相関的に用いる不定代名詞

(1) **one —— the other** →379, 383

(2) **some —— the others** →381, 384
(one —— the other の複数形のパターン)

(3) **one —— another** →380

(4) **some —— others[some]** →382
(one —— another の複数形のパターン)

＊「残りすべて」は **the others** (→381, 384)（1つなら **the other** (→379, 383)）と考えればよい。

376 すべての学生は，そうしたいと望めばいつでもその部屋に入ってもよい。
377 私は彼に6か月に1回会う。
378 彼はガールフレンドにほとんど1日おきに手紙を書いている。
379 飛行中の鳥は，一方の翼を下げ，もう一方を上げることで方向を変えることができる。
380 私はメールオーダーで商品を買ったときにすでにひどい経験をしたので，また同じような経験をしたくありません。

376 every の用法 ― every＋単数名詞

► 問題368で触れたが，**形容詞の every** は「**every ＋単数名詞**」の形で「すべての…」の意味を表す。「**every ＋単数名詞」が主語で用いられる場合は3人称単数扱い**。

○ every は単数名詞を修飾するので，① Every students を Every student と修正する。
○ every student は本問のように they で受けることもできることに注意。

377 every の用法 ― every＋基数＋複数名詞 W

► 「**every ＋基数＋複数名詞**」は「…ごとに」の意味を形成する。基数の後の名詞は必ず複数形にすることに注意。

○ ① every を選び，every six months「6か月ごとに」を完成させる。

PLUS 同意表現の「**every ＋序数＋単数名詞**」もここで押さえておく。序数を用いる場合は必ず単数形であることに注意。「6か月ごとに」であれば，**every sixth month** となる。

378 every の用法 ― every other day

► **every** は **every other[second] A** で「1つおきの A」の意味を表す。**every other[second] day** は「1日おきに」の意味。

PLUS **on[in] every other[second] line**「1行おきに」もここで押さえておこう。

相関的に用いる不定代名詞 073 KEY POINT

379 one と相関的に用いる the other

► **対象が2つ［2人］の場合に，一方を one で，もう一方を the other で表す**（→ TARGET 35 (1)）。other は代名詞で「他の物［事／人］」の意味を表す。

○ 本問は「残っているもう一方の翼」を表すので，定冠詞の the で other を限定する必要がある。

✖ ②の another（×）は不可。another は「an ＋ other」と考えればよい。other に不定冠詞の an がついているわけだから，本問の場合は「不特定の別の翼」を表してしまう。つまり，最初の翼以外に翼が複数存在することになるので不可。

380 another の用法

○ 「最初の経験」以外の「不特定の別の経験」だから① another を選ぶ。(379, TARGET 35 (3))

---

376 ① Every students → Every student　**377** ①　**378** ②　**379** ③　**380** ①

381 I have five boxes here. One is full of books and (　　) are all empty.
□□□ ① other ② the ones ③ the other ④ the others 〈関西学院大〉

382 Some TV programs are fine, but (　　) seem bad for children.
□□□ ① others ② the other ③ other ④ another 〈神奈川大〉

383 Hey, ① you two! You must ② each listen carefully ③ to what ④ another says. 〈慶應義塾大〉
□□□ 発展↑

384 I have ① five daughters. ② One is a pharmacist, ③ another is a doctor, and ④ other are college students. 〈名古屋市立大〉
□□□ 発展↑

385 To read English is one thing; to speak it is (　　).
□□□
① anything ② something
③ other thing ④ another thing 〈京都産業大〉

386 Children should be taught how to get along with (　　).
□□□ ① another ② other ③ others ④ the others 〈法政大〉

387 Three of the candles went out one (　　) another.
□□□ ① and ② to ③ for ④ after 〈獨協大〉

388 In (　　) six months you will be able to speak fluent French.
□□□ ① other ② another ③ more ④ the other 〈同志社大〉

381 私はここに5つの箱を持っています。1つは本でいっぱいで、残りは全部空です。
382 子どもにとってよい番組もありますが，よくない番組もあります。
383 ほら，そこの2人！ あなたたちはどちらも相手の人が言うことを注意深く聞かなければいけませんよ。
384 私には5人の娘がいます。1人は薬剤師で，もう1人は医者，ほかの者はみな大学生です。
385 英語を読むことと話すことは別のことである。
386 子どもはほかの人たちとうまくやっていく方法を教えられるべきだ。
387 ロウソクのうち3本が次々と消えた。
388 もう6か月経てば、あなたはフランス語を流ちょうに話せるようになります。

381 the others の用法

► **the others は「残りすべて」を表す。**

○ 本問は「5箱のうち1箱を除いた全部」だから，④ the others を選ぶ。(→ TARGET 35 (2))

382 some と相関的に用いる others ― some ..., others 〜

R

► **some ..., others 〜**は「…なものもあれ［いれ］ば〜なものもある［いる］」の意味を形成する。(→ TARGET 35 (4))

383 the other の用法

○ 考え方は問題379と同じ。対象が2人で「それぞれの人に対するもう1人の相手」だから，④ another を the other に訂正する。(→ TARGET 35 (1))

384 the others の用法

○ 考え方は問題381と同じ。「残りの3人」だから，④ other を the others に訂正する。(→ TARGET 35 (2))

385 A is one thing; B is another (thing).

► **A is one thing; B is another (thing).** は「A と B は違うことである」という意味を形成する。**A is different from B.** との言い換えで問われることも多い。慣用的表現として押さえておこう。

386 others の用法 ― others = other people

► other の複数形 **others** は「他人／ほかの人たち」(= **other people**) の意味を表すことがある。

PLUS **get along with A**「A とうまくやっていく」は重要表現。

387 one after another の意味

► **one (...) after another** は「次から次へと (やってくる…)」の意味を表す。慣用表現として押さえておこう。

PLUS **go out**「(火などが) 消える」は重要表現。

388 another ＋複数名詞 ― another six months

S

► 形容詞用法の **another** は「**an ＋ other**」の観点から，原則として後にくるのは可算名詞の単数形であり複数名詞を伴うことはないが，本問の another six months「さらに6か月」のように複数形を伴うことがある。これは「時間」を表す six months を，形は複数形だが1つのまとまった時間でとらえているから。一般に，**「時間」「距離」「重量」は，形は複数であっても単数扱い**であることに注意。(→614)

PLUS **another** ten miles「さらに10マイル」，**another** 100 dollars「さらに100ドル」なども同じ用例。

---

381 ④ **382** ① **383** ④ another → the other **384** ④ other → the others
385 ④ **386** ③ **387** ④ **388** ②

KEY POINT 074

389 (　　) students attend the science class every week.
① Almost ② Most ③ Most of ④ About 〈東洋大〉

390 ①Despite the rumor ②to the contrary, ③most of teachers at that university care about their ④students' progress. 〈早稲田大〉

391 (　　) students in the classroom looked older than me.
① Almost all the ② Almost every
③ Most of ④ Most the 〈学習院大〉

KEY POINT 075

392 (a) The matter doesn't concern me in the least.
(b) I have (　　) to do with the matter. 〈福島大〉

TARGET 36 most, almost all を含む表現

(1) most ＋名詞＝almost all ＋名詞「(限定されない) 大半の…」→389
(2) most of the[one's] ＋名詞＝almost all (of) the[one's] ＋名詞「(限定された特定の) …の大半」→390,391

TARGET 37 something / nothing を用いた定型表現

(1) have nothing to do with A「A と何の関係もない」→392
(2) have something to do with A「A と何らかの関係がある」
(3) There is something ＋形容詞＋about A.「A にはどことなく…なところがある」→395
(4) There is something wrong[the matter] with A.「A はどこか調子が悪い」→394
(5) nothing but A「A だけ」＝only A
(6) There is nothing like A.「A ほどよいものはない」→393
＝There is nothing better than A.

389 ほとんどの学生が科学のクラスに毎週出席した。
390 それとは反対のうわさが立っているが，あの大学の大半の教員は学生の向上を気にかけている。
391 そのクラスのほとんどの学生は私よりも年上に見えた。
392 私はその件については，まったく関係がない。

most / almost

074 KEY POINT

1 文法 2 語法 3 イディオム 4 会話表現

389 most の用法 ― most students

► 「**most A**」は「大半の A ／たいていの A」の意味を表す。

✖ ① Almost（×）にしないこと。almost は副詞なので通常，名詞を修飾できない。Almost all なら可。

✖ ③ Most of（×）は，後に必ず定冠詞や所有格などで限定された名詞や目的格の代名詞がくるので不可。

PLUS 本問の most は students という複数扱いの名詞を従えているが，most の後には **most success**「たいていの成功」のように不可算名詞がくることもあるので注意。

PLUS 形容詞の most「たいていの」は **almost all**「ほとんどすべての」と同意だから，**most A** は **almost all A** とすることができることも押さえておく。**most students** は **almost all students** としてもよい。

390 most の用法 ― most of A

► **most of A** は「A の大半／ほとんど」の意味を表す。**A には必ず定冠詞や所有格などで限定された名詞や目的格の代名詞がくる**ことに注意。この **of は省略不可**。

○ most of の後は，限定された名詞になるので③ most of teachers を most of the teachers と修正する。almost all (of) the teachers も可。（→391）

PLUS **A to the contrary**「それとは反対の A」は重要表現。

PLUS 問題389で触れたように，形容詞の most「たいていの」は，almost all「ほとんどすべての」と同意になるが，それと同様に，代名詞の **most**「大半／大部分」も **almost all**「ほとんどすべて」と同意だから，**most of A** は **almost all of A** とすることができる。almost all of A の of は省略できるので almost all A も可。

391 almost all の用法 ― almost all (of) A = most of A

○ 問題390で扱った「**almost all (of) A**」「A の大半／ほとんど」が本問のポイント。most of A と同様，**A には定冠詞や所有格などで限定された名詞や目的格の代名詞がくる。この of は省略可。**

✖ ④ Most the（×）にしないこと。**most of A の of は省略できない。**（→390）

nothing / something

075 KEY POINT

392 nothing の用法 ― have nothing to do with A

R W

► **have nothing to do with A** は「A と何の関係もない」の意味を表す。慣用表現として押さえる。

PLUS something や nothing は慣用表現を多く形成するが，TARGET 37に挙げたものを押さえておこう。

PLUS **not ... in the least**「まったく…ない」（= **not ... at all**）も重要表現。

---

389 ②　**390** ③ most of teachers → most of the teachers / almost all (of) the teachers
391 ①　**392** nothing

393 □□□ 発展↑
When you feel tired, (has / like / nothing / is / having / there) a bath.
(1語不要) 〈南山大〉

394 □□□
この洗濯機は妙な音が出る。どこか故障しているに違いない。
This washing machine is making a strange noise. I think that (be / something / there / with / must / wrong / it). 〈関西外大〉

395 □□□
There is (　　) attractive about him.
① something　② somewhat　③ somewhere　④ somehow 〈南山大〉

396 □□□ 発展↑
彼はその問題については相当の権威者です。
He (an authority / great / something / on / is / the / subject / of).
(1語(句)不要) 〈福岡大〉

KEY POINT 076

397 □□□
A: Do you think the teacher will really fail us?
B: From the low scores on our final test, (　　).
① I hope so　② I'm afraid not
③ I cannot hope so　④ I'm afraid so 〈明治大〉

398 □□□
A: Frank drives much too fast. Someday he'll have a terrible accident.
B: Oh, (　　).
① I don't hope so　② I hope not
③ I'm not afraid so　④ I'm afraid not 〈センター試験〉

TARGET 38 so と not － that 節の代用表現 → 397, 398

(1) **think, believe, expect, guess, suppose** は次の 2 通りの表現が可能。
I don't suppose so. = **I suppose not.**「そうでないと思う」
(2) **hope** と **be afraid** には，直接 **not** を続ける形しかない。
I hope not.「そうでないことを望む」 (×) I don't hope so.
I'm afraid not.「残念ながらそうでないと思う」 (×) I'm not afraid so.

393 疲れたと感じたら，入浴するほどよいものはない。
395 彼にはどことなく魅力的なところがある。
397 A: 先生は本当に私たちを落第させると思いますか。
B: 最終試験の低い得点からすると，そうなると思います。
398 A: フランクはとても速いスピードで運転します。いつか彼は大きな事故を起こすでしょう。
B: ああ，そうならないことを願います。

393 nothingの用法 ― There is nothing like A.

○ TARGET 37 (6) で扱った **There is nothing like A.**「Aほどよいものはない」が本問のポイント。Aに動名詞句 having (a bath) を置けばよい。

394 somethingの用法 ― There is something wrong with A.

○ TARGET 37 (4) で扱った **There is something wrong[the matter] with A.**「Aはどこか調子が悪い」が本問のポイント。there is を there must be にしてまとめればよい。

395 somethingの用法 ― There is something attractive about A.

○ TARGET 37 (3) で扱った **There is something＋形容詞＋ about A.**「Aにはどことなく…なところがある」が本問のポイント。

396 注意すべきsomethingの用法 ― something of a＋名詞

► 「**something of a＋名詞**」は「ちょっとした…／かなりの…」(= **a fairly[quite] good＋名詞**) の意味を表す慣用表現として押さえておこう。

○ 本問は，He is の後に，something of an authority を作れるかがポイント。

so / not ― that節の代用

076 KEY POINT

397 that節の代用をするso ― I'm afraid so.

► **so** は **be afraid** や特定の動詞 **hope**，**think**，**expect**，**guess**，**suppose** などの後に置き **that節の代用**をすることがある。(→ TARGET 38)

○ 本問のI'm afraid so.「(残念ながら)そう思う」のsoはthat the teacher will really fail usを受ける。

✖ ③ I cannot hope so (×) は不可。hopeは cannot[don't] hope that節の形では用いない動詞なので，(×) I cannot[don't] hope so という形自体がないことに注意。

398 否定のthat節の代用をするnot ― I hope not.

S

► **notは否定を含むthat節の代用をする**。つまり，本問のI hope not.「そうならないことを願います」はI hope that he won't have a terrible accident. と考える。(→ TARGET 38 (2))

✖ ① I don't hope so (×) にしないこと。問題397で述べたように，hopeは don't hope that節の形では用いない動詞なので，(×) I don't hope so という形自体がないことに注意。

PLUS 同様に，be afraid は be not afraid that節の形はないので，③ I'm not afraid so (×) という形もないことも覚えておこう。

---

393 there is nothing like having (不要語：has)
394 there must be something wrong with it **395** ①
396 is something of an authority on the subject (不要語：great) **397** ④ **398** ②

KEY POINT 077

399 (a) We had a very good time at the party.
□□□ (b) We enjoyed (　　　) very much at the party. 〈立命館大〉
発展↑

400 Why don't you (　　　) some ice cream?
□□□
① keep up with　② help yourself to
③ make much of　④ get out of 〈産業能率大〉

401 Take off your coat and make (　　　) at home.
□□□
① it　② us　③ you　④ yourself 〈中央大〉

402 He was (　　　) himself with worry about his sick mother.
□□□
① by　② for　③ beside　④ beyond 〈西南学院大〉

TARGET 39 再帰代名詞

人称＼数	単数	複数
1人称	myself	ourselves
2人称	yourself	yourselves
3人称	himself / herself / itself	themselves

399 私たちはそのパーティーで大いに楽しんだ。
400 アイスクリームを自由にお取りください。
401 コートを脱いで，くつろいでください。
402 彼は病気の母親のことを心配して気が気ではなかった。

再帰代名詞

077 KEY POINT

399 再帰代名詞が目的語 ― enjoy oneself

► **人称代名詞の -self（複数形の場合は -selves）がついたものを再帰代名詞と呼び「…自身」という意味を表す。**その再帰代名詞は**他動詞の目的語として用いられる場合，「他動詞＋再帰代名詞」で自動詞的な意味を形成する**ことがある。

○ 本問の enjoy も他動詞であり，oneself を目的語にとり，**enjoy oneself** の形で「楽しむ」という自動詞的な意味を形成する。本問は主語が We なので ourselves になる。

400 再帰代名詞が目的語 ― help oneself to A

► **help oneself to A** は「A を自由に取って食べる［飲む］」の意味を表す。

PLUS この表現の help は「…を助ける」ではなく，**help B to A** の形で「A（料理など）を B（人）に取ってやる」の意味。したがって，**help oneself to A** は「A を自分自身に取ってやる」がもともとの意味。help oneself で「（自ら）取って食べる」という自動詞的な意味になる。

401 再帰代名詞が目的語 ― make oneself at home

► **make oneself at home** は「くつろぐ」の意味を表す。

PLUS **at home** には「くつろいで」（= **comfortable**）の意味があるので，**make oneself at home** は「自分を楽にさせる」がもともとの意味。

402 前置詞＋再帰代名詞 ― beside oneself with A

► **再帰代名詞は前置詞を伴って慣用的な表現を形成する。**

► **be beside oneself with A** は「A で我を忘れる」の意味を表す。**A には worry「心配」，joy「喜び」，grief「悲しみ」，fear「恐怖」などの「感情」を表す名詞がくる**ことに注意。

---

399 ourselves　400 ②　401 ④　402 ③

403 □□□ 発展↑
On Saturday mornings it was unusual for anybody to be up before ten, so Helen had the living room (　　) herself.
① by　② in　③ to　④ with　〈上智大〉

404 □□□
CO_2 is not a poison (　　) itself.
① at　② for　③ in　④ to　⑤ with　〈武蔵大〉

405 □□□ 発展↑
(a) He was very generous.
(b) He was generosity (　　).　〈甲南大〉

TARGET 40 「前置詞+再帰代名詞」の慣用表現

● **by oneself** (= alone)「ひとりで」
She must feel lonely left all **by herself**.
(まったくひとりぼっちにされて，彼女は孤独だと感じているに違いない)

● **to oneself**「自分だけに」→403

● **for oneself**「独力で／自分のために」
If you don't believe me, go and see **for yourself**.
(私の言うことを信用しないなら，自分で見に行きなさい)

● **in itself[themselves]**「それ自体／本質的に」→404

● **in spite of oneself**「思わず」
He smiled **in spite of himself**.
(彼は思わずにっこりした)

● **between ourselves**「ここだけの話だが」(= between you and me)
This matter is **between ourselves**.
(これはここだけの話です)

● **beside oneself (with A)**「(Aで) 我を忘れて」→402

403 土曜日の朝，誰であっても10時前に起きていることはまれだった。だから，ヘレンはリビングルームを独占していた。
404 二酸化炭素は，それ自体は毒ではない。
405 彼は寛大そのものだ。

403 前置詞+再帰代名詞 ― to oneself

► **to oneself**「自分だけに」(→ TARGET 40) は動詞の have や keep と一緒に用いる場合がある。**have[keep] A to oneself** で「A を独占する」の意味を表す。

PLUS **have[keep] A to oneself** に加えて，**smile to oneself**「ほくそえむ」，**laugh to oneself**「ひとり笑いをする」，**mutter certain words to oneself**「ぶつぶつと何やら独り言を言う」も一緒に覚えておこう。

404 前置詞+再帰代名詞 ― in itself

R

○ TARGET 40で扱った **in itself**「それ自体」が本問のポイント。

405 再帰代名詞の強調用法 ― generosity itself = very generous

► **再帰代名詞には**主語・目的語・補語の後に同格として置かれ，意味を強める用法があるが，その用法のうち，**補語の位置に「名詞＋ itself」が用いられて「…そのもの」の意味を表し，補語としての機能を果たす慣用的表現がある。**

○ 本問の itself は generosity を強めて，**generosity itself** で「寛大そのもの」の意味を形成し，**very generous** と同意となる。

PLUS **generosity itself** と同様の表現として **kindness itself**「親切そのもの」**=very kind**，**simplicity itself**「簡単そのもの」**=very simple**，**patience itself**「忍耐そのもの」**=very patient** なども押さえておこう。

1 文法
2 語法
3 イディオム
4 会話表現

403 ③　404 ③　405 itself

第10章 関係詞

KEY POINT 078

406 日本では最近，仕事より家庭が大切だという若者が多い。

□□□ These days there are (say / Japanese / attach / who / many / young / they / more) importance to their home than to their work. 〈立命館大〉

407 A: Let's go to the Spanish restaurant ( ) opened last week.

□□□ B: That sounds great. I love Spanish food.

① who ② where ③ when ④ which 〈法政大〉

408 She threw glances at him ( ) could have killed a buffalo.

□□□ ① she ② then ③ which ④ who 〈明治学院大〉

409 He is not the coward ( ) he was ten years ago.

□□□ ① that ② who ③ when ④ whom 〈慶應義塾大〉

発展↑

TARGET 41 関係代名詞

格 / 先行詞	主格	所有格	目的格
人	who[that]	whose	who(m) [that]
人以外	which[that]	whose	which[that]

＊目的格関係代名詞は省略されることがある。→415, 416

＊ who は主格と目的格を兼ねることに注意。

407 A: 先週オープンしたスペイン料理店に行きましょう。
B: それはいいですね。私はスペイン料理が大好きなんです。

408 彼女は水牛でさえ殺しかねないような視線を彼に向けた。

409 今の彼は10年前の彼のような臆病者ではない。

関係代名詞の基本

078 KEY POINT

406 主格関係代名詞 who ― 先行詞が「人」

► **先行詞が「人」の場合**，関係代名詞は節内の役割によって，**who[that]（主格）**か**who(m)[that]（目的格）**が用いられる。

○ many young Japanese を先行詞として，who で始まる主格関係代名詞節を後に続ける。who say とまとめ，say の目的語となる節が they attach more importance to A than to B「彼らは B よりも A を重視する」の比較構造になることを見抜く。

PLUS **attach importance to A**「A を重視する」は重要表現。

407 主格関係代名詞 which[that] ― 先行詞が「人」以外

► **先行詞が「人」以外の場合**，関係代名詞は，**which[that]（主格，目的格共通）**を用いる。

○ 本問は以下の2文が文構造の前提。

○ Let's go to **the Spanish restaurant**. + It opened last week.

➡ Let's go to **the Spanish restaurant** <which[that] opened last week>.

408 先行詞は glances なのか him なのか

○ 文意から，先行詞が glances「視線」だと見抜くことが本問のポイント。

○ She threw **glances** at him. + They could have killed a buffalo.

➡ She threw **glances** at him <which[that] could have killed a buffalo>.

PLUS **throw a glance at A**「A に視線を投げかける／A をちらっと見る」は重要表現。

409 補語としての関係代名詞 that

R

► **関係代名詞の節内での役割がbe動詞の補語となっている場合，先行詞が「人」であっても「人以外」であっても，関係代名詞はthat**が用いられる。なお，この**thatは省略される場合が多いことも読解上重要**。

○ He is not **the coward**. + He was that ten years ago.

➡ He is not **the coward** <(that) he was ten years ago>.

* 上の文の that は the coward「臆病者」を指す指示代名詞。

PLUS 補語としての関係代名詞thatの先行詞は必ず定冠詞で限定された形となることに注意。
She is not **the** cheerful girl (that) she used to be.
（彼女は以前のような陽気な女の子ではない）

406 many young Japanese who say they attach more　**407** ④　**408** ③　**409** ①

410 彼は君がはじめて知ったころと違っている。
□□□ He (the / was / not / is / man / he) when you first met him. 〈関西大〉

KEY POINT 079

411 The boy (　　　) bicycle was stolen reported its loss to the police.
□□□ ① who　② that　③ from which　④ whose 〈関西学院大〉

412 She goes to an English school (　　　) is high.
□□□
① whose tuition　② which tuition
③ the tuition of whose　④ the tuition of that 〈関西学院大〉

413 The person (amuse / is / it / people / to / who / whose / work) come
□□□ to a show is an entertainer. 〈早稲田大〉
発展↑

414 He mentioned a book (　　　) I can't remember now.
□□□
① which title　② with the title which
③ in which the title　④ the title of which 〈慶應義塾大〉

411 自転車を盗まれた少年は，その紛失を警察に通報した。
412 彼女は授業料が高い英語学校に通っている。
413 ショーにやってくる人たちを楽しませることが仕事の人は芸能人である。
414 彼は，私が今思い出せない書名の本の話をした。

410 補語としての関係代名詞 that ― the man he was = what he was

○ 問題409で扱った補語としての関係代名詞thatが省略された形。**the man (that) he was** を作るのが本問のポイント。

PLUS **the man he was** は **what he was** と同意。(→438)

所有格関係代名詞 whose

079 KEY POINT

411 所有格関係代名詞 whose ― 先行詞が「人」

L

► **所有格関係代名詞は，先行詞が「人」でも「人以外」でも whose** を用いる。なお，**関係代名詞の whose は必ず「whose ＋名詞」の形で用いる**ことに注意。

○ **The boy** reported its loss to the police. ＋ His bicycle was stolen.

➡ **The boy** <whose bicycle was stolen> reported its loss to the police.

412 所有格関係代名詞 whose ― 先行詞が「人以外」

○ 問題411と考え方は同じ。whose tuituion がワンセットになって節内で主語となっている。

○ She goes to **an English school**. ＋ Its tuition is high.

➡ She goes to **an English school** <whose tuition is high>.

413 whose ＋名詞 ― whose work it is to do ...

○ it を形式主語として用い，「whose ＋名詞」を節内で補語として機能させることが本問のポイント。

○ **The person** is an entertainer. ＋ It is his work to amuse people who come to a show.

➡ **The person** <whose work it is to amuse people who come to a show> is an entertainer.

PLUS **whose work[job / duty] it is to do ...**「…するのが仕事である(ところの〜)」は整序英作文で頻出の形。読解問題でも重要。下記の例文で再確認しておこう。
Mr. Smith was a perfect host **whose duty it was to make his party go smoothly**.
(スミス氏はパーティーを円滑に進めるのが責務である完璧なホスト役だった)

414 「whose ＋名詞」＝「the ＋名詞＋ of which」

► **先行詞が「人以外」の場合，「whose ＋名詞」は「the ＋名詞＋ of which」で言い換える**ことができる。

○ He mentioned **a book**. ＋ I can't remember its title[the title of it] now.

➡ He mentioned **a book** <whose title[the title of which] I can't remember now>.

410 is not the man he was **411** ④ **412** ①
413 whose work it is to amuse people who **414** ④

KEY POINT 080

415 先日貸した本を返してもらいたい。
□□□ I (I / lent you / return / the book / to / want / you) the other day.
〈早稲田大〉

416 Many of the workers ①in one of the sections have complained that the room they ②work is too small and ③several people have asked to change jobs ④for that reason.
□□□ 発展↑
〈慶應義塾大〉

KEY POINT 081

417 These are the tools (　　　) he built his own house.
□□□ ① that　② with that　③ with which　④ which
〈青山学院大〉

418 彼はバスも走っていないような不便なところに家を建てた。
□□□ He built a house (an / in / is / there / inconvenient / place / to / which) no bus service.
〈立命館大〉

416 いくつかの部署の1つにいる労働者の多くは，彼らが働いている部屋は小さすぎると不満を述べており，数名がそれを理由として仕事を替えるよう求めている。
417 これらは，彼が自分の家を建てるのに使った道具です。

目的格関係代名詞の省略

080 KEY POINT

415 目的格関係代名詞の省略 ― the book I lent you

R

► **目的格の関係代名詞はしばしば省略される。**

○ まずは，I want you to return the book (... the other day) の基本構造を作り，the book を先行詞とした関係代名詞節を考える。I lent you the book the other day という「S＋V＋O＋O」の英文を想定し，目的語の the book を which[that] にした上で，それを省略した形にすればよい。

416 目的格関係代名詞の省略 ― the room they work in

○「**彼らが働く部屋**」は，They work in the room. の文から，**the room which[that] they work in** と表現できる。the room を指す which[that] は，節内の前置詞 in の目的語（目的格の関係代名詞）なので省略できる。したがって，② work を work in と訂正する。

PLUS **the room which[that] they work in** は，(1) which[that] が省略された **the room they work in**，(2)「前置詞＋関係代名詞」(→417) をワンセットで節の頭に置いた **the room in which they work**，(3) 関係副詞 where (→420) を用いた **the room where they work** と言い換えることができる。

前置詞＋関係代名詞

081 KEY POINT

417 前置詞＋関係代名詞 ― the tools with which he built his own house

○「**前置詞＋関係代名詞**」がワンセットで関係詞節の頭にきた形。「道具・手段」を表す **with A**「A を用いて」(→580) を知っていることが前提。

○ These are **the tools**. ＋ He built his own house with them.

➡ These are **the tools** <with which he built his own house>.

✖ ② with that (×) は不可。**関係代名詞の that は前に前置詞を置く用法はない。**

418 前置詞＋関係代名詞 ― a place to which there is no bus service

○ 本問は，**bus service to A**「A 行きのバスの便」を知っていることが前提。

○ He built a house in **an inconvenient place**. ＋ There is no bus service to it.

➡ He built a house in **an inconvenient place** <to which there is no bus service>.

415 want you to return the book I lent you　**416** ② work → work in　**417** ③
418 in an inconvenient place to which there is

419 □□□ 発展↑

こういった重要な事柄にこそ十分な注意を払うべきだ。

(are / careful attention / should / the important items / these / be paid / to which). 〈梅花女子大〉

KEY POINT 082

420 □□□

When I went to the U.S. last summer, I visited the house (　　) George Washington lived.

① that ② what ③ where ④ which 〈津田塾大〉

421 □□□

India is a country (　　) I have always wanted to visit since my childhood.

① that ② where ③ wherever ④ whose 〈駒澤大〉

422 □□□

The people present were worried about Betty because no one was aware (　　) she had gone.

① of where ② that the place to
③ that the place was ④ of the place to 〈同志社大〉

420 この前の夏にアメリカに行ったとき，私はジョージ・ワシントンが住んでいた家を訪れました。
421 インドは私が子どもの頃からいつも訪れたいと思っていた国です。
422 その場にいた人たちは，ベティがどこに行ってしまったのか知らなかったので，彼女のことを心配した。

419 前置詞+関係代名詞 ― 群動詞の受動態

○ 本問は，We should pay careful attention to A. の受動態である。
S V O

Careful attention should be paid to A.「A に十分な注意が払われるべきだ」(→52) を想定できるかがポイント。

○ These are **the important items**. + Careful attention should be paid to them.

➡ These are **the important items** <to which careful attention should be paid>.

関係副詞（where）

082 KEY POINT

420 関係副詞 where = 前置詞+関係代名詞

W

▶ **関係副詞は，「前置詞＋関係代名詞」**(→417, 418, 419) **を1語で言い換えたもの。**「場所」が先行詞の場合は **where**，「理由」の場合は **why**，「時」の場合は **when** を用いる。**関係副詞＝「前置詞＋ which」**と押さえておこう。

○ 本問は，**live in A**「A に住む」を知っていることが前提であり，**where** は **in which** で置き換えられる。

○ I visited **the house**. + George Washington lived in it.

➡ I visited **the house** <in which[where] George Washington lived>.

421 where か that か

○ 本問は **visit A**「A を訪れる」を知っていることが前提。

○ India is **a country**. + I have always wanted to visit it since my childhood.

➡ India is **a country** <that I have always wanted to visit since my childhood>.

✖ country が「場所」を表す先行詞だからといって② where (×) を選ばないこと。

PLUS 本問の that は目的格の関係代名詞。which に言い換えてもよいし，省略してもよい。(→415, TARGET 41)

422 no one was aware of (the place) where she had gone

▶ **the place** と **where**，**the reason** と **why**，**the time** と **when** など先行詞と関係副詞が典型的な関係にある場合，**先行詞が省略され，関係副詞で始まる節が名詞節の働きをする**場合がある。

○ the place が省略された where she had gone が of の目的語となっていることを見抜けるかが本問のポイント。

PLUS **be aware of A**「A を知っている／A に気がついている」は重要表現。

---

419 These are the important items to which careful attention should be paid
420 ③ **421** ① **422** ①

423 □□□ There are many cases (　　　) such rules are not realistic.

① where　② what　③ which　④ why 〈法政大〉

KEY POINT 083

424 □□□ 学生たちは講義に遅れた理由を私に説明した。

The students explained to me (for / late / reason / the / they / were / why) the lecture. 〈立命館大〉

425 □□□ 発展 This is the reason (　　　) prevents him from becoming a member of the society.

① by which　② for which　③ which　④ why 〈中部大〉

426 □□□ He has been in hospital for two weeks. That's (　　　) he can't come today.

① because　② how　③ why　④ the way 〈東京電機大〉

423 そのような規則が現実的でないケースが多くある。
425 このことが，彼がその団体のメンバーになれない理由です。
426 彼は2週間入院しています。そういうわけで，今日，彼は来ることができません。

423 関係副詞 where が使える先行詞

R

► **case「場合」, occasion「場合」, situation「状況」, circumstance「状況」, point「(要)点」は直接「場所」を表す名詞(先行詞)ではないが,「前置詞＋ which」の代わりに関係副詞の where を用いることができる。読解で重要。**

○ 本問は，下記英文のように「前置詞＋ which」で表現すれば in which になるが，先行詞が many cases なので，関係副詞の① where を用いることができる。
There are **many cases** <where[in which] such rules are not realistic>.

PLUS 先行詞が situation の場合の例文を下記に挙げておく。
Have you ever been in **a situation** where[in which] you know the other person is right, yet you can't agree with him?
(相手の意見が正しいとわかっているが，その人に賛同できない状況を経験したことがありますか)

関係副詞 (why / when / how)

083 KEY POINT

424 関係副詞の why ― the reason why S＋V ...

○ 関係副詞の why を用いた **the reason why S＋V ...**「…の理由」の形を想定し，why の節内を **be late for A**「A に遅れる」の表現でまとめる。

PLUS 本問は **explain to B A** になっているが，この表現は **explain A to B**「B に A を説明する」の目的語の A (the reason why S＋V ...) が長いために to B の後ろに移動した形 (→802)。

425 why か which か

○ 本問は **prevent A from doing**「A が…するのを妨げる」を知っていることが前提。

○ This is **the reason**. ＋ It prevents him from becoming a member of the society.

➡ This is **the reason** <which[that] prevents him from becoming a member of the society>.

✖ reason が先行詞だからといって④ why (×) を選ばないこと。

PLUS 本問の **which** は主格の関係代名詞。**that** に言い換えられる。(→407)

426 the reason の省略 ― That's why S＋V ...

► **That is the reason why S＋V ...**「そういうわけで… ← それは…の理由だ」**の the reason は省略できる。**(→422)

✖ ① because (×) は不可。(→ TARGET 42)

PLUS なお，関係副詞 why と when に関しては，その先行詞が the reason や the time といった典型的な語であれば，先行詞を残して why / when の方が省略されることもある。つまり，**That is why S＋V ...** は **That is the reason S＋V ...** と言い換えられる。

423 ①　424 the reason why they were late for　425 ③　426 ③

427 Our friendship goes back to (joined / we / the / both / when) basketball team in elementary school. 〈西南学院大〉
□□□
発展↑

428 This is the way (　　) we can become acquainted with one another.
□□□
① how　② in which　③ to which　④ which 〈明治学院大〉

429 I overcame the hardship in this way.
□□□
This is (　　) I overcame the hardship. 〈大阪教育大〉

430 最近彼が昇進したことで，私たちの彼に対する見方が変わるだろう。
□□□
His recent promotion will (the / change / at / look / way / we) him. 〈立教大〉

TARGET 42　That is why ... と That is because ...

(1) **That is why[the reason why / the reason] ...**「そういうわけで…」
The train was delayed. **That's why** I was late for school.
（電車が遅れていたんです。そういうわけで学校に遅刻しました）

(2) **That is because ...**「それは…だからです」
I was late for school. **That's because** the train was delayed.
（私は学校に遅刻しました。それは，電車が遅れていたからです）

＊表現の順序がまったく逆になる点に注意。

427 私たちの友情は，小学校のときに2人がバスケットボールのチームに参加したときにまでさかのぼる。
428 このようにすれば，私たちはお互いに知り合いになることができます。
429 私はこのようにして困難を克服しました。

427 the time の省略 — go back to when S + V ...

○ 本問は，to の後に，the time when S + V ...「…するとき」の先行詞 the time が省略された形（→422）を想定し，join A「A に参加する」の表現から when 節内を when we both joined the (basketball team ...) とまとめる。なお，主語の we と同格の代名詞 both の位置は be 動詞の後，一般動詞の前なので joined の前に置く。

428 the way in which S + V ...

○ 問題417，418，419と考え方は同じ。**in the way**「そのやり方で」を知っていることが前提。

○ This is **the way**. + We can become acquainted with one another in the way.

➡ This is **the way** <in which we can become acquainted with one another>.

PLUS **become acquainted with A**「A と知り合いになる」は重要表現。

PLUS **the way in which S + V ...**「…する仕方［方法／様子］」の同意表現として，関係副詞の how を用いて the way how S + V ...（×）という表現がかつてあったが，現代英語では用いない。しかし，先行詞の the way を省略した **how S + V ...** や how を省略した **the way S + V ...** や how と同じ働きをする関係副詞 that を用いた **the way that S + V ...** はよく用いられる表現。**the way in which S + V ... = how S + V ... = the way (that) S + V ...** で押さえておこう。（→527）

429 This is how S + V ... = This is the way (in which) S + V ... R

○ 問題428で触れた **This is how S + V ...**「こんなふうにして…する ← これが…する仕方だ」が本問のポイント。

430 the way S + V ... — the way S look at A

○ 動詞 change の後に，問題428で述べた **the way S + V ...** を想定し，look at A「A を見る」の表現でまとめればよい。

427 when we both joined the **428** ② **429** how **430** change the way we look at

KEY POINT 084

431 □□□

John (　　　) really likes this place.

① who is from New York　② , that is from New York,
③ that is from New York　④ , who is from New York,　〈関西外大〉

432 □□□

The interview was very difficult. They asked me a lot of questions, most of (　　　) I couldn't answer.

① that　② them　③ which　④ whom　〈慶應義塾大〉

433 □□□ 発展↑

He looked like a lawyer, (　　　) he was.

① what　② which　③ who　④ whom　〈明治学院大〉

431 ジョンはニューヨーク出身だが，この土地をとても気に入っている。
432 面接はとても難しかった。彼らは私にたくさん質問をし，私はそのほとんどに答えられなかった。
433 彼は弁護士のように見えたし，実際に弁護士だった。

関係代名詞の非制限用法

084 KEY POINT

431 関係代名詞の非制限用法

R W

► **関係代名詞の前にコンマを置いて，先行詞を付加的に説明する用法**がある。**この形は非制限用法**と呼ばれる。これに対し，コンマを用いない形は制限用法と呼ばれる。

► **非制限用法で用いられる関係代名詞は，who / whose / whom / which /「前置詞＋ which」/「前置詞＋ whom」**などである。**that は用いられない**ことに注意。また，目的格関係代名詞であっても省略できないことも押さえておきたい。

► **先行詞が固有名詞（Einstein など）や世の中に1つしかないもの（the sun など）の場合，原則として関係代名詞は非制限用法にする**。自明のものは「制限」する必要はないからである。

○ 本問の場合，John は固有名詞なので，④ , who is from New York, を選ぶ。

432 関係代名詞の非制限用法 － , most of which S＋V ...

R

► **A of which，A of whom（人が先行詞）の形をワンセットにして，非制限用法で用いる**ことがある。

○ They asked me **a lot of questions**. ＋ I couldn't answer most of them.

➡ They asked me **a lot of questions**, <most of which I couldn't answer>.

433 関係代名詞の非制限用法 － 職業を表す先行詞 , which S is

► **非制限用法の先行詞が職業・地位・性格などを表し，それを受ける関係代名詞が節内で補語の役割を果たす場合は，which を用いる**。

○ 空所に入る関係代名詞は was の補語となるので，a lawyer「弁護士」を受ける② which を選ぶ。

○ 関係代名詞の節内での役割が be 動詞の補語の場合，that が用いられると問題409で述べたが，**that は非制限用法の関係代名詞としては用いない**。（→431）

PLUS 以下の文もこの **which** の用例。
Many of them thought he was a coward, **which** he was not.
（彼らの多くは彼を臆病者だと思っていたが，実際はそうではなかった）

431 ④ **432** ③ **433** ②

434 Many people tend to skip breakfast, (　　) is not good for their health.
□□□ ① so　② something　③ what　④ which 〈立教大〉

435 He might not come today, (　　) you should telephone him.
□□□ ① which　② to which　③ in which case　④ whichever way 〈東京電機大〉

436 Please come at noon, (　　) I will be back in my office.
□□□ ① by its time　② by time　③ by which time　④ during 〈西南学院大〉

434 多くの人が朝食を抜きがちだが，それは健康によくない。
435 彼は今日は来ないかもしれないが，その場合，あなたは彼に電話をかけるべきです。
436 正午にお越しくだされば，その時までに私は会社に戻っているでしょう。

434 which の用法 − 前文全体が先行詞

► **関係代名詞 which は非制限用法の場合に限って，前文全体またはその一部の意味内容を先行詞とすることがある。**本問の場合，which は前文の to skip breakfast の内容を先行詞とし，節内では主格として用いられている。

► **which が前文の内容を受けるのは，指示代名詞の that[this] にその機能があるからと考える。「, which」には接続詞の機能が含まれる**ので，本問を but で結ぶ2文で言い換えると以下のようになる。

○ Many people tend **to skip breakfast**, but that is not good for their health.

➡ Many people tend **to skip breakfast**, <which is not good for their health>.

435 関係形容詞の which − in which case S + V ...

○ 節内で副詞句として機能している in which case の which case が前文の内容を受けている。**which は case を修飾しているので関係形容詞**と呼ばれている。

○ **He might not come today**, and in that case you should telephone him.

➡ **He might not come today**, <in which case you should telephone him>.

436 関係形容詞の which +名詞 − by which time S + V ...

○ 考え方は問題435と同じ。前置詞の **by A**「A までに(は)」は「期限」を表す。(→536)
Please come at noon, and by that time I will be back in my office.

➡ **Please come at noon**, <by which time I will be back in my office>.

PLUS 「**前置詞＋ which ＋名詞**」で用いられる関係形容詞の which は，**in which case** や **by[at / during] which time** の形で問われることが多いことも覚えておこう。
during which time は以下の例を参照。
The storm raged all night, **during which time** the climbers waited to be rescued.
(嵐が一晩中吹き荒れたが，その間，登山者たちは救助されるのを待った)

1 文法 2 語法 3 イディオム 4 会話表現

434 ④ 435 ③ 436 ③

KEY POINT 085

437 □□□
(　　　) is important is to keep early hours.
① Whether　② Which　③ That　④ What　〈明治大〉

438 □□□
現代の問題点は,未来に対する信頼が昔のようなものではなくなっているということだ。(1語不要)
The trouble with our time is that confidence (the / it / be / not / to / is / past / used / in / what / future).　〈慶應義塾大〉

439 □□□ 発展↑
事情は50年前とは大違いである。
(are / as / different / from / they / things / very / were / what) fifty years ago.　(1語不要)　〈東京理科大〉

437 大切なのは早寝早起きをすることです。

関係代名詞 what

085 KEY POINT

437 whatの用法 — what is important

R L

► **関係代名詞 what は名詞節を形成する。**したがって，what に先行詞はない。
► **what 自体は，節内で主語・目的語・補語・前置詞の目的語といった名詞の働きをし，what 節全体は文の主語・目的語・補語・前置詞の目的語となる。**

○ 本問は，空所から important までが is の主語となる名詞節になることを見抜き，節内で is の主語となる④ What を選ぶ。

PLUS **keep early[good] hours**「早寝早起きをする」は重要表現。

438 whatの用法 — what S used to be

W

► 関係代名詞 what は，**what S is**「今の S（の姿）」，**what S was[used to be]**「昔の S（の姿）」の形で慣用的に用いられる。

○ that 節内の主語を (confidence) in the future「未来に対する信頼」と作る。次に，is not の後の補語を **what S used to be** を想定してまとめればよい。

PLUS **what S has**「S の財産（← S が持っているもの）」との対比で，**what S is** が「S の人格」の意味で用いられることがある。また，**what S should[ought to] be** で「S のあるべき姿」，**what S will be**「未来の S（の姿）」，**what S seem to be**「見かけの S（の姿）」といった使い方もあるので，ここで一緒に押さえておこう。
He is now **what a gentleman should be.**
（彼は今では理想の紳士となっている）
A person should not be judged by **what he / she seems to be.**
（人は見かけで判断されるべきではない）

439 what S were — what things were

○ Things are very different from A の全体構造を想定して，A に **what they were**「昔の事情」(they は things を指す) を置けるかが，本問のポイント。

---

437 ④ **438** in the future is not what it used to be（不要語：past）
439 Things are very different from what they were（不要語：as）

440 □□□ 発展↑

混んだバスの中で彼女は少ないが持っていたお金をすべて奪われた。

In the crowded bus she was robbed (all / of / had / little / money / she / what). (1語不要) 〈立教大〉

441 □□□

It was getting dark, and (　　　) was worse, we couldn't find our hotel.

① which ② that ③ what ④ but 〈立命館大〉

442 □□□

Light is to plants (　　　) food is to animals.

① if ② what ③ whether ④ while 〈学習院大〉

443 □□□

どの言語も, 一定の時間と地理を経て発展してきて, いわゆる場所の感覚を表明するものだ。

Each language, developed over a certain time and geography, is a revelation of (a / call / of / sense / we / what) place. 〈上智大〉

441 あたりは暗くなってきて, さらに悪いことに私たちは自分たちのホテルを見つけられなかった。

442 光と植物の関係は, 食べ物と動物の関係と同じだ。

440 what little money S have = all the little money (that) S have

► **what** には, 後に名詞 A を伴い, **what (little[few]) A (＋ S) ＋ V ...** の形で「…する(少ないが)すべての A」という意味を表す用法がある。**what (little[few]) A は節内で主語・目的語・前置詞の目的語**として機能する。

○ 本問は, **rob A of B**「A から B を奪う」(→813) の受動態である **A is robbed of B**「A は B を奪われる」を想定し, B のところに what little money が節内で had の目的語となる what little money she had と作ればよい。

PLUS **what I have**「私の持っている(すべての)もの」のように **what 節には「すべてのもの」の意味が含まれている**ので, **what little money S have** は **all the little money (that) S have** に言い換えることができることも押さえておこう。

441 what を用いた慣用表現 ― what was worse

○ **「what is ＋比較級」の形で, 慣用的な副詞表現を形成する。what is worse** は「さらに悪いことに」の意味を表す。

PLUS 本問の **what is worse** のほか, **what is better**「さらによいことに」, **what is more important**「さらに重要なことに」, **what is more**「その上」などが代表例。

442 what を用いた慣用表現 ― A is to B what C is to D.

► **A is to B what C is to D.**「A と B の関係は, C と D の関係と同じだ」は慣用表現としてそのまま覚えてしまおう。通例, **what C is to D の方には, 一般に誰もがそうだと認めているような自明の内容がくる。**

PLUS 本問は, 下記の英文と同じ内容。
As food is important to animals, light is important to plants.
(食べ物が動物にとって重要なように, 光は植物にとって重要である)

PLUS 接続詞の as を用いて, **A is to B as C is to D.** と表現しても同意である。

443 what を用いた慣用表現 ― what we call C

W

► **what we[they / you] call C**「いわゆる C(と呼ばれているもの)」は what を用いた慣用表現。

○ 本問は, C のところに a sense of A「A の感覚」を用いて a sense of place とまとめればよい。

PLUS 同意表現の **what is called C** もここで押さえておこう。

---

440 of what little money she had (不要語：all)　**441** ③　**442** ②
443 what we call a sense of

KEY POINT 086

444 That person is the one (　　　) I think rescued the kitten.
□□□ ① what　② where　③ who　④ whom 〈立命館大〉

445 I'll always (best / do / for / is / I think / what) everybody. 〈東京医科大〉
□□□
発展↑

KEY POINT 087

446 Grandpa, (　　　) was usual with him, took the dog out for a walk.
□□□ ① it　② as　③ what　④ who 〈早稲田大〉

444 あの人が，子猫を救い出したと私が思っている人です。
445 私は，誰にとっても最善だと思うことを常にするつもりです。
446 おじいさんは，いつものことだが，犬を散歩に連れ出した。

連鎖関係代名詞節

086 KEY POINT

444 連鎖関係代名詞節 ― the one who I think rescued the kitten

R

○ 本問は，以下の2文が文構造の前提。
That person is **the one**. + I think (that) he[she] rescued the kitten.

➡ That person is **the one** <who I think rescued the kitten>.

○ 主格の he[she] が用いられているから，関係代名詞は who になる。その who が，I think を飛び越えて，節の頭に置かれたのが本問の英文。その場合は必ず接続詞の that は省略されることに注意。なお，この構造では，**主格の who であっても省略される**ことがあるので，英文読解では注意したい。

► **このように，関係代名詞の直後に「S + V」などが入り込んだように見える形を，連鎖関係代名詞節**と呼ぶ。この形は，関係詞の問題としては最頻出項目。以下の例文で再確認しておこう。
He made a list of all the writers (who) **he thought** were important in the nineteenth century.
（彼は19世紀において重要だと思うすべての作家のリストを作成した）
This is the woman (who) **the artist said** posed as a model for the painting.
（こちらは，その絵のモデルとしてポーズを取ったと画家が述べている女性です）

✖ think の目的語と勘違いして④ whom（×）を選ばないこと。

445 連鎖関係代名詞節 ― what S think is best for A

○ **what is best for A**「A にとって最善なこと」に I think が入った形，**what I think is best for A**「A にとって最善だと私が思うこと」を想定できるかが本問のポイント。

PLUS 以下の文も同じ用例。
Name what **you think** is the most important invention ever made.
（これまでになされた最も重要な発明だとあなたが考えるものを挙げてください）

関係代名詞として使われる as / than / but

087 KEY POINT

446 as の用法 ― as is usual with A

► **関係代名詞 as は，非制限用法で用いられた場合，主節やその一部の内容を先行詞とする**機能があり，as から始まる関係代名詞節は，文頭，文末，文中で用いられる。

► **as is usual with A**「A にはいつものことだが←そういうことは A の場合にはいつものことだが」は，**as を用いた慣用表現**として押さえる。

○ 本問の場合は，文（主節）の主語の後に as 節が挿入された形。as は Grandpa took the dog out for a walk. の文内容を先行詞とし，節内で was usual with him の主語となっている。

444 ③ **445** do what I think is best for **446** ②

447 □□□
(　　　) might have been expected, she did a good job of it.
① As　② If　③ She　④ What 〈早稲田大〉

448 □□□
自分のためになるような友人を選ぶべきです。
You should (such friends / as / benefit / choose / can) you.〈関西学院大〉

449 □□□
The police were being careful not to (as / the / they / mistake / make / same) did before. 〈獨協大〉

450 □□□
Even if you are ill, don't take more medicine (　　　).
① than is necessary　② than necessary is
③ than necessary it is　④ than is it necessary 〈青山学院大〉

451 □□□
There is (has / rule / exceptions / but / no / some). 〈岩手医科大〉

TARGET 43 関係代名詞 as を用いた慣用表現

- **as is usual with A**「A にはいつものことだが」→446
- **as is often the case with A**「A にはよくあることだが」
- **as is evident from A**「A から明らかなように」
- **as so often happens**「よくあることだが」
- **as might have been expected**「期待されたように」→447

447 期待されていたように，彼女はそれをうまくやった。
449 警察は以前に犯したのと同じ間違いをしないように注意していた。
450 あなたは病気であっても，必要以上に薬を飲んではいけません。
451 例外のない規則はない。

447 as の用法 ― as might have been expected

○ **as might have been expected**「期待されたように」が本問のポイント（→ TARGET 43）。as の先行詞は，後の文の意味内容「彼女がうまくやったこと」になる。

PLUS 文を先行詞にする関係代名詞は which（→434）もあるが，which と as の違いは，原則として **which が後の文を先行詞にしないのに対して，as は前の文でも後の文でも先行詞にすることができる**ことにある。以下の文は前の文を先行詞にする用例。
He was a foreigner, **as[which]** they perceived from his accent.
（彼のアクセントから彼らがわかったことだが，彼は外国人だった）

448 as の用法 ― such friends as can benefit you

▶ **関係代名詞の as は，such，the same，as，so がついた名詞を先行詞とする場合にも用いられる。**

○ 本問は，choose の後に，such friends as can benefit you「あなたのためになるような友人」を作れるかがポイント。as は節内で can benefit you の主語となっている。

449 as の用法 ― make the same mistake as S did before

▶ 問題448と考え方は同じ。**先行詞に the same がつく場合は，関係代名詞 as を用いる。**

○ 本問は，to の後に make the same mistake as S did before「S が以前犯したのと同じ間違いをする」を想定できるかがポイント。as は節内で did(=made) の目的語となる表現。

PLUS **be careful not to do ...**「…しないように注意する」，「**be being ＋形容詞**」「(いつもとは違って) 今だけ…の状態である」(→15) は重要表現。

450 than の用法 ― take more medicine than is necessary

▶ than にも関係代名詞の用法がある。**関係代名詞の than は，「more ＋名詞」を先行詞とする場合に用いられる。**

○ **more A than is necessary[needed]**「必要以上の A」はよく用いられる表現で英作文でも重要。関係代名詞 than が is necessary[needed] の主語となる表現。

451 but の用法 ― There is no rule but has some exceptions.

▶ but にも関係代名詞の用法がある。ただし，関係代名詞の but は先行する文が否定内容になっている場合に限って用いられる。この **but は，それ自体に否定の意味（that ... not という意味）を持っており，英文全体は必ず二重否定の内容になる**。なお，この but は文語的で英作文では避けるべき。

PLUS but を用いないで表現すると以下の通り。
There is no rule **that doesn't** have any exceptions.

---

447 ① **448** choose such friends as can benefit
449 make the same mistake as they **450** ① **451** no rule but has some exceptions

KEY POINT 088

452 □□□ 発展↑
As a child, Derek was exposed to an ideal environment (　　　).
① in which foreign languages to be learnt
② in which to learn foreign languages
③ learning foreign languages in
④ which to learn foreign languages in 〈慶應義塾大〉

KEY POINT 089

453 □□□
(　　　) is worth doing at all is worth doing well.
① Whichever　② Whatever　③ Whoever　④ Whomever 〈青山学院大〉

454 □□□
It might be maintained that a man should obey the moral code of his own community (　　　) it may be.
① no matter　② however　③ ever since　④ whatever 〈慶應義塾大〉

455 □□□
彼があなたに何を言っても，彼の言うことを信じるな。
(matter / says / what / he / no) to you, don't believe him. 〈獨協大〉

452 子どもの頃，デレクは外国語を学ぶのに理想的な環境に置かれていた。
453 少しでも実行する価値のあるものであれば，それが何であれうまくやるだけの価値がある。
454 人はどのようなものであれ，自分が属する共同体の道徳規範に従うべきだと言えるかもしれない。

前置詞＋関係代名詞＋ to 不定詞

088 KEY POINT

452 前置詞＋ which[whom] ＋ to 不定詞

R

► 「**前置詞＋関係代名詞＋ to 不定詞**」の形で，**直前の名詞を修飾する**用法がある。

✖ 「**前置詞＋関係代名詞」のセットが必ず to 不定詞の前にこなければならない**。したがって，④ which to learn foreign languages in (×) は不可。

PLUS an ideal environment in which to learn foreign languages「外国語を学ぶ理想的な環境」を，**不定詞句で言い換えると an ideal environment to learn foreign languages in となり，形容詞用法の不定詞句に前置詞が残留する形**となる。(→166)

PLUS 「**前置詞＋ whom**」の形も押さえておこう。
Find someone **with whom to share your apartment.**
= Find someone **to share your apartment with.**
(アパートを共用してくれる人を見つけなさい)

複合関係代名詞／複合関係形容詞

089 KEY POINT

453 名詞節を導く whatever = anything that[which]

R

► 複合関係代名詞 **whatever は，節内で主語・目的語・補語・前置詞の目的語の機能を果たすが，節全体では名詞節「…するものは何でも」を形成する場合と譲歩の副詞節「何が（を）…しようとも」を形成する**場合がある。

○ 本問の whatever は，節内では is worth doing at all の主語となっており，節全体は，文の主語となる名詞節を形成している。

PLUS なお，**名詞節を形成する whatever は，通例 anything that[which] に言い換えられる**。whatever is worth doing at all = anything that is worth doing at all で押さえる。

PLUS **A is worth doing**「A は…する価値がある」は重要。(→231)

454 副詞節を導く whatever = no matter what

○ 空所から始まる関係代名詞節内で補語になれるのは複合関係代名詞の④ whatever だけ。本問の whatever it may be は，主節と独立した副詞節を形成し，「それが何であれ」という「譲歩」の意味を表す。

PLUS **副詞節を形成する whatever は，通例 no matter what に言い換えられる**。本問の **whatever it may be** は **no matter what it may be** と同意。

✖ ② however (×) は不可。however は単独で補語にならない。(→459)

455 whatever S say to A = no matter what S say to A

► 問題454で述べたように，**副詞節を導く whatever は no matter what に言い換えることができる**。

○ 本問は，**whatever S say to A**「S が A に何を言っても」の同意表現 **no matter what S say to A** を作れるかがポイント。

452 ②　**453** ②　**454** ④　**455** No matter what he says

456 (　　) here will be very welcome.
□□□
① Whoever visits　② Whoever that visits
③ Whoever　④ Whoever can　〈青山学院大〉

457 (　　) excuses he may make, I cannot forgive him.
□□□
① However　② How　③ Whatever　④ What　〈龍谷大〉

458 Choose (　　) one of the three methods you prefer.
□□□
① whatever　② whichever　③ whenever　④ wherever　〈関西外大〉

456 ここを訪問する人は誰でも大歓迎です。
457 彼がどのような言い訳をしようとも，私は彼を許すことができません。
458 3つの方法のうち，好きなものをどれでも1つ選んでください。

456 whoever visits here = anyone who visits here R

► 複合関係代名詞 **whoever は，節内で主語の働きをし，節全体では名詞節「…する人は誰でも」を形成する場合と，譲歩の副詞節「誰が…しようとも」を形成する場合がある。**

○ 選択肢がすべて Whoever から始まっているので，Whoever ... here が will be very welcome の主語となる名詞節を形成する。その節内で Whoever は主語となるが，述語となる動詞が続くのは① Whoever visits だけ。

PLUS **名詞節を形成する whoever は，anyone who** に言い換えられ，**副詞節を形成する whoever は，no matter who** に言い換えられる。

PLUS 節内で目的語の働きをする場合は，原則として whomever を用いるが，**現在では whoever で代用されることが多い。**
She told the story to **whoever[whomever]** she met.
（彼女は会った人には誰にでもその話をした）

457 whatever A（＋S)＋V ... = no matter what A（＋S)＋V ... R

► **whatever** には，直後に名詞 A を伴い **「whatever A（＋S）＋V ... 」の形で，名詞節「…するどんな A でも」を形成する用法**と，**譲歩の副詞節「どんな A が［を］…しようとも」を形成する用法**がある。本問は副詞節の用例。なお，この whatever は直後に名詞を伴うことから，**複合関係形容詞**と呼ばれる。

PLUS 本問の **Whatever excuses he may make,**「彼がどのような言い訳をしようとも，」は，**No matter what excuses he may make,** と表現できることに注意。

PLUS **whatever A（＋S）＋V ... が名詞節**の用例は以下を参照。
She had a natural way of bringing up **whatever subjects** people wanted to talk about.
（彼女は人々が話したいと思う話題はどんなものでも自然に話に出すことができた）
· **bring up A**「A を持ち出す」(**=raise A**)

458 whatever A か whichever A か

► 問題457でテーマ化した「**whatever A（＋S）＋V ...**」と同様に，whichever にも「**whichever A（＋S）＋V ...**」の形がある。whatever A か whichever A かは，A の数が明示されているか，あるいは文意から限定されているかどうかで決まる。**明示［限定］されていない場合は whatever A を用い，されている場合は whichever A を用いる。**

○ 本問は，method「方法」が3つあると明示されているので，② whichever を選ぶ。

456 ① 457 ③ 458 ②

1 文法 2 語法 3 イディオム 4 会話表現

KEY POINT 090

459 □□□
(　　　) far away you may be, we can always talk online.
① However　② Whatever　③ Whenever　④ Wherever　〈日本女子大〉

460 □□□ 発展↑
(about / bats / behavior / however / humans / learn / much / of / the), there is something we miss — namely, how bats experience the world.　〈一橋大〉

461 □□□
Your parents will support and love you, (　　　) you go.
① there　② somewhere　③ whatever　④ wherever　〈順天堂大〉

462 □□□
I try to see my family (　　　) I have free time.
① whenever　② whatever　③ however　④ whichever　〈獨協大〉

459 たとえあなたがどんなに遠く離れても，私たちはオンラインでいつでも会話ができます。
460 人間がコウモリの行動についてたとえどんなに多くのことを学ぶとしても，見落としてしまうことがある。つまり，それはコウモリが世界をどのように体験するかということである。
461 あなたがどこに行こうと，あなたのご両親は支援し，愛してくれるでしょう。
462 自由な時間があるときはいつも，私はできるだけ自分の家族に会うようにしています。

複合関係副詞

090 KEY POINT

459 however の用法 ― however far away you may be

W

▶ 複合関係副詞 **however は，通例，直後に形容詞・副詞を伴い「however ＋形容詞［副詞］＋ S ＋ V ...」の形で用い，「どんなに…でも」という意味の「譲歩」の副詞節**を形成する。**however は常に no matter how に置き換えられる。**

PLUS **far away**「はるか遠くに」は重要表現。

PLUS however が直接に形容詞･副詞を伴わないときは「どんなやり方で…しようとも」の意味になるが，その用例は比較的少ない。
However you go, you must get to the airport by five.
（どんな方法で行くにせよ，あなたは5時までに空港に着かなければならない）

460 however の用法 ― however much S learn about A

▶ 問題459で however は直後に形容詞･副詞を伴うと述べたが，**名詞の much「たくさん，多量，多額」は例外的に however の直後に置くことができる。**

○ 本問は，後に there is something we miss「私たちが見落とすことがある」という主節になる文が続くことから，however から始まる譲歩の副詞節 **However much S learn about A**「S が A について，たとえどれほど多く学んだとしても」の表現だと見抜く。

461 wherever の用法 ― wherever you go

▶ 複合関係副詞 **wherever は常に副詞節を導き，「①…するところはどこでも，②どこに…しようとも」の意味を表す。**

○ 本問は②の用例。譲歩的意味を表す②の場合，wherever は **no matter where** に言い換えられる。

PLUS ①の用例は以下を参照。
Go **wherever** you like. （どこでも好きなところに行きなさい）

462 whenever の用法 ― whenever I have free time

▶ 複合関係副詞 **whenever は常に副詞節を導き，「①…するときはいつでも，②いつ…しようとも」の意味を表す。**

○ 本問は①の用例。

PLUS 譲歩的意味を表す②の場合は，**no matter when** に言い換えられる。②の用例は以下を参照。
Beginners are welcome, **whenever** they (may) come.
（初心者はいつ来ても歓迎します）

459 ① **460** However much humans learn about the behavior of bats **461** ④
462 ①

第11章 接続詞

KEY POINT 091

463 □□□ Please ① help me decide ② which of the two activities to choose – going to the theater with John ③ or ④ to attend tonight's dinner dance at the hotel. 〈法政大〉

464 □□□ Makoto's long time dream has come true at last and he will represent Japan in the next Olympic Games. It is true that he was weak as a boy, (　　) he grew up to be a strong athlete.

① because　② but　③ or　④ when 〈秋田県立大〉

465 □□□ I need to mail a letter, (　　) I'll stop by the post office.

① so　② but　③ then　④ or 〈同志社大〉

466 □□□ Think success, (　　) you are more likely to succeed.

① unless　② and　③ but　④ or 〈岩手医科大〉

467 □□□ あと1日で自由の身だ。

One more day, (　　) I'll be free. 〈中央大〉

463 次の2つのうち，どちらの行動を選ぶべきか決めるのを助けてください。ジョンと劇場に行くのか，それとも今夜ホテルで開かれるディナーダンス（食後にダンスをする晩餐会）に参加するのか。

464 マコトの長きにわたる夢はついに実現し，次のオリンピック日本代表になるでしょう。なるほど彼は子どもの頃に体が弱かったが，成長してたくましいアスリートになりました。

465 私は手紙を出す必要があるので，郵便局に立ち寄ります。

466 成功を思い描きなさい。そうすれば成功する可能性が高まります。

等位接続詞

091 KEY POINT

1 文法
2 語法
3 イディオム
4 会話表現

463 等位接続詞 or の用法 ― A or B

R

► **等位接続詞の or, and, but は文法的に対等な要素を結びつける。A or [and / but] B の場合，原則として，A が動名詞表現であれば，B も動名詞表現，A が動詞表現であれば，B も動詞表現にしなければならない。等位接続詞が何と何を結んでいるのか読み取ることは，読解上きわめて重要。**

○ 本問は，A or B の A が going to the theater ... という動名詞表現なので，④ to attend を動名詞に訂正する。

PLUS **help A do ...**「A が…するのを手伝う」(→731) は重要。**which of A to choose**「A の中でどれを選ぶべきか」は問題161，162参照。

464 等位接続詞 but の用法 ― It is true that ..., but 〜

► **It is true that ..., but 〜**は「なるほど…だが，しかし〜」の意味を表す。「逆接」の等位接続詞 but を用いる定式化された表現。

465 so の用法 ― A, so B

► so には「結果」を表す接続詞用法があり，**A, so B の形で「A である，だから B ／ A なので B」の意味を形成する。**

PLUS **stop by A**「A に立ち寄る」は重要。

466 and の用法 ― 命令文 ..., and 〜

► 「**命令文 ..., and 〜**」は「…しなさい，そうすれば〜／…すれば〜」の意味を表す。

PLUS **be likely to do ...**「…しそうである」は重要表現。

PLUS 「**命令文 ..., or 〜**」が「…しなさい，さもなければ〜／…しなければ〜」の意味を表すこともここで押さえておこう。
He said to me, "**Hurry up, or** you will be late."
(「急がないと，手遅れになる」と彼は私に言った)

PLUS 「**命令文 ..., and 〜**」の変形として，「**名詞句 [副詞句], and 〜**」「…そうすれば〜／…すれば〜」の形もあることに注意。
One more step, and she would have fallen off the building.
(もう1歩進んでいれば，彼女はその建物から落ちていただろう)

467 and の用法 ― One more day, and I will be free.

○ 「**名詞句, and 〜**」「…そうすれば〜」(→466) が本問のポイント。

---

463 ④ to attend → attending **464** ② **465** ① **466** ② **467** and

468 □□□ He must have had some accident on the way, (　　　) he would have been here by now.

① and　② before　③ if　④ or　〈慶應義塾大〉

KEY POINT 092

469 □□□ Both historically and (　　　), Kyoto is the heartland of Japan.

① also its geographically　② geographically
③ in its geography　④ the geography　〈慶應義塾大〉

470 □□□ (a) She is a journalist, and not a scholar.

(b) She is (　　　) a scholar, (　　　) a journalist.　〈東京理科大〉

471 □□□ Naomi has succeeded in business (　　　) by her effort but also by luck.

① not all　② not as　③ not only　④ not so much　〈南山大〉

472 □□□ A secretary in this office must be able to speak (　　　) English or Spanish.

① both　② either　③ each　④ not only　〈獨協大〉

473 □□□ (a) Mike doesn't like coffee. He doesn't like tea, either.

(b) Mike likes (　　　) coffee (　　　) tea.　〈東京理科大〉

TARGET 44 等位接続詞を用いた相関表現

- both **A** and **B**「A も B も」→469
- not **A** but **B**「A ではなく B」= **B**, (and) not **A** →470
- not only **A** but (also) **B**「A だけでなく B もまた」→471
- either **A** or **B**「A か B かどちらか」→472
- neither **A** nor **B**「A も B も…ない」→473
  = not ... either **A** or **B**
  = not ... **A** or **B**

＊原則として A，B には文法的に対等な表現がくる。

468 彼は途中で何か事故に遭ったに違いない。さもなければ，もうここに到着しているだろうに。
469 歴史的にも地理的にも，京都は日本の中心地です。
470 彼女はジャーナリストで，学者ではありません。
471 ナオミは，彼女の努力だけでなく，幸運にも恵まれてビジネスで成功している。
472 この会社の秘書は，英語またはスペイン語のどちらかが話せなくてはいけない。
473 (a) マイクはコーヒーが好きではない。彼は紅茶も好きではない。
(b) 彼はコーヒーも紅茶も好きではない。

1 文法
2 語法
3 イディオム
4 会話表現

468 or の用法 ― 仮定法 if 節の代用

▶ **仮定法の文脈での**等位接続詞の **or「さもなければ」は前述の内容を受けて，その反対の内容を仮定する表現で用いられる**。副詞の **otherwise**（→147）と同じ意味を表す。

○ 本問の or は if he had not had some accident on the way の内容を表す。空所の後の文が仮定法の形だと見抜く。

PLUS **must have done ...**「…したに違いない」(→98) は重要。

等位接続詞を使った相関表現

092 KEY POINT

469 等位接続詞を用いた相関的表現 ― both A and B

▶ **等位接続詞 and, or, nor, but は相関的な表現を形成する。both A and B**（→ TARGET 44）は「A も B も」の意味を表す。**A と B には文法的に対等な表現**がくる。

○ 本問は，both A and B の A が副詞の historically「歴史的に」，B が同じく副詞の geographically「地理的に」になることを見抜く。

470 等位接続詞を使った相関表現 ― B, and not A = not A but B　R

▶ **B, (and) not A**（**= not A but B**）（→ TARGET 44）は「A ではなく B」の意味を表す。

471 等位接続詞を使った相関表現 ― not only A but also B　R

▶ **not only A but (also) B**（→ TARGET 44）は「A だけでなく B もまた」の意味を表す。

472 等位接続詞を使った相関表現 ― either A or B

▶ **either A or B**（→ TARGET 44）は「A か B かどちらか」の意味を表す。

473 等位接続詞を使った相関表現 ― neither A nor B　S

▶ **neither A nor B**（→ TARGET 44）は「A も B も…ない」の意味を表す。

PLUS **「否定文, either」**は「①…はまた…（し）ない／②…もまた…（し）ない」(→650) の意味を表す。(a) の第2文, **He doesn't like tea, either.** は①の用法で「彼は紅茶も好きではない」の意味を表す。neither[nor] を用いて同じ意味を表す場合は, neither[nor] を文頭に置き，後は倒置形になるので **Neither[Nor] does he like tea.** となる。(→650)

PLUS ②の用法は以下を参照。
For short stays, Canada does not require that we obtain visas to enter the country and **the U.S. doesn't, either.**
(短期滞在では，カナダは入国ビザを取ることを必要としないし，アメリカも必要としない)

468 ④ **469** ② **470** not, but **471** ③ **472** ② **473** neither, nor

KEY POINT 093

474 We thought it odd (　　) Don should be chosen the new manager.
□□□
① than　② that　③ what　④ whether　〈南山大〉

475 His assertion (　　) the molecule divides into two parts in water is accepted by most scientists.
□□□
発展↑
① how　② what　③ that　④ which　〈慶應義塾大〉

TARGET 45　名詞節を形成する接続詞 thatと関係代名詞 what　→474, 475, 476

接続詞 that と関係代名詞 what はいずれも名詞節を形成するが，次の違いがある。

- 接続詞 **that**：that 以下は完結した文。
- 関係代名詞 **what**：what 以下は名詞表現が欠落した文（what 自体が，節内で名詞の働きをするため →437）。

(1) My uncle knows (　　) I want this book.
（私のおじは私がこの本を欲しがっていることを知っている）

(2) My uncle knows (　　) I want.
（私のおじは私が欲しいものを知っている）

＊(1) は空所の後が完結した文であるため，接続詞 **that** が入る。(2) は空所の後が want の目的語が欠落した文であるため, **what** が入る。what は，節内で want の目的語として名詞の働きをしている。

474 私たちは，ドンが新しい部長に選ばれるとは奇妙だと思った。
475 その分子は水中で2つの部分に分かれるという彼の主張は，ほとんどの科学者によって受け入れられている。

名詞節を形成する接続詞

093 KEY POINT

474 名詞節を導く接続詞 that ― think it odd that S＋V ...

► **接続詞の that には，名詞節を形成し，文中で主語・目的語・補語となる用法がある。**ただし，**原則として前置詞の目的語にはならない。**

○ 本問では，that が形式目的語 it を受ける名詞節を形成している。**think it odd that S＋V ...** は「…は奇妙だと思う」の意味を表す。

✖ ③ what（×）は不可。（→ TARGET 45）

475 同格の that ― his assertion that S＋V ...

R

► **接続詞 that が導く名詞節は，名詞の後に置かれて，その具体的内容を表す場合がある。これを同格の名詞節という。**「**A＋that 節**」で「…という A」と訳出するのが原則。

PLUS すべての名詞が，同格の that 節をとるわけではない。したがって，とれる名詞をある程度覚えておくことは，英作文上きわめて重要。一般的に，that 節を目的語にとる動詞が名詞になると，そのつながりは保たれ that 節が同格となる。本問の **A's assertion that S＋V ...**「…という A の主張」も，**A assert that S＋V ...**「A は…ということを主張する」の名詞表現。

PLUS **divide into A**「A に分かれる」は重要表現。

474 ② 475 ③

1 文法 2 語法 3 イディオム 4 会話表現

476 The thought flashed through her mind (　　) she was going to die.
□□□ ① that ② which ③ whose ④ what 〈福岡大〉
発展↑

477 Physical and mental tests determine (　　) applicants will be admitted into one of the military services.
□□□ ① whether ② unless ③ that ④ how 〈慶應義塾大〉

478 He asked me (　　) I wanted to take a rest.
□□□ ① if ② that ③ unless ④ which 〈京都女子大〉

TARGET 46 同格の that 節をとる名詞

●後にthat 節をとる動詞の名詞形（「動詞＋that 節」→「名詞＋that 節」）

- demand「要求」
- assertion「主張」→475
- order「命令」
- belief「考え」
- thought「考え」→476
- hope「希望」
- suggestion「示唆，提案」
- conclusion「結論」
- supposition「仮定」
- recognition「認識」
- report「報告」
- dream「夢」
- claim「主張」
- proposal「提案」
- proposition「提案」
- request「提案」

●その他の名詞

- idea「考え」
- opinion「意見」
- impression「印象」
- fact「事実」
- possibility「可能性」
- theory「理論」
- evidence「証拠」
- news「知らせ」
- rumor「噂」
- chance「見込み」

476 自分はまもなく死ぬだろうという考えが，彼女の心にパッと浮かんだ。
477 体力検査と知能検査によって，志願者が兵役につけるかどうかが決まる。
478 彼は私に休憩をとりたいかどうか尋ねた。

1 文法
2 語法
3 イディオム
4 会話表現

476 名詞と同格の that 節が分離 − The thought ～ that S＋V …

○ 本問は，**the thought that S＋V …**「…という考え」（→475, TARGET 46）の the thought と同格の that 節が文のバランスをとる（主語が長くなるのを避ける）ために分離した形。

PLUS **flash through[across] A's mind**「A の心にパッと浮かぶ」は **strike A**，**occur to A**（→811, 882）の同意表現。

477 whether の用法 − whether 節が動詞の目的語

► **接続詞 whether と if には「…かどうか」の意味を表す名詞節を導く用法がある。** if に関しては問題21, TARGET 3参照。

○ 本問は，**S determine whether …**「S は…かどうかを決める」の構造だと見抜けるかがポイント。

PLUS **admit A into B**「A が B に入るのを許す」は重要表現。

PLUS whether 節と if 節の区別は重要。**whether 節が主語・目的語・補語・前置詞の目的語になる**のに対し，**if 節は動詞の目的語と形式主語 it を立てた場合の真主語**としてしか用いられない。以下の例を参照。

[形式主語の場合]
It is questionable **if[whether]** the story is true.
（その話が本当かどうか疑わしい）
以下のように前置詞の目的語および補語の場合には，whether 節は使えるが，if 節は使えないことに注意。
[前置詞の目的語の場合]
That depends on **whether**[if（×）] your parents agree with your plan.
（それはあなたのご両親があなたの計画に賛成なさるかどうかによって決まるのです）
[補語の場合]
The question is **whether**[if（×）] we can finish the project in time.
（問題は，私たちが時間内に計画を終わらせることができるかどうかだ）

478 if の用法 − ask A if[whether] S＋V …

○ **ask A if S＋V …**「…かどうか A に尋ねる」（＝ **ask A whether S＋V …**）が本問のポイント。

476 ①　477 ①　478 ①

479 □□□ (　　　) he is famous doesn't matter.

① Although　② If　③ Unless　④ Whether　〈日本大〉

480 □□□ I'm worried (　　　) she is happy.

① as if　② in case　③ about if　④ about whether　〈立命館大〉

KEY POINT 094

481 □□□ It is often assumed that humans differ from other creatures (　　　) they can think and speak.

① in that　② in which　③ to that　④ to which　〈立命館大〉

482 □□□ I know nothing about the old woman (　　　) that she used to be an actress.

① except　② now　③ so　④ without　〈東京理科大〉

KEY POINT 095

483 □□□ It will be a long time (　　　) I can actually go on that trip to Europe because I must save up enough money first.

① after　② before　③ that　④ when　〈慶應義塾大〉

479 彼が有名かどうかは重要ではない。
480 私は彼女が幸せかどうか心配している。
481 人間は考え，話すことができる点でほかの動物とは違うと見なされることが多い。
482 私は，その年配の女性について，彼女がかつて女優だったこと以外は何も知らない。
483 私が実際にそのヨーロッパ旅行に出かけられるのは，ずっと先のことになるだろう。というのは，まず十分な資金を貯めなければならないからだ。

479 whether の用法 ― whether 節が主語

► 問題477で述べたように，**whether 節は主語で用いられるが，if 節は用いられない**ことに注意。

PLUS 形式主語 it を立てた，**It doesn't matter if[whether] he is famous.** は if 節でも whether 節でも用いられる（→477）ことを再確認しておく。

480 whether の用法 ― whether 節が前置詞の目的語

○ 問題477で述べたように，**whether 節は前置詞の目的語として用いられるが，if 節は用いられない**ことに注意。

PLUS **be worried about** A「A について心配している」は重要。

前置詞の目的語となる that 節（in that ... / except that ...）

094 KEY POINT

481 that の用法 ― in that S＋V ...

► 問題474で，原則として that 節は前置詞の目的語にはならないと述べたが，例外的に **in that S＋V ...**「…する点で／…するので（= because）」と，**except (that) S＋V ...**「…することを除いて」の形がある。

○ 本問は，**in that S＋V ...** を問う問題。

482 that の用法 ― except that S＋V ...

○ **except (that) S＋V ...**「…することを除いて」（→481）が本問のポイント。

PLUS **in that S＋V ... の that は省略できないが，except that S＋V ... の that は省略されることがある**ことも覚えておこう。

PLUS **used to be C**「以前は C だった」は重要。（→82）

PLUS **know nothing about A except that S＋V ...**「…以外，A について何も知らない」は英作文上も重要な表現。

時を表す副詞節を形成する接続詞

095 KEY POINT

483 before の用法 ― It will be a long time before S＋V ...

► 「時間」を表す it を主語に立てた **It will be a long time before S＋V ...** は「…するのに長い時間がかかるだろう」の意味を形成する。この形は，**It is＋時間＋before S＋V ...**「…するまでに〜の時間がかかる」（→354）の構文から派生したもの。

PLUS **save (up) A** は「A（お金）を貯める」の意味を表す。

PLUS **It won't be long before S＋V ...**「…するのは遠くないだろう／まもなく…するだろう」も一緒に覚えておこう。
It won't be long before his son takes over the drugstore.
（彼の息子が薬局を引き継ぐのもそう遠くないだろう）

479 ④　480 ④　481 ①　482 ①　483 ②

484 □□□ ヘレンは，妹よりずっと前に大学を卒業しました。

Helen (from / sister / long / her / did / graduated / younger / college / before). 〈獨協大〉

---

485 □□□ 私は初めて彼を見たとき，彼を学生だと思った。

I (student / saw / time / a / the / I / took / for / him / first) him. 〈西南学院大〉

---

486 □□□ Next (　　　) I visit San Francisco, I'd like to stay at that hotel.

① case　② chance　③ hour　④ time 〈千葉商大〉

---

487 □□□ If your headache gets worse, take this medicine and stay in bed (　　　) the pain is relieved.

① until　② by　③ by the time　④ in time 〈福岡大〉

TARGET 47 time を使った接続詞

● **the first time**「初めて…するときに」→485

The first time I met her, I liked her at once.

（彼女に初めて会ったとき，すぐに好きになった）

● **(the) next time**「次に…するときに」→486

＊節内が「未来」のことであれば，the をつけない。

Next time I come, I'll bring along my children.

（今度来るときには子どもを連れてきます）

● **the last time**「最後に…するときに」

The last time I met him, he looked tired.

（最後に彼に会ったとき，彼は疲れて見えた）

● **any time**「…するときはいつでも」

Come and see me, **any time** you want to.

（来たいときにはいつでも会いに来てください）

● **every time[each time]**「…するときはいつも／…するたびに」

Every time we go on a picnic, it rains.

（私たちがピクニックに行くたびに雨が降る）

486 今度サンフランシスコを訪れたら，私はそのホテルに泊まりたい。

487 もしあなたの頭痛がひどくなるようだったら，この薬を飲んで，痛みが和らぐまでベッドに横になりなさい。

484 before の用法 ― long before S + V ...

▶ 接続詞 before を用いた **long before S + V ...** は「…するずっと以前に」の意味を表す。

○ 本問は，主節の後に long before her younger sister did をまとめられるかがポイント。did は graduated from college を表す代動詞。

PLUS **graduate from A**「A を卒業する」は重要表現。

485 接続詞としての the first time ― the first time S + V ...

▶ **the first time は接続詞**として，**the first time S + V ...** の形で「初めて…するときに」の意味を表す。

○ 本問は，**take A for B**「A を B だと思う」と **the first time S + V ...** を知っているかがポイント。主節を take A for B の表現で I took him for a student とまとめる。従節を the first time S + V ... の形で作る。

486 接続詞としての next time ― next time S + V ...

○ **(the) next time S + V ...**「次に…するときに」(→ TARGET 47) が本問のポイント。

PLUS「サンフランシスコを訪問する」のは未来の不特定の時だから，**定冠詞の the がつかないことに注意。**

487 until[till] S + V ... と by the time S + V ... の区別

▶ 接続詞 **until[till]** は「**…するまで（ずっと）**」の意味で主節動詞が表す継続した状態・動作の終了の時点を表すのに対し，接続詞 **by the time** は「**…するまでには**」の意味で主節動詞の行為の完了の期限を表すと覚えておけばよい。日本語の訳出の違いだけでも十分に判断できるはず。

○「痛みが和らぐまで」の意味だから① until を選ぶ。

1 文法 2 語法 3 イディオム 4 会話表現

---

484 graduated from college long before her younger sister did
485 took him for a student the first time I saw **486** ④ **487** ①

488 (A) you've completed this required class, you (B) be able to graduate.
□□□
① A: If　B: won't　② A: Unless　B: would
③ A: Until　B: won't　④ A: While　B: would　〈センター試験〉

KEY POINT 096

489 (　) I saw the cute puppy at the shop, I decided to buy it as my pet.
□□□
① The moment　② By the moment
③ To the moment　④ For the moment　〈名古屋工大〉

490 I had (　) entered the house when the telephone rang.
□□□
① evenly　② severely　③ hardly　④ rarely　〈上智大〉

491 (a) The girl ran away as soon as she saw the monster.
□□□
発展↑
(b) No (　) had the girl caught (　) of the monster (　) she ran away.　〈南山大〉

TARGET 48 接続詞 the moment など

as soon as「…するとすぐに」と同様の意味・用法を持つ接続詞に，以下のものがある。

- the moment →489
- the minute
- directly（英）
- the instant
- immediately

TARGET 49 ... hardly ... when ～など → 490, 491

「…するとすぐに～」の意味を表す相関表現は，以下のように整理して押さえておくとよい。

(1) ... {hardly / scarcely} ... {when / before} ～

(2) ... no sooner ... than ～

＊主節動詞（…）に過去完了，従節動詞（～）に過去形を用いて，過去の内容を表すことが多い。

＊ **hardly, scarcely, no sooner は否定語だから，文頭にくると主語と動詞は倒置形になる。**

＊なお，(1) で hardly，scarcely ではなく not を用いて，had not done ... before[when] ～の形になると，「…しないうちに～する」の意味となる。

I had **not** gone far **before** it began to rain.
（遠くまで行かないうちに雨が降りだした）

488 この必修の授業を修了するまでは，あなたは卒業することはできないでしょう。
489 お店でかわいい小犬を見たとたん，私はそれを自分のペットとして買うことに決めた。
490 その家に入るとすぐに電話が鳴った。
491 その少女は怪物を見たとたんに逃げ出した。

488 not ... until S＋V〜

R

○ 問題487で扱った **until[till]**「…するまで（ずっと）」を用いた **not ... until S＋V〜**「〜するまで…しない／〜して初めて…する」が本問のポイント。従節の until S＋V〜が not を含む主節の前に出た形だと見抜く。

Until you've completed this required class, you **won't** be able to graduate.
= You **won't** be able to graduate **until** you've completed this required class.

PLUS **until[till] は「…して，ついに〜」と前から訳出する方が自然な場合がある**ので注意。特に **until** の前にコンマがある場合や，**until** の次に **at last / eventually / finally**「ついに」などの語がある場合は，このニュアンスになる。読解において重要。
They walked on and on, **until finally** they found a little stream.
（彼らはどんどん歩いていったが，ついに小さな川の流れを見つけた）

as soon as「…するとすぐに」の同意表現

096 KEY POINT

489 接続詞の the moment － the moment S＋V ...

► **the moment は接続詞**として「…するとすぐに」の意味で用いられる。接続詞 **as soon as** と同意。

PLUS **moment は「瞬間」(= instant，minute) の意味**だが，(at) the moment (when) S＋V ...「…する瞬間に → …するとすぐに」の at と when がとれた形だと考えればわかりやすい。

490 S had hardly done ... when S′＋過去形 〜

► **... hardly ... when** 〜の形で「…するとすぐに〜」の意味を表す。

PLUS 主節の時制が過去完了の場合，hardly の位置は **S had hardly done ... when S′＋過去形〜**になることに注意。

PLUS **hardly[scarcely]**「ほとんど…ない」**のように否定を表す副詞が文頭にくると，その後が強制的に倒置**（疑問文と同じ語順）**になる**。以下の英文を参照。(→645, TARGET 49 (1))

I **had hardly[scarcely]** entered the house when[before] the telephone rang.
= **Hardly[Scarcely] had** I entered the house when[before] the telephone rang.

491 No sooner had S done ... than S′＋過去形 〜

R

○ **S had no sooner done ... than S′＋過去形〜**「…するとすぐに〜した」(→ TARGET 49 (2)) の no sooner が文頭にきた形が本問のポイント。

○ **catch sight of A**「A を見つける」は重要表現。

488 ③　489 ①　490 ③　491 sooner, sight, than

KEY POINT 097

492 □□□ A book is not always a good book just (　　) it is written by a famous writer.

① because　② for　③ since　④ though　〈センター試験〉

493 □□□ It was (　　) Mary was rich that John married her.

① since　② as　③ for　④ because　〈立命館大〉

494 □□□ 発展↑ Happy is he who expects nothing, (　　) he will never be disappointed.

① as if　② for　③ if　④ unless　〈中央大〉

KEY POINT 098

495 □□□ Helen jogs every morning (　　) she is too tired.

① despite　② without　③ whether　④ unless　〈福島大〉

492 本は，有名な作家によって書かれたからといって必ずしもよい本ではない。
493 ジョンがメアリーと結婚したのは，彼女が金持ちだったからだ。
494 幸福な者は何も期待しない者である。なぜなら，決して失望することがないからだ。
495 ひどく疲れていない限り，ヘレンは毎朝ジョギングをする。

理由を表す副詞節を形成する接続詞〈because / for〉 097 KEY POINT

492 not ... because ～ － notの否定領域がbecause節まで及ぶ場合

► **not ... because ～**の形で「**～だからといって…でない**」という意味を表す。この意味ではnotの否定の範囲がbecause以下まで及ぶのでbecauseの前にコンマを打たない。また本問のように**just / only / simply / chiefly / merely**といった程度を表す副詞を伴うことも多い。

✖ なお，これらの副詞はbecauseの前で用いることはできるが，② for（×）（→494）や③ since（×）の前で使えないことに注意。

PLUS **not ... because ～**の形で「**…でない。なぜなら～だからだ／～だから…でない**」の意味になることもある。この場合はnotの否定の範囲は主節までで，この意味ではコンマをつけるのが原則だが，下記の例文のようにない場合もある。最後は文脈で決めること。

She **doesn't** study chemistry **because** she dislikes it.
（彼女は化学が好きでないため，化学を勉強しない）

493 It is because ... that ～の強調構文

► 理由を表す接続詞の中で，**It is ... that ～の強調構文で強調できるのはbecause節だけ**であることに注意。

PLUS 「理由」を表す接続詞の中で，because節は「新情報としての理由」を表すので，強調構文にできると考えればよい。逆に，since節は「明白な理由」や「事実の前提」を表すので強調構文で強調する必要はないと考える。

It was **because** [since（×）/ as（×）/ for（×）] Mary was rich that John married her.

494 接続詞として用いる , for S＋V ...

► forには接続詞用法があり，**(,) for S ＋ V ...**の形で「というのも…だからだ」の意味を表す。通例，**コンマやセミコロンを前に置き，前文の付加的な説明や理由を述べる**場合に用いる。

条件を表す副詞節を形成する接続詞と代用表現 098 KEY POINT

495 unless S＋V ... = except when S＋V ... R

► **unless ...**は「…でない限り／…の場合は除くが」の意味を表す。**X unless Y「Yでない限りX」(X，Yは文内容）の場合には，unless YでXの内容を否定する「唯一の例外」を表す**。

PLUS **unless S ＋ V ...**の同意表現，**except when S ＋ V ...**（→589）もここで押さえておこう。

492 ① **493** ④ **494** ② **495** ④

1 文法 2 語法 3 イディオム 4 会話表現

496 □□□ 発展↑

I don't mind having you in my apartment (　　) you share the rent with me.

① providing　② unless　③ as far as　④ even if　〈上智大〉

497 □□□ 発展↑

(　　) you had one million yen, what would you do with it?

① Getting　② Supposing　③ Making　④ Providing　〈中央大〉

498 □□□

You can leave work early today on (　　) that you work late tomorrow.

① situation　② condition　③ requirement　④ promise　〈南山大〉

KEY POINT 099

499 □□□

(　　) our school's hockey team did their best, they still lost the game.

① Although　② Despite　③ However　④ Even　〈南山大〉

500 □□□

There will be times in your life when you have problems, (　　) you may be honestly maintaining a positive attitude.

① regardless　② in spite of
③ on the other hand　④ even though　〈慶應義塾大〉

501 □□□

(　　) he doesn't contact us beforehand, he will most certainly come.

① Nevertheless　② Despite　③ Even　④ Even if　〈立命館大〉

TARGET 50 動詞から派生した条件節を導く表現

以下はいずれも if「もし…ならば」の意味を表す。

- **provided** (that)
- **supposing** (that) →497
- **providing** (that) →496
- **suppose** (that)

＊(×) supposed (that) の形はない。誤答選択肢に使われることがあるので注意。

496 家賃を分担してくれるのなら，あなたを私のアパートに置いてあげてもいいですよ。
497 あなたが100万円持っていたとしたら，それで何をしますか。
498 明日遅くまで働くのならば，今日は早く退社してもいいですよ。
499 わが校のホッケーチームは最善を尽くしたが，それでも試合に負けた。
500 あなたの人生の中では，前向きな姿勢を誠実に保っていても問題を抱えてしまうような時があるでしょう。
501 彼は事前に連絡がなくても，きっと来ます。

496 if節の代用表現 ― providing S＋V ... = if S＋V ...

► **providing (that) S + V ...** は **if S + V ...** と同意で，「もし…ならば」の意味を表す。

✖ ③ as far as ...（×）は「…の範囲では」の意味（→517）で，文意が通らない。

497 if節の代用表現 ― supposing S＋V ... = if S＋V ...

○ **supposing (that) S + V ...**「もし…なら」（→ TARGET 50）が本問のポイント。

✖ ④ Providing（×）にしないこと。**Providing[Provided] that S + V ... は仮定法では用いない。**

498 if節の代用表現 ― on condition that S＋V ... = if S＋V ...

► **on (the) condition that S + V ...**「もし…ならば／…という条件で」も if 節の代用表現として押さえる。

譲歩を表す副詞節を形成する接続詞

099 KEY POINT

499 although の用法 ― but との区別

L 00

○ 空所の後に2つの文が続くことから，空所には従節を導く接続詞が入る。「チームはベストを尽くした」「（チームは）負けた」の内容から判断して，譲歩を表す接続詞の① Although「…だけれども」が入る。**although** は **though** の同意表現。

✖ ② Despite（×）は前置詞なので不可。前置詞の後に文は続かない。③ However（×）は副詞なので文と文をつなぐことはできない。

500 even though の用法 ― even if との違い

► **though / although** は「…だけれども」という意味を表す接続詞だが，**even though**（（×）even although とは言わないことに注意）になると，意味が強まり「たとえ…にしても」という意味になる。

PLUS **even if** とほぼ同意だが，**even if が「事実はどうであれ」といったニュアンスが強いのに対し，even though は「事実」を前提に使う**といった傾向がある。

501 even if の用法

○ **even if**「たとえ…だとしても／…だとしても」（→500）が本問のポイント。

PLUS **beforehand** は「前もって」（= **in advance**），**most certainly** は「きっと／絶対に間違いなく」の意味。

496 ①　497 ②　498 ②　499 ①　500 ④　501 ④

502 □□□ 発展↑
My uncle broke his promise to take us to the beach. (   ) my sister was disappointed, her face didn't show it.
① Even ② However ③ If ④ Then 〈センター試験〉

503 □□□ 発展↑
Dark (   ) it was, the group managed to find its way to the hut.
① after ② as ③ so ④ when 〈京都産業大〉

504 □□□ 発展↑
(   ) he admired her looks and manners, he had no wish to marry her.
① Many as ② Much as ③ As much ④ Whatever 〈関西外大〉

505 □□□
(   ) they agree or not, I will carry out the plan.
① Either ② However ③ Whatever ④ Whether 〈兵庫県立大〉

KEY POINT 100

506 □□□
彼は空腹だったので，皿のものを遠慮なくたいらげた。
He was (that / so / hesitate / to / didn't / he / hungry) eat everything on the plate. 〈立命館大〉

502 私のおじは私たちをビーチに連れて行ってくれるという約束を破った。私の妹はがっかりしていたとしても，彼女の表情にはそれが表れていなかった。
503 あたりは暗かったものの，そのグループはなんとか小屋にたどり着くことができた。
504 彼は彼女の容貌や態度を賞賛していたものの，彼女と結婚したい気持ちはなかった。
505 彼らが同意しようがしまいが，私はその計画を実行するつもりだ。

502 「譲歩」を表す if 節

R

► if は even if の形で「譲歩」を表すと問題501で述べたが，**if だけでも「たとえ…でも」という「譲歩」の意味を表す**ことがある。英文読解上とても重要。

PLUS 以下の文も同じ用例。
I'll finish this report **if** it takes me all day.
（丸1日かかっても，このレポートを書き終えます）

503 形容詞＋ as S＋V … の譲歩表現

R

►「**形容詞／副詞／無冠詞名詞＋ as S ＋ V …**」の形で「…だけれど」という譲歩の意味を表す。（→ TARGET 51 (5)）

PLUS as の代わりに **though** を用いることもあるので注意（although は不可）。

PLUS なお，「無冠詞名詞＋ as ＋ S ＋ V …」は入試ではまだ出題されているが，今ではほとんど使われていない。

PLUS as を用いた上記の形で，「…なので」という**理由の意味で用いられることがある**点も押さえておこう。以下の例を参照。
Good as Tom is, he is loved by his classmates.
（トムはいい人なので，級友にとても好かれている）

504 副詞＋ as ＋S＋V … の譲歩表現 － much as S＋V …

○「**副詞＋ as[though] S ＋ V …**」（→503）が本問のポイント。副詞の much「大いに，とても」が文頭にきた形。**much as[though] S ＋ V … で，「大いに…だが」の意味を表す。**

PLUS なお，（×）much although S ＋ V … の形はないことに注意。

505 副詞節を導く whether － whether … or not

► whether 節が副詞節で用いられる場合は，**whether … or not** の形で「…であろうがなかろうが」，また，**whether A or B** の形で「A であろうが B であろうが」という「譲歩」の意味を表す。
Whether we go **or** stay, the result will be the same.
（行くにしても留まるにしても，結果は同じです）

PLUS whether 節「…かどうか」が名詞節で用いられる場合もある。（→477）

接続詞を使って結果や程度を表す表現

100 KEY POINT

506 「結果」「程度」を表す so … that S＋V〜

R

► **so … that S ＋ V 〜**は「とても…なので〜（結果）／〜するほど…（程度）」の意味を表す。

○ まずは，(He was) so hungry that と作り，**hesitate to do …**「…するのをためらう」に着目し，that 節内をその否定形でまとめればよい。

502 ③　**503** ②　**504** ②　**505** ④　**506** so hungry that he didn't hesitate to

507 □□□ That waiter was (　　　) that we didn't want to complain about the poor service.

① so kindness a man　② so kindness of a man
③ such nice a man　④ such a nice man　〈青山学院大〉

508 □□□ 発展↑ 君はとても楽しい人だから何度でも来てください。

Such (the pleasure / that you / come / you give / is / cannot) too often.　〈関西大〉

509 □□□ It was ①so good milk that they ②couldn't stop drinking ③it. ④The weather was also warm.　〈早稲田大〉

510 □□□ (a) She is not too old to do any work.

(b) She is not (　　　) old (　　　) she cannot do any work.　〈小樽商大〉

507 そのウェイターはとても親切な人だったので，私たちは，お粗末なサービスについて苦情を言いたくなかった。

509 それはとてもおいしいミルクだったので，彼らは飲むのをやめることができなかった。天気もまた暖かかった。

510 彼女は何の仕事もできないほど年をとってはいない。

507 「結果」「程度」を表す such ... that S＋V〜 R

► such ... that S＋V〜も文意は「とても…なので〜（結果）／〜するほど…（程度）」で so ... that S＋V〜と同じ。

► ただし，「such＋a[an]＋(形容詞)＋名詞」の形になる（名詞が不可算名詞であれば，「such＋(形容詞)＋名詞」の形）。

✖ 本問のように，「such＋a[an]＋形容詞＋名詞＋that S＋V〜」の場合は，「so＋形容詞＋a[an]＋名詞＋that S＋V〜」と言い換えることができる（→655）。したがって，① so kindness a man（×）は，so kind a man（○）であれば可。

508 Such is S that ... ＝ S is such that ...

► S is such that ... の形で「Sは大変なものなので…／Sは…するほどのものだ」の意味を表す。S is so great that ... とほぼ同意。

► S is such that ... は Such is S that ... の倒置形になることもあるので注意。

○ 本問は，倒置形の Such is S that ... の S に the pleasure you give を立てて，that 以下は，**cannot ... too 〜**「どんなに〜しても…しすぎることはない」（→93, 94）を想定してまとめればよい。

PLUS **S is so ... that** 〜も **So ... is S that** 〜の倒置形になりうる（→654）ことも押さえておこう。
He was so excited that he couldn't speak.
= **So excited was he that** he couldn't speak.
（彼はとても興奮していたので，話もできなかった）

509 so ... that 〜か such ... that 〜か

○ **good milk** が「**形容詞＋不可算名詞**」なので，「**such＋形容詞＋名詞＋that 〜**」の形を用いなければならない。

PLUS 「so＋形容詞＋不可算名詞［複数形の可算名詞］」は原則として不可だが，**形容詞が much / many / little / few の場合は such ではなく so を用いる**ことに注意。
She goes to **so**[（×）such] **many parties** that she never has time for anything else.
（彼女はとても多くパーティーに出かけるので，ほかのことをする時間がまったくない）

510 S is not so ... that S cannot do 〜 R

► **not so ... that 〜の not は，その否定の範囲が that 節内まで及ぶ文全体の否定であり，「〜ほど…ない←とても…なので〜ということはない」の意味を表す。**この構造は英文読解上重要。

► **not too ... to do** の not も，too ... の否定ではなく文全体の否定で「**〜できないほど…ではない←とても…なので〜しないということはない**」の意味を表す。

---

507 ④ **508** is the pleasure you give that you cannot come
509 ① so good milk → such good milk **510** so, that

1 文法 2 語法 3 イディオム 4 会話表現

KEY POINT 101

511 □□□ Please send us some of your samples (　　　) we can decide what to order.

① so that　② such that　③ lest　④ for fear that　〈成城大〉

512 □□□ 発展↑ We are sending our representative (　　　) you may discuss the matter with her.

① in order that　② to order in
③ in order to　④ order as in　〈法政大〉

513 □□□ Even famous actors practice their lines all the time (fear / for / forget / might / that / they) them.　〈日本大〉

511 何を注文するのか決められるように，見本をいくつか私たちに送ってください。
512 私たちは，あなた方が彼女とその件について話し合えるように代理人を送ります。
513 有名な役者でさえ，自分のセリフを忘れるといけないので，いつもセリフの練習をしている。

接続詞を使って目的を表す表現

101 KEY POINT

511 「目的」を表す so that S can do ...

R

► **so that S can[will / may] do ...** で，「…するために」という「目的」を表す副詞節を導く用法がある。

PLUS 助動詞を否定形にすれば，「…しないために」の意味になるが，その場合 can / could は避けられることが多い。

PLUS that を省略して，**so S can ...** の形で口語的に用いられることがある。この場合は助動詞に can を用いるのが一般的。

PLUS 逆に，so that の so を省略して，**that S may do ...** の形で用いられる場合もあるが，これはかなり文語的な表現。この場合は may を用いることが多い。英文読解上押さえておこう。

PLUS **so that の前に通例コンマを置いて，「それで／その結果」という「結果」を表す用法もある**ので注意。
He overslept, **so that** he missed the first train.
（彼は寝過ごしたため，始発列車に乗り遅れた）

512 「目的」を表す in order that S may ...

► **in order that S may[can / will] do ...** は「…するために」という「目的」を表す副詞節を導く。この表現の that は省略不可。

513 for fear that S might do ...

► **for fear that S might[may / will / would / should] do ...** は「Sが…するといけないから／…する場合に備えて」の意味を表す。

PLUS **all the time**「いつも」は重要表現。

PLUS **for fear of doing ...**「…しないように」もここで押さえておこう。本問は以下のように書き換えられる。
Even famous actors practice their lines all the time **for fear of forgetting them.**

PLUS **lest S (should) do ...**「…しないように」も同意表現だが，こちらは文語的表現。
I was being extra careful **lest** I **should** make the same mistake again.
（同じ間違いをしないように十二分に注意していた）

1 文法 2 語法 3 イディオム 4 会話表現

---

511 ① **512** ① **513** for fear that they might forget

514 Write down your password (　　) you should forget it.
□□□
① in case ② in order that ③ so that ④ unless 〈中央大〉

KEY POINT 102

515 (　　) you have finished your task, you are free to go and play outside.
□□□
① Now that ② Though ③ So far as ④ For 〈獨協大〉

516 (　　) I learned how to hold the club properly, my golf game improved a lot.
□□□
① As a result ② Nevertheless ③ Once ④ Whether 〈南山大〉

KEY POINT 103

517 Japanese business people definitely work harder than Europeans (　　) the number of hours a week is concerned.
□□□
① as far as ② considering ③ given ④ if 〈立教大〉

514 忘れないように，あなたのパスワードを書き留めておきなさい。
515 これでやるべきことが終わったのだから，自由に外に遊びに行ってもいいですよ。
516 クラブの正しい握り方を覚えると，私のゴルフの試合での成績はとてもよくなった。
517 日本人実業家は，週あたりの時間数に関する限り，ヨーロッパ人よりも明らかに勤勉に働いています。

514 in case S should＋原形［現在形／過去形］ S

► **in case S＋V ...**「Sが…する場合に備えて」は，for fear that S＋V ...（→513）とほぼ同じ意味を表すが，**in case 節内で should 以外の助動詞を用いないことに注意。**

► 原則として，**in case S should＋原形［現在形］**の形で用いる。主節が過去時制であれば，**in case S＋過去形**の形で用いること。

PLUS **in case S＋V ...** で「もし…なら」という if S＋V ... と同じ意味を表す用法（アメリカ用法）があることも押さえておこう。
What shall we do **in case**[= **if**] it rains?
（もし雨が降ったら，どうしましょうか）

now (that) / once　102 KEY POINT

515 「明白な理由」を表す now that S＋V ...

► **now (that) S＋V ...** は「今や…だから」の意味を表す。「相手」もわかっている明白な理由を表す。that が省略されることもあるので注意。

✖ ④ For（×）は不可。for は前文の付加的な理由を表すが，now that のように後に続く主節の理由を表すことはない。（→494）

516 接続詞用法の once － once S＋V ...

► once には接続詞の用法があり，**once S＋V ...** で「ひとたび…すると／いったん…すると」の意味を表す。

接続詞 as[so] far as / as[so] long as　103 KEY POINT

517 as far as S is concerned － as far as と as long as の区別 W

► **as far as S is concerned** は「Sに関する限り」の意味を表す。

► **接続詞 as[so] far as は「…する限り（では）」という意味で範囲・制限を表すが，as[so] long as は時「…する間（= while）」や条件「…しさえすれば（= only if）」を表す。**

PLUS 日本語では区別がつかない場合が多いので，節の内容が，「範囲・制限」か「時・条件」なのかをはっきりとさせること。それでも判断がつきにくければ，while または if に置き換えられれば as[so] long as，置き換えられなければ，as[so] far as と考えておけばよい。as far as と as long as の区別は以下の文で確認しておこう。
As far as I know, Tom is a good man.
（私の知っている限り，トムはいい人です）
Any book will do **as long as** it is interesting.　(*as long as = only if)
（おもしろければ，どんな本でもいいです）
I'll never let you do that again **as long as** I live.　(*as long as = while)
（私は生きている限り，あなたにそんなことは二度とさせません）

514 ①　515 ①　516 ③　517 ①

518 □□□ You can play in this room (clean it up / remember / so long / to / you / as) afterwards. 〈センター試験〉

KEY POINT 104

519 □□□ I expect I shall see you (　　　) you're in Tokyo.

① during　② that　③ then　④ while 〈日本女子大〉

520 □□□ (　　　) Joe agreed with Mary for the most part, there were still some points that he could not accept.

① When　② While　③ Whether　④ Whichever 〈南山大〉

521 □□□ Some people are visual learners, (　　　) others are kinesthetic learners.

① what　② when　③ while　④ why 〈宮崎大〉

522 □□□ Human behavior is mostly a product of learning, (　　　) the behavior of an animal depends mainly on instinct.

① whereas　② so　③ unless　④ that 〈清泉女子大〉

518 後で忘れずに片づけるのであれば，この部屋で遊んでもいいです。
519 あなたが東京にいる間に会えたらと思っています。
520 ジョーは，ほとんどの点でメアリーに同意したが，それでもなお受け入れられない点がいくつかあった。
521 目で見て学習する人もいるが，実際にやってみて学ぶ人もいる。
522 人間の行動はほとんどが学習の産物だが，その一方で動物の行動は主に本能に基づいている。

518 「条件」の so long as S＋V ... = only if S＋V ...

○ **so[as] long as** (→517) が本問のポイント。節内は **remember to do ...**「…することを覚えている／忘れずに…する」(→712) を想定してまとめること。

PLUS **clean A up / clean up A**「Aをきれいにする」は重要表現。Aが名詞の場合は，clean A up，clean up Aのどちらでもよいが，**Aが代名詞**の場合は「**他動詞＋代名詞＋副詞**」の語順になる。(→659)

接続詞 while / whereas

104 KEY POINT

519 「期間」を表す while S＋V ...

► 接続詞 **while** は **while S＋V ...** で「…している間に」の意味を表す。

✖ ① during は前置詞なので，節を作ることはできない。

520 「譲歩」を表す while S＋V ...

R

► 接続詞 **while** は，「…する間に」の意味以外に，**「…だけれども (=though)」という「譲歩」を表す用法がある**。この用法の while 節は主節の前に置く。

✖ ① When は不可。when は「譲歩」を表す用法もあるが，主として何か理屈に合わないことを指摘するための事実を言うのに使い，驚きや異議を表す。

PLUS 接続詞 when の「譲歩」を表す用法は以下の例文を参照。この用法は読解上重要。
Tom threatened to leave **when** he had no intention of leaving.
（トムは去るつもりが全然ないのに，去るぞと言って脅した）

PLUS 接続詞 **while** には「**…，だが一方〜**」という「**対比**」を表す用法もある。
While Tom is shy, his wife is sociable.（トムは引っ込み思案であるのに対し，彼の妻は社交的だ）

521 「対比」を表す while S＋V ...

○「対比」の **while**「…，だが一方〜」(→520) が本問のポイント。「対比」を表す while 節は，本問のように主節の後でも用いられるが，問題520で触れた例文のように主節の前でも用いられる。主節の前で用いられる場合は，問題520で扱った「譲歩」を表す用法と区別がしづらいこともある。最後は文脈で決まる。

PLUS **Some ... while others** 〜は「…する人もいるが，〜する人もいる」の意味を表す (→382)。

PLUS kinesthetic は「運動感覚」の意味。kinesthetic learners「行動で学ぶ人」は visual learners「視覚で学ぶ人」との対比で用いられている。

522 「対比」を表す whereas S＋V ...

R

► 接続詞 **whereas にも**，while 同様，「**…，だが一方〜**」という「**対比**」を表す用法がある。

518 so long as you remember to clean it up **519** ④ **520** ② **521** ③ **522** ①

KEY POINT 105

523 We do not necessarily grow wiser (　　　) we grow older.
□□□ ① as　② before　③ than　④ that　〈東京理科大〉

524 It began to rain heavily (　　　) we got to the gate.
□□□ ① now as　② just as　③ just now　④ right now　〈京都産業大〉

525 Literature (　　　) we understand it should be interesting to anyone.
□□□ ① as　② but　③ that　④ what　〈東京理科大〉

526 Why didn't you catch the last bus (　　　) I told you to?
□□□ ① as　② for　③ so　④ that　〈上智大〉

TARGET 51　接続詞の as の用法

(1) 原因・理由の as「…なので」

Let's go by car, **as** I have a car.（車があるから，車で行きましょう）

(2) 様態の as「…するように／…する通りに」→526, 528

He sang **as** she did. = He sang **the way** she did.
（彼は彼女の歌う通りに歌った）

＊このas はthe way でも表現できることも押さえておきたい。→527

(3) 比例の as「…するにつれて／…するにしたがって」→523

As one grows older, one becomes wiser.（人は年をとるにつれて，賢くなる）

(4) 時の as「…するとき／…しながら／…したとたんに」→524

He went out just **as** I came in.（ちょうど私が入ってきたとき，彼は出て行った）

＊when やwhile よりも同時性が強い。

(5) 譲歩の as「…だけれども」

Tired **as** he was, he went on working.（疲れていたけれども，彼は働き続けた）

＊譲歩を表すのは，「形容詞／副詞／無冠詞名詞＋as ＋S ＋V …」の形の場合に限られる。
→503, 504

(6) 限定の as「…するような」→525

Language **as** we know it is a human invention.
（私たちの知っているような言語は人間が創り出したものです）

＊直前の名詞の意味を限定する。it は language を受ける。

523 私たちは必ずしも年をとるにつれて賢くなるわけではない。
524 私たちがちょうど門までたどり着いたときに激しい雨が降り始めた。
525 私たちが理解しているような文学は，誰にとってもおもしろいはずだ。
526 私が言ったように，なぜ最終のバスに乗らなかったのですか。

接続詞 as

105 KEY POINT

523 「比例」を表す as S＋V ...

R

▶ 接続詞 as には多様な用法があるが，**as S ＋ V ... で「…するにつれて」という「比例」の意味を表す用法がある。**本問のように，節内に比較級があれば，「比例」の用法とほぼ断定できる。

PLUS **not necessarily**「必ずしも…ない」は部分否定。(→665)

524 「時」を表す just as S＋V ...

▶ 接続詞 as には，**(just) as S ＋ V ... で「(ちょうど) …するとき」**(→ TARGET 51 (4)) **という「時」の意味を表す用法がある。**

525 直前の名詞を限定する as － A as S＋V ...

▶ **as には，A (名詞) as S ＋ V ... の形で，as S ＋ V ... が直前の名詞を限定し，「…するような A」**(→ TARGET 51(6)) **の意味を表す用法がある。**it は literature を受ける。

526 「様態」を表す as S＋V ...

▶ **as には as S ＋ V ... で「…するように／…する通りに」**(→ TARGET 51 (2)) **という「様態」の意味を表す用法がある。**

PLUS to は代不定詞 (→190)。to (catch the last bus) と考える。

523 ① 524 ② 525 ① 526 ①

1 文法 2 語法 3 イディオム 4 会話表現

527 □□□ You should do it just (　　　) I told you.
① as the way　② for the way　③ on the way　④ the way　〈東京薬科大〉

528 □□□ 発展↑ You (it / must / is / as / life / take).　〈慶應義塾大〉

527 あなたはただ私が言った通りにそれをすべきです。
528 人生をありのままに受け入れなさい。

527 the way S＋V ... = as S＋V ...

► **「様態」の as S ＋ V ...「…するように」は the way S ＋ V ...「…するように」でも表現できる**（→ TARGET 51 (2)）。**in the way S ＋ V ...**「…するように←…するやり方で」の in が省略されたと考えればわかりやすい。

PLUS **the way S ＋ V ... が，名詞節で用いられる場合は，「…する仕方［方法／様子］」の意味を表す**こともここで確認しておこう。（→428, 430）

From **the way they look,** I would say that they failed.

（彼らの顔つきからして，まあ失敗したのでしょう）

PLUS アメリカ用法では，**like ＋ S ＋ V ...** の形で「…のように」という，as や the way と同じ意味を形成する場合があることも押さえておこう。

Do it **like**[= as / the way] I told you. （私が言ったとおりにそれをしなさい）

528 as S＋be 動詞 − as it is

► **「as S ＋ be 動詞」で「そのままに／あるがままに」の意味を表す**。「様態」の as の用法の1つで，通例，文尾や目的語の後で用いられる。

○ 本問は，You must take life の後に as it(= life) is を作れるかがポイント。

527 ④ 528 must take life as it is

1 文法 2 語法 3 イディオム 4 会話表現

RW **英文読解問題**・**英作文問題** に挑戦！ **3**

第 8 章 比較～第 11 章 接続詞

問題

01 アメリカには日本の倍の人が住んでいる。 〈学習院大〉

02 尊敬される教師になるためには，知識よりもむしろ豊富な経験が必要だとよく言われます。 〈群馬大〉

03 Our expressions are less a mirror of what's going on inside than a signal we're sending about what we want to happen next. 〈一橋大〉

04 The denser the medium, the faster the molecules shake as the sound wave goes through it. 〈大阪大〉

05 This, to my mind, makes it all the more surprising that many of us have found it hard to swallow the idea that birds may be bright in ways we can't imagine. 〈東京大〉

01 倍数表現 ― twice as ＋原級＋ as A (➔275)

○「アメリカには日本の倍の人が住んでいる」は「アメリカは日本の2倍多くの人口を持つ」と考える。まず，The Unites States has a large population. という文を想定し，その文に倍数表現の twice as ＋原級＋ as A「A の2倍～」を組み入れて，The United States has twice as large a population as Japan (has[does]). と表現できる。なお，as[so / too / how] ＋形容詞＋ a[an] ＋名詞の語順に注意すること (➔655)。

02 not so much A as B = B rather than A (➔282)

○「(あなたは豊富な) 知識よりもむしろ豊富な経験が必要だ」は，A と B が文法的に共通なものになる not so much A as B「A というよりむしろ B」を用いて，you need to have not so much (lots of) knowledge as lots of experience と表現できる。「…だとよく言われます」は, it is often said that S + V ...,「尊敬される教師になるためには」は，in order to do ...「…するために」(➔182) と respect A as B「A を B として尊敬する」を受動態として用いて in order to be respected as a teacher と表現できる。

03 less A than B = more B than A (➔297, 298)

○本問は，less A than B「A というよりむしろ B」が用いられていて，Our expressions are less

Hint

03 **go on**「起こる（= happen）」，**send a signal**「合図を送る」
04 **dense**「密集した」，**fast**「速く」，**sound wave**「音波」，**go through A**「A を通り抜ける」
05 **to my mind**「私の意見では（= in my opinion）」，**swallow A**「A を飲み込む／ A を簡単に信じる」，**bright**「頭のよい／利口な」

A than B「私たちの表情は A というよりむしろ B だ」の構造となっていることに気づくこと。A の箇所の a mirror of what's going on inside「内面で起こっていることを映し出す鏡」，B の箇所の a signal we're sending about what we want to happen next は「次に起こってほしいと思っていることについて私たちが送っている合図」の意味を表す。a signal (which / that) we are sending は目的格関係代名詞 which[that] が省略されている（➔415）。what we want to happen next の what は節内で want の目的語となっている関係代名詞（➔437）。

04 the 比較級 ..., the 比較級〜 （➔305）

○ 本問は，the 比較級 …, the 比較級 〜「…すればするほど，ますます〜」の構造だと見抜く。この構造の場合，主語と補語を結ぶ be 動詞が省略されることがあるが，従節の The denser the medium も，The denser the medium is の is が省略された形で「媒体の密度が高ければ高いほど」の意味を表す。主節の the faster the molecules shake は「分子がそれだけより速く振動する」の意味を表す。as the sound wave goes through it の as は「時」を表す接続詞で，as S + V ... で「…するとき」の意味を表す（➔524）。なお，it は the medium「媒体」を表す。

05 all the ＋比較級＋ because S ＋ V ... （➔306）

○ 本問の This makes it all the more surprising that ... は，S make O C「S のために O は C になる←S は O を C にする」の第5文型の形であり，目的語の it は形式目的語で補語の all the more surprising の後の that 節を指す。all the more surprising は all the ＋比較級＋ because S ＋ V ... の表現だが，本問では because 節の内容を主語の This が担っている。したがって，「このことによって…ということが（私には）よりいっそう驚くべきことだ（と思われる）」という意味を表す。that 節内の many of us have found it hard to swallow the idea は，形式目的語の it（➔349）を用いた find it hard to do ...「…するのが難しいとわかる」の表現となっており，「私たちの多くがその考えを受け入れるのは難しいと思ってきたこと」の意味を表す。the idea の後の that は同格の名詞節を導く接続詞の that（➔475）。in ways we can't imagine は，ways S ＋ V ...「…する点［仕方］」（➔428）から「私たちが想像もできない点で」の意味を表す。

解答例

01 **The United States has twice as large a population as Japan (has / does).**

02 **It is often said that you need to have not so much (lots of) knowledge as lots of experience (in order) to be respected as a teacher.**

03 **私たちの表情は，内面で起こっていることを映し出す鏡というより，次に起こってほしいと思っていることについて私たちが送っている合図なのです。**

04 **媒体の密度が高ければ高いほど，音波が媒体を通り抜けていくときに分子がより速く振動する。**

05 **私の考えでは，このことによって鳥が私たちには想像もつかない点で頭がよいかもしれないという考えを私たちの多くが受け入れるのは難しいと思ってきたことが，よりいっそう驚くべきことだと思われる。**

問題

06 Time is a powerful force, he says, and one that perpetually revises our values, personalities, and preferences in everything from music and the places we would like to go to friendship. 〈東京大〉

07 大切なことは，これらすべての問いのそれぞれが難問ですぐ答えが出てこないということだ。 〈神戸大〉

08 For a long time, scientists assumed that chimpanzee communication had nothing to do with human communication because the chimps' grunts and screams bear little resemblance to human speech. 〈神戸大〉

09 Loneliness is emotionally and even physically painful, born from a lack of warmth in early childhood, when we need it most. 〈東京大〉

10 Douglas put seven questions to Lincoln, all of which would have made no sense if the audience had not been familiar with the key issues of the day. 〈鳥取大〉

06 「a[an]＋可算名詞の単数形」を指す代名詞の one (➔339)

○ 本問の one は a force を指す。one の後の that は主格の関係代名詞 (➔407) で，one that perpetually revises our values, personalities, and preferences は，one that revises A, B, and C「AやBやCを修正する力」の構造となっている。in everything 以下は，preferences「好み」を修飾する形容詞句。preferences in everything from A to B「AからBに至るまですべてのものにおける好み」の構造だと見抜く。A は，music and the places we would like to go「音楽や私たちが行きたい場所」，B は friendship「友情」となっている。

07 each の用法 ― each of A (➔367)

○ 主語となる「これらすべての問いのそれぞれ」は，each of A「Aのそれぞれ［めいめい］」を用いて each of these questions と表現できる。「難問ですぐ答えが出てこない」は「(Sは) とても難しいので簡単に答えを見つけることができない」と考え，so ... that ～「とても…なので～」(➔506) を用いて，(each of these questions) is so difficult that you cannot find the answers easily と表現できる。「大切なことは…ということだ」は関係代名詞の what (➔437) を用いて，

Hint

06 **powerful force**「強大な力」，**perpetually**「絶え間なく／永久に」，**values**「価値観」，**personality**「人格」

08 **for a long time**「長い間」，**chimpanzee communication**「チンパンジーのコミュニケーション」，**human communication**「人間のコミュニケーション」，**chimps' grunts and screams**「チンパンジーの鳴き声と叫び声」

09 **loneliness**「孤独」，**emotionally**「感情的に」，**physically**「身体的に」

10 **put a question to A**「Aに質問をする (= ask A a question)」，**key**「重要な」，**the day**「当時」

1 文法
2 語法

What is important is that S + V ... と表現すればよい。

08 nothing を用いた定型表現 ― have nothing to do with A (➔392)

○ S assumed that 節は「S は…だと思い込んでいた」の意味を表す。that 節内は have nothing to do with A「A と何の関係もない」を用いた表現。because 節内は，bear resemblance to A「A に似ている (= resemble A)」の否定表現 bear little resemblance to A「A とほとんど似ていない」が用いられている。

09 関係副詞の when (➔427)

○ 本問が, S is painful, born from A「S は苦痛であり A から生じる」の構造となっていることを見抜く。born from A の born from a lack of warmth in early childhood は, a lack of A「A が欠けていること」の表現から，「幼少の頃に心の温かさが欠けていることから生じる」の意味を表す。, when we need it (= warmth) most「心の温かさを最も必要とする」は関係副詞 when から始まる関係副詞節で，先行詞は early childhood。なお，when は非制限用法の関係副詞となっていることに注意すること。

10 関係代名詞 which の非制限用法 (➔431)

○ 本問の which は，非制限用法の関係代名詞。seven questions が先行詞で，all of which がワンセットとなって (➔432) 節内の主語となっている。all of which would have made no sense if ... は，仮定法過去完了の形となっていて (➔114)，make sense「意味がわかる」を知っていれば，「…なら, それらの質問のすべてがまったく意味を成さなかっただろう」の意味だとわかる。if 節は，be familiar with A「A をよく知っている」，the key issues of the day「当時の重要な問題」から，「もし聴衆が当時の重要な問題をよく知らなかったならば」の意味を表す。

解答例

06 **時は強大な力であり，私たちの価値観や人格，そして音楽や行きたい場所から友情に至るまですべてのものにおける好みを絶えず修正する力であると彼は言う。**

07 **What is important is that each of these questions is so difficult that you cannot find the answers easily.**

08 **長い間，科学者たちは，チンパンジーの鳴き声や叫び声が人間の話し声とはほとんど似ていないため，チンパンジーのコミュニケーションは人間のコミュニケーションとは何の関係もないと考えていた。**

09 **孤独は感情的に，さらには身体的にですら苦痛であり，心の温かさを最も必要とする幼少の頃にそれが欠けていることから生じる。**

10 **ダグラスはリンカーンに 7 つの質問をしたが，もし聴衆が当時の重要な問題をよく知らなかったならば，それらの質問のすべてがまったく意味を成さなかっただろう。**

問題

11 What we hold to be true is constantly open to being tested, which makes the truths that pass the test more reliable. 〈東北大〉

12 The star's presence in a film is a promise of what you will see if you go to see the film. 〈東京大〉

13 その蝶たちが食べる唯一の植物はトウワタ (milkweed) と呼ばれているものらしいよ。 〈同志社大〉

14 According to multiple studies, most people who start exercising do not lose as much weight as would be expected, given their increased energy usage. 〈日本女子大〉

15 Survey after survey shows that 30-70 percent of consumers want to buy greener, healthier, more socially responsible products, but there is a massive gap between what consumers say they care about and what they actually buy. 〈一橋大〉

11 which の用法 ― 前文全体が先行詞 (➔434)

○ 本問の前半は，S is open to being tested の構造であり，be open to A「A に開かれている／A を受け入れる用意がある」，受動態の動名詞 being tested「検証されること」(➔207)から，「S は検証されることにさらされている」の意味を表す。主語の What we hold to be true は，節内で hold の目的語となる関係代名詞 what を用いた名詞節で，hold O to be C「O を C だと見なす」から，「私たちが真実だと見なしていること」の意味を表す。, which (= , and that) は前文を先行詞とする非制限用法の関係代名詞で，節内で主語となっている。構造は S makes O more reliable「S によって O はもっと信頼できるものになる」の第5文型の形になっていることを見抜く。目的語の the truths that pass the test「検証を受けた真実←検査を通る真実」の that は主格関係代名詞 (➔407)。

12 関係代名詞 what の用法 (➔437)

○ 主語は，The star's presence in a film「映画におけるスターの存在」，is の後の補語が，a promise of A「A を約束［保証］するもの」となっている。前置詞 of の目的語の A は，関係代名詞 what を

Hint

11 **constantly**「常に」

12 **go to see the film**「その映画を見に行く」

14 **according to A**「A によれば」，**multiple studies**「複数の研究」，**increased**「増加した」，**energy usage**「エネルギー消費量」

15 **green**「環境に優しい」，**massive**「巨大な／かなりの」，**gap**「隔たり」

用いた what you will see「あなたが見ることになるもの」となっている。what は節内で see の目的語。

13 what を用いた慣用表現 ― what is called C (➔443)

○「…らしい」は I hear that S + V ..., It seems that S + V ..., It is said that S + V ... などで表現できる。主語の「その蝶たちが食べる唯一の植物」は関係代名詞を用いて the only plant (that) the butterflies eat とすればよい。is でつないだ後の補語は what is called C「いわゆる C → C と呼ばれているもの」と表現できる。

14 先行詞に as がついた場合に用いる関係代名詞 as (➔448)

○ 主語は，主格関係代名詞 who (➔406) を用いた most people who start exercising「運動を始める大半の人々」，述語は do not lose as much weight as would be expected だが，2つ目の as は主格の関係代名詞。先行詞は as much weight で「期待されるほど多くの体重を落とさない」の意味を表す。given their increased energy usage は，慣用的な分詞構文 given A「A を考慮に入れると」(➔265) の形となっており，「エネルギー消費量が増加することを考慮すれば」の意味を表す。

15 連鎖関係代名詞節 ― what S say S′ care about (➔445)

○ A after A は「反復」を表す表現で，Survey after survey shows that S + V ... は「何度も行われた調査から…ということが明らかになる」の意味を表す。greener, healthier, more socially responsible products は「より環境に優しく，より健康によく，社会的により責任のある製品」の意味。but 以下は，there is a massive gap between A and B「A と B には大きな隔たりがある」の構造となっており，A と B はともに関係代名詞 what を用いた名詞節となっている。A は，what they[= consumers] care about「消費者が気にしていること」に consumers say が入った連鎖関係代名詞節の what consumers say they care about「消費者が気にしていると言っていること」となっている。B は what they actually buy「彼らが実際に買うもの」。

解答例

11 **私たちが真実だと見なしていることは常に検証されることにさらされており，そのことによって，検証を受けた真実はより信頼できるものになる。**

12 **映画におけるスターの存在は，もしその映画を見に行けば見ることになるものを約束するものである。**

13 **I hear[It seems / It is said] that the only plant (that) the butterflies eat is what is called milkweed.**

14 **複数の研究によると，運動を始める大部分の人々は，エネルギー消費量が増加することを考慮すれば期待されるほどには体重を落とさない。**

15 **何度も行われた調査から，消費者の 30 パーセントから 70 パーセントはより環境に優しく，より健康によく，社会的により責任のある製品を購入したいと思っていることが明らかになっているが，消費者が気にしていると言っていることと，実際に購入する物との間には大きな隔たりがある。**

問題

16 In the end, the key may be to be mindful of not over-emphasising any single meal, but rather looking at how we eat all day long. 〈東京医科歯科大〉

17 In the study referred to above, the adults were not only asked to recall memories, but were also asked to describe things that they knew had happened to them, but could not actually remember. 〈東北大〉

18 There are many proposed solutions, such as changing the way we make concrete, creating sustainable alternatives or doing away with it altogether. 〈東京医科歯科大〉

16 等位接続詞を使った相関表現 ― not A but B (➔470)

○ 本問は，the key may be to be mindful of not doing ... but rather doing ～の構造となっている。the key「重要なこと」，be mindful of A「Aに注意を払う／Aに気をつける」，not A but (rather) B「Aではなく（むしろ）B」から，「重要なのは…することではなく，むしろ～することに注意を払うことかもしれない」の意味を表す。前の doing ... にあたる over-emphasising any single meal は，over(-)emphasise[over(-)emphasize] A「Aを強調しすぎる」から，「何であれ（どれか）一つの食事を強調しすぎること」の意味を表し，後の doing ～にあたる looking at how we eat all day long は，look at A「Aを調べる／Aを考察する」，all day long「一日（中），終日」から「一日にどのような食事をするのかを調べること」の意味を表す。

16 **in the end**「結局」

17 **refer to A**「Aに言及する」，**in the study referred to above**「上記で言及された研究で」，**happen to A**
が）Aの身に起こる」

18 **many proposed solutions**「提案された多くの解決策」，**A such as B**「BのようなA」

17 等位接続詞を使った相関表現 ― not only A but also B (➔471)

○ 本問の S were not only asked to do ..., but were also asked to do ～「S は…するように求められただけでなく～するようにも求められた」の構造は2つの be asked to do ...「…するように求められる」(➔744) に not only A but also B「A だけではなく B もまた」が組み込まれた形となっている。to do ... の to recall memories は「記憶を思い起こすように」, to do ～の to describe things は「事柄を描写するように」の意味を表す。things that they knew had happened to them but could not actually remember における前半の that they knew had happened to them は連鎖関係代名詞節 (➔444) で, had happened to them「彼らに起こった」の主語である things を指す主格の関係代名詞 that が, they knew を飛び越えた形。後半の but 以下も things を修飾する関係代名詞節となっており,「(彼らに) 起こったことはわかっているが, 実際に思い出すことができない事柄」の意味を表す。

18 等位接続詞 or の用法 ― A, B or C (➔463)

○ 等位接続詞の or は文法的に対等な要素を結びつけるが, 対等な要素が3つの場合は A, B (,) or C と表現できる。本問は, There are many proposed solutions, such as A, B or C.「A とか B とか, あるいは C といった多くの解決策が提案されている」の構造となっている。A の changing the way we make concrete は, the way S + V ...「…する仕方 [方法]」(➔428) の表現が用いられており,「コンクリートの製造方法を変えること」の意味を表す。B の creating sustainable alternatives は, alternative「代わりのもの／代替物」を知っていれば,「持続可能な代替物を創り出すこと」と訳せる。C の doing away with it (= concrete) altogether は, do away with A「A を廃止する (= abolish A)」(➔1112), altogether「完全に」から,「それを完全にやめてしまうこと」の意味を表す。

解答例

16 結局, 重要なのは, 何であれどれか一つの食事を強調しすぎるのではなく, むしろ一日にどのような食事をするのか調べることに注意を払うことかもしれない。

17 上述の研究において, 大人たちは記憶を思い起こすように求められただけではなく, 起こったことはわかっているが実際には思い出すことができない事柄を説明するように求められた。

18 コンクリートの製造方法を変えるとか, 持続可能な代替物を創り出すとか, あるいはコンクリートの使用を完全にやめてしまうといった多くの解決策が提案されている。

問題

19 ほとんどの能力の点で，私たち人間は他の動物よりも優れてもいないし劣ってもいない。〈岩手大〉

20 The practical concern with ecology is based on the real possibility that we are disturbing the world in dangerous ways and that our understanding and knowledge are inadequate. 〈宮崎大〉

21 If a book told you something when you were fifteen, it will tell it to you again when you're fifty, though you may understand it so differently that it seems you're reading a whole new book. 〈東京都立大〉

22 This also meant that Europeans got to write history the way they wanted it to be read. 〈東京工大〉

19 等位接続詞を使った相関表現 － neither A nor B (➔473)

○「ほとんどの能力の点で」は，群前置詞 in terms of A「A の点から」(➔1493) を用いて，in terms of almost every capacity と表現できる。「私たち人間は他の動物よりも優れていないし劣ってもいない」は，ラテン比較級の be superior to A「A よりも優れている」(➔326)，be inferior to A「A よりも劣っている」(➔TARGET 29) の表現に neither A nor B「A も B も…ない」を組み込んで，We human beings are neither superior nor inferior to other animals. と表現できる。

20 同格の that － the real possibility that S＋V ... and that S＋V ～ (➔475)

○ The practical concern with ecology is based on the real possibility は，concern「懸念」，ecology「生態環境／生態（系）」，be based on A「A に基づいている」から，「生態環境に関する実質的な懸念は現実的な可能性に基づいている」の意味を表す。the real possibility の後に，その具体的な内容を説明する2つの同格の that 節が and で結ばれている。最初の that 節の that we are disturbing the world in dangerous ways は，disturb A「A をかき乱す」から，「私たちが危険な仕方で世界をかき乱している（という）」，次の that 節の that our understanding and knowledge are inadequate は，understanding「理解」，inadequate「不十分な」から，「私たちの理解や知識が不十分である（という）」の意味を表す。

Hint

20 **practical**「実質的な／現実的な」，**possibility**「可能性」

21 **whole**「完全に／まったく」

21 「結果」「程度」を表す so ... that S + V ～ (➔506)

○ 主節の it (= the book) will tell it (= something) to you again when you're fifty, は2つの it が指すものを理解すれば，「(あなたが) 50歳のときに，その本はもう一度それを教えてくれるだろう」と訳せる。though 以下の you may understand it so differently that it seems you're reading a whole new book は，「結果」「程度」を表す so ... that S + V ～「とても…なので～（結果）／～するほど…（程度）」の表現となっている。「結果」「程度」どちらで訳してもよいが，本問の場合は「程度」の方がよいだろう。it seems (that) S + V ...「…のように思われる」，a whole new book「まったく新しい本」から，「まったく新しい本を読んでいるように思えるほど，(あなたは) それに対してまったく異なる理解の仕方をするかもしれない」の意味を表す。

22 the way S + V ... = as S + V ... (➔527)

○ This also meant that Europeans got to write history は，S mean that S′ + V′ ...「S は…ということを意味する」，Europeans「ヨーロッパの人々（= European people)」，get to do ...「…できる (ようになる)」の表現から，「このことはまた，ヨーロッパ人が歴史を書くことができるようになったということを意味していた」の意味を表す。the way they (= Europeans) wanted it (= history) to be read は，直前の Europeans got to write history を修飾するが，the way S + V ...「…するように」(= as S + V ...) の表現が用いられている。want A (to be) done「A を…してもらいたい」(➔ 249) の表現から，「彼らが歴史を読んでもらいたいように」の意味を表す。

解答例

19 **We human beings are neither superior nor inferior to other animals in terms of almost every capacity.**

20 **生態環境に関する実質的な懸念は，私たちが危険な仕方で世界をかき乱していて，私たちの理解や知識が不十分であるという現実的な可能性に基づいている。**

21 **15 歳のときにある本が何かを教えてくれたとして，50 歳のときにその本はまたそれを教えてくれるだろう。だが，まったく新しい本を読んでいるように思えるほど，それに対してまったく異なる理解の仕方をするかもしれない。**

22 **このことはまた，ヨーロッパ人が歴史を読んでもらいたいように書くことができるようになったということを意味していた。**

第12章 前置詞

KEY POINT 106

529 □□□ He had to leave (　　　) a quarter to seven this morning to catch the train.

① on　② at　③ in　④ during 〈法政大〉

530 □□□ My family ①gathers together at a resort ②in the mountains ③every year ④in New Year's Day. 〈早稲田大〉

531 □□□ Our company began ①dealing in large ②volume in farm ③produce with her company ④in the morning of September 1st. 〈法政大〉

532 □□□ ①Late one evening ②on the end of May ③a middle-aged man ④was walking home from the next village. 〈早稲田大〉

TARGET 52 時を表す in / on / at

(1) in ―「**幅のある期間**（年／季節／月）」に用いる。

- **in** 2003「2003年に」
- **in** July「7月に」
- **in** (the) spring「春に」

(2) on ―「**日**（曜日／日付）」に用いる。

- **on** Tuesday「火曜日に」
- **on** September 10(th)「9月10日に」→530

(3) at ―「**時の1点**（時刻／時点）」に用いる。→529, 532

- **at** seven o'clock「7時に」

＊不特定で一般的な朝・午後・夜などを morning, afternoon, evening で表す場合は, in the morning / in the afternoon / in the evening など **in** を用いる。

＊他方, 特定の朝・午後・夜などや形容詞で修飾する場合には, 例えば on the morning of June 25th / on a cold morning などのように **on** を用いる。→531

＊ night の場合は, 不特定で一般的な「夜」なら at night を用いるが, cold などの形容詞で修飾する場合には on a cold night と表現する。

529 彼は列車に間に合うため, 今朝7時15分前に出発しなければならなかった。
530 私の家族は毎年元日には山あいのリゾート地に集まる。
531 9月1日の朝, 私たちの会社は, 彼女の会社と農産物の大量の取引を始めた。
532 5月の終わりのある晩遅くに, 中年の男が隣の村から家へ歩いていた。

時を表す前置詞

106 KEY POINT

529 at の用法 ―「時刻」を表す場合

▶「時刻」を表す場合は，**at a quarter to seven**「7時15分前に」のように **at** を用いる。(→ TARGET 52 (3))

530 on の用法 ―「日」を表す場合

S

▶「日」を示す場合は **on New Year's Day**「元日に」のように **on** を用いる。(→ TARGET 52 (2))

531 on の用法 ―「特定の朝」を表す場合

▶ **morning / afternoon / evening / night が前置詞句で限定されている場合は，on を用いる。**

○ 本問は，morning が of September 1st で限定されているので，**on the morning of September 1st**「9月1日の朝」と表現する。

PLUS **morning / afternoon / evening / night が形容詞で修飾される場合も on を用いる**(→ TARGET 52)。**on Sunday morning**「日曜日の朝に」, **on a quiet afternoon**「静かな午後に」, **on Monday evening**「月曜の晩に」, **on a cold night**「寒い夜に」で覚えておこう。

532 at の用法 ―「時の 1 点」を表す場合

▶ **at** は「時点」を表すので「A の終わりに」は **at the end of A** で表す。(→ TARGET 52 (3))

○ 本問は，② on the end of May を at the end of May と修正する。

1 文法 2 語法 3 イディオム 4 会話表現

529 ②　**530** ④ in New Year's Day → on New Year's Day　**531** ④ in → on
532 ② on the end of May → at the end of May

533 □□□ (　　) noon the mist began to lift, and the sun appeared.

① On　② Over　③ To　④ Toward　〈名古屋女子大〉

534 □□□ He wanted to see his boss in Tokyo (　　) leaving for America.

① during　② before　③ after　④ ever　〈中央大〉

535 □□□ (　　) four years in Greece, Taro longed for the familiar sights of Kyoto.

① After　② As　③ By　④ Since　〈センター試験〉

536 □□□ I will continue analyzing this data (　　) the end of this academic year.

① by　② for　③ till　④ within　〈青山学院大〉

537 □□□ ① Our supervisor told us ② that we had ③ to finish the report completely ④ until tomorrow.　〈慶應義塾大〉

538 □□□ Although his schedule was very tight, he visited some old temples in Kyoto (　　) his brief stay in Japan.

① at　② during　③ on　④ while　〈中央大〉

533 昼頃に霧は晴れ始め，太陽が姿を現した。
534 彼は，アメリカに出発する前に，東京で上司と会いたかった。
535 ギリシャに4年間暮らして，タロウは京都の見慣れた光景を恋しく思った。
536 私はこの学年の終わりまで，このデータの分析を続けるつもりです。
537 私たちの指導教官は，レポートを明日までにすべて仕上げなければならないと言った。
538 彼は，スケジュールがぎっしり詰まっていたが，日本での短い滞在中に京都の古い寺をいくつか訪れた。

533 toward の用法 ― toward noon

► **toward** は，「…の方向へ」という運動の方向性を表す用法がよく知られているが，**時間的・数量的に接近していることを示し，「…頃／…近く」の意味を表す**用法がある。**toward noon**「昼頃に」，**toward midnight**「真夜中近くに」などで押さえておこう。

534 before の用法 ― before doing ...

► before ＋動名詞（句）の形の **before doing ...** は「…するよりも前に」の意味を表す。

PLUS **before A**「Aよりも前に」も重要。**before lunch**「昼食前に」，**before daylight[dark]**「明るく［暗く］なる前に」などで覚えておこう。

535 after の用法 ― after A

► **after A** で「Aの後に［で］」の意味を表す。

○ ① After を選び，After four years in Greece「ギリシャで4年が経過した後に」とすると文意が合う。

PLUS **long for A**「Aを思い焦がれる」は重要。

536 till の用法 ― till A と by A の区別

► 接続詞 till[until] と by the time の違い（→487）は，前置詞 till[until] と by との間でも同じ。**till[until] A**「Aまで（ずっと）」は「継続」，**by A**「Aまでに（は）」は「期限」を表す。（→436）

○ ③ till を選び **till the end of this academic year**「この学年の終わりまで」とすると文意が合う。

PLUS **「期限」を表す by A** は以下参照。
If we take an express, we'll get home **by** seven o'clock.
（急行に乗れば，7時までには家に着くでしょう）

537 by の用法 ― by A と until A の区別

○ **by A**「Aまでに（は）」（→536）が本問のポイント。④ until tomorrow「明日まで（ずっと）」を **by tomorrow** と修正すれば文意が合う。

538 during の用法 ―「特定の期間」を表す場合

► **during は定冠詞や所有格などのついた語句を従えて「特定の期間」を表す。**

○ **during his brief stay in Japan** は「日本での彼の短い滞在中に」の意味を表す。

✖ ④ while（×）は接続詞なので不可。while he stayed briefly in Japan なら可。

PLUS **during his brief stay in Japan** のほかにも，定冠詞で限定された **during the summer vacation**「夏休みの間に」，**during the week**「その週の間」などで during の用法を確認しておこう。

533 ④　534 ②　535 ①　536 ③　537 ④ until tomorrow → by tomorrow　538 ②

539 □□□ Taketo has been ①a member of his high school English Club ②since only six months, but his English level ③has significantly improved. He must have really ④made a great effort. 〈南山大〉

540 □□□ The heavy rainfall has caused vegetable prices to rise daily (　　) the last two months.

① by　② for　③ since　④ with 〈センター試験〉

541 □□□ The national team is scheduled to arrive (　　) just over two hours.

① after　② at　③ for　④ in 〈中央大〉

542 □□□ I visited my hometown for the first time (　　) three years.

① on　② at　③ in　④ to 〈杏林大〉

543 □□□ 発展↑ この列車で行けば半分の時間でそこに行けます。

This train (get / half / in / the / there / time / will / you). 〈早稲田大〉

539 タケトは高校の英語部の部員になってわずか6か月ですが，英語のレベルはかなり上がりました。きっと，すごい努力をしたに違いありません。

540 激しい降雨によって，ここ2か月間，野菜の価格が毎日のように上昇してきた。

541 ナショナルチームは，わずか2時間余りで到着予定です。

542 私は3年ぶりに故郷の町を訪れた。

539 for の用法 ― 単に「期間」の長さを表す場合

▶ **for は通例，数詞などのついた期間を表す語句を従えて，単に「期間の長さ」を表す。**

○ ② since を for に修正し，for only six months「わずか6か月間」とすれば文意が合う。

540 for の用法 ― for the last two months

▶ **for** は for a week のように，単に「期間の長さ」を表す（→539）が，the last[past / next] two months のように，**定冠詞の後に last，past，next，following，coming** などがくると，during（→538）と同様，**「特定の期間」にも用いることができる。**

○ 本問の **for the last two months**「ここ2か月間」は **during the last two months** としても可。

PLUS **cause A to do ...**「A が…する原因となる」は重要表現。（→742）

541 in の用法 ― 「経過」を表す場合

▶ 前置詞 **in** には「今から…で／…経つと」という「経過」を表す用法がある。

○ 本問の **in just over two hours** は「わずか2時間余りが経つと」の意味を表す。

✖ ① after(×)は不可。after は I met her after a week. のように過去時制とともに用いるのは可だが，本問のように，現在を基点として「今から…が経過して」の文脈では使えない。

PLUS **be scheduled to do ...**「…する予定だ」は重要。

542 for the first time in A の意味

▶ **for the first time in A**（A は時間を表す語）で「A ぶりに」という意味になる。**in** は「経過」の in で，**for the first time in three years** は「3年ぶりに←3年経過して初めて」と考えればよい。英作文にも使える表現なので，正確に押さえておこう。

PLUS 類似表現の **after an interval of three years** は「(定期的に)3年ぶりに」の意味を表す。interval の意味から「定期的に」のニュアンスが強くなる。本問の文意のような場合では使えないことに注意。

543 in の用法 ― in half the time

○「経過」の **in**（→541）を用いた **in half the time**「半分の時間で」を作れるかが本問のポイント。

PLUS **get A there**「A をそこに連れて行く」は重要。

539 ② since → for　**540** ②　**541** ④　**542** ③
543 will get you there in half the time

544 Your mail is due to arrive here (　　　) a week.
□□□ ① for　② on　③ until　④ within　〈青山学院大〉

545 Shogi has been played (　　　) ancient times.
□□□ ① for　② to　③ since　④ until　〈南山大〉

546 We stayed with them all (　　　) the summer.
□□□ ① among　② between　③ through　④ at　〈大阪電通大〉

547 A: I heard you've just returned from a bicycle tour of Italy. That sounds amazing.
□□□ 発展↑
B: It was! We must have cycled (　　　) a dozen charming little towns. It was just wonderful!
A: Oh, that sounds like something my boyfriend would love to do.
① at　② on　③ over　④ through　〈中央大〉

KEY POINT 107

548 I parked my car (　　　) the corner where the bank is.
□□□ ① at　② for　③ in　④ with　〈立教大〉

TARGET 53 場所を表す in / on / at

(1) **in** ―①「空間」(space) をイメージする比較的広い場所の中であること，②何かで囲まれた「内部」を示す。→551
① **in** Japan「日本で」，② **in** my car「私の車で」
(2) **on** ―①「面」(surface) に接触していること，②「近接」を示す。→549, 550
① **on** the wall「壁に」，② a village **on** the lake「湖のほとりの村」
(3) **at** ―①「点」(point) をイメージする比較的狭い場所であること，②「地点」を示す。→548
① **at** a town in Kyushu「九州のある町で」，② **at** the door「ドアのところで」

544 あなたの郵便物は1週間以内にここに着く予定です。
545 将棋は，古代からずっと行われてきました。
546 私たちは，夏の間ずっと彼らの家に滞在した。
547 A: イタリアの自転車ツアーから帰られたところだと聞きました。すごそうですね。
B: はい，そうでした！　私たちは12の魅力的な小さな町を自転車で通り抜けたはずです。本当にすばらしかった！
A: まあ，それは私のボーイフレンドがしたいと思っていることのようです。
548 私は，車を銀行があるその角にとめた。

544 within の用法 ― within a week

► **within A** で「A 以内」の意味を表す。

○ **within a week** は「1週間以内に」の意味を表す。

PLUS **be due to do ...**「…する予定だ」は重要表現。

545 since の用法 ― since ancient times

► **since** には接続詞だけでなく，前置詞の用法もある。**since A** で「A 以来（ずっと）」の意味を表し，本問のように，通例，完了時制とともに使われる。

○ **since ancient times** は「古代からずっと」の意味を表す。

546 through の用法 ― during との区別

► **through** は，基本的には「貫通」を表す前置詞であり，期間を表す語が後にくれば「…の始めから終わりまで」の意味になる。

○ **(all) through the summer** は「夏の間ずっと」の意味を表す。なお，all は強調の副詞。

PLUS **during the summer** (→538) は，**through the summer** と違って，「夏の始めから終わりまでずっと」の意味はなく，「夏の間のある時点［期間］」の意味。
We visited London for a week **during the summer**.
（夏の間に，私たちは1週間ロンドンを訪問した）

PLUS **stay with A**「A の家に滞在する」は重要表現。

547 through の用法 ―「場所」で用いる場合

► **through** の後の目的語には「期間」だけではなく「場所」を表す名詞もくる。「場所」を表す場合は，**through A** で「A を通り抜けて」の意味を表す。

○ **through a dozen charming little towns** は「12の魅力的な小さな町を通り抜けて」の意味を表す。

✕ over a dozen 〜で「12を超える数の〜」の意味になるが，この文では cycle が自動詞（目的語をとらない）であるため不可。

PLUS **must have done ...**「…した［だった］に違いない」は重要。(→98)

場所を表す前置詞

107 KEY POINT

548 at の用法 ―「地点」を表す場合

► **at** は「点」をイメージする比較的狭い場所や「地点」を表す。

○ the corner「その角」は「地点」を表すので，**at the corner**「その角で」と表す。(→ TARGET 53 (3))

544 ④ **545** ③ **546** ③ **547** ④ **548** ①

549 A fly is (　　　) the ceiling and she is trying to hit it. 〈日本大〉

□□□

550 My father was born in a small village (　　　) the Mississippi River.

□□□ ① of　② at　③ in　④ on 〈西南学院大〉

551 子どものころ姉とよくあの川に釣りに行った。

□□□ I would (fishing / go / in / often / river / that / to / with) my sister

発展↑ when I was a child.　(1語不要) 〈慶應義塾大〉

KEY POINT 108

552 The café is popular (　　　) local residents as well as visitors.

□□□ ① between　② among　③ in　④ to 〈日本大〉

549 1匹のハエが天井にとまっていて，彼女はそれをたたこうとしている。
550 私の父は，ミシシッピー川のほとりの小さな村で生まれた。
552 そのカフェは観光客だけでなく，地元住民の間でも人気がある。

549 on の用法 ―「面」に接している場合

► **on** は「面」に接触していることを表す。(→ TARGET 53 (2))

○ the ceiling「その天井」は「面」を表すので **on the ceiling**「天井に」と表す。

550 on の用法 ― on the +川の名

► **on** は「接触」を前提にして用いるが，そこから「…に面して（いる）／…のほとりに[の]」という「近接」の意味で用いることがある。特に「**on the +川（の名）**」は頻出。

○ 本問は，**a small village on the Mississippi River**「ミシシッピー川のほとりの小さな村」とすると文意が合う。

551 in の用法 ― go fishing in A

W

►「A に釣りに行く」は（×）go fishing to A とは言えず，**go fishing in A** で表す。「A に」は go ではなく fishing に支配される。**go swimming in the river**「川に泳ぎに行く」，**go shopping at a department store**「デパートに買い物に行く」，**go skiing in Hokkaido**「北海道にスキーに行く」などで覚えておこう。

○ 本問は，過去の習慣を表す助動詞 **would often**（→81）の後に，**go fishing in A**「A に釣りに行く」をまとめればよい。

among / over / under / behind / above / below / across

108 KEY POINT

552 among の用法 ― between との区別

W

► **among** は「…の中に［で］／…の間に［で］」の意味を表す用法がある。目的語には同類・同種の集まりを表す複数名詞［集合名詞］がくることに注意。**among friends**「友だちの中に［で］」，**among poor people**「貧しい人々の中に［で］」，**among the crowd**「群衆の中に［で］」などで押さえておこう。

✖ ① between（×）は不可。原則として，between は2者について用いる。between the three nations「3国間で」のように，まれに3者以上の場合にも用いることがあるが，among のように「同類・同種の集まり」ではなく，「独立した別個のもの」という意識がある。

PLUS among の用法で「**among the ＋最上級（＋複数名詞）**」＝「**one of the ＋最上級（＋複数名詞）**」となる形もここで押さえておきたい。

He is **among the fastest runners** in Japan.
= He is **one of the fastest runners** in Japan.
（彼は日本で最も速いランナーの1人だ）

549 on　**550** ④　**551** often go fishing in that river with（不要語：to）　**552** ②

553 □□□
Why don't we have a break now? Let's have a chat ( ) a cup of tea.
① in ② for ③ by ④ over 〈関西学院大〉

554 □□□
No child ( ) the age of sixteen will be admitted to the theater.
① down ② except ③ under ④ until 〈センター試験〉

555 □□□
The problem is not ( ) discussion.
① among ② at ③ to ④ under 〈西南学院大〉

556 □□□
I was sitting ( ) the driver in the back seat of the car.
① on ② back ③ before ④ behind 〈京都女子大〉

557 □□□
この町は海抜450フィートにある。
This city is four hundred fifty feet ( ) sea level. 〈姫路獨協大〉

558 □□□
The sun is sinking ( ) the horizon.
① beside ② from ③ in ④ below 〈中京大〉

553 今から休憩にしませんか。お茶を飲みながらおしゃべりしましょう。
554 16歳未満の子どもは，その劇場への入場は認められないだろう。
555 その問題は審議中ではありません。
556 私は車の後部座席の運転手のすぐ後ろに座っていた。
558 太陽が地平線の下に沈もうとしている。

553 over の用法 ー「従事」を表す場合

► over には「…しながら」という「従事」を表す用法がある。over a cup of tea「お茶を飲みながら」のような飲食物だけでなく，over a book「本を読みながら」のようにも使う点に注意。

554 under の用法 ー under the age of A

► under A には，「A 未満の［で］」(= less than A) の意味を表す用法がある。

○ **under the age of sixteen** は「16歳未満の［で］」の意味を表す。

PLUS 「16歳以下の子ども」であれば，16歳が含まれるので，**children of sixteen and under** と表現することも押さえておこう。

555 under の用法 ー「過程」を表す場合

► under A には，動作や行為の「過程」を示して「A の最中で［の］」の意味を表す用法がある。

○ **under discussion** は「審議中で［の］」の意味を表す。

PLUS **under examination**「試験中で［の］」，**under repair**「修復中で［の］」，**under construction**「建築中で［の］」，**under consideration**「考慮中で［の］」，**under investigation**「調査中で［の］」，**under development**「開発中で［の］」も一緒に覚えておこう。

556 behind の用法 ー sit behind A

► behind A で「A の後ろに」の意味を表す。

○ **sit behind the driver** は「運転手の後ろに座る」の意味を表す。

PLUS **behind A** の反意表現は，**in front of A**「A の前に」。

557 above の用法 ー ... above sea level

► above は，「A よりも上で［に／の］」の意味で，より高い位置にあることを示す前置詞。「海抜…／海面より…上に」は，... above sea level で表す。

PLUS **above A** の反意語は **below A**「A よりも下で［に／の］」で，より低い位置にあることを示す。**... below sea level** で「海面下…／海面より…下に」の意味となる。

558 below の用法 ー「空間」を表す場合

► below A「A よりも下で［に／の］」は，above A「A よりも上で［に／の］」の反意表現。

○ **sink below the horizon** は「地平線の下に沈む」の意味を表す。

PLUS **under A**「A の直下で［に／の］」，**over A**「A の真上で［に／の］」と一緒に押さえておく。

553 ④　554 ③　555 ④　556 ④　557 above　558 ④

1 文法　2 語法　3 イディオム　4 会話表現

559 It's too bad that the corn crop last year was 30 percent (   ) average.
□□□ ① below ② after ③ behind ④ from 〈明海大〉

560 Never go (   ) the street without watching out for cars first.
□□□ ① above ② across ③ between ④ out of 〈京都精華大〉

KEY POINT 109

561 She is charming (   ) her bright, blue eyes.
□□□ ① on ② with ③ by ④ because 〈上智大〉

562 She answered the questions (   ) ease.
□□□ ① at ② for ③ of ④ with 〈日本大〉

563 Life changes constantly. Change will always be (   ) us.
□□□ ① besides ② doing ③ happening ④ with 〈関西学院大〉

564 She usually wears a T-shirt and jeans. But today she looks wonderful (   ) that new suit.
□□□ ① about ② at ③ from ④ in 〈中央大〉

559 昨年のトウモロコシの収穫が平均よりも30%下回ったことは，とても残念だ。
560 最初に車が来ていないか注意せずに道路を横断してはいけません。
561 彼女は，その明るく青い瞳でとても魅力的だ。
562 彼女はその質問にたやすく答えた。
563 人生は絶えず変化する。変化とは常に私たちとともにあるものだ。
564 彼女は普段はＴシャツとジーンズを身につけています。でも今日は，その新しいスーツがとてもよく似合っています。

559 below の用法 ―「数・量」を表す場合

▶ below A「A よりも下に」は「空間」を表す場合が多いが，「数･量」を表す場合もある。

○ **30 percent below average** は「平均よりも30% 下回って」の意味を表す。

PLUS **below (the) average**「平均未満」とともに，**below last year's level**「昨年の水準を下回って」，**below cost**「原価を下回って」などで押さえておこう。

560 across の用法 ―「横断」を表す

▶ across A には「A を横断して／A を横切って」の意味を表す用法がある。

○ **go across the street** は「道路を横断する」の意味を表す。

with / in / by / within

109 KEY POINT

561 with の用法 ―「理由」を表す場合

▶ with A は，a girl with blue eyes「青い目の少女」のように「所有」を表すことも多いが，本問のように「理由」(= **because of A**) を表す場合もあることに注意。

○ **with her bright, blue eyes**「彼女の目が明るく青いので」は，She is charming の「理由」を表している。

PLUS **pale with fear**「恐怖で青ざめる」，**shake with cold**「寒さで震える」，**be in bed with a fever**「熱があって寝ている」なども覚えておこう。

562 with の用法 ―「様態」を表す場合

▶ with A で「様態」を表す副詞句を作る用法がある。

○ **with ease** で「容易に」(= **easily**) の意味を表す。

PLUS **with ease** のほかにも，**with care**「注意深く」(= **carefully**)，**with courage**「勇敢に」(= **courageously**)，**with diligence**「熱心に」(= **diligently**) なども一緒に覚えておこう。

563 with の用法 ―「同伴」を表す場合

▶ with A には，「同伴」を表す用法があり，「A とともに／A と一緒に」の意味を表す。

○ **be with us** で「私たちとともにある」の意味を表す。

564 in の用法 ―「着衣」を表す場合

W

▶ in A には衣服などを身につけていることを示す「着衣」の用法がある。

○ **in that new suit** で「その新しいスーツを着て」の意味を表す。

PLUS **in white[red]**「白い［赤い］服を身につけて」，**in uniform**「制服を着て」，**in jeans**「ジーンズをはいて」などで押さえておこう。なお，**in spectacles**「めがねをかけて」のように衣服以外のものでも使える点に注意。

559 ① 560 ② 561 ② 562 ④ 563 ④ 564 ④

565 I raced for the train, but I missed it (　　) a minute.
□□□ ① by ② in ③ on ④ with 〈学習院大〉

566 Average temperatures may increase (　　) 2.5 degrees over the next two decades.
□□□ ① by ② in ③ per ④ toward 〈慶應義塾大〉

567 The hotel is located within two miles (　　) the station.
□□□ ① to ② from ③ in ④ of 〈亜細亜大〉
発展↑

KEY POINT 110

568 I looked for the book at several bookstores in vain, so I decided to order it (　　) the publisher directly.
□□□ ① from ② to ③ for ④ by 〈中央大〉

569 If she ①had taken ②more money ③out the bank, she ④could have bought the suitcase. 〈立教大〉
□□□
発展↑

565 私は列車に遅れないように走ったが，1分の差で間に合わなかった。
566 今後20年間で平均気温は2.5度上昇する可能性がある。
567 そのホテルは駅から2マイル以内のところにある。
568 その本を何軒かの書店で探したが見つからなかったので，直接出版社に注文することにした。
569 もう少し銀行からお金を引き出していれば，彼女はそのスーツケースを買えていただろう。

565 by の用法 ―「差」を表す場合

▶ 程度や数量の「差」を表す前置詞としては by を用いる。**by A** で「A だけ／A の差で」の意味を表す。

○ **by a minute** で「1分の差で」の意味を表す。

PLUS **win by a nose**「わずかの差で勝つ」, **increase[decrease] by ten percent**「10% 上がる［下がる］」, **escape by a hairbreadth**「間一髪で逃げる」など幅広く使われる頻出の用法。

566 by の用法 ― increase by 2.5 degrees

○「差」を表す前置詞 **by**（→565）を用いた **increase by 2.5 degrees**「2.5度上がる」が本問のポイント。

567 within の用法 ― within A of B

▶ **within A of B** の形で「B から A 以内のところに」の意味を表す。

○ **within two miles of the station** で「駅から2マイル以内のところに」の意味を表す。

✖ ② from（×）を用いた within A from B の形は不可。日本語に引きずられないこと。

PLUS **within A of B** は「距離」だけでなく「時間」も表せる。**within ten minutes of the station**「駅から10分以内のところに」も一緒に覚えておこう。

from / out of / in / like / unlike / as

110 KEY POINT

568 order の用法 ― order A from B

▶ **order A from B** は「A を B に注文する」の意味を表す。from は「注文する場所」を表す。

✖ ② to（×）は不可。日本語に引きずられて，（×）order A to B にしないこと。

569 out of の用法 ― take A out of B

▶ **out of A** は「A の中から外に」の意味を表す。

○ この out of を用いた **take money out of the bank**「銀行からお金を引き出す」は押さえておきたい表現。

PLUS **put[deposit] money in the bank**「銀行に預金する」も重要表現。

PLUS 同意表現の **withdraw money from the bank** も覚えておこう。

565 ①　**566** ①　**567** ④　**568** ①　**569** ③ out the bank → out of the bank

570 □□□ People greatly differ (　) their views of life.
① from ② in ③ at ④ to 〈上智大〉

571 □□□ Our doctor always talks to me (　) a teacher talking to a child.
① as same as ② how ③ like ④ similar as 〈センター試験〉

572 □□□ (　) many of us who just sat and watched what happened, Jane volunteered to help the victims of the accident.
① Although ② Despite ③ Opposite ④ Unlike 〈慶應義塾大〉

573 □□□ (　) a magazine editor, Carla worked at the company for twenty years and then founded her own fashion magazine.
① As ② Even ③ From ④ Since 〈明治大〉

KEY POINT 111

574 □□□ Are you (　) or against this proposal?
① on ② for ③ in ④ through 〈西南学院大〉

575 □□□ It's (　) the law to smoke cigarettes before you are twenty.
① for ② under ③ against ④ away 〈芝浦工大〉

570 人生観は人によって大いに異なる。
571 私たちの医者はいつも，子どもに話しかける教師のように私に話しかける。
572 ただ座って起こったことを見ていた私たちの多くとは違って，ジェーンは自ら進んでその事故の犠牲者を助けようとした。
573 カーラは雑誌の編集者として20年間その会社で働き，その後，自分のファッション雑誌を創刊した。
574 あなたは，この提案に賛成ですか，それとも反対ですか。
575 20歳になる前にタバコを吸うことは法律違反である。

570 in の用法 ― differ in A

► **A differ (from B) in C** は「A は（B と）C において異なる」の意味を表す。

○ 本問は，主語が People となっていることに着目すれば，People differ in C の形になると気づくはず。

✖ 文意を考えず形だけで判断して，① from（×）を選ばないこと。

PLUS **in that S + V …**「…する点で／…するので」（→481）を用いた **A differ from[is different from] B in that S + V …**「A は…の点で B と異なる」も一緒に覚えておこう。
Humans differ from animals **in that** they can think and speak.
（人間はものを考えたり話したりすることができる点で動物と異なる）

571 like の用法 ― like a teacher

► **like** には前置詞の用法があり，**like A** で「A のように／A に似た／A らしい」などの意味で用いられる。

○ **like a teacher talking to a child** で「子どもに話しかける教師のように」の意味を表す。

PLUS **like A** の反意語 **unlike A**「A と違って／A に似ていない／A らしくない」も押さえておくこと。

572 unlike の用法 ― unlike many of us

○ **unlike A**「A と違って／A に似ていない／A らしくない」（→571）が本問のポイント。**unlike many of us** で「私たちの多くとは違って」の意味を表す。

573 as の用法 ― as a magazine editor

► **as A** には，「A として」の意味を表す用法がある。

○ **as a magazine editor** は「雑誌の編集者として」の意味を表す。

for / against / at / in / by / on / with / to

111 KEY POINT

574 for の用法 ―「賛成」を表す場合

►「賛成」を表す前置詞は **for**「…に賛成して」,「反対」を表す前置詞は **against**「…に反対する」で押さえる。

○ **for or against this proposal** は「この提案に賛成か反対か」の意味を表す。

575 against の用法 ― against the law

► **against A** には，「A（規則・意思）に反して」の意味を表す用法がある。**against the law[the rules]**「法律［規則］に違反して」, **against A's will**「A の意思に反して」で押さえておく。

570 ②　571 ③　572 ④　573 ①　574 ②　575 ③

576 □□□ Mt. Fuji stands impressively (　　　) the blue sky.
① against ② among ③ behind ④ by 〈センター試験〉

577 □□□ Fans (　　　) their teens and early 20s rushed toward the stage.
① at ② in ③ of ④ on 〈早稲田大〉

578 □□□ She got angry and threw a bottle (　　　) him. Luckily it just missed him.
① at ② in ③ on ④ to 〈早稲田大〉

579 □□□ As their conversation was (　　　) French, I could not understand a word.
① by ② in ③ with ④ at 〈福岡大〉

580 □□□ Last night in my living room I was surprised ①by a ②huge cockroach, and I killed ③it ④by my slipper. 〈獨協大〉

581 □□□ Do you like traveling (　　　) train?
① on ② by ③ in ④ with 〈西南学院大〉

582 □□□ Liz is talking with Albert (　　　) the phone.
① at ② for ③ in ④ on 〈東京理科大〉

583 □□□ Four of us went to New York (　　　) our car.
① by ② in ③ to ④ into 〈同志社大〉

TARGET 54 具体的な交通・通信手段を表す表現（名詞に所有格や冠詞がつく場合）

①小型の乗り物 ―― in our car, in the elevator →583
②大型の乗り物 ―― on the train, on our ship
③またがる乗り物 ―― on my bicycle, on his motorcycle
④通信手段 ―― on the (tele)phone, on the radio, on the Internet →582

576 富士山は青空を背景にして堂々と立っている。
577 10代と20代前半のファンたちがステージに殺到した。
578 彼女は腹を立てて，彼にびんを投げつけた。幸いにも，それはわずかなところで彼に当たらなかった。
579 彼らの会話はフランス語だったので，私は一言も理解できなかった。
580 昨夜，私は居間で大きなゴキブリを見つけて驚き，スリッパでそれを殺しました。
581 あなたは列車で旅をするのが好きですか。
582 リズは電話でアルバートと話をしている。
583 私たち4人は自分たちの車でニューヨークへ行った。

576 against の用法 ― against the blue sky

► **against A** には，「A を背景にして」の意味を表す用法がある。

○ **against the blue sky** で「青空を背景にして」の意味を表す。

577 in の用法 ― in one's teens

► **in one's teens** で「10代の［で］」の意味を表す。「20代の［で］」であれば，**in one's twenties** と表す。

○ **in their teens and early 20s** で「10代と20代前半の」の意味を表す。

578 at の用法 ―「目標」を表す場合

► **at A** には，「目標」を表す用法があり，「A めがけて」の意味を表す。

○ **throw B at A**「A めがけて B を投げる」の場合，結果的に，A に当たったかどうかは文脈で決まる。

✖ ④ to（×）は，この文脈では不可。日本語に引きずられて（×）throw B to A にしないこと。

579 in の用法 ―「媒体・手段」を表す場合

► **in A** には「媒体・手段」を表す用法があり，「A で／A を媒体として」の意味を表す。**in French[English]**「フランス語［英語］で」，**in ink**「インクで」，**in cash**「現金で」で押さえておこう。**A は，原則として無冠詞名詞。**

580 with の用法 ―「道具」を表す場合 W

► **with A** には，「道具」を表す用法があり，「A を用いて」の意味を表す。**with a knife**「ナイフで」，**with a check**「小切手で」，**with a spoon**「スプーンで」で押さえる。

○ **with my slipper** で「私のスリッパで」の意味を表す。

581 by の用法 ―「交通手段」を表す場合 L

► **by A** には，「交通手段」を表す用法があり，「A（交通手段）を用いて」の意味を表す。**A は必ず無冠詞名詞**で，**by train[airplane / ship / car / bus / bicycle / elevator]** で押さえる。

PLUS **by A** には「通信手段」を表す用法もある。**by (tele)phone[e(-)mail / radio]** で覚える。

582 on の用法 ― 具体的な「通信手段」を表す場合 R

○ **phone** の前に定冠詞がつく場合は，**on the phone**「電話で」と表現する。(→ TARGET 54 ④)

583 in の用法 ― 具体的な「交通手段」を表す場合

○ car の前に所有格がつく場合は，**in our car**「私たちの車で」と表現する（→ TARGET 54 ①）。

576 ①　577 ②　578 ①　579 ②　580 ④ by → with　581 ②　582 ④　583 ②

584 (　　) my surprise, she didn't come to their wedding party.
□□□ ① At ② By ③ To ④ With 〈東京理科大〉

585 He's in his early sixties, but he looks quite young (　　) his age.
□□□ ① at ② by ③ for ④ on 〈成城大〉

KEY POINT 112

586 He can attend the meeting every day (　　) Monday and Tuesday.
□□□ ① apart ② despite ③ except ④ without 〈中央大〉

587 This book is very interesting (　　) a few mistakes.
□□□ ① except for ② unless ③ except ④ but 〈慶應義塾大〉
発展↑

584 私が驚いたことに，彼女は彼らの結婚パーティーにやって来なかった。
585 彼は60代前半だが，年齢の割にはとても若々しく見える。
586 彼は，月曜と火曜以外は毎日でも会議に出席できる。
587 この本はわずかに間違いがある以外は，とてもおもしろい。

584 to の用法 ― to A's +感情名詞

R

►「**to A's +感情名詞**」は，結果としての感情の状態を表す。通例「A が…したことに」と訳出する。感情名詞としては，**surprise**「驚き」，**joy**「喜び」，**grief**「悲しみ」，**disappointment**「失望」などが用いられる。

○ **to my surprise** で「私が驚いたことに」の意味を表す。

585 for の用法 ―「基準・観点」を表す場合

►「基準・観点」の **for A** は「A の割には／A としては」の意味を表す。**for one's age**「年齢の割には」，**for January**「1月の割には」，**for a foreigner**「外国人としては」，**for its price**「値段の割には」，**for a Japanese**「日本人の割には」で押さえる。

○ **look young for one's age** は「年齢の割には若く見える」の意味を表す。

except / but / besides

112 KEY POINT

586 except の用法

► **except A「A を除いて」は，形容詞句として（代）名詞を修飾する**。except A が修飾する語は「全体」を表す（代）名詞，具体的に言えば，**every-, any-, no- のついた代名詞**（**everyone, anything, nothing** など）や **every, any, no, all** などが修飾する名詞（all the members など）であることに注意。

○ **every day except Monday and Tuesday** で「月曜と火曜以外は毎日」の意味を表す。except 以下が形容詞句として every day を修飾している。

PLUS **except A** は次の例のように，修飾する名詞から切り離して文尾に置くこともできる。
Everyone came **except** John.（ジョン以外のすべての人が来た）
= Everyone **except** John came.

PLUS **except A は文頭では用いない**ことに注意。文頭の場合は副詞句として機能する **except for A**「A を除いて」を用いる。なお，except for A は文尾でも可。
Except for John, everyone came.
= Everyone came **except for** John.

587 except for A の用法 ― except A との区別

○ 副詞句として文頭や文尾で用いる **except for A**「A を除いて」（→586）が本問のポイント。

✖ **except for A は副詞句として機能するのに対して，except A は形容詞句として機能するので文頭では用いない**（→586）。また，except の前には except の後ろ（本問では a few mistakes）を含む「母集団」となる名詞がくる。したがって，③ except（×）は不可。

584 ③　585 ③　586 ③　587 ①

588 That's nonsense. (　　　) but a fool would believe it.
□□□ ① All　② Anyone　③ Everyone　④ Nobody　〈センター試験〉

589 All of us would like to know the truth, (　　　) when it displeases us.
□□□ ① except　② provided　③ just　④ only　〈名城大〉
発展↑

590 Three of my friends, (　　　) me, were admitted to the bar.
□□□ ① along　② besides　③ except　④ save for　〈明治学院大〉
発展↑

KEY POINT 113

591 残念ですが，10人もの人が病気ですので，今夕の会は中止にするしかないですね。
□□□ Unfortunately, (in / less / no / people / sick / than / ten / with) bed, we'll have to cancel the meeting this evening.　〈慶應義塾大〉

592 ほおづえをつかないで，きちんとすわりなさい。
□□□ (your chin / with / sit / on / your / don't) hand. Sit up straight.
発展↑ 〈名古屋外大〉

588 それはばかげている。愚かな人以外，誰もそれを信じないだろう。
589 私たちの誰もが，それが私たちを不快にさせない限り，真実を知りたいと思っています。
590 私のほか，友人の3人が弁護士になった。

588 but の用法

▶ **but** には前置詞用法があり，**but A** で「A を除いて／A 以外」の意味を表す。**except A** と同意。（→586）

○ **nobody but a fool** は **nobody except a fool** と同意で「愚かな人以外誰も（…ない）」の意味を表す。

589 except の用法 － except when S＋V ...

▶ **except** には，**except ＋副詞節［副詞句］**「…以外は」の形がある。

○ 本問の **except when S＋V ...** は「…するとき以外は／…しない限り」（= **unless S＋V ...**）の意味を表す。

PLUS 下記の例で except の用法を再確認しておこう。
I take light exercise outdoors **except when it rains**. ［except ＋副詞節］
= I take light exercise outdoors **except on rainy days**. ［except ＋副詞句］
（雨の日以外は外で軽い運動をします）

590 besides の用法 －「追加」を表す場合

▶ **besides A**「A に加えて／A のほかに」は「追加」を表す。**in addition to A** と同意。

○ **besides me** で「私のほかに」の意味を表す。

✖ ③ except（×）にしないこと。except A は形容詞句として機能する（→586）。また，my friends は me を含まない。（→587）

PLUS the bar はここでは「弁護士業」の意味。be admitted to the bar で「弁護士になる」の意味を表す。

付帯状況の with と前置詞句

113 KEY POINT

591 with の用法 －「付帯状況」を表す場合

R

▶ **with** には「**with ＋名詞＋形容詞（句）**」の形で「付帯状況」を表す用法がある。

○ with の後の名詞句は **no less than A**「A も（たくさん）」（→ TARGET 28）を想定し，no less than ten people を作り，形容詞句の sick in (bed) を続ければよい。

PLUS なお，付帯状況の with は，「**with ＋名詞＋前置詞句［副詞］**」の形でも用いる。
with a pipe in one's mouth「パイプをくわえて」（前置詞句）
with one's hat on「帽子をかぶったまま」（副詞）

592 with の用法 － with ＋名詞＋前置詞句

○「**with ＋名詞＋前置詞句**」（→591）を想定して，**with your chin on your hand**「ほおづえをついて」とまとめられるかが本問のポイント。

---

588 ④　**589** ①　**590** ②　**591** with no less than ten people sick in
592 Don't sit with your chin on your

KEY POINT 114

593 David held me (　　　) the arm and wouldn't let me go.
□□□ ① to　② at　③ for　④ by 〈南山大〉

594 In Thailand you shouldn't touch children (　　　) the head.
□□□ ① at　② for　③ in　④ on 〈名古屋女子大〉

595 必ず彼の目を見て話しなさい。さもないと，正直に話していないと思われてしまう。
□□□ Be sure to (him / in / look / talking / the eye / while), or he might think you are not being honest. 〈近畿大〉

KEY POINT 115

596 (a) The book provides the sort of information which is really valuable to teachers.
□□□ (b) The book provides the sort of information which is (　　　) real value to teachers.
① by　② for　③ in　④ of 〈東京理科大〉

TARGET 55　動詞＋A＋by[on / in] the＋身体の一部

- **hold**[**catch** / **seize**] **A by the arm**「Aの腕をつかむ」→593
- **shake A by the arm**「Aの腕をゆさぶる」
- **touch A on the head**「Aの頭をさわる」→594
- **hit A on the head**「Aの頭をたたく」
- **slap A on**[**in**] **the face**「Aの顔を平手打ちする」
- **kiss A on the cheek**「Aのほおにキスをする」
- **tap A on the shoulder**「Aの肩を軽くたたく」
- **look A in the eye**(**s**)「Aの目を見る」→595
- **stare A in the face**「Aの顔をじっと見る」など

*この用法のlook, stareは他動詞でatが不要なことに注意。

593 デビッドは私の腕をつかみ，離そうとしなかった。
594 タイでは子どもの頭をさわってはいけません。
596 その本は，教師にとって本当に価値があるような情報を提供している。

動詞＋A＋by[on / in] the＋身体の一部

114 KEY POINT

1 文法 2 語法 3 イディオム 4 会話表現

593 by の用法 ― hold A by the arm

W

▶ hold A by the arm で「A の腕をつかむ」の意味を表す。まず A をつかんだことを明らかにし，その後の前置詞句でその身体部位である腕を表現するという英語独特の用法。(→ TARGET 55)

PLUS この種の表現では，(1) 動詞に応じて使用される前置詞が異なるという点，(2) その前置詞句の中では定冠詞の the が用いられるという点が重要(→ TARGET 55)。使用される前置詞は下記のとおり。

- **hold，catch，seize** などの「つかむ」を表す動詞は，原則「**by the ＋身体の部位**」。
- **hit**「…をたたく」，**tap**「…を軽くたたく」，**slap**「…を平手でたたく」，**touch**「…に触れる」などの「たたく／触れる」を表す動詞は，原則「**on the ＋身体の部位**」。
- **look，stare**「…をじっと見る」などの「見る」を表す動詞は，原則「**in the ＋身体の部位**」。

594 on の用法 ― touch A on the head

○ **touch A on the head**「A の頭をさわる」(→593, TARGET 55) が本問のポイント。**You shouldn't touch children on the head.** は「子どもたちの頭をさわってはいけない」の意味を表す。

595 in の用法 ― look A in the eye

○ **look A in the eye**「A の目を見る」(→593, TARGET 55) を想定して，be sure to の後にまとめられるかが本問のポイント。節の最後に **while talking**「話している間」(→684) を置く。

PLUS **be sure[certain] to do ...**「必ず…する」は重要表現。

PLUS are not being honest は，「**be being ＋形容詞**」「いつもとは違って…の状態である」の形。(→15)

of / beyond / to / despite

115 KEY POINT

596 of の用法 ― of＋抽象名詞

▶「**of ＋抽象名詞**」が形容詞と同じ働きをするものがある。**of value = valuable**「価値がある」，**of importance = important**，**of use = useful**「有用な」，**of help = helpful**「役立つ」が代表例。

593 ④ 594 ④ 595 look him in the eye while talking 596 ④

597 Most of the questions are easy, but this particular one is (　　　) me.
□□□ ① over　② outside　③ out of　④ beyond 〈明治大〉

598 They sang a song (　　　) the accompaniment of the piano.
□□□ ① in　② for　③ on　④ to 〈青山学院大〉

599 (　　　) all my efforts, I will not have the report ready by Friday.
□□□ ① No matter　② Considering　③ Despite　④ In spite 〈慶應義塾大〉

597 ほとんどの質問は簡単だが，とりわけこの問題は私の手に負えない。
598 彼らはピアノの伴奏に合わせて歌を歌った。
599 あらゆる努力にもかかわらず，私は金曜日までにはレポートを準備できないでしょう。

597 beyond の用法 ― beyond me

► **beyond A** で「A の（能力の）限界を超えて」を表す用法がある。

○ **beyond me** で「私の手に負えない」の意味を表す。慣用表現として押さえておこう。

PLUS **above** にも同様の意味があり，本問は **above me** とも表現できる。

PLUS **beyond A** の慣用表現，**beyond description**「言葉では表現できない」，**beyond recognition**「見分けがつかない」，**beyond belief**「信じられない」，**beyond reach**「手の届かない」もここで押さえておこう。

598 to の用法 ―「適合・一致」を表す場合

► **to A** は「A に合わせて／A に合って」の意味を表す「適合・一致」の用法がある。**to the accompaniment of the piano**「ピアノの伴奏に合わせて」，**to the music**「音楽に合わせて」，**to A's liking[taste]**「A の好みに合って」，**to order**「注文［命令］通りに」などで押さえておこう。

599 despite の用法と同意表現

► **despite A** は「A にもかかわらず」の意味で，**in spite of A** と同意。

PLUS 同意表現の **with all A**，**for all A**，**notwithstanding A** も重要。

With all his faults I like him better than the rest.
（彼には欠点があるが，私はほかの誰よりも彼が好きだ）
For all his wealth, he is not contented.
（彼は裕福ではあるが，満足していない）
She was found guilty **notwithstanding** a brilliant defense.
（すばらしい弁護にもかかわらず，彼女は有罪の判決を受けた）

597 ④　**598** ④　**599** ③

第13章 主語と動詞の一致

KEY POINT 116

600 □□□

(　　　) was happy about the victory.

① Both the players and the coach
② Either the coach or the players
③ Not only the players but also the coach
④ The players as well as the coach 〈慶應義塾大〉

601 □□□

① Either Agnes or Bill ② are coming to the concert, because ③ one of them has to stay home ④ and look after little Teddy. 〈獨協大〉

602 □□□

① Neither ② the Buick nor the Chevrolet ③ are ④ a Japanese car. 〈早稲田大〉

603 □□□

Mr. Tanaka, as ① well as you, ② were transferred ③ to ④ the Sales Promotion Department. 〈東京都立大〉

604 □□□ 発展↑

Japanese people invite ① outsiders ② into their homes ③ much less often than ④ the British does. 〈早稲田大〉

TARGET 56 相関的表現が主語の場合

(1) **複数扱い**するもの (A and B が主語の場合，一般に複数扱い)
- both **A** and **B**「A も B も」

(2) 原則として **B に一致**させるもの
- not **A** but **B**「A ではなく B」
- not only **A** but (also) **B**「A だけではなく B もまた」→600
- either **A** or **B**「A か B かどちらか」→601
- neither **A** nor **B**「A も B も…ない」→602

(3) 原則として **A に一致**させるもの
- **A** as well as **B**「B だけでなく A も」= not only **B** but (also) **A** →603

600 選手だけでなく，コーチもその勝利を喜んだ。
601 アグネスとビルのどちらかがコンサートに来るのですが，それは彼らのうち1人が家にいて幼いテディの面倒をみなければならないからです。
602 ビュイックもシボレーも日本の車ではない。
603 あなただけでなくタナカさんも販売促進部に異動となりました。
604 日本人はイギリス人よりも他人を自宅に招き入れることがずっと少ない。

相関的表現が主語の場合

116 KEY POINT

600 not only A but also B が主語 ― B と一致

R

► **not only A but (also) B「A だけでなく B もまた」が主語の場合，動詞は B に合わせる。**(→ TARGET 56 (2))

✖ ① Both the players and the coach (×)，② Either the coach or the players (×)，④ The players as well as the coach (×) は，be 動詞が was ではなく were になるはず。(→ TARGET 56)

601 either A or B が主語 ― B と一致

► **either A or B「A か B かどちらか」が主語の場合，動詞は B に合わせる。**(→ TARGET 56 (2))

○ したがって，② are coming を is coming に修正する。④ and look after は正しい。and は stay home と look 以下を結びつけており，look は has to に続く原形の形をとっている。

PLUS **look after A**「A を世話する」は重要表現。

602 neither A nor B が主語 ― B と一致

► **neither A nor B「A も B も…ない」が主語の場合，動詞は B に合わせる。**(→ TARGET 56 (2))

○ したがって，③ are を is に修正する。

603 A as well as B が主語 ― A と一致

► **A as well as B「B だけでなく A も」が主語の場合，動詞は A に合わせる。**(→ TARGET 56 (3))

○ したがって，② were を was に修正する。

604 「the ＋形容詞」が主語 ― 複数扱い

► **the British** は British people と同意。**「the ＋形容詞」が主語で「…の人々」という意味を表す場合は，複数扱い。**

○ したがって，④ the British does の代動詞 does を do に修正する。

PLUS **「the ＋形容詞」が抽象名詞の意味を表すことがあるが，この場合は通例単数扱い**となる。
The beautiful is higher than **the good.** (美は善よりも高尚である)

---

600 ③　**601** ② are coming → is coming　**602** ③ are → is　**603** ② were → was
604 ④ the British does → the British do

1 文法　2 語法　3 イディオム　4 会話表現

KEY POINT 117

605 Three fifths of the work (　　) finished.
① had ② was ③ were ④ would 〈東北薬科大〉

606 Most of ①the people ②was gathering around the little girl ③sleeping ④on the bench. 〈早稲田大〉

607 Most of the ①furniture ②were ③already in the moving van, and the only thing ④left was a chandelier. 〈早稲田大〉
発展

KEY POINT 118

608 A large number of people ①is now ②moving away from the center of the city, because ③the rents are getting ④higher every year. 〈同志社大〉

609 The number ①of people who ②was injured ③was greater than they ④had expected. 〈立命館大〉

610 The ①amount of tax ②people pay ③vary considerably according to ④where they live. 〈学習院大〉

611 (　　) student has failed the test.
発展
① A good many ② Many a
③ A great many ④ A lot many 〈関西学院大〉

TARGET 57 「分数＋ of A」と同じ扱いをするもの

A に動詞を一致させるものとして，以下の表現を押さえておこう。

- **most of A**「A の大半」→606, 607
- **half of A**「A の半分」
- **some of A**「A のいくらか」
- **none of A**「A のどれも…でない」
- **the rest of A**「A の残り」 など

605 その作業の5分の3は終わった。
606 その人々のほとんどが，ベンチで寝ている幼い少女の周りに集まっていた。
607 家具のほとんどはすでに運送トラックに積み込まれ，残っているのはシャンデリアだけだった。
608 非常に多くの人々が今や市の中心部から転出しているが，それは家賃が毎年のように上昇しているからだ。
609 けがをした人たちの数は，彼らが予想していたよりも多かった。
610 人々の払う税金の額は，どこに住んでいるかによってかなり異なる。
611 多くの学生がそのテストに落第した。

「分数＋ of A」などが主語の場合 117 KEY POINT

1 文法 2 語法 3 イディオム 4 会話表現

605 分数＋ of A が主語 ― 単数扱い W

▶「分数＋ of A」が主語の場合，動詞は A に一致させる。

○ 本問は，the work に着目し，② was を選ぶ。

606 most of A が主語 ― 複数扱い W

▶ most of A が主語の場合は，A に動詞を一致させる。(→ TARGET 57)

○ 本問は，the people に着目し，② was gathering を were gathering に修正する。

607 most of A が主語 ― 単数扱い W

○ 考え方は問題606と同じ。the furniture に着目して，② were を was に修正する。

a (large) number of A / the number of A などが主語の場合 118 KEY POINT

608 a (large) number of A が主語 ― 複数扱い

▶ a (large) number of A (複数名詞)「(かなり) 多くの A」(→905) が主語の場合は，複数扱い。

○ したがって，① is を are に修正する。

609 the number of A が主語 ― 単数扱い W

○ 本問は，関係代名詞 who が先行詞である複数名詞の people を受けているので，② was を were に修正する。なお，**the number of A (複数名詞)「A の数」が主語の場合は単数扱い**なので，③ was は正しい。

610 the amount of A が主語 ― 単数扱い

▶ the amount of A「A の総額［総計］」(→1077) が主語の場合は，単数扱い。

○ したがって，③ vary を varies に修正する。

PLUS **according to A**「A に応じて／A によれば」は重要表現。

611 「many a ＋単数名詞」が主語 ― 単数扱い

▶「many a ＋可算名詞の単数形」「たくさんの…」が主語の場合は，単数扱い。

○ 動詞の has failed に着目すれば，主語は単数扱いのものとなる。(→898)

✖ ① A good many (×)，③ A great many (×) は不可。「**a good[great] many ＋複数名詞**」「かなりの数の…」(→900) の形になるので，後の表現は students have failed the test になる。

---

605 ② 606 ② was gathering → were gathering 607 ② were → was
608 ① is → are 609 ② was → were 610 ③ vary → varies 611 ②

KEY POINT 119

612 Americans ① are brought up ② on the belief ③ that the United States ④ are the land of freedom and equality. 〈関西学院大〉

□□□ 発展↑

613 Statistics (   ) a required course for majors in economics at the college.

□□□

① are ② is ③ are being ④ is being 〈福岡工大〉

614 Fifty minutes (   ) to finish this test.

□□□

① isn't enough time ② aren't enough time
③ isn't enough times ④ aren't enough times 〈関西学院大〉

615 Those shoes ① cost me more than I ② had expected. Two hundred dollars ③ were ④ too much for me. 〈早稲田大〉

□□□

KEY POINT 120

616 ① Understanding the distribution ② and population size of organisms ③ help scientists ④ evaluate the health of the environment. 〈上智大〉

□□□

617 The larger a ① market is, the ② more competition there ③ are in ④ that market. 〈東京薬科大〉

□□□

TARGET 58 形は複数形でも単数扱いの表現

(1) 国・団体・新聞などの名前 → 612

the United States「アメリカ合衆国」, **the United Nations**「国際連合」, **the Times**「タイムズ紙」など

(2) 学問・学科・ゲーム・病気などの名前 → 613

linguistics「言語学」, **statistics**「統計学」, **mathematics**「数学」, **billiards**「ビリヤード／玉突き」, **measles**「はしか」など

(3) 時間・金額・距離・重量などを表す語（複数名詞） → 614, 615

＊時間が単数扱いにならない場合については問題41参照。

612 アメリカ人は，アメリカ合衆国が自由と平等の国であるという信念に基づいて育てられる。
613 統計学は，その大学では経済学の専攻者にとっての必修コースです。
614 50分というのは，このテストを終えるのに十分な時間ではない。
615 あの靴は思っていたよりも高かった。200ドルというのは，私には高すぎた。
616 生物の分布と個体数を理解することは，科学者が自然環境の健全度を評価することに役立つ。
617 市場が大きければ大きいほど，その市場での競争は激しくなる。

複数形でも単数として扱う表現 119 KEY POINT

1 文法 2 語法 3 イディオム 4 会話表現

612 「国」が主語 ― 単数扱い

► **the United States「アメリカ合衆国」が主語の場合は，単数扱い。**（→ TARGET 58 (1)）

○ したがって，④ are を is に修正する。

PLUS **on the belief that S + V ...**「…という信念に基づいて」は重要表現。

613 「学問名」が主語 ― 単数扱い

► 学問名の **statistics「統計学」が主語の場合は単数扱い。**（→ TARGET 58 (2)）

○ したがって，② is を選ぶ。

614 「時間」が主語 ― 単数扱い

► **時間・金額・距離・重量などを表す複数名詞が主語の場合は，単数扱い。**（→ TARGET 58 (3)）

○ fifty minutes は，形は複数であっても，「50分という1つのまとまった時間」ととらえて，単数扱いにする。したがって，① isn't enough time を選ぶ。

✖ ③ isn't enough times（×）とするのは誤り。times は「時代」の意味なので文意と合わない。

615 「金額」が主語 ― 単数扱い

○ 問題614と考え方は同じ。**two hundred dollars は単数扱い**（→ TARGET 58 (3)）。したがって，③ were を was に修正する。

さまざまな表現における主語と動詞の一致 120 KEY POINT

616 動名詞が主語 ― 単数扱い R

► **動名詞や不定詞が主語の場合は，単数扱い。**

○ 主語が understanding the distribution and population size of organisms「生物の分布と個体数を理解すること」の動名詞句であることを見抜き，③ help を helps に修正する。

PLUS **help A do ...**「A が…するのに役立つ」（→731）は重要表現。

617 主語の発見

○ 後半［主節］の「the ＋比較級〜」は，there is much competition in that market が前提となる文（→305）。したがって，③ are を is に修正する。

---

612 ④ are → is **613** ② **614** ① **615** ③ were → was **616** ③ help → helps
617 ③ are → is

618 □□□ ①However, ②the mood within the LDP has changed drastically during the past couple of months, and there ③seem little chance of realizing ④even this plan. 〈上智大〉

619 □□□ ①According to official statistics, ②approximately one in ③every five marriages in the country today ④end in divorce. 〈中央大〉

620 □□□ ①Just as you and I can stand in front of a mirror and see our images, ②so also ③do the federal government budget ④reflect America. 〈慶應義塾大〉

621 □□□ A box of ①candies ②were sent to ③each of the members of the charity club who donated ④500 dollars or over. 〈早稲田大〉

622 □□□ 発展 The police ①has caught the two thieves who broke ②into the store and ③ran away ④with 380,000 yen. 〈早稲田大〉

618 しかしながら，この数か月の間に自由民主党内の雰囲気が大きく変化し，この計画ですら実行される見込みはほとんどなさそうだ。

619 公式の統計によると，現在その国では，およそ5組に1組の結婚が離婚に終わっている。

620 あなたや私が鏡の前に立てば自分の姿を眺められるのとちょうど同じように，連邦政府の予算はアメリカの姿を映し出している。

621 キャンディーの入った箱が，500ドル以上を寄付した慈善クラブのメンバーそれぞれに送られた。

622 警察は，商店に押し入って38万円を奪って逃げた2名の泥棒を捕まえた。

618 主語の発見

○ and の後の文の主語が，little chance であることを見抜けば，③ seem を seems に修正できる。**there seems little chance of doing ...** は，「…する見込みはほとんどないようだ」の意味を表す。

PLUS **realize A**「A を実現する」は重要表現。（→864）

PLUS **the LDP (the Liberal Democratic Party)** は，「(日本の) 自由民主党」のこと。

619 主語の発見

○ 主語が one (marriage) であることを見抜けば，④ end in divorce を ends in divorce に修正できる。**one in every five marriages** は，「5組の結婚につき1組」の意味を表す。

PLUS **end in A**「結局 A に終わる」は重要表現。

620 主語の発見

R

○ so 以下の文が倒置形であり，主語が **the federal government budget**「連邦政府の予算」であることを見抜けば，③ do を does に修正できる。

PLUS **Just as ..., so ~**「ちょうど…であるように，~だ」は重要表現。本問のように，**so 以下が倒置形になることも多い**。この表現は，英文読解上も重要。

621 主語の発見

► **a box of candies**「キャンディーの入った箱」**が主語の場合は単数扱い**。

○ したがって，② were sent to を was sent to に修正する。

622 the police が主語 ― 複数扱い

► **(the) police** は警官の集合体としての「警察／警官隊」を表し，**形は単数であっても常に複数扱いになる**。不定冠詞 a は用いない。本問のように the をつければ，「(特定の集合体としての) 警察／警官隊」のニュアンスになる。police に形容詞がつく場合は，無冠詞の場合が多い。

Extra police were sent to the scene of the trouble.
(追加の警官隊が騒動の現場へと派遣された)

○ したがって，① has caught を have caught に修正する。

PLUS なお，個々の警官を表す場合，単数形は**police officer / policeman / policewoman** (複数形は，**police officers / policemen / policewomen**) を用いる。

PLUS **police** と同じ使い方をするものとして，**cattle**「牛」を押さえておこう。**形は単数形であっても複数扱いになる**ことに注意。
Cattle were grazing in the field.
(牛が野原で草をはんでいた)

618 ③ seem → seems　**619** ④ end in divorce → ends in divorce　**620** ③ do → does
621 ② were sent to → was sent to　**622** ① has caught → have caught

第14章 疑問文と語順

KEY POINT 121

623 How (　　) does the show begin?
□□□ ① soon ② quick ③ fast ④ long 〈同志社大〉

624 ① How many ② is one hundred euros in Japanese yen? ③ I'm going to
□□□ Paris ④ the week after next. 〈早稲田大〉

KEY POINT 122

625 授業で話し合った記事について，どう思いますか。
□□□ (article / how / the / you / what / do / that / about / think) we
発展↑ discussed in class? （1語不要） 〈福岡大〉

626 You can't judge a person's attitude to religion (by / church / goes / he /
□□□ how / often / to). 〈早稲田大〉

627 He doesn't remember (his / like / looked / mother / what), but his
□□□ father would often say that he resembled her. 〈立教大〉

TARGET 59 「how ＋形容詞・副詞」で問う内容

- **how far** ➡「距離」
- **how long** ➡「時間の長さ・物の長さ」
- **how large** ➡「大きさ・広さ」
- **how often** ➡「頻度・回数」→626
- **how much** ➡「金額・量」→624
- **how soon** ➡「時間の経過」→623

＊「how+ 形容詞・副詞」で形容詞・副詞の程度を問う表現は多いが，上記は特に重要なもの。

623 あとどれくらいでショーは始まりますか。
624 100ユーロは日本円でいくらですか。私は再来週パリに行く予定です。
626 宗教に対する人の態度を，その人が教会に行く回数で判断することはできない。
627 彼は自分の母親がどのような顔立ちだったか覚えていないが，彼の父親は彼が母親に似ているとよく言っていた。

疑問文の基本

121 KEY POINT

623 How soon ...?

S

► **How soon ...?**「あとどれくらいで…なのか」は「時間の経過」を問う疑問文。

624 How much ...?

► **「金額」を問うのは how much**。how many は，通例**「how many ＋複数名詞」の形を用いて具体的な「数」を問う表現**。

間接疑問

122 KEY POINT

625 What do you think about A?

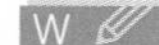

► **What do you think about[of] A?**「A をどう思いますか」は，このまま覚えてしまうのがよい。厳密に言えば，この形の think は他動詞で疑問代名詞の what が目的語となっている。

○ 本問は，この表現を用いて，A に当たる the article の後に，目的格の関係代名詞 that を置けばよい。

626 間接疑問 − how often S＋V ...

R

► **疑問詞や whether[if] で始まる名詞節を間接疑問と呼ぶが，間接疑問の節内では平叙文と同じ語順となる。**

○ How often does he go to church? (→ TARGET 59) の疑問文を間接疑問にすると，how often he goes to church になる。本問は，by の後に how often から始まる間接疑問を作ればよい。

PLUS **judge A by B**「A を B で判断する」は重要表現。

627 間接疑問 − what S look like

R

► **What does S look like?** は「S の外見はどうですか」の意味を表す。

○ 本問は，他動詞 remember「…を覚えている」の目的語になる What did his mother look like? の間接疑問を考える。(→626)

PLUS **What is S like?**「S はどのような人［もの］なのか」(→635) も同じ構造。

---

623 ①　**624** ① How many → How much
625 What do you think about the article that（不要語：how）
626 by how often he goes to church　**627** what his mother looked like

628 君がどこで生まれたのかということは重要ではない。
□□□ It (importance / from / no / where / you / is / come / of). 〈西南学院大〉

629 トーナメントで優勝するのは誰だと思う?
□□□ (do / the tournament / think / who / will / win / you)? 〈東京理科大〉

630 When (　　) end?
□□□
① the prime minister believes the war will
② the prime minister believes will the war
③ does the prime minister believe will the war
④ does the prime minister believe the war will 〈慶應義塾大〉

631 (　　) do you think she tamed this tiger?
□□□ ① How ② What ③ Which ④ Who 〈同志社大〉

632 君は私たちがなぜそんなに一生懸命英語を勉強しなければならないと思うのか。
□□□ (do / English / hard / must / so / study / think / you / we / what)?
発展↑ (1語不足) 〈明治大〉

KEY POINT 123

633 どうして昨日は会議に出席しなかったのですか。
□□□ (attend / how / you / why / come / didn't) the meeting yesterday?
(1語不要) 〈成蹊大〉

630 首相は戦争がいつ終わると思っていますか。
631 どうやって彼女はこのトラを飼いならしたと思いますか。

628 間接疑問 − where you come from

R

► **Where do you come from?** は「どちらの出身ですか」の意味を表す。where は疑問副詞が一般的だが，この表現の where は疑問代名詞で from の目的語となっていると考えればよい。

○ 形式主語 It の後に is of no importance「重要でない」(→596) を置き，続けて，It が受ける間接疑問を完成すればよい。

629 疑問詞＋ do you think＋V ...?

W

► **do you think[believe / suppose / consider / say] などを使った，yes / no の答えを要求していない疑問文では，その目的語となる間接疑問の疑問詞が必ず文頭にくる。**

○ 本問は，間接疑問文の who will win the tournament の疑問詞の who が，do you think の前にくる形を作る。

630 疑問詞＋ does the prime minister believe S＋V ...?

○ 考え方は問題629と同じ。間接疑問の when the war will end の疑問詞の when が，does the prime minister believe の前にきた形。

631 疑問詞＋ do you think＋S＋V ...?

○ 考え方は問題629，630と同じ。間接疑問の how she tamed this tiger の疑問詞の how が do you think の前にきた形。

632 What do you think ... for?

► **What ... for?** は「何のために…なのか→なぜ…か」の意味を表す。疑問代名詞の what が for の目的語となっている。

○ 本問の考え方は，問題629，630，631と同じ。間接疑問の what we must study English so hard for の疑問詞の what が do you think の前にきた形を作る。

疑問詞を使ったさまざまな表現

123 KEY POINT

633 How come S＋V ...?

L

► **how come は口語的表現で，why と同じ意味をもつが，後が平叙文の語順となる。**これは How (does it) come (that) S + V ...? の省略形と考える。

PLUS **attend A**「A に出席する」は重要。(→762)

✖ もし why (×) を使えば，Why didn't you attend the meeting yesterday? となるが，how と come の2語が余るので不可。

---

628 is of no importance where you come from
629 Who do you think will win the tournament **630** ④ **631** ①
632 What do you think we must study English so hard for（不足語：for）
633 How come you didn't attend（不要語：why）

634 □□□ ところで，今度の日曜日ピクニックに行きませんか。

By the way, (a / about / going / how / next / on / picnic / Sunday)?

〈京都女子大〉

---

635 □□□ What is he (　　　)?

① alike　② like　③ similar　④ resemble　〈関西学院大〉

---

636 □□□ (a) Nobody knows the trouble we have experienced.

(b) (　　　) knows the trouble we have experienced?　〈駒澤大〉

---

637 □□□ His opinion is completely different from mine. (　　　)

① I could agree with him.

② I could have agreed with him.

③ Could I possibly disagree with him?

④ How could I possibly agree with him?　〈立教大〉

---

638 □□□ What is the (　　　) you anything? You never listen.

① useful to tell　② using of telling

③ use of telling　④ use to tell　〈岩手医科大〉

KEY POINT 124

639 □□□ Our task is to finish the work within a couple of hours, (　　　)?

① aren't we　② doesn't it　③ don't we　④ isn't it　〈上智大〉

635 彼はどのような人ですか。

636 私たちが経験した困難など誰が知っているでしょうか。

637 彼の意見は私の意見とまったく異なっています。いったい，どうして彼に賛成できるでしょうか。

638 あなたに何を言っても無駄です。あなたは決して人の話を聞かないですから。

639 私たちの課題は，この作業を2，3時間以内に終えることですよね。

1 文法
2 語法
3 イディオム
4 会話表現

634 How about doing ...?

S 

► **How[What] about doing ...?**「…しませんか」(= **What do you say to doing ...?**) は，動名詞を用いて，話者をも含めた提案を表す。(→218, TARGET 24)

○ 本問は，how about の後に，go on a picnic の動名詞形を続ければよい。

PLUS **go on a picnic**「ピクニックに行く」は重要表現。

635 What is he like?

S

► **What is S like?** は，前置詞 like の目的語が疑問代名詞 what になったもので，「S はどのような人［もの］なのか」という意味を表す。

PLUS この表現の主語に形式主語の it を用い，to 不定詞と対応させた **What is it like to do ...?**「…するというのはどういうことか」の形も頻出なので押さえておこう。
What is **it** like **to live in the country late in life**?
(晩年を田舎で暮らすというのはどういうことだろうか)

636 反意表現 ― Who knows A?

► **Who knows A?** は，使われる状況によって，「誰が A を知っているのか (誰も A なんて知らない)」といった反語的な意味を表す場合があり，**Nobody[No one] knows A.** と同意表現となる。

637 反意表現 ― How could I possibly do ...?

○ 問題636と考え方は同じ。**How could I possibly agree with him?**「いったいどうして彼に賛成できるのか」は反意表現で，**I could not possibly agree with him.**「私はとうてい彼に賛成できない」の内容を表す。

PLUS **agree with A**「A に賛成する」は重要。

638 反意表現 ― What is the use of dong ...?

R 

○ 問題636，637と同じ反語表現。**What is the use of doing ...?**「…して何の役に立つのか」= **It is no use doing ...**「…しても無駄だ」(→228) で押さえておこう。

付加疑問

124 KEY POINT

639 肯定文の付加疑問 ― be 動詞の場合

► **肯定文の付加疑問は，「..., 否定の短縮形＋人称代名詞 ?」で表す。**

○ 本問は is の否定の短縮形 isn't を使う。

PLUS **肯定の there is A 構文の場合は，「..., 否定の短縮形＋ there?」になる**こともここで押さえておこう。
There is something wrong with this watch, **isn't there**?
(この時計はどこかおかしいですよね)

---

634 how about going on a picnic next Sunday **635** ② **636** Who **637** ④
638 ③ **639** ④

640 □□□ 発展↑
Hiroshi's undergone the medical examination already, (　　　)?
① isn't he　② doesn't he　③ hasn't he　④ didn't he 〈法政大〉

641 □□□
Come and stay with us for the weekend, (　　　)?
① do you　② won't you　③ aren't you　④ don't you 〈東海大〉

642 □□□
Let's play tennis, (　　　)?
① will you　② are we　③ don't you　④ shall we 〈関西学院大〉

643 □□□
Bill (　　　) ever played the drums, has he?
① can't have　② won't have　③ hasn't　④ hadn't 〈聖心女子大〉

644 □□□ 発展↑
There seems to have been no reason to reject it, (　　　)?
① does it　② does there　③ doesn't it　④ doesn't there 〈立命館大〉

KEY POINT 125

645 □□□
①Never I have listened to ②such beautiful music ③as the piece we heard ④on the radio last week. 〈成蹊大〉

640 ヒロシはもう健康診断を受けたんですよね。
641 週末はうちに来て泊まっていきませんか。
642 テニスをしませんか。
643 ビルは，今までにドラムを演奏したことがないんですよね。
644 それを断る理由はまったくなかったようですね。
645 私は，先週私たちがラジオで聴いた曲ほど美しい音楽を聴いたことがない。

640 肯定文の付加疑問 ― 完了形の場合

S

► undergone が undergo の過去分詞であることから，Hiroshi's は Hiroshi has の短縮形であると見抜く。

○ 考え方は問題639と同じ。has の否定の短縮形 hasn't を使う。

641 命令文の付加疑問

S

► **肯定の命令文の付加疑問**は，「**..., will[won't] you?**」で表す。will と won't のいずれも用いることに注意。

PLUS 否定の命令文の付加疑問は，「**..., will you?**」で表す。以下の例文を参照。
Don't touch the knife, **will you**?（ナイフに触れないでね）

642 Let's ... の付加疑問

S

► **Let's ... の文の付加疑問**は，「**..., shall we?**」で表す。

643 否定文の付加疑問 ― 完了形の場合

S

► **否定文の付加疑問**は，「**..., 肯定形＋人称代名詞 ?**」で表す。

644 否定の there is A 構文の付加疑問

S

► **there is A 構文の否定文の付加疑問**は，「**..., 肯定形＋ there?**」で表す。

○ 本問は，no reason を使っているので否定文の扱いとなる。

否定語による強制的な倒置

125 KEY POINT

645 否定語による強制倒置 ― never が文頭

R

► **never[little]**「決して…ない」，**rarely[seldom]**「めったに…ない」，**hardly[scarcely]**「ほとんど…ない」**などの否定を表す副詞が文頭にくると，その後が強制的に倒置**（疑問文と同じ語順）になる。

○ したがって，① Never I have を Never have I に修正する。または，一般的な否定文の形で I have never としても可。

640 ③ **641** ② **642** ④ **643** ③ **644** ②
645 ① Never I have → Never have I[I have never]

646 最近になってようやく，親の教えの大切さがわかった。
□□□
Only (have / I / importance / lessons / my / of / parents' / realized / recently / the). 〈兵庫県立大〉

647 (　　　) did Sam realize that he left his bag in the store.
□□□
① After he had gotten on the bus　② Only after getting on the bus
③ Upon getting on the bus　④ When he got on the bus
〈立命館大〉

648 Not only (　　　) but he often skipped class.
□□□
発展↑
① did he not study　② he didn't like studying
③ he didn't study　④ was he not study 〈学習院大〉

649 Not until a monkey is several years old (　　　) to exhibit signs of independence from its mother.
□□□
① and begin　② begins it　③ does it begin　④ it begins 〈日本女子大〉

TARGET 60　強制的に倒置が生じる場合

(1) only のついた副詞［句／節］が文頭にきた場合 →646, 647
Only then did I know how glad she was.
(その時になって初めて彼女がどんなに喜んでいるかがわかった)

(2) never[little] が文頭にきた場合 →645
Never have I read such an interesting story.
(こんなにおもしろい話は読んだことがない)

(3) not only ... but also ～が文と文を結んで，not only が文頭にきた場合 →648
Not only did he ignore what they had said, **but** he **also** lied to them.
(彼は彼らの言ったことを無視しただけでなく，彼らにうそもついた)

(4) 否定語のついた目的語「not a (single) ＋単数名詞」が文頭にきた場合
Not a merit did I find in his plan.
(彼の計画には何一つ長所が見つからなかった)

(5) 否定の副詞表現が文頭にきた場合
At no time must the door be left unlocked.
(どんな時でもドアの鍵を開けたままにしておいてはいけない)

647 バスに乗り込んで初めて，サムは自分がバッグを店に置き忘れたことに気づいた。
648 彼は勉強しないだけでなく，授業もよくさぼった。
649 サルは生まれて数年経って初めて，母親から独立する兆候を示し始める。

646 強制倒置 ―「only +副詞」が文頭

R

► **only recently が文頭にきた場合，後の文は倒置形**になる。（→ TARGET 60 (1)）

○ 本問は, I have realized the importance of A「Aの重要性がわかった」の倒置形をまとめられるかがポイント。

647 強制倒置 ―「only +副詞句」が文頭

R

○ 考え方は問題646と同じ。**Only after doing ... の後は, 強制倒置が生じる。**（→ TARGET 60 (1)）

648 否定語による強制倒置 ― not only が文頭

► **not only ... but 〜が文と文を結んで，not only が文頭にきた場合，強制的に倒置が生じる。**（→ TARGET 60 (3)）

○ 本問では he did not study と he often skipped class の2文が結ばれている。not only の後で倒置が起こり① did he not study となっている。

649 強制倒置 ― not until S + V ... が文頭

► **否定語を含む副詞節 not until S + V ... が文頭にくると，主節は倒置形**になる。**Not until S + V ... +倒置形 〜.** で「Sが…して初めて〜する」の意味を表す。

○ したがって, 本問の主節は, it begins to exhibit signs of independence from its mother「サルは母親から独立する兆候を示し始める」の倒置形, does it begin to exhibit signs of independence from its mother になる。

646 recently have I realized the importance of my parents' lessons **647** ② **648** ① **649** ③

KEY POINT 126

650 The boys don't attend their meetings regularly, (and / do / neither / the girls / don't). (1語（句）不要) 〈立教大〉

651 The poor girl couldn't move, (　　) speak.
① nor couldn't she　② nor could she
③ nor she could　④ or she could 〈昭和女子大〉

652 John ① <u>is thinking about</u> ② <u>going on</u> a trip ③ <u>in the near future</u> and so ④ <u>Mary is.</u> 〈立教大〉

653 You said she was kind and so (　　).
発展
① do you　② is she　③ she is　④ you are 〈東京理科大〉

650 その少年たちは，彼らの集まりに定期的に出席しないし，少女たちも同様である。
651 そのかわいそうな少女は動けなかったし，話すこともできなかった。
652 ジョンは近い将来，旅行に出かけることを考えているが，メアリーもそうだ。
653 彼女は親切だとあなたは言いましたが，実際その通りです。

neither / nor / so ＋助動詞＋ S

126 KEY POINT

1 文法
2 語法
3 イディオム
4 会話表現

650 強制倒置 ― neither と nor の用法

S

► **前述の否定内容を受けて，「neither ＋助動詞 [be 動詞／完了形の have] ＋ S」の語順**で「S もまた…しない／S はまた…もしない」の意味を表す。「**nor ＋助動詞 [be 動詞／完了形の have] ＋ S**」も同意。

► **neither** は副詞なので，原則として本問のように and が必要だが，省略されることがある。

► **nor** は接続詞であるため，本問中のような and は原則として不要となる。ただし，イギリス用法では，nor の前に and を置くこともある。

○ 本問は，前文の現在時制の一般動詞を受けるので，助動詞 do を使い，do S の形を想定して，and neither の後に続ければよい。

PLUS **nor の後に文がくる場合は，倒置形（疑問文と同じ語順）になる**こともここで押さえる。
I have not asked for help, **nor do I desire** it.
（私は助けを求めたことはないし，それを望んでもいない）

PLUS 「S もまた…しない／S はまた…もしない」は「**否定文, either**」を用いても表せる。本問の and neither do the girls は and the girls don't, either と表現できる。下記の例文で確認しておこう。
I've never been to New York, and **neither has my sister**.
= I've never been to New York, and **my sister hasn't either**.
（私はニューヨークに行ったことはないし，妹も行ったことがない）

651 強制倒置 ― nor が節の頭

S

► 問題650で触れたように，**nor の後の文は倒置形になる**。

652 強制倒置 ― so の用法

S

► **前述の肯定内容を受けて，「so ＋助動詞 [be 動詞／完了形の have] ＋ S」の語順**で「S もまたそうである」の意味になる。

○ 本問は，前文の現在進行形を受けるので，be 動詞を使い，so is S の倒置形になる。

PLUS **be thinking about doing …**「…しようかと考えている」は重要表現。**be planning to do …** と同意。

PLUS よく似た形に「**so ＋ S ＋助動詞 [be 動詞／完了形の have]**」の形があるが，こちらは前述の内容を受けて「実際その通りだ」の意味になる。以下の例文参照。
You said he was honest, and **so he is**.
（彼は正直だと君は言ったが，実際その通りだね）

653 so is she か so she is か

○ 問題652で触れた，「**so ＋ S ＋ be 動詞**」「実際その通りだ」が本問のポイント。

---

650 and neither do the girls（不要語：don't） **651** ② **652** ④ Mary is → is Mary
653 ③

654 彼の手紙がとても情熱的だったので彼女は感動して涙が出てきた。
□□□ So passionate was (letter / moved / was / that / tears / his / she / to).
発展↑ 〈立命館大〉

KEY POINT 127

655 His report was written (　　　) that I refused to read it.
□□□
① in a so careless manner　② such carelessly
③ in so careless a manner　④ in a such careless manner 〈同志社大〉

656 I should say this is (　　　) question.
□□□
① too simple　② simple too a
③ too a simple　④ too simple a 〈関西学院大〉

657 Patricia was (　　　) as anyone could have had.
□□□
① as patient teacher　② as a patient teacher
③ as patient a teacher　④ as patient as teacher 〈慶應義塾大〉

658 My parents don't mind me going to the movies every weekend. I told them that watching movies is as (way / to / effective / as / English / a / your / improve) reading novels. 〈早稲田大〉
□□□

655 彼のレポートはとてもいいかげんな書き方をしていたので，私は読むのを拒否した。
656 これはあまりにも単純な質問でしょうね。
657 パトリシアは誰に対しても並外れて忍耐強い教師でした。
658 両親は，私が週末ごとに映画に行くことを気にしていません。私は彼らに映画を見るのは小説を読むのと同じくらい英語を向上させるのに効果的な方法だと話しました。

654 強制倒置 ― so ... that 構文の so ... が文頭

R

► **so ... that S + V 〜「とても…なので〜」の構文（→506）において，so ... が文頭にくる場合，その後は倒置形になる。**

○ 本問は，His letter was so passionate that she was moved to tears. を想定することが前提。

○ **be moved to tears**「感動して涙を流す」は重要表現。

so / too / as の後の語順

127 KEY POINT

655 so ... that S + V 〜か such ... that S + V 〜か

► so の場合は，**so ＋形容詞＋ a[an] ＋名詞＋ that S ＋ V 〜**，such の場合は，**such ＋ a[an] ＋形容詞＋名詞＋ that S ＋ V 〜**になる。（→507）

○ したがって，③ in so careless a manner を選ぶ。

✖ ② such carelessly（×）は so carelessly なら可。

PLUS **as**，**too**，**how** も **so** と同じ語順になる。「**so[as / too / how] ＋形容詞＋ a[an] ＋名詞**」の語順で押さえよう。副詞の **so[as / too / how]**（how は疑問副詞）によって，「**a[an] ＋形容詞＋名詞**」の形容詞を修飾するために，形容詞を前に出すと考えればよい。（→281）

656 too ＋形容詞＋ a[an] ＋名詞

R

○「**too ＋形容詞＋ a[an] ＋名詞**」**の語順**（→655）が本問のポイント。

657 as ＋形容詞＋ a[an] ＋名詞

○「**as ＋形容詞＋ a[an] ＋名詞**」**の語順**（→655）が本問のポイント。

PLUS as ... as any 〜「どの〜にも劣らず…」は，最上級と同等の意味を表す。（→280）

PLUS 2つ目の as の後ろには，a teacher who[whom] が省略されており，a teacher who[whom] anyone (= any student) could have had という形になっている。

658 as ＋形容詞＋ a[an] ＋名詞と a way to do ...

○ 文中に as が2つあることから，watching movies is as 〜 as reading novels という原級表現（→272）だと気づく。**way** は同格表現の不定詞をとり，**a way to do ...** で「…する1つの方法」の意味を表す（→163）ので，a way to improve your English「英語を向上させる1つの方法」とまとめる。最後に，「**as ＋形容詞＋ a[an] ＋名詞**」の語順（→657）で文を完成させる。

---

654 his letter that she was moved to tears　**655** ③　**656** ④　**657** ③
658 effective a way to improve your English as

1 文法　2 語法　3 イディオム　4 会話表現

KEY POINT 128

659 A chemist prepares its experiments carefully before trying to carry ( ) in his laboratory.
□□□
① it out ② out it ③ them out ④ out them 〈関西学院大〉

KEY POINT 129

660 ジュリーはシドニー五輪が行われた2年後に生まれた。
□□□
Julie was born ( ) ( ) ( ) the Sydney Olympics took place. 〈京都教育大〉

661 ( ) it ever so humble, there's no place like home.
□□□
発展
① Being ② Be ③ Is ④ Are 〈桜美林大〉

659 化学者は，実験室で実験を行う前に慎重にその準備をする。
661 どんなにみすぼらしくても，わが家ほどよい場所はない。

1 文法 2 語法 3 イディオム 4 会話表現

「他動詞＋副詞」の表現における語順

128 KEY POINT

659 carry out A か carry A out か

► 「他動詞＋副詞」の表現は，名詞を目的語にする場合は，例えば **carry out A / carry A out** のいずれの語順も原則として用いるが，代名詞を目的語にする場合は必ず **carry A out**，すなわち**「他動詞＋代名詞＋副詞」の語順**となる。

○ 本問は，文意から its experiments を受ける代名詞の them を使うので，③ them out を選ぶ。

PLUS **carry out A / carry A out**「A を実行する」は重要表現。

その他の語順に注意すべき表現

129 KEY POINT

660 two years after S＋V ...

► **時の前後の差を表す表現は，接続詞または前置詞の after / before の前に置く。** つまり **A（時間）after ...**「…の A 後」，**A（時間）before ...**「…の A 前」と表現する。

○ 本問は，「…する2年後」だから，**two years after S + V ...**「…して2年後」となる。

✖ after two years S + V ...（×）としないこと。

PLUS **take place**「行われる」（= **be held**）は重要表現。

661 Be it ever so humble,

► **Be it ever so humble,** は「どんなにみすぼらしくても」の意味。**No matter how humble it may be,** に相当する表現。慣用表現としてこのまま覚えること。

659 ③ **660** two years after **661** ②

KEY POINT 130

662 □□□ John didn't go to the party, and Mary didn't either. That is, (　　　).
① either of them didn't go to the party
② either of them went to the party
③ John and Mary never went to the party together
④ neither of them went to the party 〈慶應義塾大〉

663 □□□ I haven't read (　　　) of his novels but judging from the one I have read, I think he's a very promising writer.
① any　② both　③ either　④ none 〈センター試験〉

664 □□□ クラスの皆が学生食堂の食べ物を気に入っているわけではない。
(all / classmates / like / my / not / the) food in the cafeteria. 〈慶應義塾大〉

665 □□□ Watching TV is not (　　　) bad, but it is important for children to form the habit of thinking for themselves.
① every　② anytime　③ absolute　④ necessarily 〈芝浦工大〉

TARGET 61 代名詞（形容詞）を用いる部分否定，全体否定の表現

	部分否定	全体否定
2人（2つ）	not ... both	neither ... not ... either
	どちらも…というわけではない	どちらも…でない
3人（3つ）以上	not ... all not ... every	none ... no ＋名詞 not ... any
	すべてが…というわけではない	どれも…でない

662 ジョンはパーティーに行かなかったし，メアリーも行かなかった。つまり，彼らのどちらもパーティーには行かなかった。
663 彼の小説を両方とも読んだわけではないですが，読んだ方の小説から判断すると，彼はとても有望な作家だと思います。
665 テレビを見るのは必ずしも悪いわけではないが，子どもたちが自分で考える習慣をつけることが大事だ。

部分否定と全体否定

130 KEY POINT

662 2者の全体否定 ― neither

► neither は，2つのもの［人］を前提にして「どちらも…ない」の意味を表す（→360）。

✖ ① either of them didn't go to the party（×）は不可。問題371, 372で**主語に any を用いて，述語動詞を否定形にすることはできない**と述べたが，**either も主語で用いて述語動詞を否定形にすることはできない**。なお，**not ... either**「どちらも…ない」（= **neither**）の形は可（→362）。

663 2者の部分否定 ― not ... both

► not ... both は「どちらも…というわけではない」という部分否定の意味を表す。

✖ ③ either（×）は不可。**not ... either** は全体否定で「どちらも…ない」（= **neither**）の意味（→362）。

PLUS **judging from A**「A から判断すると」（→ TARGET 26）は重要表現。

664 部分否定 ― Not all ＋名詞＋ V ...

R W

○ **not ... all**「すべてが…というわけではない」（→ TARGET 61）が本問のポイントだが，not の位置が重要。all my classmates と like the food in the cafeteria はすぐにまとめられるが，not like the food とはできない。したがって，not を文頭にもってきて「**Not all[every] ＋名詞＋ V ...**」「すべての〜が…というわけではない」という部分否定を表す構造を用いる。

PLUS **主語に all や every を用いて部分否定を作る場合は，not を必ず文頭に置くこと**。動詞を否定形にすると，全体否定の意味になることもある。例えば，All my classmates don't like A. ならば，「クラス全員が A を好きでない」の意味にもなる。not の位置は英作文上も重要。以下の文は **every** の用例。
Not every student studying law can be a lawyer.
（法律を学んでいる学生がみな法律家になれるわけではない）

665 部分否定 ― not necessarily

R

► not (...) necessarily「必ずしも…というわけではない」は部分否定の表現。（→ TARGET 62）

662 ④ **663** ② **664** Not all my classmates like the **665** ④

666 彼女の身の上話は，まんざら嘘でもなさそうだ。
□□□ What she told us (be altogether / seem / herself / does not / false / about / to). 〈龍谷大〉

KEY POINT 131

667 I am not sleepy (　　) all.
□□□ ① at　② quite　③ in　④ but 〈東京歯科大〉

668 They were not in the (　　) anxious about it.
□□□ ① all　② last　③ latest　④ least 〈関西学院大〉

669 There is no doubt (　　) about it.
□□□ ① if only　② nothing　③ quite　④ whatever 〈神戸女子大〉
発展↑

TARGET 62 部分否定の重要表現

- **not necessarily**「必ずしも…というわけではない」
- **not always**「いつも［必ずしも］…というわけではない」
- **not exactly**「必ずしも…というわけではない」
- **not altogether[completely / entirely]**「まったく［完全に］…というわけではない」

TARGET 63 強意の否定表現

(1) **not (...) at all = not (...) in the least[slightest] / not (...) a bit**「決して[少しも／まったく]…ない」
I'm **not** tired **at all [in the least / in the slightest / a bit]**.
（私は決して疲れていません）

(2) **just [simply] not**「まったく…ない」
I **just[simply] can't** understand why he did so.
（彼がなぜそんなことをしたのか，私はまったくわかりません）
＊ not (...) just[simply] は「単なる［単に］…でない」の意味。
He is **not just** a friend of mine.
（彼は単なる友人ではない）

667 私はまったく眠くありません。
668 彼らはそれについて，まったく心配していなかった。
669 それはまったく疑いの余地がない。

666 部分否定 − not (...) altogether

○ **not (...) altogether**「まったく…というわけではない」(→ TARGET 62) を用いて，述部を does not seem to be altogether false とまとめられるかがポイント。

強意の否定表現

131 KEY POINT

667 強意の否定表現 − not (...) at all

S

► **not (...) at all** は「決して(…)ない」という強い否定の意味を表す。(→ TARGET 63 (1))

668 強意の否定表現 − not (...) in the least

► **not (...) in the least[slightest]** は「決して…ない」(= **not (...) at all**) という強い否定の意味を表す。(→ TARGET 63 (1))

669 no ＋名詞＋ whatever

► **「no ＋名詞」の後に whatever または whatsoever を置いて**「まったく…ない」という**強い否定の意味を表す**用法がある。

PLUS **疑問文での「any ＋名詞」の後に，whatever または whatsoever を置くことによって，「少しでも」とその意味を強調する**以下の用例もここで押さえておこう。
Is there **any chance whatever** of his recovery?
(彼の回復する可能性は少しでもあるのでしょうか)

1 文法　2 語法　3 イディオム　4 会話表現

---

666 about herself does not seem to be altogether false　**667** ①　**668** ④　**669** ④

KEY POINT 132

670 □□□ The role played by the family differs from country to country. In the first place, the definition of the family is (　　) universal.

① always　② as yet　③ by no means　④ still　〈東京薬科大〉

671 □□□ 発展↑ 見知らぬ人は決して中に入れてはいけない。

On no (a　　) must strangers be let in.

※空所に与えられたアルファベットから始まる1語を書く。　〈関西外大〉

672 □□□ Under no circumstances (　　) be left on.

① must the switch　② the switch must

③ must the switch not　④ the switch must not　〈京都外大〉

KEY POINT 133

673 □□□ 発展↑ 彼はいざというとき君を見捨てるような人ではない。

(he / in / is / leave / need / of / person / the / time / to / you / last).

〈明治大〉

674 □□□ 発展↑ とんでもない所でとんでもないやつに会ったものだと思った。

I thought (him / I / last / man / meet / the / there / to / wanted).

〈慶應義塾大〉

TARGET 64 強い否定を表す副詞句

以下の副詞句は，いずれも「決して…ない」という強い否定を表す表現。

- **by no means** (= not ... by any means) →670
- **in no way** (= not ... in any way)
- **in no sense** (= not ... in any sense)
- **on no account** (= not ... on any account) →671
- **under no circumstances** (= not ... under any circumstances) →672

＊上記表現が文頭にくると強制倒置が生じることに注意（→645, TARGET 60 (5)）。

670 家族が果たす役割は国によって大きく異なる。まず第一に，家族の定義が世界共通では決してないのだ。
672 決してスイッチを入れたままにしておいてはいけません。

強い否定を表す副詞句

132 KEY POINT

670 by no means

► **by no means** は「決して…ない」という強い否定の意味を表す。**not ... at all** と同意（→ TARGET 63）。**by no means** は「**前置詞＋ no ＋名詞**」の形をとる否定表現。（→ TARGET 64）

671 On no account の後は倒置形

W

► **on no account** は「決して…ない」という強い否定の意味を表す（→ TARGET 64）。ここでの account は「理由」の意味。「いかなる理由でも…ない」から「決して…ない」の意味になったと考えればよい。

PLUS 本問のように **on no account という否定の副詞表現［前置詞句］が文頭にくると，強制倒置**が生じることも注意しよう（→ TARGET 60 (5)）。整序英作文で頻出の項目。

672 Under no circumstances の後は倒置形

► **under no circumstances** は「決して…ない」という強い否定の意味を表す。（→ TARGET 64）

○ 本問は，the switch must be left on の倒置形を考える。（→ TARGET 60 (5)）

PLUS **leave A on**「A をつけたままにしておく」は重要表現。（→1006）

否定語を用いない否定表現

133 KEY POINT

673 否定語を用いない否定表現 ─ the last A to do ...

R

► **the last A to do ...** で「決して…しない A ／最も…しそうにない A」という強い否定の意味を表す。

○ 本問は，A に person，to do ... に to leave you in time of need を置けばよい。

PLUS **in time of need**「必要なときに」は重要表現。

PLUS 「**the last A ＋関係代名詞節**」の形もあるので注意。

You are **the last person I would have expected to see here.**

（君にここで会うなんて，まったく予想もしなかった）

674 否定語を用いない否定表現 ─ the last A ＋関係代名詞節

R

○ 問題673で触れた「**the last A＋関係代名詞節**」「決して…しないA」が本問のポイント。the last man I wanted to meet there「そこで最も会いたくなかった人」とまとめて，それを him の後に置き，目的格補語として機能させる。

---

670 ③ **671** account **672** ①

673 He is the last person to leave you in time of need

674 him the last man I wanted to meet there

1 文法　2 語法　3 イディオム　4 会話表現

675 □□□ The new film proved to be (　　　) but a failure. It was an instant success the world over.

① anything　② everything　③ nothing　④ something 〈上智大〉

676 □□□ 発展↑ Wanting freedom to choose may be a universal impulse, but it (being / far / from / is / strongest / the). 〈一橋大〉

677 □□□ 手紙のつづり字の誤りをなくさないと，ペンフレンドは，君の英語の知識を疑うだろう。

If you (letters / your / free / don't / errors / from / make / spelling), your pen pal will doubt you have a good knowledge of English. 〈近畿大〉

678 □□□ 発展↑ 戦争をいかにして防止するかという問題はいまだ解決されていない。

The problem of how to (solved / prevent / be / remains / to / war). 〈中央大〉

TARGET 65 far from A と free from A の区別

● **far from A**「決して A ではない」= **anything but A** → 675, 676

His answer **was far from** satisfactory to us.

= His answer was **anything but** satisfactory to us.

（彼の答えは私たちには決して満足のいくものではなかった）

● **free from A**「A がない」= **without A** → 677

Your composition is **free from** mistakes.

= Your composition is **without** mistakes.

（君の作文には間違いがありません）

TARGET 66 remain to be done など

● We **have not solved** the problem.（私たちはまだその問題を解決していない）

= The problem **remains to be solved.** → 678

= The problem **is[has] yet to be solved.**

= We **have[are] yet to solve the problem.** → 679

675 その新しい映画は，決して失敗作ではないことがわかった。それは世界中でたちまちヒットした。

676 選択の自由が欲しいという思いは普遍的な衝動かもしれないが，最も強い衝動では決してない。

675 否定語を用いない否定表現 — anything but A

► **anything but A** は「決して A ではない」の意味を表す。通例 A には名詞または形容詞がくる。

PLUS **prove[turn out] to be C**「C だとわかる」は重要表現。

PLUS 類似表現 **nothing but A**「A だけ／A にすぎない」(= **only A**)もここで押さえておこう。
It is **nothing but** a joke.（それはほんの冗談にすぎない）

PLUS but を用いた表現，**all but A**「ほとんど A」も確認しておこう。この表現は，「A 以外はすべて」の意味もある。
The war was **all but** over.（戦争はほぼ終わった）
All but three students passed.（3人の学生以外，全員合格した）

676 否定語を用いない否定表現 — far from A

► **far from A** は「決して A ではない」の意味を表す（→ TARGET 65）。通例 A には，動名詞・名詞・形容詞がくる。A に名詞・形容詞がくる場合は，**far from being A** の形になることもある。

○ 選択肢から，**far from being A**「決して A ではない」を想定して，(but it) is far from being the strongest と作ればよい。

PLUS **free from A**「A がない」との区別は重要。

677 否定語を用いない否定表現 — free from A

► **free from A** は「A がない」の意味を表す。（→ TARGET 65）

○ make A C[形容詞]「A を C にする」の補語 C に，free from spelling errors を置き，make A free from spelling errors「A をつづりの誤りがないようにする」を想定すればよい。

678 否定語を用いない否定表現 — remain to be done

► **remain to be done** は「まだ…されていない／これから…されなければならない」という否定的な意味を表す表現。

○ 本問は，remains to be solved「まだ解決されていない」とまとめ，述語動詞として用いればよい。

PLUS 同様に，否定語を用いない動詞表現で否定的な意味を表すものとして，**be yet to do … / have yet to do …**「まだ…していない」(→679, TARGET 66) を押さえておこう。
He **is[has] yet to know** what happened to her.
（彼は彼女の身に何があったのかまだ知らない）

PLUS **remain to be done** の同意表現として，**be[have] yet to be done**（→ TARGET 66）もここで押さえておこう。

---

675 ①　**676** is far from being the strongest
677 don't make your letters free from spelling errors
678 prevent war remains to be solved

679 □□□
All right, I believe you're innocent. But they don't trust you. We have yet ( ) a witness who can prove your story is true.
① find ② finding ③ found ④ to find 〈東京理科大〉

680 □□□ 発展↑
いつもメアリーは自分では食べきれないほどの食べ物を持ってきた。
Mary invariably (brought / could / eat / food / more / not / she / than). （1語不要） 〈慶應義塾大〉

681 □□□ 発展↑
彼が自分の才能をむだにしていることを考えると，どうも我慢できない。
It's (can / think / more / bear / than / to / I / not) of his wasting his talents. （1語不要） 〈立命館大〉

KEY POINT 134

682 □□□
私はこの本を読むたびに新しい意味を発見します。
I (always / book / finding / meaning / never / new / read / this / without / a) in it. （1語不要） 〈東京理科大〉

683 □□□
雨が降れば必ず土砂降りになる。
It never rains ( ) it pours. 〈西南学院大〉

679 わかりました。あなたが無実であることを信じます。しかし，彼らはあなたを信用していません。われわれは，あなたの話が真実であることを証明してくれる証人をまだ見つけていません。

679 否定語を用いない否定表現 ― have yet to do ...

○ **have[be] yet to do ...**「まだ…していない」(→678, TARGET 66) が本問のポイント。

680 否定語を用いない否定表現 ― more A than S can eat

○ 否定語を用いない否定表現を比較級で作るのが本問のポイント。動詞 brought の目的語に, more food than she could eat「彼女には食べきれなかったほどの食べ物 ← (その時) 彼女が食べることができるよりも多くの食べ物」を置けばよい。

PLUS 否定語を用いない否定表現として **more than S can do ...**「Sには…できない ← Sが…できる以上のこと」もここで押さえておこう。
His ideas are sometimes **more than I can understand**.
(彼の考え方が, 私には理解できないことがある)

681 否定語を用いない否定表現 ― more than S can bear

○ **more than S can bear**「Sには耐えられないこと」(→680) を用いるのが本問のポイント。まず, It's more than I can bear とし, 形式主語 It が受ける内容を to think ... とすればよい。

二重否定

134 KEY POINT

682 二重否定 ― never do ... without doing〜

W

► **never[cannot] do ... without doing** 〜は「…すると必ず〜する／〜しないで…しない」という二重否定の意味を表す。

○ 本問は, never do ... を never read this book, without doing 〜を without finding a new meaning とまとめればよい。

683 二重否定 ― It never rains but it pours.

► この **but** は主節が否定文のときに用いられ, それ自体が「〜しないで」という否定の意味を表す接続詞。したがって, **S never do ... but S do** 〜で「Sは〜しないで…しない／Sは…すれば必ず〜する」という二重否定の意味を表す。

PLUS 本問の but は入試ではまだ出題されているが, 古い表現なので日常的に使うのは避けた方がよい。本英文はことわざ。

---

679 ④ **680** brought more food than she could eat (不要語：not)
681 more than I can bear to think (不要語：not)
682 never read this book without finding a new meaning (不要語：always)
683 but

KEY POINT 135

684 □□□ The sound quality of these MP3 files, (　　　) not perfect, is not that bad.

① however　② while　③ despite　④ even　〈南山大〉

685 □□□ 発展↑ ①A suggestion of ②Sesame Street's teaching potential, ③when viewing with high regularity in controlled circumstances, is provided by a study ④carried out in Mexico.　〈慶應義塾大〉

686 □□□ There were very few people, if (　　　), who actually saw what happened.

① any　② ever　③ many　④ not　〈慶應義塾大〉

687 □□□ There is little, if (　　　), difference between the two.

① any　② some　③ none　④ few　〈成城大〉

688 □□□ He has seldom, if (　　　), spoken in public.

① any　② little　③ so　④ ever　〈南山大〉

684 これらのMP3のファイルの音質は完璧なものではないけれど，それほど悪いものではない。
685 セサミストリートは，管理された環境のもとで非常に高い頻度で視聴された場合，教育面での可能性を秘めているという示唆がメキシコで行われた研究によってなされた。
686 実際に何が起こったのかを見た人は，たとえいたにしても，とても少なかった。
687 その2つの間には，あったとしても，ごくわずかな違いしかない。
688 彼が人前で話をしたことは，たとえあったにしても，ごくまれである。

省略表現

135 KEY POINT

684 副詞節内の「S＋be 動詞」の省略

R

► **副詞節中では「S + be 動詞」がワンセットで省略されることがある。**特に副詞節内の主語が文の主語と一致している場合が多い。

○ 本問は，while it is not perfect の it (= the sound quality of these MP3 files) is が省略された形。この文の while は「譲歩」を表す。(→520)

685 副詞節内の「S＋be 動詞」の省略

R

○ 問題684で扱った**副詞節内の「S + be 動詞」の省略**が本問のポイント。③ when viewing は when it (= Sesame Street) is viewing と考えられるが，it と他動詞 view「…を視聴する」は受動関係が成立するので，when it is viewed となるはず。it is は省略できるので，when viewed と修正すればよい。

686 省略表現 ― few, if any

► **if any** は「(1) もしあれば，(2) たとえあるにしても」の2つの意味で用いられる。

○ 本問の if any は「(2) たとえあるにしても」の意味。通例，この意味で用いられる用法は，**few や little など名詞を否定する語とともに用いる。**この形の if は「条件」ではなく「譲歩」(→502) の用法。if any は，if (there were) any (people who actually saw what happened) と考えればよい。

PLUS **if any**「(1) もしあれば」の例文は以下を参照。
Correct the errors, **if any.** (間違いがあれば訂正しなさい)

687 省略表現 ― little, if any

○ 考え方は問題686と同じ。**if any「(2) たとえあるにしても」が little とともに用いられた形。**if any は，if (there is) any (difference between the two) と考えればよい。

688 省略表現 ― seldom, if ever

W

► **if ever は通例 seldom / rarely (→982) など動詞を否定する語とともに用いて，「たとえあるにしても」の意味を形成する。**

○ この形の if も「譲歩」の用法 (→502)。if ever は if (he has) ever (spoken in public) と考えればよい。

✖ ① any (×) は不可。if any は few や little などの名詞を否定する語とともに用いる表現。(→686，687)

PLUS **if any** と **if ever** は，どちらも日本語にすると「たとえあるにしても」という意味になり紛らわしいので，**few や little の後では if any，seldom や rarely の後では if ever** と正確に押さえておくこと。

684 ②　685 ③ when viewing → when viewed　686 ①　687 ①　688 ④

689 □□□ His condition is, (　　　), better than in the morning.

① if any　② if only　③ if not　④ if anything 〈同志社大〉

690 □□□ I should really reduce the hours I spend online, (　　　) quit the internet entirely.

① even I　② ever to　③ if not　④ not I 〈青山学院大〉

691 □□□ 発展↑ この大学は世界のとまでは言えないがアメリカの技術開発の中心である。

This university is the center (America / development / if / in / not / of / technological / the / world). 〈立命館大〉

692 □□□ The effect, if (　　　), would be very small.

① any　② more　③ none　④ some 〈東京歯科大〉

693 □□□ Is anybody feeling cold? If (　　　), let's turn the heater off.

① ever　② not　③ yes　④ so 〈千葉商科大〉

689 彼の健康状態は，どちらかといえば，今朝よりも良好だ。

690 インターネットを完全にやめてしまうとまではいかなくとも，私はオンラインで使う時間を本当に減らさないといけない。

692 効果はあるにしても，とても小さいでしょう。

693 誰か寒い人はいますか。いないのなら，ヒーターは消しましょう。

689 省略表現 ― if anything

► **if anything** は「どちらかといえば」の意味を表す。

○ **if anything** は，本問のように比較級表現とともに用いることが多い。if anything は，if (there is) anything (different) と考える。

PLUS **if anything は，if any**「たとえあるにしても」(→686，687) **と同じ使い方もある**ので注意。
The contract had little, **if anything**, to do with my later business problems.
（その契約は，たとえあるにしても，私のその後の仕事上の問題とほとんど関係がなかった）

690 省略表現 ― B, if not A ― A と B が動詞の場合 R

► **B(,) if not A = if not A (,) B は**「A ではないにしても B」の意味を表す。**この形の if も「譲歩」**(→502) の用法。A には通例，形容詞・副詞・名詞・動詞がきて，A と B は文法的に対等なものとなる。

○ 本問の場合は，A が quit the internet entiely「インターネットを完全にやめる」，B が really reduce the hours I spend online「オンラインで使う時間を本当に減らす」という動詞表現となっている。

691 省略表現 ― B if not A ― A と B が名詞の場合

○ **B if not A**「A ではないにしても B」(→690) を用いるのが本問のポイント。「この大学はアメリカの技術開発の中心である」という和文の骨格をまずは作る。すると，(This university is the center) of technological development in America となるはず。ここで，「世界のとまでは言えないがアメリカの」の内容を，America if not the world という B if not A の形で表現すればよい。

692 省略表現 ― if any

○ **if any** は，**few, if any** (→686)，**little, if any** (→687) のように，few や little とともに用いると「(2) たとえあるにしても」の意味を表すが，本問のように **if any** が単独で用いられて，「(2) たとえあるにしても」の意味を表すことがある。「(1) もしあれば」は問題686参照。

693 前文の内容を受ける if not

► **if not** は前文の内容を受けて，「そうでないなら」の意味を表す。

PLUS **turn A off / turn off A**「A を消す」は重要。

PLUS 反意表現の **if so**「そうだとすれば」や **even so**「たとえそうだとしても」も前文の内容を受ける慣用表現。一緒に押さえておこう。

---

689 ④ **690** ③ **691** of technological development in America if not the world
692 ① **693** ②

694 □□□ After many years of war, the country has lost much of its power. ( ), its influence should not be underestimated.

① Even so ② Even though ③ So ④ Thus 〈センター試験〉

695 □□□ 発展

オフィスワークの気晴らしに何か野外スポーツを始めたらどう?

(from / take / some / office / sports / why / relaxation / not / work / as / up / a / outdoor)? 〈芝浦工大〉

696 □□□ What ( ) it rains?

① wrong ② else ③ matter ④ if 〈東京薬科大〉

KEY POINT 136

697 □□□ 発展

① He was only by a supreme ② effort of will and courage ③ that he was able ④ to pull himself together. 〈慶應義塾大〉

694 長年続いた戦争の後，その国は国力の多くを失った。たとえそうであっても，その影響力は過小評価すべきではない。

696 雨が降ったらどうなるだろう。

697 彼は，意志と勇気を持とうと最大限努力して初めて，冷静になることができた。

694 前文の内容を受ける even so

○ 問題693で触れた **even so**「たとえそうだとしても」が本問のポイント。

✖ ② Even though (×) は接続詞なので後に S + V ... が続く。単独で用いる用法はない。

695 省略表現 − Why not do ...?

W

► **Why not do ...? は Why don't you do ...?** と同意表現で「…したらどうですか」の意味を表す。

○ 本問は, Why not do ...? がポイント。do ... のところは **take up A**「A を（趣味として）始める」の表現を用いて, take up some outdoor sports とし, その後に「オフィスワークの気晴らしに」の as a relaxation from office work を続ければよい。

696 省略表現 − What if ...?

S 

► **What if ...?** は,「(1) …したらどうなるだろう／…したらどうだろう, (2) …したってかまうものか」の意味をもつ表現。(1) の意味の場合は What (will[would] happen) if ...? の省略, (2) の場合は What (does it matter) if ...? の省略と考えればよい。本問は (1) の用法。

PLUS「(2)…したってかまうものか」の用法は以下を参照。
My parents won't object, and anyway, **what if** they do?
（両親は反対はしないだろうが, ともかく反対したってかまうものか）

強調構文

136 KEY POINT

697 強調構文 − It was only by A that ～

R

► **It is ... that[which / who] ～**「～は…だ」の形で, **強調したい語句を It is と that[which / who] ではさんだものを強調構文**という。強調構文で強調できるのは名詞表現と副詞表現。形容詞表現と動詞表現は不可。名詞表現で「人」を強調する場合は that の代わりに who や whom を,「人以外」を強調する場合は which を用いることもある。**副詞表現を強調する場合は that しか用いないことに注意。時制が過去の場合, 通例 It was になる。**

○ ① He を It に直して, **It was only by A that ～**「A によって初めて～した」の強調構文の形を作る。本問は only by A の副詞表現を強調するために It was と that ではさんだ形。

PLUS **pull oneself together**「冷静さを取り戻す／気を取り直す」は重要表現。

694 ①　**695** Why not take up some outdoor sports as a relaxation from office work
696 ④　**697** ① He → It

698 肝心なのは何を読むかではなくて，どう読むかだ。

□□□ 発展↑

It is not what you read but (that / it / how / read / counts / you).

〈慶應義塾大〉

699 昨日になってはじめて私たちはその悪い知らせを聞いた。

□□□

It (the bad news / heard / not / that / until / was / we / yesterday).

〈実践女子大〉

700 (　　　) you went into the room with?

□□□

① Who she was　② What is she

③ Who it was that　④ Who was it that

〈西南学院大〉

KEY POINT 137

701 私は，子どものころにピアノが弾けるようになれなかったことを，本当に悔やんでいます。

□□□ 発展↑

I (piano / do / learning / play / to / the / not / regret) when I was a child.

〈関西学院大〉

702 Why on (　　　) did you sell your newly-built house?

□□□

① earth　② place　③ reason　④ ground

〈中央大〉

TARGET67 注意すべき強調構文

(1) **It is not until ... that** ～「…して初めて～する」→ 699

It was **not until** Tom came to Japan **that** he learned it.

(トムは日本に来て初めて，それを知った)

(2) **疑問詞＋is it that (＋S)＋V ...?** (疑問詞を強調した強調構文) → 700

What **was it that** he was doing then?

(彼がその時やっていたのは，いったい何だったのだろうか)

＊間接疑問にすると，以下のように「**疑問詞＋it is that (＋S)＋V ...**」の語順になる。

I want to know **what it was that** he was doing then.

(彼がその時やっていたのはいったい何だったのか，私は知りたい)

700 その部屋にあなたが一緒に入ったのは誰でしたか。

702 いったいどうして建てたばかりの家を売ったのですか。

698 強調構文 ― It is not A but B that ～

R

▶ 強調構文（→697）の強調すべき「...」の部分に **not A but B**「A ではなくて B」の相関表現（→470）が入った **It is not A but B that ～**は「～は A ではなくて B である」の意味を表す。

○ 本問は，**It is not A but B that ～**を想定し，A にあたる「何を読むか」は what you read，B にあたる「どう読むか」は how you read it と表現できる。その後に that counts を用いる。なお，count は自動詞「重要である」の意味。

PLUS but B の部分が後置されて，**It is not A that ～, but B** の形になることもあるので注意。以下の例文参照。
It is not what you read **that** counts, **but** how you read it.

699 強調構文 ― It was not until ... that ～

W

▶ **It is not until ... that ～**は「…して初めて～する」の意味を表す。（→ TARGET 67 (1)）

○ 本問は「...」に yesterday，that 以下は we heard the bad news とまとめればよい。

700 疑問詞の強調構文 ― 疑問詞＋ was it that ～?

▶ 強調構文で疑問詞を強調する場合は，「**疑問詞＋ is it that （＋ S）＋ V ...?**」（→ TARGET 67 (2)）の形にする。**疑問詞の後は疑問文の語順**で is it になること，また **that 以下は平叙文の語順**になることを押さえておこう。

その他の強調表現

137 KEY POINT

701 助動詞による動詞の強調 ― do ＋動詞の原形

▶ 動詞を強調する場合は，「**do / does / did ＋動詞の原形**」にする。

○ 本問は，選択肢の do が動詞 regret を強調する助動詞だと見抜けるかがポイント。**regret not doing ...**「…しなかったことを後悔する」（→714），**learn to do ...**「…できるようになる」の表現から，I do regret not learning to play the piano とまとめればよい。

702 疑問詞の強調語 ― on earth

▶ 疑問詞の直後に，**on earth / in the world / the hell / the devil / ever** などの語句をつけて，疑問詞を強調する用法がある。これらの表現は「いったい（全体）」の意味を表す。

698 how you read it that counts
699 was not until yesterday that we heard the bad news **700** ④
701 do regret not learning to play the piano **702** ①

1 文法
2 語法
3 イディオム
4 会話表現

第 12 章 前置詞～第 15 章 否定・省略・強調

問題

01 3日後にバンコク (Bangkok) に向けて出発します。 〈日本医科大〉

02 他国の文化と社会を知ろうと思えば，一般の人たちに混ざってそこで暮らしてみる必要が本当にあります。 〈同志社大〉

03 一緒にコーヒーでも飲みながら，もっと話をしようよ。 〈愛知県立大〉

04 To my disappointment, I discovered that fixing the shoe would have cost me more than half that price. I gradually learned the same was true of electronics and many other items of daily use. 〈東北大〉

05 都会を離れ，郊外に住む人が増えている。 〈学習院大〉

01 in の用法 ―「経過」を表す場合 (➔541)

○「(私は) 3日後にバンコクに向けて出発します」の「3日後に」は「今から3日経つと」なので「経過」を表す in を用いて in three days と表現できる。「A に向けて出発します」は leave for A「A に向けて出発する」を「その (飛行機のチケットの購入などの) 手配ができている」の含みを持つ現在進行形 (➔8) の形にして，I'm leaving for Bangkok と表現できる。

02 among の用法 ― among A (➔552)

○「(あなたが) 他国の文化と社会を知ろうと思えば」は if 節で If you want to know about the A and B of C「C の A と B を知りたいなら」の構造で表現できる。C の「他国」は，文脈より「自分の国」以外の任意の「もう一つの国」と考えて，another country とする (➔380)。「そこで暮らしてみる必要が本当にあります」は It is ... (for A) to do ～「(A が) ～するのは…だ」(➔158) を用いて，It is really necessary (for you) to live there. または need to do ...「…する必要がある」(➔74) を用いて，You really need to live there. とする。「一般の人たちに混ざって」は，among「…の中で／…の間で」を用いて，among ordinary people と表現できる。

03 over の用法 ―「従事」を表す場合 (➔553)

○ over には「…しながら」という「従事」を表す用法がある。本問の「(一緒に) コーヒーでも飲みながら」は over a cup of coffee と表すことができる。「もっと話をしようよ」は，Let's talk more. と表現できる。「提案」を表す Why don't we do ...? や Why not do ...? (➔695) を用いて，Why don't we talk more?，Why not talk more? などとしてもよい。

Hint

04 **fix A**「A を修理する (= repair A)」，**gradually**「次第に」，**the same**「同じこと」

解説動画をCHECK!

04 to の用法 ― to A's ＋感情名詞 (➜584)

○ To my disappointment は，to A's ＋感情名詞「A が…したことに」の表現で「私ががっかりしたことに」の意味を表す。I discovered that S + V ...「…ということを発見した」の that 節は，主語の fixing the shoe「その靴を修理したならば」に仮定の意味が含まれる（➜149, 150）仮定法過去完了の主節の形（➜115）となっていることを見抜く。cost A B「A に B（費用）がかかる」（➜775），more than A「A 以上」，half (of) A「A の半分」から，that 節は「その靴を修理したならば半額以上の金額が私にかかっただろう」の意味を表す。第2文は，learn (that) S + V ...「…ということを学ぶ」，be true of A「A に当てはまる」(= apply to A)，electronics「電化製品／電子機器」，items of daily use「日常使う商品／日用品」から，「私はだんだんと同じことが電化製品や他の日用品についても当てはまることを学んだ」の意味を表す。

05 the number of A が主語 ― 単数扱い (➜609, 1078)

○「人が増えている」は the number of A（複数名詞）「A の数」を用いて，The number of people has been increasing. と表現できる。「現在急激に増加している」の場合は，The number of people is increasing. と現在進行形にしてもよい。また，People have been increasing in number. とも表現できる。「都会を離れ，郊外に住む（人々）」は，主格の関係代名詞 who[that] を用いた関係代名詞節（➜406）で (people) who leave big cities and live in the suburbs または現在分詞句で後置修飾（➜237）して，(people) leaving big cities and living in the suburbs と表現してもよい。

解答例

01 **I'm leaving for Bangkok in three days.**

02 **If you want to know about the culture and society of another country, it's really necessary to live there among ordinary people.**

03 **Let's talk more over a cup of coffee.**

04 **がっかりしたことに，私は，その靴を修理したならば，靴の半額以上の金額がかかっただろうということを発見した。私はだんだんと同じことが電化製品や他の多くの日用品についても当てはまるということを学んだ。**

05 **The number of people who leave big cities and live in the suburbs has been increasing.**

問題

06 次の授業までにどのような準備をしたらよいか教えていただけませんか。〈成城大〉

07 彼を私の事務所に連れて来たのは誰だと思いますか。〈関西学院大〉

08 Never once did I hear him use his position or title to advance his own interests, nor did he ever boast of his personal achievements. 〈日本医科大〉

09 Only once this direction is determined do they tailor a new product to meet that need. 〈東京工大〉

10 So lucky are we that we can easily come to believe that those without such abundance must be miserable. 〈東北大〉

06 間接疑問 ― 節内は平叙文の語順 (➔626)

○「どのような…か教えていただけませんか」は，tell A wh 節「A に…かを教える」(➔803)を用いて，Could you tell me how ... ? と表現できる。「次の授業までにどのような準備をしたらよいか」は，「どのように次の授業の準備を私はするべきなのか」と考え，prepare for A「A に備えて準備する」を用いて，how I should prepare for the next class と表現できる。how 節は間接疑問なので，平叙文の語順となる。

07 疑問詞＋ do you think ＋ V ... ? (➔629)

○「彼を私の事務所に連れて来たのは誰だ」は bring A to B「A を B に連れてくる」(➔846)を用いて，Who brought him to my office? と表現できる。この文を do you think の目的語に組み込む場合，疑問詞の Who が do you think の前にくるので，Who do you think brought him to my office? とする。

08 否定語による強制倒置 ― Never once が文頭 (➔645)

○本問の前半の Never once did I hear him use his position or title to advance his own interests は，否定の副詞句 never once「決して一度も…ない」が文頭にきているため，did I hear ... という倒置形になっている。hear A do ...「A が…するのを聞く」(➔TARGET 72)から，I hear him use his position or title までは，「私は彼が自分の地位や肩書を使うのを聞いたことは決して一度もない」の意味になる。to advance his own interests は「目的」を表す副詞用法の不定詞句(➔176)で「自分自身の利益を増大させるために」の意味を表す。後半の nor did he ever boast of his personal achievements は「nor ＋助動詞＋ S ＋ V ...」で「S はまた…もしない」(➔650)の意味を表す。boast of A「A を自慢する (= take pride in A)」，achievement「業績」から「これまでに彼が自分の個人的な業績を自慢したこともない」の意味を表す。

Hint

08 **title**「肩書」，**advance A**「A を増進させる」，**interest**「利益」，**personal**「個人的な」

09 強制倒置 ― only ＋副詞節が文頭 (➔ 646, 647, TARGET 60 (1))

○ only のついた副詞節が文頭にきた場合，主節が倒置になる。本問の Only once this direction is determined は，once S + V ...「ひとたび…すると／いったん…すると」(➔ 516)，be determined「決まる／決定される」から，「この方向性がひとたび決まって初めて」の意味を表す。主節の do they tailor a new product to meet that need は，tailor A「A を仕立てる／ A を注文で作る」，product「製品」，meet A「A（要求・必要など）を満たす［かなえる］」(➔ 863) から，「彼らはその必要性を満たすために新製品を作る」の意味を表す。

10 強制倒置 ― so ... that 構文の so ... が文頭 (➔ 654)

○ so ... that S + V ～「とても…なので～」(➔ 506) の so ... が文頭にくると倒置形になる。本問は，So lucky が文頭のため，are we that ～の倒置形になっていることを見抜く。that 節内の we can easily come to believe that S + V ... は，「理論上の可能性」を表す can easily do ...「容易に…しかねない←容易に…する可能性がある」，come to do ...「…するようになる」(➔ 887) から，「私たちは容易に…ということを信じるようになりかねない」の意味を表す。those without such abundance must be miserable は，those「人々（= the people）」，abundance「豊かさ」，must be C「C に違いない」(➔ 65)，miserable「不幸な」から，「そのような豊かさを持たない人々は不幸に違いない」の意味を表す。

解答例

06 **Could you tell me how I should prepare for the next class?**

07 **Who do you think brought him to my office?**

08 私は彼が自分自身の利益を増大させるために自身の地位や肩書を使うのは一度たりとも聞いたことがないし，これまでに彼が自分の個人的な業績を自慢したこともない。

09 この方向性がひとたび決まって初めて，彼らはその必要に合った新製品を作るのだ。

10 私たちはあまりにも幸運に恵まれているので，そのような豊かさを持たない人々は不幸に違いないと容易に信じるようになりかねない。

問題

11 As scientists continue to investigate, there may be comfort in knowing that cancer is not entirely civilization's fault. 〈東京医科歯科大〉

12 まずはやさしい小説を一冊，辞書を使わずに読んでみたら? 〈愛知教育大〉

13 What if driving the mammoth to extinction at the end of the Stone Age brought us this warm climate we have today? 〈東京工大〉

14 New research shows that it is not just the quantity but also the quality of parental input that matters. 〈福島大〉

11 部分否定 ― not (...) entirely (➔666, TARGET 62)

○ 従節の As scientists continue to investigate は「比例」を表す as S + V ...「…するにつれて」(➔523)の形で，continue to do ...「…し続ける」，investigate「調査する」から「科学者たちが調査を続けるにつれて」の意味を表す。主節の there may be comfort in knowing that S + V ... は，comfort「安らぎ／ほっとした気持ち」，in doing ...「…するときに」(➔229)から，「…ということがわかると，ほっとした気持ちになるかもしれない」の意味を表す。that 節内の cancer is not entirely civilization's fault は，not (...) entirely「まったく［完全に］…というわけではない」という部分否定が用いられている。cancer「がん」，civilization「文明」，A's fault「A のせい［責任］」から，「がんが完全に文明のせいというわけではない」の意味を表す。

12 省略表現 ― Why not do ... ? = Why don't you do ... ? (➔695)

○「まずはやさしい小説を一冊読んでみたら？」は省略表現の Why not do ... ?「…したらどうですか」を用いて表現できる。an easy novel「一冊のやさしい小説」，first「まず最初に」から，Why not read an easy novel first? (= Why don't you read an easy novel first?) と表現できる。「辞書を使わずに」は，without doing ...「…しないで」を用いて consult A「A（辞書・本）を調べる」から，without consulting a dictionary と表現できる。ほかにも，without looking into a dictionary (➔54) や without referring to [using] a dictionary も可。

Hint

14 **quantity**「量」，**quality**「質」，**parental**「親の」，**input**「入力（情報）」

13 省略表現 ― What if ... ?（➔696）

○ 本問は，省略表現の What if ... ?「…したらどうだろう／…したらどうなるだろう」の表現が用いられていて，What if S brought A B?「S が A に B をもたらしたとすれば，どうだろうか」の構造となっている。bring A B は「A に B をもたらす」の意味を表す。主語の driving the mammoth to extinction at the end of the Stone Age は，drive A to B「A を B に追いやる」，mammoth「マンモス」，extinction「絶滅」，the Stone Age「石器時代」から，「石器時代の終わりにマンモスを絶滅に追いやったこと」の意味を表す。述語の brought A B の A は us，B は this warm climate we have today で，B の warm climate (which[that]) we have today は，目的格関係代名詞が省略されていて（➔415），「私たちが今日手にしているこの温暖な気候」の意味を表す。

14 強調構文 ― It is not just A but also B that ～（➔698）

○ New research shows that S + V ... は，「新しい研究によると…ということが明らかになっている」の意味を表す。that 節内の it is not just the quantity but also the quality of parental input that matters は強調構文 It is ... that ～の強調すべき「...」の部分に not just A but also B「A だけではなくて B も」(= not only A but also B ➔471）の相関表現が入った形。動詞用法の matter は自動詞で「重要である (= be important)」（➔890）の意味なので，It is not just A but also B that matters. は「重要なのは A だけでなく B もだ」の意味を表す。A の the quantity of parental input は，「親からの入力情報の量」，B の the quality of parental input は，「親からの入力情報の質」の意味。of parental input は，the quantity と the quality の両方にかかることに注意する。

解答例

11 **科学者たちが調査を続けるにつれて，がんが完全に文明のせいというわけではないとわかりほっとした気持ちになるかもしれない。**

12 **Why not[Why don't you] read an easy novel first without consulting[using] a dictionary?**

13 **もし石器時代の末期にマンモスを絶滅に追いやったことが，私たちが今日手にしているこの温暖な気候をもたらしたとすればどうだろうか。**

14 **新しい研究によると，重要なのは，親からの入力情報の量だけでなく，質もだということが明らかになっている。**

Part 2

語法

KEY POINT 138

703 I wonder if you'd mind ( ) me?
□□□ ① help ② helped ③ to help ④ assisting 〈上智大〉

704 Have you ever considered ( ) in economics at college?
□□□ ① of majoring ② about majoring
③ to major ④ majoring 〈同志社大〉

705 After several frustrating weeks, Masao finally ① gave up ② to try ③ to teach his wife ④ how to drive. 〈早稲田大〉
□□□

TARGET 68 目的語に動名詞をとり，不定詞はとらない動詞

- **mind**「…するのを気にする」→703
- **miss**「…しそこなう」
- **enjoy**「…するのを楽しむ」
- **escape**「…するのを逃れる」
- **give up**「…するのをあきらめる」→705
- **admit**「…するのを認める」
- **avoid**「…するのを避ける」
- **finish**「…するのを終える」
- **practice**「…する練習をする」
- **put off**「…するのを延期する」
- **postpone**「…するのを延期する」
- **stop**「…するのをやめる」
- **consider**「…するのを考慮する」→704
- **deny**「…するのを拒否する」 など

703 私を助けていただけませんか。
704 大学で経済学を専攻することを考えたことがありますか。
705 何週間もいらいらさせられた後で，マサオはとうとう妻に車の運転の仕方を教えるのをあきらめた。

目的語に動名詞をとり，不定詞はとらない動詞

138 KEY POINT

703 mind doing ... ― 動名詞を目的語にとる

► mind は，不定詞ではなく**動名詞を目的語にとる動詞**（→ TARGET 68）。mind doing ...「…するのを気にする／…するのを嫌がる」で押さえる。

PLUS **I wonder if S + V ...** は，本来「…かどうかと思う」の意味だが，本問のように「…していただけませんか」という丁寧な依頼の意味を表す用法がある。**I wonder if S + V ...**，**I am wondering if S + V...**（→885），**I wondered if S + V ...**，**I was wondering if S + V ...** の順に控えめで丁寧な表現になる。

704 consider doing ... ― 動名詞を目的語にとる

► consider は不定詞ではなく**動名詞を目的語にとる動詞**（→ TARGET 68）。consider doing ...「…することをよく考える」で押さえておこう。

PLUS **major in A**「A を専攻する」は重要。

705 give up doing ... ― 動名詞を目的語にとる

W

► give up は不定詞ではなく**動名詞を目的語にとる動詞**（→ TARGET 68）。give up doing ...「…するのをあきらめる」で押さえておこう。

1 文法　2 語法　3 イディオム　4 会話表現

703 ④　**704** ④　**705** ② to try → trying

KEY POINT 139

706 □□□ Recent rises in the price of land have meant that many people can no longer (their own / afford / buy / houses / of / to). 〈センター試験〉

707 □□□ ① After ② I talked to Mike ③ on the phone about Japanese culture, he decided ④ visiting me in Japan. 〈群馬大〉

708 □□□ I don't know why, but the closing ceremony of the Olympic Games always touches me so deeply that it never ( ) to make me teary-eyed.

① fails ② is enough ③ needs ④ stops 〈上智大〉

709 □□□ Don't (anything / hesitate / if / is / me / tell / there / to / you) would like to eat. 〈立命館大〉

710 □□□ A: You ran in the marathon last weekend, didn't you? How did you do?
B: Not bad, but I didn't ( ) to beat the time I ran last year.

① end ② finish ③ manage ④ succeed 〈学習院大〉

TARGET 69 目的語に不定詞をとり，動名詞はとらない動詞

- **afford**「…する余裕がある」→706
- **attempt**「…しようと試みる」
- **decide**「…することに決める」→707
- **hope**「…することを望む」
- **intend**「…するつもりである」
- **offer**「…することを申し出る」
- **promise**「…することを約束する」
- **manage**「どうにか…する」→710
- **wish**「…することを願う」
- **fail**「…することを怠る／…しない」→708
- **hesitate**「…するのをためらう」→709
- **pretend**「…するふりをする」
- **refuse**「…するのを断る」

＊基本的には未来志向の動詞が多い。

706 最近の土地価格の上昇は，多くの人々がもはや自分の家を買う余裕がなくなっていることを意味している。

707 私が日本文化について電話でマイクと話をした後，彼は日本にいる私のところを訪ねることに決めた。

708 なぜだかわからないが，オリンピックの閉会式はいつも私を深く感動させるので，私は決まって涙が浮かんでくる。

709 召し上がりたいものがあったら遠慮なく言ってください。

710 A: 先週末，マラソンを走ったんですよね。どうでしたか。
B: 悪くなかったです。でも，昨年のタイムを破ることができませんでした。

目的語に不定詞をとり，動名詞はとらない動詞 139 KEY POINT

1 文法 2 語法 3 イディオム 4 会話表現

706 afford to do ... ― 不定詞を目的語にとる

▶ **afford** は動名詞ではなく**不定詞を目的語にとる動詞**。**afford to do ...**「…する余裕がある」で押さえる。(→ TARGET 69)

○ 本問は，afford to buy の後に，「**名詞＋ of A's own**」「A 自身の…」(→359) を想定し，目的語を作れるかがポイント。

707 decide to do ... ― 不定詞を目的語にとる

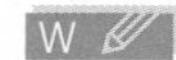

▶ **decide** は動名詞ではなく**不定詞を目的語にとる動詞**。**decide to do ...**「…することに決める」で押さえる。(→ TARGET 69)

○ 本問は，④ visting を to visit に修正する。

708 fail to do ... ― 不定詞を目的語にとる

▶ **fail** は動名詞ではなく**不定詞を目的語にとる動詞** (→ TARGET 69)。**fail to do ...**「…するのを怠る／…しない」で押さえる。

○ 本問は，その否定表現 **never fail to do ...**「必ず…する」の形。**never fail to do ...** は，本問のように，**習慣的，普遍的なことを表す場合に用いる。**

709 hesitate to do ... ― 不定詞を目的語にとる

▶ **hesitate** は動名詞ではなく**不定詞を目的語にとる動詞** (→ TARGET 69)。**hesitate to do ...**「…するのをためらう」で押さえる。

○ 本問は，その否定の命令形 **Don't hesitate to do ...**「遠慮なく…しなさい」を想定する。**tell A if[whether] ...**「…かどうか A に言う」(→803) の表現から Don't hesitate to tell me if とまとめ，if 以下を there is anything you would like to eat「食べたいものがある」と作ればよい。

710 manage to do ... ― 不定詞を目的語にとる

▶ **manage to do ...**「どうにか…する」で押さえる。(→ TARGET 69)

○ **manage** は動名詞ではなく**不定詞を目的語にとる動詞**。

✖ ④ succeed (×) は to do をとらない。**succeed in doing ...**「…することに成功する」の形をとる。

---

706 afford to buy houses of their own **707** ④ visiting → to visit **708** ①
709 hesitate to tell me if there is anything you **710** ③

KEY POINT 140

711 I remember well (　　) him that he should stop smoking at once.
□□□ ① tell　② to tell　③ telling　④ to have told 〈成城大〉

712 I must remember (　　) that book tomorrow.
□□□ ① buying　② to buy　③ having bought　④ to have bought 〈獨協大〉

713 I'll never forget (　　) the beautiful mountain village in Switzerland when I was a college student.
□□□ ① to have visited　② visiting　③ to visit　④ visited 〈北里大〉

714 I regret (　　) this company. We always have to work late.
□□□ ① being joined　② to join　③ joining　④ to be joining 〈南山大〉

TARGET 70 目的語が不定詞と動名詞では意味が異なる動詞

- **remember** to do「…することを覚えておく」→712
  remember doing「…したことを覚えている」→711
- **forget** to do「…することを忘れる」
  forget doing「…したことを忘れる」→713
- **regret** to do「残念ながら…する」→715
  regret doing「…したことを後悔する［残念に思う］」→714
- **mean** to do「…するつもりである」→718 = **intend to do**
  mean doing「…することを意味する」
- **need** to do「…する必要がある」
  need doing「…される必要がある」= **need to be done** →233
- **go on** to do「（異なることを）さらに続けて…する」→716
  go on doing「（同じことを）…し続ける」
- **try** to do「…しようとする」
  try doing「試しに…してみる」→717
- **stop** to do「…するために立ち止まる」
  ＊この場合の stop は「立ち止まる」の意味の自動詞
  stop doing「…することをやめる」→719

711 私は，彼にすぐに喫煙をやめるべきだと話をしたことをよく覚えている。
712 明日その本を買うのを覚えておかなければならない。
713 私は，大学生の頃にスイスのその美しい山村を訪れたことを決して忘れないでしょう。
714 私はこの会社に入社したことを後悔している。私たちはいつも残業しなければならない。

目的語に動名詞も不定詞もとり，意味が異なる動詞など 140 KEY POINT

711 remember doing ... ― remember to do ... との区別

► **remember は不定詞も動名詞も目的語にとる**が，それぞれに意味が異なる点を押さえる。**remember to do ...** は「…することを覚えておく／忘れずに…する」の意味になり，**remember doing ...** は「(過去に) …したことを覚えている」の意味になることに注意。(→ TARGET 70)

○ 本問は，文意から③ telling を選ぶ。

712 remember to do ... ― remember doing ... との区別

○ tomorrow に着目し，文意から **remember to do ...**「…することを覚えておく」(→711, TARGET 70) の形になる② to buy を選ぶ。

713 forget doing ... ― forget to do ... との区別

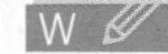

► **forget は不定詞も動名詞も目的語にとる**が，それぞれに意味が異なる点を押さえる。**forget to do ...** は「…することを忘れる」の意味になり，**forget doing ...** は「(過去に) …したことを忘れる」の意味になる。(→ TARGET 70)

○ when I was a college student に着目すると,「美しい山村への訪問」が過去の出来事だとわかる。forget doing ... の形を取る② visiting を選ぶ。

714 regret doing ... ― regret to do ... との区別

► **regret は不定詞も動名詞も目的語にとる**が，それぞれに意味が異なる。**regret to do ...** は「残念ながら…する」，**regret doing ...** は「(過去に) …したことを後悔する［残念に思う］」の意味を表す。

○ 第2文の We always have to work late.「私たちはいつも遅くまで働かなければならない」から「すでに入社している」ことがわかるので，regret doing ... の形をとる③ joining を選ぶ。

711 ③　712 ②　713 ②　714 ③

715 I regret ( ) that I cannot join your team.
□□□ ① to saying ② to say ③ say ④ said 〈高崎経大〉

716 After he had given an explanation of the difficulties, he (suggest / went / ways / overcoming / on / of / to) them. 〈西南学院大〉
□□□
発展

717 Have you ever tried ( ) on the river?
□□□ ① skate ② skating ③ to be skating ④ to have skated 〈京都産業大〉

718 ぼくは君に勘定を持ってもらうつもりはなかった。
□□□ I never (bill / have / meant / minded / paid / pay / the / to / you).
発展 (2語不要) 〈東京理科大〉

719 The doctor told John that he should ( ) for the sake of his health.
□□□ ① have stopped to smoke ② stop to smoke
③ stop smoking ④ not smoking 〈明治大〉

720 If the human population goes on increasing at its present rate, social life as we now know it will ( ) to be possible.
□□□ ① stop ② give up ③ finish ④ cease 〈センター試験〉

715 残念ながら，あなたのチームに加われないことをお伝えします。
716 彼はいくつかの困難な状況を説明した後に続けて，それらを克服する方法を提案した。
717 あなたはその川でスケートをしてみたことがありますか。
719 医者はジョンに，健康のために喫煙をやめるべきだと言った。
720 人口が現在のペースで増加し続ければ，私たちが今日知っているような社会生活は不可能になるだろう。

715 regret to do ... ― I regret to say that S＋V ...

○ **regret to do ...**「残念ながら…する」(→ TARGET 70) が本問のポイント。**I regret to say that S＋V ...**「残念ながら…とお伝えします」は，相手に対して丁寧に断るときに使う表現であることも押さえておこう。

716 go on to do ... ― go on doing ... との区別

▶ **go on to do ...** は「(異なることを) さらに続けて…する」の意味を表す (→ TARGET 70)。

○ 本問は，go on to suggest A「さらに続けてAを提案する」を想定し，**ways of doing ...**「…する方法」の表現から，A を ways of overcoming (them) とまとめればよい。

717 try doing ... ― try to do ... との区別

▶ **try doing ...** は「試しに…してみる」の意味を表す。(→ TARGET 70)

718 mean to do ... = intend to do ...

▶ **mean to do ...**「…するつもりである」は **intend to do ...** と同意。(→ TARGET 70)

○ 本問は mean to do ... の形を想定して，meant to の後に，**have A do ...**「Aに…させる」(→724) の表現から，have you pay the bill とまとめればよい。

719 stop doing ... ― stop to do ... との区別

▶ **stop to do ...** は「…するために立ち止まる」の意味を表し，**stop doing ...** は「…することをやめる」の意味を表す。(→ TARGET 70)

○ 本問は，「医者からの禁煙の忠告」の内容なので，③ stop smoking を選ぶ。

PLUS **for the sake of A**「Aの (目的の) ために」は重要表現。

720 cease to be C ―「Cであることをやめる」

▶ **cease to be C** は「Cであることをやめる」の意味を表す。なお，cease は，不定詞だけでなく動名詞も目的語にとり，**cease to do[doing] ...** で「…することをやめる／…しなくなる」の意味を表す

○ 空所の後が不定詞句になっていることに着目する。選択肢の動詞で後に不定詞をとるのは ④ cease のみ。

PLUS cease の後に be 動詞や状態動詞がくる場合は，必ず cease to do ... を用いることに注意。
The organization will cease to exist (×existing).（その組織は消滅するだろう）

✖ ① stop (×)，② give up (×)，③ finish (×) は動名詞を目的語にとる動詞。(→705, 719, TARGET 68)

PLUS as we know it の接続詞 as は，「**A(名詞) as S＋V ...**」「…するような A」の形で直前の名詞を限定する。(→525)

715 ②　**716** went on to suggest ways of overcoming　**717** ②　**718** meant to have you pay the bill（不要語：minded, paid）　**719** ③　**720** ④

KEY POINT 141

721 How can we get him ( ) his mind about going abroad?
□□□ ① change ② changed ③ have changed ④ to change 〈中央大〉

722 I must get this refrigerator ( ) immediately.
□□□ ① repair ② repaired ③ repairing ④ to repair 〈東京理科大〉

723 A lazy student stood in front of his stern teacher and said, “I'm sorry. I could not get the homework ( ) by the deadline.”
□□□ ① be done ② done ③ to do ④ doing 〈秋田県立大〉

724 Shall I have him ( ) you back later?
□□□ ① be calling ② call ③ calling ④ to call 〈立命館大〉

725 Be careful not to ( ) your fingers caught in the door.
□□□ ① get ② let ③ make ④ put 〈学習院大〉

TARGET 71 get[have] A done

(1)（使役）「Aを…してもらう［させる］」 →722

I'm going to **get[have]** this bicycle **repaired.**（私はこの自転車を修理してもらうつもりです）

(2)（受身・被害）「Aを…される」 →725

She **got[had]** her wallet **stolen.**（彼女は財布を盗まれた）

(3)（完了）「（自分が）Aを…してしまう」 →723

You have to **get[have]** your homework **done** by noon.
（昼までに宿題をやってしまいなさい）

721 私たちはどうすれば海外に行くという彼の考えを変えさせることができるだろう。
722 この冷蔵庫をすぐに修理してもらわなければならない。
723 ある怠慢な生徒が，厳格な教師の前に立ち，「すみません，期限までに宿題をやり終えることができませんでした」と言った。
724 後で彼に折り返し電話をさせましょうか。
725 ドアに指がはさまれないように気をつけなさい。

get と have（do, to do, done, doing を伴う用法） 141 KEY POINT

1 文法 2 語法 3 イディオム 4 会話表現

721 get A to do ... — to 不定詞が補語

► **get A to do ...** は「A に…してもらう［させる］」の意味になり，get の目的語である A と目的格補語の to do ... が能動関係になっていることに注意。

○ 本問は，目的語の him と change his mind が能動関係なので **get A to do ...** の形になる④ to change を選ぶ。

PLUS **change one's mind**「自分の考え［気持ち］を変える」は重要表現。

PLUS A の後に to do がくるから A には「人」が入ると自動的に覚えるのはよくない。A と to do は能動関係が成立していればよいわけで，A に「人」ではなくて「物」がくることもある。
You can't get **a tree to grow** on bad soil.（土壌が悪いと木は育てられない）

722 get A done — 過去分詞が補語 

► **get[have] A done** は，(1)「A を…してもらう［させる］（**使役**）」，(2)「A を…される（**受身・被害**）」，(3)「（自分が）A を…してしまう（**完了**）」の3つの意味がある。A と done との間は受動関係となる。

○ 本問は，目的語の this refrigerator と他動詞 repair「…を修理する」は受動関係なので **get A done**(1)「A を…してもらう」の形になる② repaired を選ぶ。

723 get A done — 過去分詞が補語 

○ 目的語の the homework と他動詞 do「…をする」は受動関係なので **get A done**(3)「（自分が）A を…してしまう」（→722）の形になる② done を選ぶ。

724 have A do ... — 原形不定詞が補語 

► **have A do ...** は「A に…してもらう［させる］」の意味を表し，have の目的語である A と目的格補語の do が能動関係になっていることに注意。

► get A to do（→721）とほぼ同意と考えておけばよいが，**get A to do ...** は「（A に頼んで）A に…してもらう」に対して，**have A do ...** は「（A の義務として）A に…してもらう」といったニュアンスの違いがある。また，get の場合は目的格補語に不定詞，have の場合は原形不定詞がくることに注意。

725 get A done — 過去分詞が補語 

○ 本問は，問題722でテーマ化した **get[have] A done**(2)「A を…される（受身・被害）」がポイント。

721 ④ **722** ② **723** ② **724** ② **725** ①

726 I can't have you (　　) like that about your father.
□□□ ① speaking ② to speak ③ spoke ④ spoken 〈学習院大〉

KEY POINT 142

727 Doctor Tanaka always tries to make his patients (　　) before an operation.
□□□ ① relaxation ② relax ③ relaxing ④ to relax 〈京都外大〉

728 Mary's father will not (　　) her do any part-time work until after her exams are over.
□□□ ① allow ② consent ③ let ④ permit 〈南山大〉

729 Don't let your Queen (　　). If you do, you are sure to lose the chess match.
□□□ ① be captured ② capture ③ captured ④ to be captured 〈京都産業大〉

TARGET 72 「V+A+do」の形をとる動詞

- **make A do**「A に…させる」→727
- **have A do**「A に…してもらう［させる］」→724
- **let A do**「A に…させてやる」→728
- **help A (to) do**「A が…するのを手伝う」
- **see A do**「A が…するのを見る」→730
- **look at A do**「A が…するのを見る」
- **watch A do**「A が…するのを見守る」
- **hear A do**「A が…するのが聞こえる」
- **listen to A do**「A が…するのを聞く」
- **feel A do**「A が…するのを感じる」

＊help は help A do, help A to do の両方の形がある。

726 君が父親のことをそのように話すのを許すわけにはいかない。
727 タナカ医師は，いつも手術前に患者をリラックスさせようとする。
728 メアリーの父親は，試験が終わるまでは彼女にアルバイトをさせるつもりはない。
729 クイーンを取られないようにしなさい。そうしたら，あなたはきっとチェスのゲームで負けることになります。

726 have A doing ... ― 現在分詞が補語

► **have A done** という目的格補語に過去分詞がくる形だけではなく，**have A doing ...** という現在分詞がくる形もある。

► **have A doing ...** ではAと現在分詞の間には能動関係が成立していて，「Aに…させておく」の意味になる場合が多い。この意味の場合は，通例，can't や won't とともに用いて，**can't[won't] have A doing ...**「Aに…させておくわけにはいかない」の形となる。下記の例文で再確認しておこう。

I won't[can't] **have** you **smoking** at your age.
（君の年齢でタバコを吸わせておくわけにはいかない）

「S + V + O + do」　142 KEY POINT

727 使役動詞としての make ― make A do ...　W

► **make A do ...** は「Aに…させる」の意味を表す。Aと原形不定詞の間には能動関係が成立している。通例，「（強制的に）Aに…させる」という意味合いになることを押さえておこう。

✖ ③ relaxing（×）は不可。（×）make A doing ... という形はない。

PLUS **make A do ...** は主語が無生物の場合にも用いられることに注意。ただし，**その場合は，「強制的」という意味合いはない**。下記の例文参照。
That made me feel much better.（それでずいぶん気分がよくなったよ）

728 使役動詞としての let ― let A do ...　W

► **let A do ...** は「Aに…させてやる」の意味を表す用法がある。make と同様，目的格補語に原形不定詞がくることに注意。ただし，意味的には make と違って，「（強制的に）Aに…させる」ではなく，「（本人の望み通りに）Aに…させてやる」の意味になることに注意。

729 使役動詞としての let ― let A be done

► let の目的語Aと目的格補語の原形不定詞が受動関係の場合，**let A be done**「Aを…されるままにしておく」の形となることに注意。

○ 本問は，your Queen と capture との間に受動関係が成立するので，① be captured を選ぶ。

✖ ③ captured（×）にしないこと。let の場合，have や get と違って目的格補語に過去分詞はこない。

726 ①　**727** ②　**728** ③　**729** ①

730 □□□ Imagine my joy when I saw the patient in my charge (　　) without any help.

① try to walk　② to try to walk
③ to try walking　④ tries to walk 〈杏林大〉

731 □□□ John's vast knowledge didn't (　　) him solve the problem.

① cause　② save　③ allow　④ help 〈関西学院大〉

732 □□□ 荷物をお持ちしましょう。

(help / me / baggage / let / your / with / you). 〈獨協大〉

733 □□□ 発展↑ あなたが一言いえば，緊張をやわらげるのに役立ったでしょうに。

(a / ease / from / helped / tension / the / you / word / would).
（1語不足） 〈早稲田大〉

TARGET 73 動詞 help がとる形

● **help A to do ... = help A do ...**「A が…するのを手伝う／A が…するのに役立つ」→731

He **helped** me **(to) change** the tires.
（彼は私がタイヤの交換をするのを手伝ってくれた）

● **help A with B**「A（人）の B を手伝う」→732

I will **help** you **with** your homework.（宿題を手伝ってあげましょう）

● **help to do ... = help do ...**「…するのに役立つ／…するのを促進する」→733

I **helped (to) clear** the table after dinner.（私は食後の片づけを手伝った）

730 私が世話をしている患者が，何の補助もなく歩こうとしている姿を見たときの私の喜びを想像してください。

731 ジョンの広範囲にわたる知識は，彼が問題を解決するのに役立たなかった。

730 感覚動詞としての see − see A do ...

W

► **see, watch, hear, feel, look at, notice, listen to** といった感覚動詞にも, have, make, let, help と同様に, 目的格補語に原形不定詞をとる用法がある。**see A do ...**「Aが…するのを見る」で押さえる。(→63)

PLUS **in A's charge**「A が世話［担当］をしている」, **in charge of A**「A の世話［担当］をしている」も重要。

731 help の用法 − help A do ...

R

► **help** は, **help A (to) do ...** で「Aが…するのに役立つ」の意味を表す。(→ TARGET 73)

732 help の用法 − help A with B

► **help** は **help A with B** で「A(人)の B を手伝う」の意味を表す。(→ TARGET 73)

○ 命令文の Let me do ...「私に…させてください」(→728) を想定して, do ... の部分を help A with B の形で help you with your baggage とまとめればよい。

733 help の用法 − help do ...

► **help** は **help (to) do ...** で「…するのに役立つ／…するのを促進する」の意味を表す (→ TARGET 73)。

○ 和文から, 仮定法過去完了の文脈であることに気づき, 選択肢に if がないため, 主語に仮定の意味が含まれる形, **S would have done ...**「S があれば…をしたであろうに」(→149, 150) を想定する。主語に A word from you を立て, would have done を **help do ...** の形で would have helped ease the tension「緊張を和らげるのに役立っただろう」とまとめる。

1 文法 2 語法 3 イディオム 4 会話表現

730 ① **731** ④ **732** Let me help you with your baggage **733** A word from you would have helped ease the tension（不足語：have）

KEY POINT 143

734 His modesty (make / allow / would / him / not / to) his feelings known to her. 〈中央大〉

735 たいていは，丁寧であれば人に好印象を与えられます。
Usually, being (you / polite / make / a / to / enables) good impression on others. 〈中央大〉

736 Global warming is (melt / expected / to / polar ice) and raise sea levels. 〈西南学院大〉

737 All students (required / are / physical / a / to / take) examination during this month. 〈福島大〉

TARGET 74 入試でねらわれる「V＋A＋to do」の形をとる動詞

- **allow A to do**「Aが…するのを許す」→734
- **advise A to do**「Aに…するように忠告する」
- **ask A to do**「Aに…するように頼む」→744
- **cause A to do**「Aが…する原因となる」→742
- **compel A to do**「Aに…することを強制する」
- **drive A to do**「Aに…するように追いやる／駆り立てる」→741
- **enable A to do**「Aが…するのを可能にする」→735
- **encourage A to do**「Aが…するように励ます［勧める］」→738
- **expect A to do**「Aが…すると予期する［思っている］」→736
- **force A to do**「Aに…することを強制する」→739
- **invite A to do**「Aに…するよう勧める」
- **leave A to do**「Aに…することを任せる」
- **lead A to do**「Aに…するようにし向ける」
- **like A to do**「Aに…するようにしてもらいたい」
- **permit A to do**「Aが…するのを許す」
- **persuade A to do**「Aを説得して…させる」→743
- **remind A to do**「Aに…することを気づかせる」
- **require A to do**「Aに…するように要求する」→737
- **tell A to do**「Aに…するように言う」
- **urge A to do**「Aが…することを強く迫る」→740
- **want A to do**「Aに…してほしい」
- **warn A to do**「Aに…するよう警告する［注意する］」

734 彼は内気さのために，どうしても彼女に自分の気持ちを伝えることができなかった。
736 地球温暖化によって極地の氷が解け，海水面が上昇すると予想されている。
737 すべての学生は，今月中に健康診断を受けることが求められている。

「S + V + O + to do」 143 KEY POINT

1 文法 2 語法 3 イディオム 4 会話表現

734 allow の用法 ― allow A to do ... R

► **allow** は **allow A to do ...** の形で「Aが…するのを許す／Aが…するのを可能にする」の意味を表す。(→ TARGET 74)

○ 本問は，**S wouldn't do ...**「Sはどうしても…しようとしなかった」(→80) を想定し，allow A to do ... の形で would not allow him to make とまとめる。

PLUS **make B known to A**「BをA(人)に知らせる」は重要表現。

735 enable の用法 ― enable A to do ... R

► **enable** は，**enable A to do ...** で「Aが…するのを可能にする」の意味を表す。(→ TARGET 74)

○ 選択肢から，S enables you to do ... を想定し，主語に being polite「丁寧であること」を立て，to do ... を **make a good impression on A**「Aに好印象を与える」の表現で作ればよい。

PLUS **enable A to do ...** の同意表現 **make it possible for A to do ...** も重要。また，問題734でテーマ化した **allow A to do ...** も「Aが…するのを可能にする」(= **enable A to do ...**) の意味で用いられることも多い。

736 expect の用法 ― expect A to do ... R

► **expect** は，**expect A to do ...** で「Aが…すると予期する［思っている］」の意味を表す。(→ TARGET 74)

○ 本問は，**expect A to do ...** の受動態，**A is expected to do ...**「Aは…すると予想されている」を想定してまとめればよい。

737 require の用法 ― require A to do ...

► **require** は，**require A to do ...** で「Aに…するように要求する」の意味を表す。(→ TARGET 74)

○ 本問は **require A to do ...** の受動態，**A is required to do ...**「Aは…することが求められている」を想定してまとめればよい。

734 would not allow him to make **735** polite enables you to make a
736 expected to melt polar ice **737** are required to take a physical

738 □□□
The banker ( ) me to borrow money.
① encouraged ② noticed ③ felt ④ watched 〈熊本県立大〉

739 □□□
死すべき運命を認識することは，私たちに何が重要かを決めることを迫り，それに集中させるのだ。
The awareness of our mortality forces (decide / important / is / to / us / what) and focus on it. 〈上智大〉

740 □□□
もうこれ以上食べられません。
Please (anything / to / urge / don't / eat / me) more. 〈中央大〉

741 □□□ 発展↑
彼は必要に迫られて借金をした。
(money / into / to / borrow / necessity / him / drove). （1語不要） 〈中央大〉

742 □□□
The heavy snow caused the drivers on the road ( ) there for an hour.
① be waiting ② to be waited ③ to wait ④ wait 〈明治大〉

743 □□□
We all tried to ( ) her to dance.
① argue ② persuade ③ claim ④ make 〈青山学院大〉

738 その銀行家は私に金を借りるように勧めた。
742 豪雪が原因で，その道路を運転する人たちは1時間そこで待つことになった。
743 私たちはみんなで彼女にダンスをさせようとした。

738 encourage の用法 ー encourage A to do ... R

▶ **encourage** は, **encourage A to do ...** で「A が…するように勧める[励ます]」の意味を表す。(→ TARGET 74)

✖ ② noticed (×), ③ felt (×), ④ watched (×) は感覚動詞なので **notice[feel / watch] A do ...** の形をとる。(→730)

739 force の用法 ー force A to do ... R

▶ **force** は, **force A to do ...** で「A に…することを強制する」の意味を表す。(→ TARGET 74)

○ 本問は, **force A to do ...** を想定して, (forces) us to decide とし, decide の目的語を what is important「何が重要か」と作ればよい。

740 urge の用法 ー urge A to do ...

▶ **urge** は, **urge A to do...** で「A が…することを強く迫る」の意味を表す。(→ TARGET 74)

○ 本問は, **urge A to do...** を想定して, 否定の命令文である (Please) don't urge me to eat ...「私が…を食べるのを強く迫らないでください」を作れるかがポイント。

741 drive の用法 ー drive A to do ...

▶ **drive** は **drive A to do ...** で「A に…するように追いやる[駆り立てる]」の意味を表す。(→ TARGET 74)

○ 本問は, 主語に Necessity を立てた Necessity drove A to do ...「必要に迫られて A は…した」を想定できるかがポイント。

742 cause の用法 ー cause A to do ... R

▶ **cause** は **cause A to do ...** で「A が…する原因になる」の意味を表す。(→ TARGET 74)

743 persuade の用法 ー persuade A to do ...

▶ **persuade** は, **persuade A to do ...** で「A を説得して…させる」の意味を表す。(→ TARGET 74)

---

738 ① **739** us to decide what is important **740** don't urge me to eat anything
741 Necessity drove him to borrow money (不要語：into) **742** ③ **743** ②

744 Here are (asked / bring / you / me / documents / to / which / the).
□□□ Please let me know if there is anything else I can do for you. 〈早稲田大〉

KEY POINT 144

745 My friend has just been ①admitted to the university; I ②hope her to have
□□□ a wonderful time there, ③both on campus ④and off. 〈同志社大〉
発展↑

746 Everyone (　　　) that she manages to finish on time.
□□□ ① hopes ② wishes ③ wonders ④ helps 〈明治大〉

KEY POINT 145

747 They suggested (　　　) go alone.
□□□ ① him that he ② to him that he ③ him to ④ of him to 〈同志社大〉

TARGET 75 動詞 hope がとる形

- **hope for A**「A を望む」
  I hope for your success.（あなたが成功することを望んでいます）
- **hope to do**「…することを望む」
  I hope to succeed.（私は成功したい）
- **hope for A to do**「A が…することを望む」→745
  I hope for you to succeed.（私は君が成功することを望む）
- **hope (that) A (will) do**「A が…することを望む」→746
  I hope that you (will) succeed.（私は君が成功することを望む）

TARGET 76 「V＋O＋to do ...」の形をとれない注意すべき動詞

以下の動詞は英作文などで「V＋A＋to do ...」の形で使いがちな動詞。択一式の問題でも，誤答選択肢として頻出。

- **admit**「認める」
- **demand**「要求する」
- **inform**「知らせる」
- **excuse**「許す」
- **propose**「提案する」
- **explain**「説明する」
- **forgive**「許す」
- **suggest**「提案する」→747
- **hope**「希望する」→745
- **prohibit**「禁ずる」

744 あなたが私に持ってくるように依頼した文書がここにあります。ほかに私にできることがありましたら，お知らせください。
745 私の友人は大学への入学を許可されたばかりです。彼女にはキャンパスの中でも外でも充実した時を過ごしてもらいたいです。
746 彼女が何とか時間通りに終えることを誰もが望んでいる。
747 彼らは彼に1人で行くように勧めた。

744 ask の用法 ― ask A to do ... R

► **ask** は, **ask A to do ...** で「A に…するように頼む」の意味を表す。(→ TARGET 74)

○ Here are の後は主語となる複数名詞がくるので，まず，(Here are) the documents とする。選択肢に which があるので，the documents を先行詞にする関係代名詞節 the documents which ... を想定し，which 以下を S asked A to do ...「S は A に…するように頼んだ」の形を作ればよい。

hope

144 KEY POINT

745 hope の用法 ― hope for A to do ...

► **hope** は **hope for A to do ...** の形で「A が…することを望む」の意味を表す。(→ TARGET 75)

○ (×) hope A to do ... の形はない (→ TARGET 76) ので，② hope her to have を hope for her to have などに修正する。

PLUS **admit A to B**「A が B に入るのを許す」は重要表現。**be admitted to the university** は「その大学への入学を許可される」の意味。

746 hope の用法 ― hope (that) A (will) do ...

► **hope** は，**hope (that) A (will) do ...** で「A が…することを望む」(= **hope for A to do ...**) の意味を表す。(→ TARGET 75)

✖ ② wishes (×) は不可。wish ＋ that 節は仮定法で用いて，実現しない [しなかった] ことへの願望を表す表現。(→123, 124, 125)

「S ＋ V ＋ that S′ (should) ＋原形」

145 KEY POINT

747 suggest の用法 ― suggest to A that S ＋原形 R

► 「**suggest (to A) that S (should) ＋原形**」は「S が…したらどうかと (A に) 提案する」の意味を表す。

► **suggest**「提案する」，**demand**「要求する」，**insist**「主張する」，**order**「命令する」，**require**「要求する」，**request**「懇願する」，**propose**「提案する」，**recommend**「奨励する」といった要求・提案・命令などを表す動詞の目的語となる **that 節中では,「should ＋原形」または「原形」を用いる** (→86, 87, TARGET 10)。この形は述語動詞の時制に左右されない点に注意すること。

✖ ③ him to (×) は不可。(×) suggest A to do ... の形はない。(→ TARGET 76)

---

744 the documents which you asked me to bring
745 ② hope her to have → hope for her to have / hope (that) she will have / hope (that) she has **746** ① **747** ②

KEY POINT 146

748 □□□ The song sounds (　　　).
① like familiar　② familiarity　③ familiar　④ familiarly　〈南山大〉

749 □□□ A：コーヒーでもどう?
B：ええ，お願いするわ。
A: Would you like some coffee?
B: Yes, (like / idea / good / that / a / sounds).　〈慶應義塾大〉

750 □□□ These flowers really smell (　　　).
① sweet　② sweeten　③ sweetly　④ sweetness　〈同志社大〉

751 □□□ Tom was an amateur tennis player for eight years before (　　　) professional.
① being　② changing　③ starting　④ turning　〈南山大〉

752 □□□ The man (　　　) asleep all day long.
① laid　② lying　③ lain　④ lay　〈青山学院大〉

753 □□□ Though they had a heated debate, I kept (　　　) during the meeting.
① quiet　② silence　③ silently　④ talkative　〈同志社大〉

TARGET 77 自動詞 lie と他動詞 lay の活用

	原形	過去形	過去分詞	現在分詞
(自動詞)	lie	lay	lain	lying
(他動詞)	lay	laid	laid	laying

748 その歌は聞き覚えがあるようだ。
750 これらの花は，とてもいいにおいがする。
751 トムはプロに転向するまでは8年間アマチュアのテニス選手だった。
752 その男性は一日中眠ったままだった。
753 彼らは激論を交わしたが，私は会議中，静かにしていた。

「S + V + C」

146 KEY POINT

1 文法
2 語法
3 イディオム
4 会話表現

748 sound の用法 － sound ＋形容詞

▶ **sound** には「**sound ＋形容詞**」の形で「…に聞こえる［思われる］／…の印象を受ける」の意味を表す用法がある。

✖ sound には，まぎらわしい形として「**sound like ＋名詞**」「…のように聞こえる」もある。like の後は形容詞ではなく，名詞がくることに注意。familiar「聞き覚えのある」は形容詞なので① like familiar（×）は不可。

749 sound の用法 － sound like ＋名詞

○「**sound like ＋名詞**」「…のように聞こえる」（→748）を想定できるかが本問のポイント。

750 smell の用法 － smell ＋形容詞

▶ **smell** には，「**smell ＋形容詞**」の形で「…のにおいがする」の意味を表す用法がある。

✖ ③ sweetly（×）にしないこと。smell の後に副詞は不可。

751 turn の用法 － turn ＋形容詞

▶ **turn** には「**turn ＋形容詞**」の形で「…になる」の意味を表す用法がある。

PLUS「**turn ＋形容詞**」「…になる」は「**become ＋形容詞**」と同意だが，turn は本来「変わる」の意味なので，「**turn ＋形容詞**」は「（変化して）…になる」のニュアンスが含まれる。**turn professional** は「（アマチュアから）プロに転向する」の意味を表す。

752 lie の用法 － lie ＋形容詞

▶ **lie** には，「**lie ＋形容詞**」の形で「…のままである／…の状態にある」の意味を表す用法がある。

○ 本問は，過去の文脈なので過去形の④ lay を選ぶ。lie の活用は **lie - lay - lain - lying**。（→ TARGET 77, 84）

753 keep の用法 － keep ＋形容詞

▶ **keep** には，「**keep ＋形容詞**」の形で「ずっと…のままである」の意味を表す用法がある。

✖ ② silence（×），③ silently（×）は，形容詞の silent であれば可。④ talkative（×）「おしゃべりな」では，文意に合わない。

748 ③ **749** that sounds like a good idea **750** ① **751** ④ **752** ④ **753** ①

754 □□□ The problem was extremely difficult and thus (　　) unsolved for many years.

① caught　② solved　③ followed　④ remained　〈明治大〉

755 □□□ It is so hot that I am afraid that the eggs will (　　) bad unless you put them in the refrigerator.

① get　② go　③ lead　④ make　〈中央大〉

756 □□□ 何がうまくいかなかったのか私には正確に説明できない。

I cannot explain exactly what has (　　) (　　).　〈関西学院大〉

757 □□□ His wish has (　　) true.

① become　② come　③ got　④ realized　〈学習院大〉

KEY POINT 147

758 □□□ 昨日クラスでいくつかの問題を討議した。

(about / discussed / problems / class / the / several) yesterday.
(1語不要)　〈立命館大〉

759 □□□ ① When I visited at Australia, I ② was very impressed. I hope to ③ go there again some time ④ in the future to play golf and enjoy the beautiful beaches.　〈上智大〉

760 □□□ あなたはいつ大学に入りましたか。

(you / the / when / did / university / enter / into)?　(1語不要)
〈立命館大〉

TARGET 78 「go＋形容詞」の代表例

- go bad「(食べ物が) 腐る」→755
- go mad「正気でなくなる」
- go bankrupt「破産する」
- go wrong「故障する／うまくいかない」→756
- go blank「うつろになる」
- go sour「すっぱくなる」
- go astray「迷子になる」
- go bald「はげる」
- go blind「目が見えなくなる」
- go flat「パンクする」

754 その問題は，きわめて難しかったので，何年も未解決のままだった。
755 気温がとても高いので，卵を冷蔵庫に入れておかないと腐ってしまうだろう。
757 彼の願いは実現した。
759 私は，オーストラリアを訪れたとき，とても感銘を受けました。いつかまたそこに行き，ゴルフをして美しい砂浜を楽しみたいと思います。

754 remain の用法 ― remain＋形容詞

► **remain** には「**remain ＋形容詞**」の形で「…のままである」の意味を表す用法がある。

○ 選択肢の中で SVC の形で補語に形容詞をとる動詞は④ remained だけ。

755 go の用法 ― go＋形容詞（bad）

► **go** には「**go ＋形容詞**」の形で「…になる」の意味を表す用法がある。この場合の go は become の意味になるが，**「go ＋形容詞」は通例，好ましくない状態になること**を表す。したがって，**go の後の形容詞は原則として否定的な意味を表す形容詞がくる**。

○ 本問の **go bad** は「腐る」の意味を表す。（→ TARGET 78）

756 go の用法 ― go＋形容詞（wrong）

► **go wrong** は「うまくいかない」の意味を表す。（→ TARGET 78）

757 come の用法 ― come＋形容詞（true）

W

► **come** には，「**come ＋形容詞**」の形で「…になる」の意味を表す用法があるが，形容詞は **easy，awake，cheap，good，close，complete，true** などの**ような肯定的な意味の形容詞**に限定されることに注意。

○ **come true**「実現する」は慣用的表現として押さえておこう。

他動詞か自動詞か

147 KEY POINT

758 他動詞の discuss ― discuss A

W

► **discuss** は他動詞であることに注意。**discuss A**「A について議論する」(= **talk about A**) で押さえておこう。（→ TARGET 79）

○ 本問は，**S discussed A**「S は A について議論した」の形でまとめればよい。

759 visit の用法 ― visit A

► **visit** は他動詞として，**visit A** で「A を訪れる」(= **go to A**) の意味を表す。（→ TARGET 79）

760 enter の用法 ― enter A

► **enter** は他動詞として，**enter A** で「A の中に入る」(= **go[come] into A**) の意味を表す。（→ TARGET 79）

○ 本問は，When did S enter A? の形で作ればよい。

---

754 ④ **755** ② **756** gone wrong **757** ②
758 The class discussed several problems（不要語：about）
759 ① When I visited at Australia → When I visited Australia
760 When did you enter the university（不要語：into）

1 文法 2 語法 3 イディオム 4 会話表現

761 Have you heard the news that another typhoon (　　　)?
□□□
① is approaching to Japan　② is coming Japan
③ is approaching for Japan　④ is approaching Japan 〈北里大〉

762 Over three thousand people (　　　) the concert.
□□□
① participated　② gathered　③ listened　④ attended 〈南山大〉

763 When Doris and Nancy ①reached to New York City, they ②took a taxi directly to Aunt Eloise Drew's apartment house. ③They were welcomed with ④hugs and kisses. 〈慶應義塾大〉
□□□

764 What made Kazuo decide (　　　) that woman?
□□□
① to marry　② to marry with　③ marrying　④ marrying with 〈日本大〉

765 The man sitting next to Ellen is getting (　　　) her next spring.
□□□
① married to　② marry　③ marry with　④ marrying 〈近畿大〉

TARGET 79 自動詞と間違えやすい他動詞

- approach **A** = get[come] near to **A**「A に近づく」→761
- reach **A** = arrive at **A** / get to **A**「A に着く」→763
- contact **A** = make contact with **A**「A と連絡をとる」→767
- enter **A** = go[come] into **A**「A の中に入る」→760
- attend **A** = go to **A**「A に出席する」→762
- discuss **A** = talk about **A**「A について議論する」→758
- mention **A** = refer to **A**「A について言及する」
- oppose **A** = object to **A**「A に反対する」
- visit **A** = go to **A**「A を訪れる」→759
- answer **A** = reply to **A**「A に答える」
- marry **A** = get married to **A**「A と結婚する」→764, 765
- inhabit **A** = live in **A**「A に住む」
- resemble **A** = look like **A**「A と似ている」
- obey **A**「A に従う」
- search **A**「A の中を捜す」
- survive **A**「A より長生きする／A を切り抜けて生き残る」 など

761 別の台風が日本に接近しているというニュースを聞きましたか。
762 3,000人以上の人々が，そのコンサートに出席した。
763 ドリスとナンシーがニューヨーク市に着いたとき，彼女たちはおばのエロイーズ・ドリューのアパートまで直接タクシーで向かった。彼女たちはハグとキスで温かく迎えられた。
764 なぜカズオはその女性と結婚することに決めたのですか。
765 エレンの隣に座っている男性は，来年の春に彼女と結婚する予定です。

761 approach の用法 − approach A

W

► **approach** は他動詞として，**approach A** で「A に近づく」(= **come near to A**) の意味を表す。(→ TARGET 79)

762 attend の用法 − attend A

► **attend** は他動詞として，**attend A** で「A に出席する」(= **go to A**) の意味を表す。(→ TARGET 79)

✖ ① participated (×) は in があれば可。**participate in A = take part in A**「A に参加する」で押さえる。②の gather (×)「…を集める」を用いるのなら，The concert gathered over three thousand people. となる。③ listened (×) は，listened to なら可。

763 reach の用法 − reach A

► **reach** は他動詞として，**reach A** で「A に着く」(= **arrive at A / get to A**) の意味を表す。(→ TARGET 79)

764 marry の用法 − marry A

► **marry** は他動詞として，**marry A** で「A と結婚する」(= **get married to A**) の意味を表す。(→ TARGET 79)

✖ decide は不定詞を目的語にとる動詞 (→707) なので，③ marrying (×) は不可。

PLUS **What made A do …?**「どうして A は…したのか」は重要表現。

765 marry の用法 − get married to A

► **get married to A** は「A と結婚する」(= **marry A**) の意味を表す。他動詞 marry には **marry B to A**「B を A と結婚させる」の用法がある。**get married to A** は，その用法の受動態から生まれた表現だと考えればよい。

1 文法 2 語法 3 イディオム 4 会話表現

761 ④ **762** ④
763 ① reached to → reached **764** ① **765** ①

766 □□□ ケイトと結婚してどれぐらいになりますか。
(been / have / how / Kate / to / long / married / you) ? 〈中央大〉

767 □□□ ① Ever since she quit her job last year ② due to serious health problems ③ that required her to be hospitalized, ④ she has not had a chance to contact with anyone. 〈早稲田大〉

768 □□□ I ① apologize you ② for my carelessness; ③ I myself ④ am disgusted with what I have done. 〈日本女子大〉

769 □□□ She complained (　　).
① me his rudeness　② me of his rudeness
③ to me his rudeness　④ to me about his rudeness 〈明治学院大〉

KEY POINT 148

770 □□□ These books (　　) young people great harm.
① do　② make　③ have　④ give 〈関西学院大〉

TARGET 80 他動詞と間違えやすい自動詞

- **apologize (to A) for B**「(A に) B のことで謝る」→768
- **complain (to A) about [of] B**「(A に) B について不満を言う」→769
- **argue with A (about B)**「(B について) A と口論する」
- **graduate from A**「A を卒業する」
- **enter into A**「A (議論など) を始める」
- **search for A**「A を捜す」 など

TARGET 81 二重目的語をとる do

- **do A good**「A のためになる」= **do good to A** (good は名詞で「利益」) →772
- **do A harm**「A の害になる」= **do harm to A** (harm は名詞で「害」) →770
- **do A damage**「A に損害を与える」= **do damage to A** →771
- **do A a favor**「A の頼みを聞き入れる」→773

*上記の左側の表現は文脈から明らかな場合は A が省略されることもある。

767 彼女は入院する必要のあった重大な健康上の問題があったせいで会社をやめたが，それ以降ずっと誰とも連絡をとる機会がなかった。
768 不注意であったことを謝ります。私自身，自分のしたことに嫌気がさしています。
769 彼女は，彼の無礼なふるまいについて私に不満を言った。
770 これらの本は若者の深刻な害になります。

766 marry の用法 ― be married to A

► **be married to A** は「A と結婚している」の意味を表す。

○ **How long ...?**「どのくらいの時間…なのか」(→ TARGET 59) を想定して，How long の後を現在完了形の you have been married to Kate の疑問形でまとめればよい。

767 contact の用法 ― contact A

► **contact** は他動詞として，**contact A** で「A と連絡をとる」(= **make contact with A**) の意味を表す。(→ TARGET 79)

PLUS **due to A**「A のせいで」，**require A to do ...**「A に…するように要求する」(→737) は重要。

768 自動詞の apologize ― apologize to A for B

► **apologize**「謝る」は自動詞で，**apologize (to A) for B** (名詞・動名詞) で「(A に) B のことで謝る」の意味を表す。(→ TARGET 80)

PLUS **be disgusted with A**「A でいやになる」は重要表現。

769 自動詞の complain ― complain to A about B

W

► **complain**「不満を言う」は自動詞で，**complain (to A) about[of] B** で「B について (A に) 不満を言う」の意味を表す。(→ TARGET 80)

二重目的語をとる do―「do A B」 148 KEY POINT

770 二重目的語をとる do ― do A harm

► **do** には二重目的語をとる用法があり，**do A B** で「A に B (害・益) をもたらす／A に B (行為・敬意) を示す」の意味を表す。B には特定の目的語がきて慣用的な表現を形成する。

► **harm**「害」を目的語にとる **do A harm** (= **do harm to A**) は「A の害になる」の意味を表す。(→ TARGET 81)

---

766 How long have you been married to Kate
767 ④ she has not had a chance to contact with anyone → she has not had a chance to contact anyone
768 ① apologize you → apologize to you **769** ④ **770** ①

771 □□□
昨日の地震でだいぶ被害があったようだ。
It seems (by / damage / done / much / yesterday's / that / was) earthquake. 〈立命館大〉

772 □□□ 発展↑
いつまでもそんなことをくよくよしていたって，はじまらないじゃないか。
It won't do (about / any / good / it / keep / thinking / to / you) all the time. 〈立命館大〉

773 □□□
お願いだから，ここにはいないでください。
(not / me / staying / the favor / here / do / kind / of). (1語(句)不要) 〈東京薬科大〉

KEY POINT 149

774 □□□
I offered ① <u>to the homeless man</u> ② <u>some money</u> but he ③ <u>wouldn't</u> take ④ <u>it</u>. 〈獨協大〉

TARGET 82 二重目的語をとる注意すべき動詞

- cost **A B**「A に B（費用）がかかる／A に B（犠牲など）を払わせる」→776
- take **A B**「A が（…するのに）B を必要とする」→775
- save **A B**「A の B を省く」→780
- spare **A B**「A に B を割く／A の B を省く」→781
- allow **A B**「A に B を割り当てる」→783
- offer **A B**「A に B を提供する」→774
- cause **A B**「A に B をもたらす」→779
- leave **A B**「A に B を残して死ぬ／A に B を残す」
- deny **A B**「A に B を与えない」→782
- charge **A B**「A に B を請求する」→778
- owe **A B**「A に B を借りている［負っている］」→777
- lend **A B**「A に B を貸す」
- loan **A B**「（利子をとって）A に B を貸す」
- wish **A B**「A に B を祈る」→785
- envy **A B**「A の B をうらやましく思う」→784 など

774 私はそのホームレスの男性にお金をいくらかあげようとしたが，彼は受け取ろうとしなかった。

771 二重目的語をとる do ― do A damage

► **do A damage** は「A に損害を与える」の意味を表す。(→ TARGET 81)

○ **It seems that S + V ...**「…だと思われる」の that 節内を，**S did much damage** の受動態 **Much damage was done by S**「S によって大きな被害が出た」だと想定してまとめればよい。

772 二重目的語をとる do ― do A good

► **do A good** は「A のためになる」の意味を表す。(→ TARGET 81)

○ 本問は，まず形式主語 it を立てた，It won't do A any good to do ...「…しても少しも A のためにならないだろう」を想定し，**keep doing ...**「…し続ける」の表現から，It が受ける to 不定詞をまとめればよい。

773 二重目的語をとる do ― do A a favor

► **do A a favor** は「A の頼みを聞き入れる」の意味を表す (→ TARGET 81)。do の目的語の **favor** は「(目上の人などが示す) 好意，親切な行為」の意味。

○ 本問は，a favor を **the favor of not doing ...**「…しないという親切な行為」に変えた命令文である **Do me the favor of not doing ...**「…しないという頼みを聞き入れてください」を想定できるかがポイント。

PLUS **Would you do me a favor by doing ...?**「…していただけますでしょうか」は「依頼」を表す丁寧な表現。ここで一緒に覚えておこう。

二重目的語をとる動詞―「V + A + B」 149 KEY POINT

774 offer の用法 ― offer A B

► **offer** は，二重目的語をとり，**offer A B** の形で「A に B を提供する」(= **offer B to A**) の意味を表す。(→ TARGET 82)

○ したがって，① to the homeless man を the homeless man に修正する。

PLUS I offered the homeless man some money. は，I offered some money to the homeless man. と表現することも可。

---

771 that much damage was done by yesterday's
772 you any good to keep thinking about it
773 Do me the favor of not staying here（不要語：kind）
774 ① to the homeless man → the homeless man

775 □□□ 天の川は，光が一方の端から他方の端に到達するのに約10万年かかるほどの大きさがある。

The Milky Way is (about 100,000 years / across it / it / light / so large / takes / that / to travel). 〈成城大〉

---

776 □□□ A moment's hesitation might (　　) a driver his life.

① cost　② deprive　③ have　④ rob 〈京都女子大〉

---

777 □□□ Last week, I forgot to take my wallet to school and borrowed 1,000 yen from Yumiko. I still (　　) her that.

① rent　② owe　③ loan　④ lend 〈立教大〉

---

778 □□□ A: Could I extend the rental period for the car?

B: Yes, but (an extra fee / be / charged / of / will / you) 50 dollars for each additional day. 〈センター試験〉

---

779 □□□ その品物を届けるのが少しでも遅ければ，私たちは大いに迷惑を被ることになる。

Any (cause / delay / delivering / in / the goods / will) us a lot of trouble. 〈近畿大〉

---

780 □□□ 旅行の用意が周到であれば，面倒が大いに省けるだろう。

(preparation / trouble / you / a lot of / a journey / save / will / for / omit / careful). （1語(句)不要） 〈名城大〉

776 一瞬のためらいが，ドライバーの命を奪いかねない。

777 先週，学校に財布を持っていくのを忘れてユミコさんに1000円を借りましたが，まだそのお金を借りたままです。

778 A：車のレンタル期間を延長していただけますか。
B：はい，ただし，1日追加するごとに50ドルの追加料金が請求されることになります。

775 take の用法 ― It takes A＋時間＋ to do …

W

► **take** は，二重目的語をとり，**take A B** の形で「A が（…するのに）B を必要とする」の意味を表す。（→ TARGET 82）

○ この take A B を用いた **It takes A ＋時間＋ to do …**「A が…するのに（時間が）〜かかる」が本問のポイント。**so … that S ＋ V 〜**（→506）から，is so large that と作り，that 以下を **it takes A ＋時間＋ to do …** の形でまとめればよい。

PLUS **cost A B**「A に B（金額）がかかる」（→ TARGET 82）を用いた **It costs A ＋お金＋ to do …**「A が…するのに（お金が）〜かかる」もここで押さえる。
It cost me a lot of money to have my house repaired.
（家を修理してもらうのに，ずいぶん費用がかかりました）

776 cost の用法 ― cost A B

► **cost A B** は，B に **life, health, time** といった名詞がくる場合，「A に B（犠牲・損失など）を払わせる」の意味になる。（→ TARGET 82）

✕ ② deprive（×），④ rob（×）には二重目的語をとる用法はなく，**deprive[rob] A of B**「A から B を奪う」の形が基本。（→812, 813, TARGET 88）

777 owe の用法 ― owe A B

► **owe** は，二重目的語をとり，**owe A B** の形で「A に B を借りている」の意味を表す。（→ TARGET 82）

778 charge の用法 ― charge A B

► **charge A B** は「A に B（お金）を請求する」の意味を表す。（→ TARGET 82）

○ (S) will charge A B の受動形である A will be charged B「A は B を請求されるだろう」を想定してまとめればよい。

779 cause の用法 ― cause A B

R

► **cause A B** は「A に B をもたらす」の意味を表す。（→ TARGET 82）

○ **delay in A**「A の遅れ」から，主語を (Any) delay in delivering the goods とまとめ，述語動詞を will cause A B を想定してまとめればよい。

780 save の用法 ― save A B

► **save A B** は「A の B を省く」の意味を表す。（→ TARGET 82）

○ **preparation for A**「A の準備」から，主語を Careful preparation for a journey とまとめ，述語動詞を will save A B を想定してまとめればよい。

---

775 so large that it takes light about 100,000 years to travel across it **776** ①
777 ② **778** you will be charged an extra fee of
779 delay in delivering the goods will cause
780 Careful preparation for a journey will save you a lot of trouble（不要語：omit）

781 When I went to talk to the manager, he told me he could only ( ) me ten minutes.
□□□
① provide ② spare ③ hear ④ save 〈慶應義塾大〉

782 独占のもっとも危険な点は，消費者が競争の恩恵を受けられないことである。
□□□
発展↑
The greatest danger of a monopoly is (competition / consumers / denies / it / of / that / the benefit). 〈成城大〉

783 If you will (the privilege / allow / being / me / of / frank) on this occasion, I will tell you why. 〈関西外大〉
□□□

784 I envy ( ) your pleasant rooms.
□□□
① myself to ② of ③ you ④ you of 〈学習院大〉

785 I ( ) him a safe and prompt return.
□□□
① longed ② hoped ③ expecting ④ wished 〈青山学院大〉

KEY POINT 150

786 Any rope will ( ) if it is strong.
□□□
① make ② be ③ do ④ get 〈東洋大〉

787 It doesn't ( ) to worry about past mistakes.
□□□
① pay ② satisfy ③ use ④ waste 〈明治大〉

781 私が部長と話しに行くと，私には10分しか時間を割けないと言われた。
783 この機会に私が率直な意見を述べることを許していただけるならば，理由をお教えいたします。
784 あなたの快適な部屋がうらやましい。
785 彼が無事に，そして直ちに帰ってくることを私は祈りました。
786 強くさえあれば，どのようなロープでも構いません。
787 昔の失敗について思い悩んでも割に合わない。

781 spare の用法 ― spare A B

▶ **spare A B** は「A に B を割く」(= **spare B for A**) の意味を表す。(→ TARGET 82)

✖ ④ save (×) にしないこと。save も，save A B のパターンをとり「時間」を目的語にとれるが，「時間を節約する」の意味であって「時間を割く [与える]」の意味にはならない。

PLUS **spare A B** には **save A B** と同様に，「A の B を省く」の用法があることに注意。
My new assistant **spared[saved]** me a great deal of trouble.
(新しいアシスタントの人が来てくれて，大いに手間が省けた)

782 deny の用法 ― deny A B

▶ **deny A B** は「A に B を与えない」(= **deny B to A**) の意味を表す。(→ TARGET 82)

○ The danger of A is that S + V ...「A の危険な点は…ということだ」の表現から，名詞節を導く接続詞の that を置き，that 節内を deny A B を想定してまとめればよい。B は the benefit of competition「競争の恩恵」と作る。

783 allow の用法 ― allow A B

▶ 問題782でテーマ化した **deny A B** の反意表現である **allow A B** は「A に B を与える」の意味を表す。(→ TARGET 82)

○ **If you will do ...**「あなたが…する意志があるのならば」(**will は「意志」を表す**) の表現から，節内の動詞を **allow A B** の形でまとめればよい。B は，**the privilege of A**「A の特権」から the privilege of being frank「率直である特権」と作る。

784 envy の用法 ― envy A B

▶ **envy A B** は「A の B をうらやましく思う」の意味を表す。(→ TARGET 82)

785 wish の用法 ― wish A B

▶ **wish** には，二重目的語をとる用法があり，**wish A B** で「A に B を祈る」の意味を表す。(→ TARGET 82)

✖ ② hoped (×) にしないこと。(×) hope A B の形はない。

意外な意味を表す自動詞

150 KEY POINT

786 注意すべき自動詞 do の意味

▶ **do** が自動詞で用いられると,「**十分である／間に合う**」の意味を表す (→ TARGET 83 (1))。**この用法の do は**，本問のように **will do の形で用いる**ことに注意。

787 注意すべき自動詞 pay の意味

S

▶ 自動詞 **pay** は「**利益になる／割に合う**」の意味を表す。(→ TARGET 83 (2))

○ 形式主語を用いた **It doesn't pay to do ...**「…しても割に合わない」は頻出表現。

✖ ④ waste (×) にしないこと。空所には自動詞が入るが，waste に自動詞用法はない。

---

781 ②　**782** that it denies consumers the benefit of competition
783 allow me the privilege of being frank　**784** ③　**785** ④　**786** ③　**787** ①

788 Furniture made of good materials (　　　).
□□□ ① are well sold　② is well sold　③ sell well　④ sells well 〈西南学院大〉

789 This rule (　　　) several ways.
□□□ ① reads　② writes　③ interprets　④ understands 〈西南学院大〉

790 The video recording of a sleeping man (　　　) for several hours.
□□□ ① lasts　② manages　③ melts　④ obeys 〈立命館大〉

791 This cheap watch won't (　　　) very long.
□□□ ① keep　② hold　③ last　④ bear 〈西南学院大〉

792 A: What do you think of Mr. Owen's proposal for cutting costs in the factory?
□□□ B: It's an interesting idea, but I don't think it will (　　　) very well.
① work　② spend　③ match　④ come 〈センター試験〉

TARGET 83 意外な意味を表す自動詞 do / pay / sell / read / last / work

(1) do は自動詞で用いられると「**十分である／間に合う**」の意味になる。→786
This place will **do** for playing baseball.（この場所は野球をするのには十分だろう）

(2) pay は自動詞で用いられると「**利益になる／割に合う**」の意味になる。→787
Honesty sometimes does not **pay**.（正直は時として割に合わないことがある）

(3) sell は自動詞で用いられると「**売れる**」の意味になる。→788
This car should **sell** at a high price.（この車は高値で売れるはずだ）

(4) read は自動詞で用いられると「**解釈される／読める**」の意味になる。→789
The instructions can **read** in different ways.（その取扱説明書は違ったふうにも解釈できる）

(5) last は自動詞として，期間を表す副詞を伴って「（物・事が…の間）**続く**／（物・食べ物などが…の間）**長持ちする**」の意味を表す。→790, 791

(6) work は自動詞として，しばしば well などの様態を表す副詞を伴い，work (well) の形で「（計画などが）**うまくいく**／（薬などが）**効き目がある**」の意味を表す。→792

788 よい材料で作られた家具は売れ行きがよい。
789 この規則は何通りにも解釈できる。
790 眠っている人のビデオ録画は，数時間続きます。
791 この安物の腕時計は，あまり長持ちしないだろう。
792 A：その工場のコスト削減に関するオーエン氏の提案についてどう思いますか。
B：興味深いアイデアですが，あまりうまくいかないと思います。

788 注意すべき自動詞 sell の意味

► 自動詞の **sell** は「**売れる**」の意味を表す。(→ TARGET 83 (3))

PLUS **sell well**「よく売れる」の反意表現，**sell badly**「売れ行きが悪い」も覚えておこう。

789 注意すべき自動詞 read の意味

► 自動詞の **read** は「**解釈される／読める**」の意味を表す。(→ TARGET 83 (4))

○ 本問の several ways は副詞句で (in) several ways と考える。**read several ways** で「何通りにも解釈できる」の意味を表す。

✖ ③ interprets（×）は不可。もし interpret を用いるなら，受動態にして This rule is interpreted (in) several ways. と表現する。

790 注意すべき自動詞 last の意味

► 自動詞の **last** は期間を表す副詞を伴って「**(1)（物・事が…の間）続く／ (2)（物・食べ物などが…の間）長持ちする**」の意味を表す。(→ TARGET 83 (5))

○ 本問は「(1)（物・事が…の間）続く」の用法。

791 注意すべき自動詞 last の意味

W

○ 問題790でテーマ化した自動詞 **last** が本問のポイント。本問は「(2)（物・食べ物などが…の間）長持ちする」の用法。(→ TARGET 83 (5))

✖ ① keep（×）にしないこと。S keep の主語に「時計」を使うのは不可。ただし，「食べ物」の場合は可。

This food won't **keep[last]** very long.（この食べ物はあまり長持ちしないだろう）

PLUS last には人を目的語にとる他動詞用法がある。「**last ＋ A（人）＋期間を表す副詞**」で「（物が）人に持ちこたえさせる」で押さえておく。整序英作文で頻出。

This food will **last** us for two weeks.（この食料で私たちは2週間はもつだろう）

792 注意すべき自動詞 work の意味

► 自動詞の **work** には，しばしば well などの様態を表す副詞を伴い，**work (well)** の形で「**（計画などが）うまくいく／（薬などが）効き目がある**」の意味を表す用法がある。(→ TARGET 83 (6))

○ 本問は「（計画などが）うまくいく」の用法。

PLUS「（薬などが）効き目がある」の用法の work については，以下の例を参照。

The medicine **works** like magic.（その薬は魔法のようによく効く）

788 ④ 789 ① 790 ① 791 ③ 792 ①

KEY POINT 151

793 I never curse or use rude language. I simply (　　　) that way.
□□□
① didn't rise　② don't rise　③ wasn't raised　④ won't raise 〈慶應義塾大〉

794 ① The value of the dollar ② declines ③ as the rate of inflation ④ raises.
□□□
〈立教大〉

795 Was John honest? The question (　　　) when he suddenly started spending a lot of money.
□□□
① arose　② grew　③ raised　④ aroused 〈南山大〉

796 My father had kindly (　　　) the book on my desk before I came home yesterday.
□□□
① laid　② lain　③ lay　④ lied 〈立教大〉

797 Please remain (　　　) for a few minutes till he comes back.
□□□
① seated　② to seat　③ seat yourself　④ seating 〈日本大〉

TARGET 84 自動詞と他動詞で紛らわしい動詞

● (自) **lie**「横になる／…のままである」《活用》lie-lay-lain-lying
(他) **lay**「…を横たえる／…を置く／(卵など) を産む」《活用》lay-laid-laid-laying →796
(自) **lie**「嘘をつく」《活用》lie-lied-lied-lying

● (自) **sit**「座る」《活用》sit-sat-sat-sitting
(他) **seat**「…を座らせる」《活用》seat-seated-seated-seating →797

● (自) **rise**「上がる」《活用》rise-rose-risen-rising →794
(他) **raise**「…を上げる／…を育てる」《活用》raise-raised-raised-raising →793

● (自) **arise**「生じる」《活用》arise-arose-arisen-arising →795
(他) **arouse**「…を目覚めさせる／…を刺激する」
《活用》arouse-aroused-aroused-arousing

793 私は決して悪態をついたり失礼な言葉を使ったりしません。そんなふうには，決して育てられませんでした。
794 インフレ率が上がるにつれて，ドルの価値は下がる。
795 ジョンは誠実な人だったのか。彼が急に大金を使い始めたときに，そのような疑問が生じた。
796 父は，昨日私が家に帰る前に，その本をわざわざ私の机の上に置いておいてくれた。
797 彼が戻るまで，2，3分座ったままでいてください。

紛らわしい自動詞と他動詞―rise と raise, lie と lay など 151 KEY POINT

793 他動詞 raise の用法 W

▶ 他動詞の **raise** は **raise A** の形で「A を育てる」(= **bring up A**) の意味を表す。(→ TARGET 84)

○ 他動詞 **raise** の受動態は **be raised**「育てられる」(= **be brought up**) なので③ wasn't raised を選ぶ。

PLUS 強意の否定表現 **simply not**「まったく…ない」(= **just not**) は読解上重要。

PLUS 他動詞 **raise** には，**raise A** で「A(お金)を集める」の意味を表す用法があることに注意。**raise money**「お金を集める」で押さえておこう。
They are trying to **raise money** to build a new hospital.
(彼らは新しい病院を建てるために，お金を集めようとしている)

794 自動詞の rise ― raise との区別 W

▶ 自動詞 **rise** は「上がる」の意味を表す。(→ TARGET 84)

○ ④ raises (×) は他動詞なので不可。自動詞の rises に修正する。

795 自動詞の arise ― arouse との区別

▶ 自動詞 **arise** は「(問題・疑問・困難などが) 発生する」の意味を表す (→ TARGET 84)。なお，arise の活用は，**arise - arose - arisen - arising** になる。

○ 本問は過去時制の文脈なので，arise の過去形① arose を選ぶ。

✕ ④ aroused は他動詞 **arouse**「…を目覚めさせる／…を刺激する」の過去形。

PLUS **arouse** の活用は規則的で **arouse - aroused - aroused - arousing** になる。arouse[əráuz] と，arise の過去形 arose[əróuz] は，発音とつづりが紛らわしいのできちんと区別しておこう。

796 他動詞の lay ― lie との区別 W

▶ 他動詞 **lay** は **lay A** で「A を置く」(= **put A**) の意味を表す。(→ TARGET 84)

○ 本問は，過去完了となっているので，過去分詞の① laid を選ぶ。

797 他動詞 seated の用法 ― Please remain seated.

▶ 他動詞 **seat**「…を座らせる」(→ TARGET 84) の受動形 **be seated** は，「座っている←座らせられている」の意味を表す。

○ 本問は，be 動詞の代わりに remain を用いた **remain seated**「座ったままでいる」がポイント。**remain ＋形容詞**「…のままである」は問題754参照。

793 ③ **794** ④ raises → rises **795** ① **796** ① **797** ①

1 文法 2 語法 3 イディオム 4 会話表現

KEY POINT 152

798 □□□ The President is to (　　　) on television this evening.
① express　② say　③ speak　④ tell　〈青山学院大〉

799 □□□ Don't (　　　) such foolish things.
① say　② speak　③ talk　④ talk to　〈神奈川大〉

800 □□□ The seven o'clock news ① this morning ② tells it ③ is going to be unseasonably cold ④ all day long.　〈早稲田大〉

801 □□□ This traffic is terrible. Why didn't I listen to my friend when she told me (　　　) the train?
① take　② taking　③ to take　④ took　〈慶應義塾大〉

802 □□□ John didn't know how to (　　　) to his wife that he had quit his job.
① tell　② ask　③ explain　④ request　〈南山大〉

TARGET 85 tell / say / speak / talk の用法

(1) **tell**「…に話す」－基本的には他動詞
- **tell A B**「A に B を話す」
- **tell A about B**「B について A に話す」
- **tell A to do**「A に…するように言う」→801
- **tell A that 節 [wh 節]**「A に…だと言う」→803

(2) **say**「…を［と］言う」－基本的には他動詞 →799
- **say (to A) that 節 [wh 節]**「(A に) …だと言う」
- **S say that 節**「S(新聞／手紙／天気予報など) には…だと書いてある／ S によれば…」→800

＊S say that 節の形はよくねらわれる。
＊目的語に「人」をとらないことに注意。

(3) **speak**「話す／演説する」－基本的には自動詞 →798
- **speak A**「A(言語／言葉／意見など) を話す」

(4) **talk**「話す／しゃべる」－基本的には自動詞
- **talk to[with] A**「A と話し合う」
- **talk A into doing ... [B]**「A を説得して…させる／A を説得して B をさせる」→804
- **talk A out of doing ...[B]**「A を説得して…するのをやめさせる／Aを説得してBをやめさせる」→805

＊speak と言い換えができる場合も多い。
＊下 2 つの他動詞用法はともに頻出。

798 大統領は，今夜テレビで演説することになっている。
799 そんなばかなことを言うな。
800 今朝の7時のニュースによると，一日中，季節はずれの寒さになりそうです。
801 この渋滞はひどい。友だちが列車に乗るように言ってくれたのに，どうして耳を貸さなかったのだろう。
802 ジョンは仕事を辞めたことを妻にどう説明したらよいのかわからなかった。

「言う」「話す」などを表す動詞

152 KEY POINT

798 自動詞の speak

► 自動詞の **speak** は「演説する／話す」の意味を表す。(→ TARGET 85 (3))

○ 本問の「**be + to 不定詞**」は，「…する予定だ／…することになっている」という「予定」の意味を表す。(→ TARGET 23 (1))

799 say の用法 ― say A

► **say** は他動詞として，**say A** で「A を言う」の意味を表す。(→ TARGET 85 (2))

✖ ② speak (×)，③ talk (×) は，原則的に自動詞なので，such foolish things という目的語はとらない。

800 say の用法 ― S say that 節

► **S say that 節**は「S には…と書いてある／S によれば…」の意味を表す。(→ TARGET 85 (2))

○ (×) S tell that 節の形はないので，② tells を says に修正する。

801 tell の用法 ― tell A to do ...

► **tell A to do ...** は「A に…するように言う」の意味を表す。(→ TARGET 85 (1))

802 explain の用法 ― explain A to B（人）= explain to B A

► **explain** は **explain A to B** の形で「A のことを B に説明する」の意味を表す。

► 目的語の A が that 節や wh 節などのように比較的長くなる場合，A を B の後に移動して **explain to B A** の形にする。

○ 本問はこの **explain to B A** の形。

✖ ① tell (×) は，二重目的語をとる動詞なので，how to tell his wife that ... となるはず。

PLUS 以下の文は wh 節の用例。

The pilot **explained to us why the landing was delayed.**
(パイロットは着陸が遅れた理由を私たちに説明した)

798 ③ **799** ① **800** ② tells → says **801** ③ **802** ③

803 □□□ 発展↑

Something you wrote in an email upset your friend. You could ask what had upset her by saying:

Could you (made / me / so upset / tell / what / you) with my email?

〈センター試験〉

---

804 □□□

She is hoping to (　　　) her father into buying a new car.

① say　② speak　③ talk　④ tell　〈慶應義塾大〉

---

805 □□□

She talked (quitting / him / his / of / out) job.　〈立教大〉

KEY POINT 153

806 □□□

この写真を見ると，いつもスイスへの一人旅のことを思い出す。

This (always / I / me / of / photograph / reminds / Switzerland / the / to / trip) took by myself.

〈青山学院大〉

TARGET 86 talk A into doing ... の同意・反意表現

● talk **A** into doing ... = persuade **A** to do ...「Aを説得して…させる」→804

⇕

● talk **A** out of doing ... = persuade **A** not to do ...「Aを説得して…するのをやめさせる」→805

= dissuade **A** from doing ... →TARGET 89

= discourage **A** from doing ... →TARGET 89

803 あなたがメールで書いた何かが友達を怒らせてしまった。あなたは次のように言って，何が彼女を怒らせてしまったのか尋ねることができる：私のメールで何があなたを怒らせてしまったのか，教えてもらえますか。

804 彼女は父親を説得して新車を買ってもらいたいと思っている。

805 彼女は，彼を説得して退職するのをやめさせた。

803 tell の用法 ― Could you tell me wh 節？

○ **tell A wh 節**は「Aに…かを教える」の意味を表す。(→ TARGET 85 (1))

○ **Could you do …?**「…してくれませんか」の表現から，まず (Could you) tell me what とまとめ，次に「make＋目的語＋形容詞」を想定して what 節をまとめればよい。

○ **be upset with A**「Aでうろたえる／Aに動揺する」は重要表現。

PLUS tellにはtell A if ...「…かどうかAに言う」(= **tell A whether …**)の形もある。(→709)
Tell me if [whether] he is at home.（彼が在宅かどうか教えてください）

804 talk の用法 ― talk A into doing …

○ **talk A into doing …** は「Aを説得して…させる」の意味を表す。(→ TARGET 85 (4), 86)

PLUS 同意表現の **persuade A to do …** もここで再確認しておく。本問は以下のように書き換え可。
She is hoping to **persuade** her father **to buy** a new car.

805 talk の用法 ― talk A out of doing …

► **talk A out of doing …** は「Aを説得して…するのをやめさせる」の意味を表す。(→ TARGET 85 (4), 86)

PLUS 同意表現の **persuade A not to do …**, **dissuade A from doing …**, **discourage A from doing …** もここで押さえる（→822, TARGET 86, 89）。本問は以下のように書き換え可。
She **talked** him **out of quitting** his job.
= She **persuaded** him **not to quit** his job.
= She **dissuaded** him **from quitting** his job.
= She **discouraged** him **from quitting** his job.

remind　153 KEY POINT

806 remind の用法 ― remind A of B

► **remind** は，**remind A of B** の形で「AにBのことを思い出させる［気づかせる］」(→ TARGET 87) の意味を表す。**人が目的語になることに注意。**

○ This photograph を主語に立て，of の後は，**the trip to A**「Aへの旅行」の表現から，the trip to Switzerland と作り，I から始まる関係代名詞節を続ければよい。なお，always は「頻度」を表す副詞なので，一般動詞 reminds の前に置く。

---

803 tell me what made you so upset　**804** ③　**805** him out of quitting his
806 photograph always reminds me of the trip to Switzerland I

807 □□□ He reminded his friend ( ) at 9:00 a.m.
① for waking up ② he wake him up
③ to being waken up ④ to wake him up 〈明治学院大〉

808 □□□ 子どもたちは，私が3匹の熊のお話をしてあげると約束していたことを私に思い出させた。
The kids (tell / reminded / I'd / that / me / to / promised) them the story of the three bears. 〈立命館大〉

KEY POINT 154

809 □□□ 発展↑ Some of ①the staff members ②haven't been ③informed the changes ④to the project. 〈西南学院大〉

810 □□□ 発展↑ She ( ) of the truth of his statement.
① didn't persuade ② was not persuading
③ was not persuasive ④ was not persuaded 〈立命館大〉

TARGET 87 「S＋V＋A＋of＋B」の形をとる動詞 (1) — of＝「関連」の of

- **inform A of B**「AにBのことを知らせる」→809
- **remind A of B**「AにBのことを思い出させる」→806
- **convince A of B**「AにBのことを確信させる」
- **persuade A of B**「AにBのことを納得させる」→810
- **warn A of B**「AにBのことを警告する」
- **suspect A of B**「AにBの嫌疑をかける」→811

807 彼は友人に午前9時に起こしてくれるよう念を押した。
809 何人かの職員は，その計画への変更について知らされていなかった。
810 彼女は彼の供述が真実だとは納得できなかった。

807 remind の用法 ― remind A to do ...

► remind には，remind A to do ... の形で「A に…することを気づかせる」の意味を表す用法がある。

PLUS **remind** には **remind A of B**, **remind A to do ...** のほかにも，**remind A that 節**「A に…ということを思い出させる」の形もある。すべて頻出表現なので一緒に覚えておこう。**remind A that 節**は以下の例を参照。

Please **remind me that** I have an important appointment at three o'clock.
(3時に重要な会議があることを私に気づかせてください)

808 remind の用法 ― remind A that 節

○ 問題807で触れた remind A that 節「A に…ということを思い出させる」が本問のポイント。that 節内は，promise to do ...「…することを約束する」(→ TARGET 69) の表現を想定してまとめればよい。

「S + V + A + of + B」(1) ― of = 「関連」の of　154 KEY POINT

809 inform の用法 ― inform A of B → A is informed of B

► inform は，inform A of B の形で「A に B のことを知らせる」の意味を表す (→ TARGET 87)。目的語に「人」がくることに注意。なお，この of は「関連」の of で，「…に関して」の意味を表す。

○ **inform A of B** の受動態は，**A is informed of B**「A は B を知らされる」になるので，③ informed の後に of が必要になる。

PLUS **inform** には，**inform A that 節**の形で「A に…と告げる／知らせる」の意味を表す用法があることも押さえておこう。

The official **informed** Bob **that** his request had been rejected.
(要求が却下されたことを，その職員はボブに知らせた)

810 persuade の用法 ― persuade A of B → A is persuaded of B

► persuade A of B は「A に B のことを納得させる」の意味を表す。(→ TARGET 87)

○ **persuade A of B** の受動態は，**A is persuaded of B**「A は B のことを納得する」になることに注意。本問は，否定形の A is not persuaded of B「A は B のことを納得していない」の形になっている。

✖ ③ was not persuasive (×) の persuasive は「説得力のある／口のうまい」の意味を表す。本問では文意に合わない。

PLUS **persuade** には，**persuade A that 節**の形で「A に…と納得させる」の意味を表す用法があることも押さえておこう。本問は以下のように書き換え可。

She **was not persuaded that** his statement was true.

---

807 ④　808 reminded me that I'd promised to tell
809 ③ informed → informed of　810 ④

811 It never occurred to me to (from / him / money / of / stealing / suspect)
□□□ his friend. 〈近畿大〉

KEY POINT 155

812 誰にも他人の自由を奪う権利はない。
□□□ No one has (a / of / with / deprive / others / to / right) their freedom.
(1語不要) 〈東海大〉

813 I was (   ) of my camera.
□□□ ① robbed ② stolen ③ taken ④ made 〈関西学院大〉

814 I was (   ) my drinking habit.
□□□ ① cured from ② cured with ③ cured of ④ cured in 〈工学院大〉

815 Let me (   ) you of your baggage.
□□□ ① help ② relieve ③ bring ④ keep 〈中央大〉

TARGET 88 「S＋V＋A＋of＋B」の形をとる動詞 (2) ― of＝「分離・はく奪」の of

- **deprive A of B**「A から B を奪う」→812
- **rob A of B**「A から B を奪う」→813
- **strip A of B**「A から B をはぎ取る」
- **clear A of B**「A から B を取り除いて片づける」→816
- **cure A of B**「A から B を取り除いて治す」→814
- **rid A of B**「A から B を取り除く」
- **relieve A of B**「A から B を取り除いて楽にする」→815
- **empty A of B**「A から B を取り出して空にする」

811 彼が友人からお金を盗んだのではないかと疑うことになろうとは，私は思いもよらなかった。
813 私はカメラを奪われた。
814 私は飲酒の習慣をやめた。
815 私があなたの荷物を持ちましょう。

811 suspectの用法 ― suspect A of B → suspect A of doing ...

► **suspect A of B** は「AにBの嫌疑をかける」の意味を表す。(→ TARGET 87)

○ 本問は**suspect A of B**のBが動名詞になった**suspect A of doing ...**「…したのではないかとAを疑う」を想定し，形式主語を用いた**It never occurred to A to do ...**「…するとはAには思いもよらなかった」の表現から，to do ... をto suspect A of doing ... の形でまとめればよい。

PLUS **occur to A**「(考えなどが)Aに思い浮かぶ」は重要表現。同意表現の**strike A**も重要。また，本問と同じように，形式主語を用いた**It occurs to A that 節**「…のことがAに思い浮かぶ」(= **It strikes A that 節**)も一緒にここで覚えておこう。
Didn't **it** ever **occur to**[**strike**] them that they would be punished?
(罰せられるということが彼らには思い浮かばなかったのか)

「S + V + A + of + B」(2) ― of =「分離・はく奪」のof 155 KEY POINT

812 depriveの用法 ― deprive A of B

R

► **deprive** は **deprive A of B** の形で「AからBを奪う」の意味を表す(→ TARGET 88)。このofは「分離・はく奪」を表す。

○ 本問は，**a right to do ...**「…する権利」の表現のto do ... をto deprive A of Bの形でまとめればよい。

813 robの用法 ― rob A of B → A is robbed of B

R

► **rob A (人) of B (物)** は「AからBを奪う」の意味を表す。(→ TARGET 88)

○ **rob A of B**の受動態は，**A (人) is robbed of B (物)**「AはBを奪われる」になることに注意。

✖ ②のstolen(×)は不可。steal「(物)を盗む」を使って表現すれば，My camera was stolen. あるいは，**get[have] A done**「Aを…される」(→722)の形で表現すれば，I got[had] my camera stolen. となる。

814 cureの用法 ― cure A of B

R

► **cure A of B** は「AからB(悪癖など)を取り除く／AのB(病気)を治す」の意味を表す。(→ TARGET 88)

○ 本問は，**cure A of B**の受動態**A is cured of B**「AはB(悪癖など)をやめる」が本問のポイント。

815 relieveの用法 ― relieve A of B

R

► **relieve A of B** は「AからBを取り除いて楽にする」の意味を表す。(→ TARGET 88)

PLUS **Let me do ...**「…させてください」(→728)は重要表現。

---

811 suspect him of stealing money from
812 a right to deprive others of (不要語：with) **813** ① **814** ③ **815** ②

1 文法 2 語法 3 イディオム 4 会話表現

816 After the meal, the table was (　　) of the dishes.
□□□ ① cleaned ② cleared ③ removed ④ taken 〈学習院大〉

KEY POINT 156

817 深い雪のために一行は小屋にたどり着けなかった。
□□□ The (to / from / prevented / hut / party / getting / snow / the / the / deep). 〈獨協大〉

818 君の犬を私の庭に入れさせないようにできないかね。
□□□ Can't you (your dog / let / keep / from / coming) into my garden? (1語(句)不要) 〈関西大〉

819 私が目標を達成するのを止めるものは何もありません。
□□□ Nothing (can / from / goals / me / meeting / stop / the). 〈立命館大〉

820 ヘレンの両親は彼女が9時以降に外出するのを禁じた。
□□□ Helen's parents prohibited her (　　) going out after nine o'clock. 〈西南学院大〉

821 I've heard that in the U.S. smoking is (　　) in public places such as restaurants or cafés. Is that true?
□□□ ① banned ② expired ③ valid ④ withdrawn 〈センター試験〉

822 John tried to (　　) his father from smoking, but his father wouldn't listen.
□□□ ① argue ② debate ③ persuade ④ discourage 〈南山大〉

TARGET 89 「S＋V＋A＋from doing ...」の形をとる動詞

- **prevent[stop / hinder] A (from) doing** ...「A が…するのを妨げる」→817, 819
  ＊from がしばしば省略されるので注意。
- **keep A from doing** ...「A が…するのを妨げる」→818
  ＊こちらの from は省略されることがない。
- **prohibit[forbid / ban] A from doing** ...「A が…するのを禁じる」→820, 821
- **discourage[dissuade] A from doing** ...「A が…するのを思いとどまらせる」→805, 822

816 食事の後で，テーブルから皿が片づけられた。
821 アメリカでは，レストランやカフェなど，公共の場所での喫煙は禁止されていると聞きました。それは本当ですか。
822 ジョンは父親に喫煙をやめさせようとしたが，父親は耳を貸そうとしなかった。

816 clear の用法 ― clear A of B → A is cleared of B

▶ clear A of B は「A から B を取り除いて片づける」の意味を表す。(→ TARGET 88)

○ 本問は，**clear A of B** の受動態，**A is cleared of B**「A から B が片づけられる」がポイント。

「S + V + A + from doing ...」

156 KEY POINT

817 prevent の用法 ― prevent A from doing ...

▶ prevent は prevent A from doing ... の形で，「A が…するのを妨げる」の意味を表す。(→ TARGET 89)

○ The deep snow を主語に立て，(The) deep snow prevented the party と作る。from 以下は，**get to A**「A に着く」の表現を想定してまとめればよい。

818 keep の用法 ― keep A from doing ...

▶ keep A from doing ... は「A が…するのを妨げる」の意味を表す。(→ TARGET 89)

819 stop の用法 ― stop A from doing ...

▶ stop A from doing ... は「A が…するのを妨げる」の意味を表す。(→ TARGET 89)

PLUS **meet A**「A (目標・目的など) をかなえる」(→863) は重要表現。

820 prohibit の用法 ― prohibit A from doing ...

▶ prohibit A from doing ... は「A が…するのを禁じる」の意味を表す。(→ TARGET 89)

821 ban の用法 ― Smoking is banned.

▶ 他動詞 ban は ban A で「A を禁止する」の意味を表す用法がある。

PLUS **ban A from doing ...**「A が…することを禁じる」(→ TARGET 89) を用いて，Smoking is banned in public places. を言い換えると，You **are banned from smoking** in public places. となる。

822 discourage の用法 ― discourage A from doing ...

▶ discourage[dissuade] A from doing ... は「A が…するのを思いとどまらせる」の意味を表す。(→805, TARGET 86, 89)

✖ ③ persuade (×) は，**persuade A not to do ...**「A を説得して…するのをやめさせる」(→805, TARGET 86) の形。

---

816 ② **817** deep snow prevented the party from getting to the hut
818 keep your dog from coming (不要語句：let)
819 can stop me from meeting the goals **820** from **821** ① **822** ④

1 文法 2 語法 3 イディオム 4 会話表現

KEY POINT 157

823 □□□ My internship experience at the newspaper (　　　) me with a number of valuable insights into the role of the editor.

① supported　② advised　③ sentenced　④ provided 〈法政大〉

824 □□□ He supplied (　　　).

① them to weapons　② them with weapons
③ them weapons　④ weapons with them 〈関西学院大〉

825 □□□ The girl who saved the child from drowning has been (　　　) with an award for courage.

① given　② offered　③ presented　④ promised 〈センター試験〉

826 □□□ All cars made nowadays are (　　　) seat belts.

① equipped with　② furnished
③ prepared for　④ loaded with 〈法政大〉

827 □□□ そのレストランはとても混んでいたので，彼女はほかの2人の女性と相席になった。

The restaurant was so crowded that she had to (share / table / the / two / with) other women. 〈日本大〉

TARGET 90 「S＋V＋A＋with＋B」の形をとる動詞

- provide **A** with **B**「A に B を供給する」→823 ＝ provide **B** for **A**
- supply **A** with **B**「A に B を供給する」→824 ＝ supply **B** to[for] **A**
- serve **A** with **B**「A に B を供給する」＝ serve **B** to **A**
- present **A** with **B**「A に B を贈る［与える］」→825 ＝ present **B** to **A**
- furnish **A** with **B**「A に B を備える［備えつける］」
- equip **A** with **B**「A に B を備えつける」→826
- share **A** with **B**「A を B と分かち合う」→827
- compare **A** with **B**「A を B と比較する」→828 ＝ compare **A** to **B**
- identify **A** with **B**「A を B と同一視する［関連づける］」→829

823 新聞社でのインターンの経験は，私に編集者の役割に対する多くの貴重な洞察を与えてくれた。
824 彼は彼らに武器を供給した。
825 その子どもが溺れているところを救った少女は，その勇敢さで表彰された。
826 最近作られたすべての車にはシートベルトが備わっている。

「S＋V＋A＋with＋B」

157 KEY POINT

823 provide の用法 − provide A with B

W

► **provide** は **provide A with B** の形で「A に B を供給する」の意味を表す（→ TARGET 90）。

PLUS **provide A with B** の同意表現である **provide B for A**「A に B を供給する」も頻出。provide の目的語によって前置詞が異なる点に注意。以下の例文参照。
Sheep provide us **with** wool. = Sheep provide wool **for** us.
（ヒツジは私たちに羊毛を供給する）

824 supply の用法 − supply A with B

► **supply A with B** は「A に B を供給する」の意味を表す。（→ TARGET 90）

825 present の用法 − present A with B → A is presented with B

► **present A with B** は「A に B を与える」の意味を表す。（→ TARGET 90）

○ 本問は，**present A with B** の受動態 **A is presented with B**「A は B を与えられる」がポイント。

✖ ① given（×）は **be given A**「A を与えられる」の形をとる。

826 equip の用法 − equip A with B → A is equipped with B

► **equip A with B** は「A に B を備えつける」の意味を表す。（→ TARGET 90）

○ 本問は，**equip A with B** の受動態 **A is equipped with B**「A には B が備えつけられている」がポイント。

827 share の用法 − share A with B

► **share A with B** は「A を B と共有する［分かち合う］」の意味を表す。（→ TARGET 90）

○ 本問は，**had to do …**「…しなければならなかった」の表現から to do ... を to share A with B で作ればよい。

823 ④ **824** ② **825** ③ **826** ① **827** share the table with two

828 □□□ 日本の文明を死んだ文明と比較することは誤りである。
(one / it / Japanese civilization / dead / wrong / with / is / a / compare / to). 〈武蔵工大〉

829 □□□ We must really (identify / of / ourselves / rest / the / the / with / world). 〈近畿大〉

KEY POINT 158

830 □□□ 私は彼がしたことが許せなかった。
I (he / for / had / him / done / what / forgive / couldn't). 〈東北学院大〉

831 □□□ Please (　　　) me for interrupting you.
① apologize　② excuse　③ forget　④ oblige 〈立教大〉

832 □□□ Everybody (　　　) her for saving the old man from drowning.
① accused　② admired　③ complained　④ encouraged 〈センター試験〉

TARGET 91 「S＋V＋A＋for＋B」の形をとる動詞

- blame **A** for **B**「B のことで A を非難する」 →834
- criticize **A** for **B**「B のことで A を非難する」 →835
- punish **A** for **B**「B のことで A を罰する」
- scold **A** for **B**「B のことで A を叱る」 →833
- excuse **A** for **B**「B について A を許す」 →831
- forgive **A** for **B**「B について A を許す」 →830
- admire **A** for **B**「B のことで A を称賛する」 →832
- praise **A** for **B**「B のことで A をほめる」
- reward **A** for **B**「B のことで A に賞を与える」
- thank **A** for **B**「B のことで A に感謝する」 →841
- respect **A** for **B**「B のことで A を尊敬する」

829 われわれは本当に世界の他の人々と一体感を持たなければならない。
831 話の途中で口をはさむのをお許しください。
832 その老人を溺れることから救ったことで，誰もが彼女を称賛した。

828 compare の用法 ― compare A with B

► **compare A with[to] B** は「A を B と比較する」の意味を表す。(→ TARGET 90)

○ 本問は，形式主語を用いた **It is wrong to do ...**「…するのは間違っている」の表現を想定し，it が受ける to 不定詞を compare A with B で作ればよい。B の「死んだ文明」は「**a ＋形容詞＋ one**」(→339) の形で a dead one とまとめる。

829 identify の用法 ― identify A with B

► **identify A with B** は「A を B と同一視する［関連づける］」の意味を表す。(→ TARGET 90)

○ 本問は，A に再帰代名詞を用いた **identify oneself with B**「自分と B を同一視する／B と一体感を持つ」がポイント。with の後は，**the rest of A**「残りの A／A の残り」を想定してまとめればよい。

PLUS **identify A as B**「A を B だと確認する」も重要表現。一緒に覚えておこう。
His accent **identified** him **as** a French person.
(彼のアクセントから，彼がフランス人であることがわかった)

「S＋V＋A＋for＋B」 158 KEY POINT

830 forgive の用法 ― forgive A for B

► **forgive** は **forgive A for B**(名詞・動名詞) の形で「B について A を許す」の意味を表す。(→ TARGET 91)

○ 本問は，B を what から始まる関係代名詞節で what he had done と作る。

831 excuse の用法 ― excuse A for B

► **excuse** は **forgive** とほぼ同意で forgive と同じ形をとる。**excuse A for B**(名詞・動名詞)「B について A を許す」(= **forgive A for B**) (→ TARGET 91) と押さえておこう。

✖ ① apologize (×) は自動詞。**apologize (to A) for B**(名詞･動名詞) の形で「(A に) B のことで謝る」という意味を表す。(→768)

832 admire の用法 ― admire A for B

► **admire A for B** は「B のことで A を称賛する」の意味を表す。(→ TARGET 91)

✖ ① accused (×) は **accuse A of B**「B のことで A を非難する」の形をとる (→836)。③ complained (×) は自動詞で **complain to A about B**「B について A に不満を言う」の形をとる (→769)。④ encouraged (×) は **encourage A to do ...**「A が…するように勧める」の形をとる。(→738)

828 It is wrong to compare Japanese civilization with a dead one
829 identify ourselves with the rest of the world
830 couldn't forgive him for what he had done **831** ② **832** ②

833 彼は自分がやったことで叱られてもおかしくない。

□□□ 発展

He (to / can / for / be / deserves / scolded) what he did. (1語不要)

〈千葉工大〉

KEY POINT 159

834 隣の人は，窓を壊したと言って，私の弟を非難した。

□□□

Our (younger / blamed / neighbor / brother / breaking / the / my / for) window.

〈龍谷大〉

835 I should not have (　　　) him so much for the complaint by the customer.

□□□

① devoted ② promoted ③ criticized ④ encouraged

〈甲南大〉

836 They accused me (　　　) late.

□□□

① for coming ② of coming ③ to come ④ to have come

〈獨協大〉

837 A group of politicians (　　　), and all of them resigned.

□□□

① were charged of getting involved in a scandal
② were charged of involving in a scandal
③ were charged with getting involved in a scandal
④ were charged with involving in a scandal

〈慶應義塾大〉

TARGET 92 「B のことで A を非難する／A を告発する／A に責任を負わせる」を表す動詞

(1)「B のことで A を非難する」
- blame **A** for **B** →834
- criticize **A** for **B** →835
- accuse **A** of **B** →836
- charge **A** with **B** →837

(2)「B のことで A を告発する」
- charge **A** with **B** →837
- accuse **A** of **B** →840

(3)「B のことで A に責任を負わせる」
- blame **A** for **B** →838
- blame **B** on **A** →839

835 顧客からの苦情について，彼をあんなに非難すべきではなかった。
836 彼らは私が遅れてやって来たことを非難した。
837 政治家の一団が，スキャンダルに関与したことで告発され，彼ら全員が辞職した。

833 scold の用法 ― scold A for B

► **scold A for B** は「B のことで A を叱る」の意味を表す。その受動態は，**A is scolded for B**「A は B で叱られる」になる。

○ 本問は，**deserve to be done**「…される価値がある／…されてもおかしくない」の表現から，He deserves to be scolded for B とまとめればよい。

「非難する」などを表す動詞

159 KEY POINT

834 blame の用法 ― blame A for B

R

► **blame** は **blame A for B** の形で「B のことで A を非難する」の意味を表す。(→ TARGET 91, 92 (1))

○ まずは，(Our) neighbor blamed my younger brother を作り，for B の B を動名詞句でまとめればよい。

835 criticize の用法 ― criticize A for B

R

► **criticize A for B** は「B のことで A を非難する」の意味を表す。(→ TARGET 91, 92 (1))

PLUS **should not have done ...**「…すべきではなかったのに（実際はした）」は重要表現。(→104)

836 accuse の用法 ― accuse A of B

R

► **accuse** は **accuse A of B**（名詞・動名詞）の形で「B のことで A を非難する」の意味を表す (→ TARGET 92 (1))。**accuse** は blame と似た意味を表すが，A for B ではなく **A of B になる点に注意**。

837 charge の用法 ― charge A with B

R

► **charge** には，**charge A with B**（名詞・動名詞）の形で「B のことで A を非難する［告発する］」の意味を表す用法がある (→ TARGET 92 (1) (2))。この意味での **charge は** accuse とほぼ同意であるが，A of B でなく **A with B になる点に注意**。

► 本問のように受動態の **A is charged with B**「A は B のことで非難される［告発される］」で用いられることも多い。

○ **A is charged with B**「AはBのことで告発される」および **get involved in A**「Aに関与する／巻き込まれる」から，選択肢③ were charged with getting involved in a scandal を選ぶ。

833 deserves to be scolded for（不要語：can）
834 neighbor blamed my younger brother for breaking the **835** ③ **836** ②
837 ③

838 □□□ 発展

Being both spoilt and lazy, he (　　) everyone else for his lack of success.

① accused　② charged　③ criticized　④ blamed　〈慶應義塾大〉

839 □□□ 発展

They (　　) the fire on the tenants.

① criticized　② complained　③ blamed　④ accused　〈福岡大〉

840 □□□ 発展

その会社が大気汚染の元凶として告訴されるのは当然である。

It is (air / accused / be / causing / the / company / natural / that / should / of) pollution.　〈立命館大〉

KEY POINT 160

841 □□□

I can't thank you enough (　　) your help.

① by　② for　③ over　④ with　〈関東学院大〉

842 □□□

I really (　　) your timely suggestion about what I should do.

① appreciate　② accuse　③ recognize　④ thank　〈青山学院大〉

TARGET 93　regard A as B の同意表現

以下の表現はすべて「A を B とみなす」の意味になる。

- regard **A** as **B** →844
- view **A** as **B**
- look on[upon] **A** as **B**
- see **A** as **B**
- think of **A** as **B** →845

838 甘やかされ，また怠け者でもあるので，彼は自分が成功しないことをほかの人全員の責任にした。
839 彼らは火災の責任を住人に負わせた。
841 あなたのご支援には，お礼の申しようがありません。
842 私がすべきことについて，あなたの時宜を得た忠告に心から感謝いたします。

838 blame の用法 ― blame A for B のもうひとつの意味

► 問題834でテーマ化した **blame A for B** には「B のことで A を非難する」の意味のほかに，「A に B の責任を負わせる」の意味を表す用法がある。この意味では **blame B on A** と表現できることに注意。**blame A for B** = **blame B on A**「A に B の責任を負わせる」で押さえておこう。(→ TARGET 92 (3))

He **blamed** everyone else **for** his lack of success.

= He **blamed** his lack of success **on** everyone else.

839 blame の用法 ― blame B on A

○ 問題838で述べた **blame B on A**「A に B の責任を負わせる」(= **blame A for B**) が本問のポイント。

PLUS 本問は以下のように書き換えられる。

They **blamed** the fire **on** the tenants. = They **blamed** the tenants **for** the fire.
(彼らは火災の責任を住人に負わせた)

840 accuse の用法 ― accuse A of B のもうひとつの意味

► 問題836で扱った **accuse A of B** は「B のことで A を非難する」の意味だが，**accuse A of B** は「B のことで A を（正式に）告発する」(= **charge A with B**) の意味も表す。(→ TARGET 92 (2))

○ 本問は，その受動態 **A is accused of B**「A は B で告発される」を **It is natural that S should ...** の構造の that 節内に組み込めばよい。B は動名詞句 causing air (pollution) と作る。

「感謝する」を表す動詞

160 KEY POINT

841 thank の用法 ― thank A for B

S

► **thank A for B** は「B のことで A に感謝する」の意味を表す。(→ TARGET 91)

PLUS **I can't thank you enough for A.** は **I can't thank you too much for A.** と同意。**cannot ... too ～**「どんなに～しても…しすぎることはない」は助動詞の慣用表現。(→93, 94)

842 appreciate の用法 ― thank との区別

W

► **appreciate** には，**appreciate A** で「A をありがたく思う／A を感謝する」の意味を表す用法がある。**thank A が目的語に「人」をとる**のに対して，**appreciate A は目的語に「事・物」をとる**点に注意。

---

838 ④　**839** ③　**840** natural that the company should be accused of causing air
841 ②　**842** ①

1 文法
2 語法
3 イディオム
4 会話表現

843 □□□ We're facing troubles now. I would (appreciate / assist / could / if / it / you) us. 〈センター試験〉

KEY POINT 161

844 □□□ Pauline never (　　　) it as her lifetime career.
① regarded　② thought　③ looked　④ hoped 〈中央大〉

845 □□□ The really ①astonishing thing is that ②most of us don't ③think ourselves as ④having a relationship to water. 〈中央大〉

KEY POINT 162

846 □□□ ものの2マイルも歩くと，私たちはその建物の所まで来た。
(some / us / a / we / of / two miles / walk / brought) to the building.
(1語(句)不要) 〈福岡大〉

847 □□□ The changes of climate (　　　) the tribe to new conditions.
① exposed　② exported　③ reformed　④ reversed 〈立命館大〉

TARGET 94 「S＋V＋A＋to＋B」の形をとる動詞

- owe **A** to **B**「A については B のおかげである」→850
- take **A** to **B**「A を B に持っていく［連れていく］」→846
- bring **A** to **B**「A を B に持ってくる［連れてくる］」→846
- transfer **A** to **B**「A を B へ移す」
- leave **A** to **B**「A を B に任せる」→848
- assign **A** to **B**「A（仕事など）を B に割り当てる」
- attribute **A** to **B**「A を B のせいにする／A を B の原因に帰する」→849
- contribute **A** to **B**「A を B に寄付する［与える］」→851
- add **A** to **B**「A を B に加える」
- drive **A** to **B**「A を B の状態に追いやる」
- expose **A** to **B**「A を B（風雨・危険など）にさらす」→847

843 私たちは今，困難に直面しています。支援をしていただけるとありがたいのですが。
844 ポーリーンは，それを決して一生の仕事だとはみなしていなかった。
845 本当に驚かされるのは，私たちのほとんどが自分のことを水と関係があるとは思っていないことだ。
847 気候の変化により，その部族は新たな状況にさらされた。

843 appreciate の用法 − I would appreciate it if you could do ... W

▶ **I would appreciate it if you could[would] do ...**「…していただけるとありがたいのですが」は appreciate を用いた慣用表現。appreciate の目的語 it が仮定法の条件節の内容を受けている。**Will you do ...?**「…してくれませんか」の丁寧な表現。

「S + V + A + as + B」 161 KEY POINT

844 regard の用法 − regard A as B

▶ **regard** は **regard A as B** の形で「A を B とみなす」の意味を表す。(→ TARGET 93)

845 think の用法 − think of A as B = regard A as B R

▶ **think of A as B** は「A を B とみなす」(= **regard A as B**) の意味を表す。(→ TARGET 93)

「S + V + A + to + B」 162 KEY POINT

846 bring の用法 − bring A to B W

▶ **bring** は **bring A to B** の形で「A を B に連れてくる／A を B に持ってくる」の意味を表す。(→ TARGET 94)

○ 本問は,「ものの2マイルも歩くと」を A walk of some two miles とまとめて主語にし, 述語動詞を bring A to B でまとめればよい。この some は「約… (= about)」の意味。

PLUS **bring A to B** と区別することが重要な **take A to B**「A を B に連れていく／A を B に持っていく」もここで押さえておこう。下記はその受動態の用例。
He **was taken to** the hospital in an ambulance.
(彼は救急車で病院に運ばれた)

847 expose の用法 − expose A to B

▶ **expose** は **expose A to B** の形で「A を B (風雨・危険など) にさらす」の意味を表す。(→ TARGET 94)

---

843 appreciate it if you could assist　**844** ①　**845** ③ think → think of　**846** A walk of some two miles brought us (不要語 : we)　**847** ①

848 □□□ 発展↑
これをおまかせできるのはあなたしかいません。
(none / can / this / there / other than / you / I / to whom / is / leave).
〈明治大〉

849 □□□
経営陣は不況を政府の経済政策のせいにした。
The executives attributed the slowdown (　　　) the government's economic policy.
① from　② in　③ to　④ except　〈亜細亜大〉

850 □□□
彼が成功したのは，物事を迅速に処理できる手腕があったからだ。
He (from / owed / his ability / his success / to / to handle) things efficiently.　(1語(句)不要)　〈甲南大〉

851 □□□
The students (　　　) most of their free time to the clean-up campaign sponsored by the local community.
① contributed　② attributed　③ substituted　④ distributed　〈学習院大〉

KEY POINT 163

852 □□□
How do I like you in the Meiji uniform? You look great. It really (　　　) you.
① winks　② suits　③ looks　④ matches　〈明治大〉

851 学生たちは，彼らの自由時間のほとんどを地域コミュニティが後援する清掃運動に捧げた。
852 明治のユニフォームを着たあなたをどう思うかって？　とてもかっこいいです。本当に似合っています。

848 leave の用法 － leave A to B

► **leave** は **leave A to B** の形で「A を B に任せる」の意味を表す。(→ TARGET 94)

○ 本問はまず，**none other than A**「ほかならぬ A」(→314) を用い，There is none other than you と作る。次に，none other than you を先行詞とする関係代名詞節を作るが，節内の述部のところに **leave A to B**「A を B に任せる」を用いる。つまり，I can leave this to none other than you の文を想定できるかがポイント。この文の none other than you を先行詞として，to whom という「**前置詞＋関係代名詞**」がワンセットで節の頭にきた形を後に続ける。

849 attribute の用法 － attribute A to B

► **attribute** は **attribute A to B** の形で「A を B のせいにする／A を B の原因に帰する」の意味を表す。(→ TARGET 94)

850 owe の用法 － owe A to B

► **owe** は **owe A to B** の形で「A については B のおかげである」の意味を表す。(→ TARGET 94)

○ 本問は，B の部分を **one's ability to do ...**「…する〈人〉の能力」の表現でまとめればよい。

PLUS **この意味で用いる owe には二重目的語をとる形がない**ことに注意。二重目的語をとる **owe A B** は「A に B を借りている」の意味を表す。(→777)

851 contribute の用法 － contribute A to B

► **contribute** は **contribute A to B** の形で「A を B に与える［寄付する］」の意味を表す。(→ TARGET 94)

✖ ④ distributed (×) は不可。**distribute** は **distribute A to B** で「A を B に分配する」の意味を表すので，本問の文意に合わない。

「似合う」「合う」を表す動詞

163 KEY POINT

852 suit の用法 － suit A と fit A の区別

► **suit** には，目的語に「人」をとって「(服装・色・髪型などが) A に似合う」の意味を表す用法がある。

PLUS suit と同様に目的語に「人」をとる fit A と混同しないこと。**fit A** (人) は，「(寸法・サイズに関して) A に合う」の意味。
I had to send back the jacket because it did not **fit** me.
(そのジャケットは大きさが私に合わなかったので，私はそれを送り返さなければならなかった)

PLUS **How do you like A?** は「(好き嫌いについて) A をどう思いますか」という意味の定型表現。本問は How do you like me?「(明治のユニフォームを着た) 私をどう思う ?」という相手の質問を繰り返して言っている形。

848 There is none other than you to whom I can leave this　**849** ③　**850** owed his success to his ability to handle（不要語句：from）　**851** ①　**852** ②

853 I wouldn't buy that sweater if I were you. It's too big and the colors don't ( ) your jacket.
□□□
① match ② fit ③ go ④ correspond 〈南山大〉

854 What sort of curtains do you think would ( ) with the carpet?
□□□
① go ② fit ③ suit ④ become 〈南山大〉

855 (a) As I have gained weight, my clothes are the wrong size.
□□□
(b) As I have gained weight, my clothes don't ( ) me. 〈津田塾大〉
発展↑

KEY POINT 164

856 I need to make a call. May I ( ) your phone?
□□□
① lend ② borrow ③ get ④ rent 〈群馬大〉

TARGET 95 「貸す」「借りる」を表す動詞

- **borrow A (from B)**「(B から) A を無料で借りる」→856
- **rent A**「A (家など) を有料で借りる［貸す］／一時的に A (車など) を有料で借りる」→857
- **use A**「A (トイレ・電話など) を一時的に借りる／A を利用する」→859
- **owe A B = owe B to A**「A に B (お金) を借りている」
- **lend A B = lend B to A**「A に B を貸す」→858
- **loan A B = loan B to A**「(利子をとって) A に B (お金) を貸す」

853 私があなただったら，そのセーターは買わないでしょう。大きすぎるし，色があなたの上着に合っていません。
854 どのようなカーテンがそのカーペットに合うと思いますか。
855 太ってしまったので，服のサイズが私に合わなくなっている。
856 電話をする必要があります。あなたの電話を借りてもいいですか。

853 match の用法 ― match A と go with A の区別

S

► **match** には, **match A**（物）で「A と似合う／A と調和する」の意味を表す用法がある。**この意味では目的語に「人」をとらないことに注意。**

PLUS 同意表現の **go with A**（物）「A に似合う」も頻出。ただし, **match A の場合, 主語と目的語 A に「色・形・大きさ」などの特性に関して「同一性・類似性」があることを意味する。**したがって, 以下のような英文のときに go with A の代わりに match A を用いることはできない。「赤ワイン」と「肉料理」に「色・形・大きさ」などの「同一性・類似性」はないからである。

Red wine **goes with**[× matches] meat.（赤ワインは肉料理に合う）

854 go with A の意味と用法

○ 問題853で扱った **go with A**（物）「A に似合う／A と調和する」が本問のポイント。**go with A は主語にも A にも「物」がくる**ことに注意。

PLUS **go with A** は「A に同伴する」(= **accompany A**) の意味もあるので, 一緒に押さえておこう。以下の例文参照。

I went with[**accompanied**] my parents to England.
（私は両親についてイギリスに行った）

855 fit の用法 ― fit A

○ 問題852で述べた **fit A**（人）「（寸法・サイズに関して）A に合う」が本問のポイント。

PLUS **gain weight**「太る」(= **put on weight**) は重要表現。反意表現の **lose weight**「やせる」も一緒に覚えておこう。

「貸す」「借りる」を表す動詞

164 KEY POINT

856 borrow の用法 ― borrow A (from B)

► **borrow** は **borrow A (from B)** で「（B から）A を無料で借りる」の意味を表す（→ TARGET 95）。**A には「移動可能なもの」がくる**ことに注意。

PLUS 「A（トイレなど移動不可能なもの）を借りる／A（ホテルのプールなど）を利用する」場合は borrow A ではなく **use A** を用いる。電話の場合は, **borrow a telephone**「（携帯電話）を借りる」, **use a telephone**「（固定電話）を借りる」と表現する。

853 ① **854** ① **855** fit **856** ②

857 I want to (　　　) an apartment which is a little closer to my university. However, I can't pay more than 500 dollars per month.
□□□ 発展↑
① borrow　② employ　③ lend　④ rent　〈津田塾大〉

858 Since he had no money but had to ① pay the rent, he ② asked her to ③ borrow him ④ the money.　〈早稲田大〉
□□□

859 If you stay at a big hotel, you can (　　　) their swimming pool.
□□□
① bathe　② borrow　③ play　④ use　〈センター試験〉

KEY POINT 165

860 He's very dishonest; I (　　　) his story is untrue.
□□□ 発展↑
① am doubting　② don't suspect　③ doubt　④ suspect　〈慶應義塾大〉

861 A: I want to go parachuting. Would you like to join me?
□□□ 発展↑
B: No, I'm too afraid. I (　　　) I ever will.
① doubt　② never　③ suppose　④ suspect　〈中央大〉

TARGET 96 suspect と doubt

● **suspect that** 節「…ではないかと思う／…だと思う」→860
　≒ **think that** 節, **don't doubt that** 節
● **doubt that** 節「…であることを疑う／…ではないと思う」→861
　≒ **don't think that** 節, **don't suspect that** 節

＊ suspect that 節は think that 節に近く, doubt that 節は don't think that 節に近い。したがって, 上記のとおり suspect that 節≒ think that 節≒ don't doubt that 節であり, doubt that 節≒ don't think that 節≒ don't suspect that 節であると考えればわかりやすい。

857 大学にもう少し近いアパートを借りたいです。しかし, 月に500ドル以上は払えません。
858 彼はまったくお金を持っていなかったが家賃を払わなければならなかったので, 彼女にそのお金を貸してくれと頼んだ。
859 大きなホテルに宿泊すれば, そこのプールを利用できます。
860 彼はとてもいい加減な人です。彼の話は事実に反するのではないかと思います。
861 A: 私はスカイダイビングをしに行きたいと思います。あなたもいっしょにどうですか。
B: いいえ, 私は怖がりなので。今後もしに行くことはないと思います。

857 rent の用法 － rent A

► **rent A** は「A（家など）を有料で借りる／一時的に A（車など）を有料で借りる」の意味を表す（→ TARGET 95）。**rent an apartment**「アパートを借りる」，**rent a car**「車を借りる」で覚えておこう。

✖ ① borrow（×）は不可。borrow A は「無料で A を借りる」の意味。（→856）

PLUS **rent A** は「A（家など）を有料で貸す」の意味でも用いられるが，その場合は，**rent A to B**「A を B に貸す」の形をとることが多い。以下の例文参照。
I **rented** the house **to** Mr. Kato at 50,000 yen a month.
（私はその家を月5万円でカトウさんに貸した）

858 lend の用法 － lend A B

► **lend** は二重目的語をとり，**lend A B** の形で「A に B を貸す」の意味を表す。（→ TARGET 95）

○ ③ borrow（×）では文意に合わないし，（×）borrow A B の形もない。二重目的語をとる lend に修正する。

859 use の用法 － use A

○ 本問は，問題856で触れた **use A**「A（ホテルのプールなど）を利用する」がポイント。

suspect と doubt

165 KEY POINT

860 suspect の用法 － suspect that 節

► **suspect** には，**suspect that 節**で「…ではないかと思う／…だと思う（= **think that 節**）」の意味を表す用法がある。（→ TARGET 96）

✖ ③ doubt（×）では文意に合わない。**doubt that 節**は「…であることを疑う／…ではないと思う」の意味なので（→861，TARGET 96），否定の don't doubt に修正すれば文意に合う。

861 doubt の用法 － doubt that 節

► **doubt** には，**doubt that 節**で「…であることを疑う／…ではないと思う（= **don't think that 節**）」の意味を表す用法がある。

○ I doubt I ever will. は I doubt (that) I ever will (go parachuting).「私は今後もずっとスカイダイビングに行かないと思う」と考える。

857 ④ **858** ③ borrow → lend **859** ④ **860** ④ **861** ①

862 □□□ Some people fear that World War III may break out soon, but I (　　).

① am afraid it will　② doubt if it will
③ think if it does　④ wonder that it does　〈センター試験〉

KEY POINT 166

863 □□□ He is forced to depend on government help, because his income is inadequate to (　　) his basic needs.

① respond　② maintain　③ meet　④ keep　〈上智大〉

864 □□□ We will have to (a / considerable / money / of / raise / realize / sum / to) your plan.　〈早稲田大〉

865 □□□ 発展 It doesn't (　　) a man of his status to tell a lie.

① become　② like　③ resemble　④ look like　〈上智大〉

866 □□□ The restaurant is always crowded, so I recommend you to (　　) a table.

① board　② bet　③ bother　④ book　〈青山学院大〉

862 まもなく第三次世界大戦が起こるのではないかと恐れている人もいるが，私はそんなことはないと思う。
863 彼が政府の援助に依存せざるを得ないのは，彼の収入が必需品を満たすのに不十分だからだ。
864 あなたの計画を実現するために，私たちはかなりの金額を集めなければならない。
865 嘘をつくのは彼のような地位の人にはふさわしくない。
866 そのレストランはいつも混んでいるので，席を予約することを勧めます。

862 doubt の用法 ― doubt if 節

▶ doubt は doubt if 節 [whether 節] で「…かどうか疑わしいと思う」の意味を表す。

✖ ① am afraid it will（×）は構造的によいが，接続詞の but があるので，文意に合わない。③ think if it does（×）は不可。（×）think if ... の形はない。④ wonder that it does（×）は wonder if[whether] it will なら可。「…だろうかと思う」は wonder that ... ではなく wonder if[whether] ...（→885）。wonder that 節は「…ということに驚く」の意味で，ここでは文意に合わない。

意外な意味を持つ他動詞

166 KEY POINT

863 meet の用法 ― meet A の意味

▶ meet には，meet A で「A（要求・必要・義務など）を満たす／A をかなえる」（= satisfy A）の意味を表す用法がある。**A には need，demand，obligation，goal** など「要求・必要・義務・目標」を表す名詞がくることに注意。

PLUS **force A to do ...**「A に…することを強制する」（→739）の受動態 **be forced to do ...**「…せざるを得ない」，**depend on[upon] A**「A に依存する」は重要。

PLUS 思いがけない意味になる **meet A** として「A（困難・状況など）にうまく対処する」（= **cope with A**）と「A（費用・負債など）を支払う」も一緒に押さえておく。
She **met** the situation with a smile.（彼女は笑顔でその状況にうまく対応した）
The traveling expenses **will be met** by the company.（旅費は会社が支払います）

864 realize の用法 ― realize A の意味

▶ realize には，realize A で「A を実現する」の意味を表す用法がある。

○ 本問は，問題793で触れた **raise A**「A（お金）を集める」と問題904で触れている **a considerable sum of money**「多額のお金」を用いて，(We will have to) raise a considerable sum of money と作る。次に，**realize A** を「目的」を表す to 不定詞の形にして続ければよい。

865 become の用法 ― become A

▶ 他動詞の become には become A（人）で「（言動などが）A にふさわしい」の意味を表す用法がある。

PLUS **become A**（人）は **suit A**（→852）と同様に，「A に似合う」の意味を表す用法もある。入試では頻出だが，文語表現なので英作文では避けるべき。

866 book の用法 ― book A の意味

▶ 動詞用法の book には，book A で「A（部屋・座席・切符など）を予約する」（= reserve A）の意味を表す用法がある。

862 ②　**863** ③　**864** raise a considerable sum of money to realize　**865** ①
866 ④

867 The patients were all much wiser than the doctor who (　　) them.
□□□ ① treated　② served　③ operated　④ assisted　〈京都外大〉

868 One hundred dollars will (　　) all your expenses for the trip.
□□□ ① cost　② spend　③ give　④ cover　〈センター試験〉

869 I can't (　　) that kind of silly music.
□□□ ① walk　② move　③ stand　④ run　〈中央大〉

870 He (　　) me by two games to one.
□□□ ① won　② played　③ gained　④ beat　〈明治大〉

871 もうくよくよするなって。仕方なかったんだから。
□□□ You don't have to worry about it. It couldn't be (　　).　〈立命館大〉

872 I shall (　　) you badly if you are going away.
□□□ ① find　② miss　③ observe　④ search　〈早稲田大〉

TARGET 97　miss A の主要な意味

(1) miss **A**「A を見落とす／見逃す」
The post office is down the street. You can't **miss** it.
（郵便局はその通りを下ったところです。すぐわかりますよ）

(2) miss **A**「A に乗り遅れる」⇔ catch A「A に間に合う」
I got up late and **missed** the train.（寝坊して列車に乗り遅れた）

(3) miss **A**「A を免れる」
We luckily **missed** the accident.（われわれは運よく事故を免れた）

(4) miss **A**「A がないのに気づく」
I didn't **miss** my wallet till I came home.（家に帰ってくるまで財布がないのに気づかなかった）

(5) miss **A**「A がいなくて寂しく思う／A がなくて困る」→872
We will **miss** you badly.（君がいないとどんなに寂しいことだろう）

(6) miss **A**「A を欠席する」→873
She never **missed** any lectures.（彼女は講義に一度も欠席しなかった）

867 患者たちはみな自分たちを治療した医師よりもはるかに賢明だった。
868 100ドルあれば，その旅行のすべての費用がまかなえるだろう。
869 私はそのような馬鹿げた音楽に耐えられません。
870 彼は私を2対1で打ち負かした。
872 あなたが行ってしまうと，とても寂しくなります。

867 treat の用法 − treat A の意味

► **treat** には，**treat A** で「A を治療する」の意味を表す用法がある。

PLUS **treat** には **treat A to B** の形で「A に B（食事など）をおごる」の意味を表す用法がある。一緒に押さえておこう。
Let me **treat** you **to** dinner.（夕食をおごらせてください）

868 cover の用法 − cover A の意味

► **cover** には，**cover A** で「A（費用・損失）をまかなう」の意味を表す用法がある。主語には通例，「金額」などがくる。

✖ ① cost（×）にしないこと。This book **cost** (me) ten dollars.「この本は10ドルした」のように cost は通例「物」を主語，「金額」を目的語にとる。**cost (A) B**「(A に) B（金額）がかかる」で押さえる。（→776）

869 stand の用法 − stand A の意味

► **stand** には他動詞用法があり，**stand A** で「A を我慢する」の意味を表す。**通例 can を伴って否定文・疑問文で用いる。**

PLUS 「A を我慢する」は **stand A** のほかに，**bear A，endure A，tolerate A，put up with A** も一緒に覚えておく。

870 beat の用法 − win A との区別

► **beat** は「人」や「チーム」を目的語にとり，**beat A** で「A を打ち負かす」(= **defeat A**) の意味を表す。なお，beat の活用は **beat - beat - beat[beaten] - beating** であることに注意。本問の beat は過去形。

✖ ① won（×）は不可。**win A** は「人・相手」ではなく，「競技・試合など」を目的語にとって「A に勝つ」の意味を表す。

871 help の用法 − help A の意味

► **help** には，**help A** で「A を避ける」の意味を表す用法がある。

○ この help を用いた **It can't[couldn't] be helped.**「仕方がない／どうしようもない」は慣用表現として覚えておこう。

872 miss の用法 − miss A の意味 (1)

S

► **miss** には，**miss A** で「A がいなくて寂しく思う／A がなくて困る」の意味を表す用法がある。（→ TARGET 97 (5)）

---

867 ①　**868** ④　**869** ③　**870** ④　**871** helped　**872** ②

873 □□□ Students were told that they could fail courses if they (　　) too many classes.

① absent　② sleep　③ miss　④ cheat　〈南山大〉

KEY POINT 167

874 □□□ Christine invited me to a party ①at her house, but because I didn't know where she lived, she ②wrote me a map ③to show me where it ④was.

〈獨協大〉

875 □□□ It's a pity that quite a few Japanese women (　　) their jobs when they get married.

① end up　② quit　③ retire　④ withdraw　〈センター試験〉

876 □□□ 発展 I cannot imagine (　　) about a book.

① you to be so exciting　② for you to be excited
③ you being so excited　④ for you to be so exciting　〈上智大〉

877 □□□ If someone had not mentioned her name, I hardly think I would have (　　) her.

① guessed　② realized　③ recognized　④ regarded　〈立教大〉

878 □□□ 発展 I ①have been dreaming ②to climb that mountain to watch the sun ③rise above ④the horizon.　〈早稲田大〉

873 あまりにも多くの授業を欠席すれば単位を取れないこともあると，学生たちは言われた。
874 クリスティンは私を彼女の家で開くパーティーに招いてくれたが，私は彼女がどこに住んでいるのか知らなかったので，彼女はそれがどこにあるのか説明するために地図を描いてくれた。
875 かなり多くの日本の女性が結婚したときに仕事を辞めてしまうのは残念なことだ。
876 あなたが1冊の本にそんなに興奮するなんて思いもよりません。
877 誰かが彼女の名前を言わなかったら，私は彼女だとほとんどわからなかっただろうと思う。
878 私は，その山に登って太陽が地平線から昇るのを眺めることを夢見てきた。

873 miss の用法 ― miss A の意味 (2)

► **miss** には, **miss A** で「A を欠席する」の意味を表す用法がある。(→ TARGET 97 (6))

その他の注意すべき他動詞

167 KEY POINT

874 draw A B ― write A B との区別

► **draw** も **write** も二重目的語をとる用法があり, それぞれ **draw A B** で「A に B (地図など) を描いてあげる」, **write A B** で「A に B (手紙など) を書く」の意味を表す。

○ 本来, **draw** は「鉛筆やペンで線を引く／線でものを描く」の意味で, **write** は「文字で何かを書き表す」の意味。したがって, 本問は, ② wrote を draw の過去形 drew に修正する。

875 quit の用法 ― quit A

► **quit** は **quit A** で「A (仕事・学校など) を辞める」の意味を表す。

PLUS **quite a few ＋複数名詞**「かなりたくさんの…」は重要。(→899)

876 imagine の用法 ― imagine A('s) doing ...

► **imagine** は **imagine A('s) doing ...** の形で「A が…するのを想像する」の意味を表す。A('s) は動名詞句 doing ... の意味上の主語。

○ ③ you being so excited が正解だが, you を所有格の your にしても可。

PLUS 分詞形容詞 **exciting**「刺激的な」と **excited**「興奮して」の区別は TARGET 99, 100を参照。

877 recognize の用法 ― recognize A の意味

► **recognize** は本質的に「人や物をよく見て, その特徴などによってすでに知っている人や物に違いないと認める」という意味を表す動詞。したがって, **recognize A** は「A だとわかる／A が誰であるかわかる」の意味を表す。

PLUS **recognize that 節**「…だと認める [承認する]」も一緒に押さえておくこと。
She refused to **recognize that** she was mistaken.
(彼女は自分が間違っていることをどうしても認めようとしなかった)

878 dream の用法 ― dream of doing ...

► 動詞の **dream** は **dream of doing ...** の形で「…することを夢見る」の意味を表す。

○ dream は to 不定詞をとらないので, ② to climb を of climbing に修正する。

PLUS **dream of A**「A を夢見る」もここで押さえておく。ただし, A が名詞の dream の場合, (×) dream of a dream とはならず, **dream a dream** (= **have a dream**) となることに注意。

PLUS 感覚動詞を用いた**watch A do ...**「Aが…するのを見守る」は重要。(→730, TARGET 72)

873 ③ **874** ② wrote → drew **875** ② **876** ③ **877** ③
878 ② to climb → of climbing

879 弁論大会で優勝されておめでとうございます。

□□□ 発展↑

(prize / in / winning / the / contest / speech / you / congratulate / I / first). （1語不足） 〈中央大〉

---

880 His wife is in hospital because she was ( ) in a car crash.

□□□

① broken ② damaged ③ destroyed ④ injured 〈センター試験〉

---

881 Our school trip was ( ) by an unusually heavy snowfall.

□□□

① avoided ② damaged ③ objected ④ spoiled 〈センター試験〉

KEY POINT 168

882 What ( ) me was that Jane didn't even say hello when she saw me.

□□□

① struck ② struck at ③ struck on ④ would strike 〈慶應義塾大〉

880 彼の妻は自動車事故でけがをしたので病院にいる。
881 私たちの遠足は，まれに見る大雪のせいで台無しになった。
882 私の印象に残ったのは，ジェーンが私を見たときにあいさつもしなかったことだった。

879 congratulate の用法 ― congratulate A on B

► **congratulate は「人」を目的語にとる他動詞**で，**congratulate A on[upon] B**（名詞・動名詞）の形で「A を B のことで祝う」の意味を表す。

○ 本問は，A に you，B に **win first prize**「一等賞を取る」の表現から動名詞表現 winning first prize in the speech contest を作ればよい。

880 injure の用法 ― be injured

► **injure A**（人）「A を傷つける」の受動態 **be injured** は「（人が）負傷する」の意味を表す。同意表現の **be hurt** も頻出。

✖ ② damaged（×）は不可。**be damaged**「（物が）損害を受ける」は原則として，「人」が主語の場合は使えない。

PLUS **be damaged** は以下の例文参照。
The goods **are** considerably **damaged.**（商品はかなり損傷している）
His reputation **was damaged** beyond repair.
（彼の評判は取り返しがつかないほど傷ついた）

881 spoil の用法 ― be spoiled

► **spoil A**「A を台無しにする」の受動態 **be spoiled** は「（物・事が）台無しになる」の意味を表す。主語は「物・事」になるが，「道具・機械」を主語にすることはできないことに注意。

✖ ② damaged（×）にしないこと。**be damaged** の主語は具体的な「物」や「体面・評判」であって，「遠足」のような事柄は主語にならない。（→880）

他動詞を用いる定式化された表現 168 KEY POINT

882 strike の用法 ― strike A R

► **strike A**（人）は「（考えなどが）A に思い浮かぶ」（= **occur to A**）の意味を表す（→811）が，それ以外にも，「A に印象を与える」の意味で用いられる用法がある。

○ 本問の **What struck A was that S + V ...**「A の受けた印象は…だった」は読解上も重要。

PLUS 文法問題では，**S strike A as B**「S は A に B という印象を与える」の形で出題されることも多い。一般に，「V + A as B」の場合は，**regard A as B**「A を B とみなす」のように，**A = B** の関係が成り立つが，**S strike A as B** の場合，**S = B** の関係が成り立っていることに注意。B には，名詞のほかにも形容詞や現在分詞がくる。
He **struck** me **as** an insignificant man.
（彼は取るに足らない人であるように思えた）

879 I congratulate you on winning first prize in the speech contest（不足語：on）
880 ④ **881** ④ **882** ①

883 □□□ 発展↑
I don't know why but it (as / me / none / strange / of / struck / that) the passengers uttered a word. 〈立教大〉

884 □□□
You want to make a telephone call from your friend's house. You say: "Do you (I / if / mind / telephone / use / your)?" 〈センター試験〉

885 □□□
A: Good evening, Mr. and Mrs. Gomez. How can I help you?
B: Well, (could / if / tell / we're / wondering / you) us how to get to the theater. 〈センター試験〉

886 □□□
Just because a man is rich it does not necessarily (　　　) that he is happy.
① become　② make true　③ contradict　④ follow 〈桜美林大〉

883 理由はわからないが，乗客の誰もが一言も発しなかったのが奇妙に思えた。
884 あなたは友達の家から電話をかけたいと思う。そこであなたはこう言う：あなたの電話を借りてもいいですか。
885 A：こんばんは，ゴメス様。どのようなご用でしょうか。
B：ええ，劇場への行き方を教えていただけますか。
886 人は金持ちだからといって，必ずしも幸せだとは限らない。

883 strike の用法 － strike A as B

▶ **strike A as B** は「A に B という印象を与える」の意味を表す。(→882)

○ 本問は，形式主語 it を用いた **it strikes A as B that S + V ...**「…は A に B という印象を与える」を想定して it struck me as strange that ...「…は奇妙だという印象を私は受けた」と作ればよい。

PLUS **strike A as B** とよく似た表現に **impress A as B**「A に B という印象を与える」がある。**strike A as B が通例，「好ましくない印象を与える」**のに対して，**impress A as B は通例，「好ましい印象を与える」**の意味になることに注意。
She **impressed** me **as** (being) honest.
(彼女は私に正直な人だという印象を与えた)

884 mind の用法 － Do you mind if S + V ... ?

▶ 自動詞の **mind**「嫌だと思う」を用いた **Do you mind if S + V ...?**「S が…してもいいですか」は慣用表現として押さえておこう。

○ 本問は，この形を想定してまとめる。if 以下は，**use your telephone**「あなたの電話を借りる」(→859) の表現を用いればよい。

PLUS 仮定法を用いて，**Would you mind if I used your telephone?** とすると丁寧な表現となる。

885 wonder の用法 － We are wondering if S + V ...

▶ **wonder** は **wonder if S + V ...** の形で「…かどうかと思う」の意味を表すが，この用法を用いた **We are[I am] wondering if you could do ...**「…していただいてもよろしいですか←あなたが…することができるかどうかと思っているところです」は「依頼」を表す丁寧な表現として覚えておこう。(→703)

○ 本問は，この表現で we're wondering if you could ... と作ればよい。

PLUS **We were[I was] wondering if you could do ...** とすると，さらに控えめな表現となる。

PLUS **wonder** は wh 節を目的語にとり，**wonder wh 節**で「…かと思う」の意味を表す。以下の例文参照。
I **wondered what** was happening in the next room.
(私は隣の部屋で何が起こっているのかと思った)

886 follow の用法 － It follows that 節

▶ 非人称の it を用いた **It follows that 節**は「(したがって) …ということになる」の意味を表す。(→351, TARGET 33 (3))

○ 本問の **Just[Simply / Merely] because ...(,) it does not (necessarily) follow[mean] that ～.**「…だからといって，(必ずしも) ～ということにはならない」は英作文でもよく用いる重要表現。動詞は follow の代わりに mean を用いても可。

---

883 struck me as strange that none of　**884** mind if I use your telephone
885 we're wondering if you could tell　**886** ④

887 □□□ Once I learned what to read before going to bed, I ( ) to appreciate the works of such mystery writers as Agatha Christie, Dickson Carr and so on.

① became ② came ③ took ④ turned 〈上智大〉

888 □□□ I've had so much to do at work recently and I'm really tired. I'd prefer to (at home / drive / my weekend / rather than / spend) all the way to Kyoto. 〈センター試験〉

889 □□□ 発展↑ 私はごたごたした問題が起こって欲しくない。

I (there / any / do / to / trouble / want / not / be). 〈関西学院大〉

887 私は，寝る前に何を読めばよいのかわかると，アガサ・クリスティーやディクソン・カーなどといったミステリー作家の作品のよさがわかるようになった。

888 最近は仕事の量が多くて，とても疲れています。週末は，はるばる京都までドライブするよりも家で過ごしたいです。

887 come の用法 − come to do ... S

▶ **come** には **come to do ...** の形で「…するようになる」の意味を表す用法がある。do ... には原則として，**know / feel / see / like / realize / understand / appreciate** などの状態を表す動詞がくることに注意。

○ 本問の **appreciate A** は「A のよさを味わう／A のよさがわかる」の意味。**come to appreciate the works** は「作品のよさを味わうようになる」の意味を表す。

888 prefer の用法 − prefer to do ... rather than do 〜

▶ **prefer** には，**prefer to do ... rather than (to) do 〜**の形で「〜するよりも…したい」の意味を表す用法がある。

○ 本問は，do ... を spend my weekend at home とし，do 〜を drive (all the way to Kyoto) とまとめればよい。

PLUS **prefer A to B**「B よりも A を好む」もここで押さえておこう。
I **prefer** staying at home **to** going fishing.
（魚釣りに行くよりも家にいる方が好きだ）

889 want の用法 − want there to be A

▶ **want** には **want there to be A** の形で「A があってほしい」の意味を表す用法がある。本来 there は副詞だが，**この形では代名詞として機能し，want の目的語**となっている。

○ 本問は，**I don't want there to be A.** を想定し，A に any trouble を置けばよい。この形を問う問題は増加傾向。代名詞としての there は問題181参照。

PLUS want のほかに there to be A をとる動詞として，**would like**，**believe**，**expect** がある。**want[would like] there to be A**「A があってほしい」，**believe there to be A**「A があると信じる」，**expect there to be A**「A があると思う」で覚えておこう。
I **would like there to be** a swimming pool in the garden.
（庭にプールがあるといいですね）
I **expect there to be** no argument.
（私は議論のないように期待する）

887 ② **888** spend my weekend at home rather than drive
889 do not want there to be any trouble

890 彼がどこの出身であるかは問題ではない。

□□□ (comes from / where / not / it / matter / he / does). 〈中央大〉

891 どっちが勝とうが負けようが私の知ったことではない。

□□□ (difference / it / loses / makes / me / or / side / to / which / wins / no).

〈明治大〉

890 matter の用法 ― It doesn't matter wh 節

► 動詞用法の **matter** は自動詞で「重要である」(= **be important**) の意味を表すが，この動詞の matter を用いて形式主語の it を立てた **It doesn't matter (to A) wh 節**は，「(A にとって) …かは問題でない［どうでもいい］」の意味を形成する。

○ 本問は，wh 節を where he comes from とまとめればよい。where he comes from の where は疑問副詞ではなく from の目的語となる疑問代名詞。(→628)

PLUS 同意表現の **It makes no difference (to A) wh 節 / It doesn't make any difference (to A) wh 節**もここで覚えておこう。

891 It makes no difference to A wh 節

► **It makes no difference to A wh 節**は「A にとって…かは問題ではない［どうでもいい］」(= **It doesn't matter to A wh 節**) の意味を表す。(→890)

○ 本問は wh 節を which side wins or loses「どちらが勝つか負けるか」とまとめればよい。

1 文法
2 語法
3 イディオム
4 会話表現

---

890 It does not matter where he comes from
891 It makes no difference to me which side wins or loses

第17章

形容詞の語法

KEY POINT 169

892 □□□ I still need (　　　) more time to decide which university to apply to.
① any　② many　③ a little　④ a few of　〈南山大〉

893 □□□ 当地では，雪がほとんど降りません。
(have / little / snow / very / we) here.　〈中央大〉

894 □□□ My daughter has (　　　) close friends at school.
① a little　② a little of　③ a few　④ a few of　〈南山大〉

895 □□□ In an economic crisis, there are (　　　) jobs for part-time workers in every country.
① least　② little　③ quite　④ fewer　〈関西学院大〉

896 □□□ A: I don't know how (　　　) luggage I can take on the plane with me.
B: I think the weight allowance depends on each airline.
① long　② many　③ much　④ often　〈学習院大〉

TARGET 98 many / much / few / little の用法と意味

用法 ／ 意味	①可算名詞(数えられる名詞)につけて「数」を表す。 ②名詞の複数形につく。	①不可算名詞(数えられない名詞)につけて「量」「程度」を表す。 ②不可算名詞につく。
たくさんの	many →897	much →896
ほとんど…ない（否定的）	few →895	little →893
少しの（肯定的）	a few →894	a little →892
かなりたくさんの	quite a few →899 not a few	quite a little not a little

892 どの大学に出願すべきかを決めるには，もう少し時間が必要です。
894 私の娘は，学校で親しい友人が少しはいます。
895 どの国でも，経済危機になると，アルバイトの仕事がより少なくなる。
896 A: 飛行機の機内にどれくらいの荷物を持ち込めるのかわかりません。
B: 手荷物の許容量は航空会社によると思います。

数や量を表す形容詞

169 KEY POINT

892 不可算名詞につける a little の意味

► a little は不可算名詞につけて「少しの…」の意味を表す。(→ TARGET 98)

PLUS **apply to A**「A に出願する」は重要。

893 不可算名詞につける little の意味

R

► little は不可算名詞につけて「ほとんど…ない」という否定的な意味を形成する。(→ TARGET 98)

○ 本問は，**We have little A**（不可算名詞）「私たちはほとんど A を持っていない」を想定してまとめればよい。

PLUS 本問の **We have very little snow here.** は There is A 構文で **There is very little snow here.** と表現してもよい。

894 複数名詞につける a few の意味

► a few は複数名詞につけて「少しの…」の意味を表す。(→ TARGET 98)

✖ ④ a few of（×）は不可。a few of A の A が名詞の場合，必ず定冠詞や所有格で限定された名詞になる。(→367)

895 複数名詞につける fewer の意味

R

► few は複数名詞につけて「ほとんど…ない」という**否定的な意味を形成する**。(→ TARGET 98)

○ 本問は，その比較表現「**fewer ＋複数名詞**」がポイント。

✖ ② little（×）や little の最上級の① least（×）「最少の」は不可算名詞を修飾するが，複数名詞を修飾しない。

896 much の用法 ― much ＋不可算名詞

► 「**much ＋不可算名詞**」は「たくさんの…」の意味を表す。(→ TARGET 98)

○ 本問は **luggage**「手荷物」が不可算名詞（→ TARGET 115）であることに着目すること。

PLUS **depend on[upon] A**「A によって決まる」は重要。

892 ③ **893** We have very little snow **894** ③ **895** ④ **896** ③

897 □□□ We spent ①much hours ②doing the math homework. It then ③turned out that the teacher had given us the ④wrong problems to answer. 〈南山大〉

898 □□□ 発展↑ ①Many a story ②have been told ③by the man ④of his good old days. 〈東洋大〉

899 □□□ バーゲンでお金がもうかると実際思いこんでいる人がかなり多くいる。

Quite (make money / actually believe / bargains / a few / that / people / on / they). 〈武蔵工大〉

900 □□□ There have been a ( ) many protests against the new project.

① good ② lot ③ so ④ very 〈東京電機大〉

901 □□□ We'll get ( ) information from the tourist office.

① some ② any ③ an ④ every 〈青山学院大〉

902 □□□ The number of travelers who visit Japan is very ( ).

① a lot ② large ③ much ④ many 〈群馬大〉

897 私たちは数学の宿題をするのに何時間も費やした。その後で，先生が間違った問題を出題したことがわかった。

898 その男性によって，彼の懐かしい日々について多くの物語が語られた。

900 その新しい計画については，これまでかなりの数の抗議がある。

901 私たちは旅行案内所から情報を入手するつもりです。

902 日本を訪問する旅行者の数はとても多い。

1 文法
2 語法
3 イディオム
4 会話表現

897 many の用法 ― many＋複数名詞

▶「**many ＋複数名詞**」は「たくさんの…」の意味を表す。(→ TARGET 98)

○ hours は複数名詞。① much を many に修正する。

PLUS **spend A (in) doing ...**「…するのに A を費やす」は重要。(→225)

898 many の用法 ― many a＋可算名詞の単数形

▶ **many** は「**many a ＋可算名詞の単数形**」の形で「たくさんの…」の意味を表す用法がある。また,「**many a ＋可算名詞の単数形」が主語の場合, 3人称単数扱いであること**も注意。(→611)

○ 主語の Many a story「多くの物語」は単数扱いなので② have を has に修正する。

899 quite a few の意味

▶ **quite a few** は「**quite a few ＋複数名詞**」の形で「かなりたくさんの…／相当の…」の意味を形成する。複数名詞の前に置き, many に近い意味になる。(→ TARGET 98)

○ 本問は, quite a few people を主語に立て, S actually believe that 節を想定し, that 節内を **make money on A**「A でお金を稼ぐ」の表現を用いてまとめればよい。

900 many の用法 ― a good many＋複数名詞

▶ **a good[great] many** は「**a good[great] many ＋複数名詞**」の形で「かなりの数の…」の意味を表す。**主語の場合は複数扱い**。

901 some の用法 ― some＋不可算名詞

▶「**some ＋不可算名詞**」は「多少の…／いくらかの…」の意味を表す。ただし, 漠然とした程度を表すので, 日本語訳に対応する語が現れないことが多い。

○「情報を得る」は(×)get information とは言わず, some をつけて **get some information** とすることに注意。

902 large の用法 ― The number of A is large.

▶ **number**「数, 数字」が「多い［少ない］」を表す場合は, **large[small]** を用いることに注意。

✖ ④ many (×) は補語として用いない。

PLUS **large[small] を用いる名詞**は問題944, 945, TARGET 103 (2) 参照。

---

897 ① much → many　**898** ② have → has
899 a few people actually believe that they make money on bargains　**900** ①
901 ①　**902** ②

903 □□□ Don't worry, we have (　　　) of time.

① plenty　② much　③ many　④ more　〈芝浦工大〉

904 □□□ The company spent a great (　　　) of money trying to fix the air-conditioning system.

① deal　② figure　③ total　④ number　〈南山大〉

905 □□□ A (　　　) number of Japanese holidaymakers were to be found in New Zealand last summer.

① many　② large　③ much　④ lot　〈龍谷大〉

KEY POINT 170

906 □□□ It is hardly (　　　) that you don't remember his name.

① surprising　② surprised　③ surprise　④ surprises　〈青山学院大〉

903 心配しないで。時間はたっぷりありますから。
904 その会社は，空調設備を修理しようとして多額のお金を費やした。
905 昨年の夏，ニュージーランドにはかなりの数の日本人行楽客が見受けられた。
906 あなたが彼の名前を覚えていないというのは，驚くにあたらない。

903 plenty of A の用法

► **plenty of A**（不可算名詞・複数名詞）は「たくさんのA」の意味を表す。**a lot of [lots of] A**（不可算名詞・複数名詞）と同意だが，**plenty of A** は，「（いかなる必要にも十分に応じられるほど）たくさんのA」のニュアンスを伴う。

✖ ② much（×）は不可。（×）much of time とは言わない。much time なら可。

904 a great deal of A の用法

► **a great[good] deal of A**（不可算名詞）は「たくさんのA／多量のA」の意味を表す。

PLUS ほぼ同意表現の **a large amount of A**（不可算名詞）「かなりの量［額］のA」もここで押さえる。
It cost **a large amount of** money to construct the new bridge.
（新しい橋を建設するのに多額のお金がかかった）

PLUS **「多額のお金」**は本問の **a great[good] deal of money**, **a large amount of money** のほかに，**sum**「金額」を用いて **a large[huge / vast / considerable] sum of money** でも表せる。

905 a large number of A の用法 W

► **a large[great / good] number of A**（複数名詞）は「かなりの数のA」の意味を表す。

PLUS 反意表現の **a small number of A**（複数名詞）「わずかな数のA」もここで押さえる。
We found only **a small number of** customers in the store.
（その店には，ほんのわずかな客しかいなかった）

分詞形容詞

170 KEY POINT

906 現在分詞から派生した分詞形容詞 ― surprising W

► **現在分詞や過去分詞は名詞を修飾するなどの形容詞としての役割を果たすが，中には完全に形容詞化したものがある。それを分詞形容詞と呼ぶ。**

► **分詞形容詞には，目的語に「人」をとって「人の感情に影響を与える」という意味を表す他動詞**（例えば，surprise「（人）を驚かせる」など）**の現在分詞から形容詞化したものが多い。**そのような分詞形容詞は，目的語を補った他動詞とほぼ同じ意味を表す。分詞形容詞の **surprising**「驚くべき」の本来の意味は「（人を）驚かせる（ような）」の意味だと考えればよい。（→ TARGET 99）

903 ①　904 ①　905 ②　906 ①

907 □□□ This experiment is really ① excited ② in that it ③ has paved the way ④ to the exploration of outer space. 〈早稲田大〉

908 □□□ My job at the company was very (　　　).
① bored　② boredom　③ bore　④ boring 〈青山学院大〉

909 □□□ Some ① astonished questions about the nature ② of the universe ③ have been raised by scientists ④ studying the nature of black holes in space. 〈上智大〉

910 □□□ Barbara ① has never had such ② a frightened experience ③ as she did driving home ④ the other day. 〈早稲田大〉

TARGET 99 感情表現の他動詞の現在分詞から派生した分詞形容詞

- **amazing**「驚嘆すべき←人を驚嘆させる」
- **astonishing**「驚くべき←人をびっくりさせる」→909
- **surprising**「驚くべき←人を驚かせる」→906
- **exciting**「刺激的な←人をわくわくさせる」→907
- **thrilling**「ぞくぞくするような←人をぞくぞくさせる」
- **interesting**「おもしろい←人に興味を引き起こさせる」
- **pleasing**「楽しい←人を喜ばせる」
- **satisfying**「満足のいく←人を満足させる」
- **moving**「感動的な←人を感動させる」
- **touching**「感動的な←人を感動させる」
- **boring**「退屈な←人を退屈させる」→908
- **disappointing**「期待はずれな←人を失望させる」
- **tiring**「きつい←人を疲れさせる」
- **annoying**「うるさい←人をいらいらさせる」
- **irritating**「いらだたしい←人をいらいらさせる」
- **confusing**「わけのわからない←人を混乱させる」
- **embarrassing**「当惑させるような←人を当惑させる」
- **frightening**「恐ろしい←人を怖がらせる」→910
- **shocking**「衝撃的な←人をぎょっとさせる」

907 この実験は宇宙探査に道を切りひらいたという点で本当にわくわくするものだ。
908 その会社での私の仕事はとても退屈だった。
909 宇宙の本質に関するいくつかの驚くべき問題が，宇宙空間のブラックホールの本質を研究している科学者たちによって提起された。
910 バーバラは先日，車で帰宅しているときに経験したような恐ろしいことに，これまで遭遇したことがなかった。

907 分詞形容詞 exciting の用法 － excited との区別

► **exciting** は「刺激的な←人をわくわくさせる」(→ TARGET 99)，**excited** は「興奮して／わくわくして←興奮させられて」(→ TARGET 100) の意味を表す。

○ 主語が This experiment「この実験」であることに着目する。**be excited**「興奮している」の主語は「人」なので，① excited を exciting に修正する。

PLUS **in that S + V ...**「…する点で」は重要表現。(→481)

908 分詞形容詞 boring の用法 － bored との区別

► **boring** は「退屈な←人を退屈にさせる」(→ TARGET 99)，**bored** は「退屈して←退屈させられて」(→ TARGET 100) の意味を表す。

○ 主語が My job「私の仕事」であることに着目して，④ boring を選ぶ。

✖ ① bored (×) は不可。be bored「退屈している」の主語は「人」になる。

909 分詞形容詞 astonishing の用法 － astonished との区別

► **astonishing** は「驚くべき←人をびっくりさせる」(→ TARGET 99)，**astonished** は「びっくりして←びっくりさせられて」(→ TARGET 100) の意味を表す。

○ 修飾される名詞が questions「問題」なので，① astonished を astonishing に修正する。

PLUS **raise A**「A (問題など) を提起する」(= **bring up A**) は重要。

910 分詞形容詞 frightening の用法 － frightened との区別

W

► **frightening** は「恐ろしい←人を怖がらせる」(→ TARGET 99)，**frightened** は「おびえて←怖がらされて」(→ TARGET 100) の意味を表す。

○ experience「経験」を修飾する分詞形容詞は frightened ではなく frightening になる。したがって，② a frightened experience を a frightening experience に修正する。

907 ① excited → exciting　**908** ④　**909** ① astonished → astonishing
910 ② a frightened experience → a frightening experience

911 George looked ( ) when I apologized to him for my rudeness.
□□□ ① satisfy ② satisfied ③ satisfying ④ to satisfy 〈成城大〉

912 Before the holidays, the children always ( ).
□□□ ① excite ② excited ③ get excited ④ get exciting 〈立命館大〉

913 I will be ( ) to see you at the airport very soon.
□□□ ① thrilled ② excitement ③ exciting ④ look forward 〈法政大〉

TARGET 100 感情表現の他動詞の過去分詞から派生した分詞形容詞

- **amazed**「驚嘆して←驚嘆させられて」
- **astonished**「びっくりして←びっくりさせられて」→914
- **surprised**「驚いて←驚かされて」
- **excited**「興奮して／わくわくして←興奮させられて」→912
- **thrilled**「ぞくぞくして←ぞくぞくさせられて」→913
- **interested**「興味があって←興味を引き起こされて」
- **pleased**「喜んで／気に入って←喜ばされて」
- **satisfied**「満足して←満足させられて」→911
- **moved**「感動して←感動させられて」
- **touched**「感動して←感動させられて」
- **bored**「退屈して←退屈させられて」
- **disappointed**「失望して←失望させられて」
- **tired**「疲れて←疲れさせられて」
- **annoyed**「いらいらして←いらいらさせられて」
- **irritated**「いらいらして←いらいらさせられて」
- **confused**「混乱して←混乱させられて」
- **embarrassed**「当惑して←当惑させられて」→915
- **frightened**「おびえて←怖がらされて」
- **shocked**「ぎょっとして←ぎょっとさせられて」

＊ **これらの過去分詞から派生した分詞形容詞が,「S＋V（be 動詞など）＋C」の形の C（主格補語）で用いられるのは, 原則として S（主語）が「人」**のときである。

911 私が無礼なふるまいを謝ると，ジョージは満足している様子だった。
912 休日の前には，子どもたちはいつも興奮します。
913 もうすぐ空港であなたに会って（うれしくて）ぞくぞくするでしょう。

911 分詞形容詞 satisfied の用法 ― satisfying との区別

► **分詞形容詞には，「人」を目的語にとって「人の感情に影響を与える」という意味を表す他動詞の過去分詞から派生したものもある。**そのような分詞形容詞は，「(人が) …させられて」という受動的な意味を持つ。例えば，**satisfied**「満足して」のもともとの意味は「(人が) 満足させられて」の意味だと考えればよい。(→ TARGET 100)

► **このような分詞形容詞が主格補語で用いられる場合，主語は原則として「人」になることに注意。**

○ George が主語であり，George と他動詞 **satisfy**「…を満足させる」は受動関係なので，過去分詞から派生した分詞形容詞② satisfied を選ぶ。

912 分詞形容詞 excited の用法 ― exciting との区別

► **excited** は「興奮して／わくわくして←興奮させられて」(→ TARGET 100)，**exciting** は「刺激的な←人をわくわくさせる」(→907, TARGET 99) の意味を表す。

○ 主語が the children「その子どもたち」なので，主格補語になる分詞形容詞は excited。したがって，③ get excited を選ぶ。**get excited** は，「興奮する」(= **become excited**) という動作を表す。

913 分詞形容詞 thrilled の用法

► **thrilled** は「ぞくぞくして←ぞくぞくさせられて」(→ TARGET 100) の意味を表す。**be thrilled** で「ぞくぞくする」の意味を表す。

○ 主語が I「私」なので，主格補語になる分詞形容詞は① thrilled。

✖ ④ look forward (×) は不可。(×) look forward to do ... の形はない。**look forward to doing ...**「…することを楽しみに待つ」の形になる。(→213)

---

911 ② **912** ③ **913** ①

914 □□□ You (　　　) to hear that the world population has doubled in this century, but it is true.

① can be astonished　　② can be astonishing
③ may be astonished　　④ may be astonishing　　〈慶應義塾大〉

915 □□□ I ① always ② feel ③ embarrassing when I ④ have to give a speech in front of a large group of people.　　〈獨協大〉

KEY POINT 171

916 □□□ They look so much (　　　) that I can't tell them apart.

① like　② likely　③ liking　④ alike　　〈山梨大〉

917 □□□ A person who buys a gun for protection is five times as (　　　) to kill a friend or relative as to kill an intruder.

① alike　② like　③ likely　④ aptly　　〈同志社大〉

914 世界の人口が今世紀2倍になったと聞いて驚くかもしれないが，本当である。
915 大勢の集団の前でスピーチをしなければならないとき，私はいつも当惑した気分になる。
916 彼らはとてもよく似ているので，私には見分けがつかない。
917 自己防衛のために銃を買う人は，侵入者を殺すよりも友人や身内の人を殺す可能性が5倍ある。

914 分詞形容詞 astonished の用法 ― astonishing との区別

► **astonished** は「びっくりして←びっくりさせられて」(→ TARGET 100), **astonishing** は「驚くべき←人をびっくりさせる」(→909, TARGET 99) の意味を表す。

○ 主語が You「あなた」なので, 主格補語になる分詞形容詞は astonished。**be astonished** で「驚く」の意味を表す。① can be astonished か③ may be astonished かで迷うが, 本問は **may ... but ～**「(なるほど) …かもしれないが～」の形をとっているので, ③ may be astonished を選ぶ。

✖ ① can be astonished (×) は不可。can は「理論上の可能性」を表し,「(根拠に基づいて) 驚く可能性がある」の意味になる。本問の場合,「驚く根拠」はないので不可。(→68)

915 分詞形容詞 embarrassed の用法 ― embarrassing との区別

► **embarrassed** は「当惑して←当惑させられて」(→ TARGET 100), **embarrassing** は「当惑させるような←人を当惑させる」(→ TARGET 99) の意味を表す。

○ 主語が I「私」なので, 主格補語になる分詞形容詞は③ embarrassing ではなくて, embarrassed。**feel embarrassed** で「当惑した気分になる」の意味を表す。

似たつづりで意味が異なる形容詞

171 KEY POINT

916 alike の用法 ― likely との区別

► 形容詞の **alike** は「よく似て」の意味を表す (→ TARGET 101)。alike と紛らわしい **likely** は「ありそうな」の意味 (→ TARGET 101)。なお, **alike は叙述用法 (補語となる用法) のみ**にしか使えないことも押さえておこう。(→ TARGET 104)

PLUS likely については, **be likely to do ...**「…しそうである／…する可能性が高い」の形を押さえておこう。

917 likely の用法 ― be likely to do ...

○ 問題916で触れた **be likely to do ...**「…しそうである／…する可能性が高い」が本問のポイント。

PLUS **five times as ＋原級＋ as A**「A の5倍～」は重要表現。(→275)

PLUS **likely** は, 形式主語を用いた **It is likely that S will do ...**「S は…しそうである」も重要。**It is likely that S will do ... = S is likely to do ...** で押さえておく。以下の例文参照。

It is likely that the train will arrive late. = The train **is likely to** arrive late.
(この列車は遅れて着きそうだ)

914 ③　915 ③ embarrassing → embarrassed　916 ④　917 ③

918 □□□ A ①considerate amount of work ②is being done on ③affordable housing, the city government ④has said. 〈学習院大〉

919 □□□ Jack was always kind and (　　) to his servants, and taught his children always to address them with "please" and "thank you."

① considerate　② consider　③ considering　④ considerable 〈中央大〉

TARGET 101 似たつづりで意味が異なる形容詞

- **alike**「よく似て」→916 / **likely**「ありそうな」→917
- **childlike**「子どもらしい」 / **childish**「子どもっぽい」
- **economic**「経済の」 / **economical**「経済的な」→921
- **forgettable**「忘れられやすい」 / **forgetful**「(人が) 忘れっぽい」→934
- **historic**「歴史上有名な」 / **historical**「歴史の」
- **industrial**「産業の」→923 / **industrious**「勤勉な」
- **manly**「男らしい」 / **mannish**「(女性が) 男っぽい」
- **sensitive**「気にして／敏感な／傷つきやすい」→926 / **sensible**「分別のある」
- **sleepy**「眠たい」 / **asleep**「眠って」
- **imaginable**「想像できる」→930 / **imaginary**「想像上の」→929 / **imaginative**「想像力に富んだ」→928
- **respectable**「立派な」→932 / **respective**「めいめいの」 / **respectful**「礼儀正しい／敬意を表して」→933
- **alive**「生きて (いる)」→947 / **lively**「活発な／生き生きとした」
- **considerate**「思いやりのある」→919 / **considerable**「かなりの」→918
- **favorite**「お気に入りの」 / **favorable**「好都合の」→922
- **healthy**「健康な」 / **healthful**「健康によい」
- **invaluable**「非常に価値のある」→924 / **valueless**「価値のない」
- **regrettable**「(事が) 残念で／遺憾で」 / **regretful**「(人が) 後悔して／残念で」
- **social**「社会の／社交界の」 / **sociable**「社交的な」
- **successful**「成功した」→920 / **successive**「連続の」→927
- **literate**「読み書きのできる」 / **literal**「文字通りの」→931 / **literary**「文学の」

918 手頃な価格での住宅供給に関して，かなりの仕事がなされていると市当局は述べた。

919 ジャックは，使用人らに対していつも優しくて思いやりがあり，自分の子どもたちには常に「お願いします」や「ありがとう」という言葉を使って彼らに接するように言い聞かせていた。

918 considerable の意味 ― considerate との区別 R

► **considerable** は「かなりの」, **considerate** は「思いやりのある」の意味を表す。(→ TARGET 101)

○ 本問は, **A considerable amount of work**「かなりの仕事」(→904) とすれば, 主語として文意に合う。

PLUS **considerable** は **a considerable amount[number / income / distance]**「かなりの量[数/収入/距離]」で覚えておく。

919 considerate の意味 ― considerable との区別 R

○ **considerate**「思いやりのある」(= **thoughtful / kind / attentive**) と **considerable**「(数・量において) かなりの」の区別が本問のポイント (→918, TARGET 101)。**be considerate to[toward / of] A**「A に対して思いやりがある/A に親切だ」で押さえておこう。

1 文法 2 語法 3 イディオム 4 会話表現

---

918 ① considerate → considerable **919** ①

920 □□□ His attempt to enter the university was (　　　) and he celebrated with his friends.

① succeeded　② success　③ successful　④ successive　〈センター試験〉

921 □□□ I've come to think that buying ① in bulk is more ② economic than shopping ③ for small ④ quantities.　〈青山学院大〉

922 □□□ Because of (　　　) weather conditions, Shizuoka Prefecture has an advantage in the production of fruits and vegetables.

① favorite　② favor　③ favorable　④ favorably　〈早稲田大〉

923 □□□ Have you seen that many of the old ① industrious buildings ② near the airport ③ have been replaced with ④ skyscrapers?　〈青山学院大〉

924 □□□ Without your (　　　) help, I should have failed in my attempt to cross the Pacific Ocean.

① valueless　② invaluable　③ invalid　④ vain　〈名古屋外大〉

925 □□□ The Mona Lisa is a (　　　) work of art, so it is displayed behind a thick pane of glass in the museum.

① valueless　② worthless　③ priceless　④ penniless　〈獨協大〉

926 □□□ He is very (　　　) about losing the race, so don't mention it.

① sensible　② sensitive　③ sensual　④ sensational　〈慶應義塾大〉

920 大学に入学しようとする彼の試みは成功し，彼は友人たちとお祝いをした。
921 私は，少量ずつ買い物をするよりも，まとめ買いする方が経済的だと考えるようになった。
922 好ましい気象条件のせいで，静岡県は果実や野菜の栽培に利点を持っている。
923 空港近くの古い産業ビルの多くが超高層ビルに取って代わってきたのを知っていますか。
924 あなたの貴重な援助がなければ，太平洋を横断する私の試みはきっと失敗していたでしょう。
925 モナリザはきわめて貴重な芸術作品なので，美術館では厚いガラス板越しに展示されている。
926 彼はレースに負けたことをとても気にしているので，そのことに触れないでください。

920 successful の意味 ― successive との区別

► **successful** は「成功した」, **successive** は「連続の」の意味を表す。(→ TARGET 101)

921 economical の意味 ― economic との区別

► **economical** は「経済的な／節約的な」, **economic** は「経済の」の意味を表す。(→ TARGET 101)

PLUS **in bulk**「(買い物・注文などを) まとめて／大量に」は重要。

922 favorable の意味 ― favorite との区別

► **favorable** は「好都合の」, **favorite** は「お気に入りの」の意味を表す。(→ TARGET 101)

923 industrial の意味 ― industrious との区別

► **industrial** は「産業の／工業の」, **industrious** は「勤勉な」(= **diligent**, **hardworking**) の意味を表す。(→ TARGET 101)

PLUS **see that 節**「(新聞などで) …ということを知る［見る］」, **replace A with B**「A を B と取り替える」は重要。

924 invaluable の意味 ― valueless との区別

► **invaluable** は「非常に価値のある」(= **very valuable**), **valueless** は「価値がない」(= **worthless**) の意味を表す。(→ TARGET 101)

PLUS **priceless**「大変貴重な／値が付けられない」も **invaluable** の同意表現として覚えておくこと。
The picture, to his trained eye, seemed **priceless**.
(その絵は，彼のくろうと目には，値段の付けようのないほど価値があるものに見えた)

925 priceless の意味 ― valueless, worthless との区別

○ 問題924で触れた **priceless**「大変貴重な／値が付けられない」(= **invaluable**) が本問のポイント。

✖ ① valueless (×), ② worthless (×) はともに「価値がない」の意味なので，文意が合わない。

926 sensitive の意味 ― sensible との区別

► **sensitive** は「気にして／敏感な／傷つきやすい」, **sensible** は「分別のある」(= **wise**) の意味を表す。(→ TARGET 101)

920 ③ **921** ② economic → economical **922** ③ **923** ① industrious → industrial
924 ② **925** ③ **926** ②

927 □□□ We may not win tomorrow. It's hard to win four (　　) games.
① successive ② successful ③ success ④ succession 〈昭和女子大〉

928 □□□ I know she is an (　　) girl. She writes fantastic poems.
① imagined ② imaginary ③ imaginable ④ imaginative 〈青山学院大〉

929 □□□ Young children sometimes have (　　) friends. These "friends" don't exist, but the children believe that they do.
① imagine ② imagining ③ imaginary ④ imagination 〈南山大〉

930 □□□ The cupboard was full of medicines for every (　　) illness.
① imaginable ② imaginary ③ imaginative ④ imagined 〈自治医科大〉

931 □□□ I foolishly interpreted the idiom according to its (　　) sense.
① literal ② literally ③ literary ④ literate 〈梅花女子大〉

932 □□□ (　　) activities are those approved of by society because they are considered to be fair and honest.
① Respect ② Respectable ③ Respecting ④ Respective 〈センター試験〉

927 私たちは，明日は勝てないかもしれない。試合に4連勝するのは簡単ではない。
928 私は彼女が想像力に富んだ少女であることを知っています。彼女は素晴らしい詩を書いています。
929 幼い子どもは，想像上の友達を持っていることがある。そうした「友達」は実際に存在しないが，子どもは存在すると信じている。
930 その戸棚は，想像しうるありとあらゆる病気のための薬でいっぱいだった。
931 私は愚かにもそのイディオムを文字通りの意味に理解してしまった。
932 立派な行動とは，公正で誠実だと考えられているために社会によって認められている行動のことである。

927 successive の意味 ― successful との区別

○ 問題920で扱った **successive**「連続の／引き続いての」と **successful**「成功した」の区別が本問のポイント（→ TARGET 101）。**win four successive games**「試合に4連勝する」で押さえておこう。

928 imaginative の意味 ― imaginary, imaginable との区別

► **imaginative** は「想像力に富んだ」，**imaginary** は「想像上の」，**imaginable** は「想像できる」の意味を表す。（→ TARGET 101）

929 imaginary の意味

○ **imaginary**「想像上の／架空の」（= **not real**）が本問のポイント。（→928, TARGET 101）

930 強調語としての imaginable の用法

► **imaginable**「想像できる」（→928, TARGET 101）**は，「every [all / any / 形容詞の最上級] ＋名詞」の意味を強める強調語として用いられる**ことがある。

► **imaginable** の位置は，**every imaginable illness**「想像しうるありとあらゆる病気」だけでなく，**every illness imaginable** のように名詞の後に置くこともできる。

PLUS **every means imaginable**「考えられうるありとあらゆる手段」，**any imaginable situation**「考えられうるあらゆる事態」，**the finest thing imaginable**「考えられうる最もすばらしいもの」などで覚えておこう。

PLUS **possible** にも同じ用法がある。**at the lowest possible price**「できる限り安い値段で」，**do everything possible**「できることは何でもする」，**with all kindness possible**「精一杯のやさしさで」などで覚えておこう。この possible は読解上とても重要。

931 literal の意味 ― literary, literate との区別

► **literal** は「文字通りの」，**literary** は「文学の」，**literate** は「読み書きのできる」の意味を表す。（→ TARGET 101）

○ 本問は，**according to its literal sense**「文字通りの意味にしたがって」で押さえておこう。

932 respectable の意味 ― respective との区別

► **respectable** は「立派な」，**respective** は「めいめいの」の意味を表す。（→ TARGET 101）

○ 本問は，文意から respectable activities「立派な活動」が主語になる。**those** は「行動」（= **the activities**）を指す。**those**（= **the** ＋**複数名詞**）の用法は問題347参照。

PLUS **approve of A**「A に賛成する／A をよく思う」，**be considered to be C**「C だと考えられている」は重要表現。

927 ①　928 ④　929 ③　930 ①　931 ①　932 ②

933 □□□ We always try to be (　　　) of each other's opinions, no matter how much we disagree.

① respective　② respectful　③ respecting　④ respectable　〈学習院大〉

934 □□□ Paul left his book at home again. He's so (　　　).

① forgetful　② forgettable　③ forgetting　④ forgotten　〈センター試験〉

KEY POINT 172

935 □□□ It is a beautiful car, but it is not (　　　) the price that I paid for it.

① deserve　② estimate　③ valuable　④ worth　〈上智大〉

KEY POINT 173

936 □□□ Superman, almost invulnerable and (　　　) fly through the air, is the last survivor of the planet Krypton.

① able to　② can　③ capable　④ ability to　〈慶應義塾大〉

937 □□□ He is (　　　) of playing every kind of music from classical to pop.

① able　② capable　③ competent　④ possible　〈中央大〉

TARGET 102 「可能」「不可能」を表す形容詞

able[unable], **capable[incapable]**, **possible[impossible]** の用法は以下の形で押さえておく。

● **be able[unable] to do ...** →936

He **is able[unable] to do** the work.（彼はその仕事をすることができる［できない］）

● **be capable[incapable] of doing ...** →937

He **is capable[incapable] of doing** the work.

● **It is possible[impossible] for A to do ...** →938

It is possible[impossible] for him **to do** the work.

933 私たちは，どんなに意見が食い違っていても，お互いの意見に敬意を払うように努めています。
934 ポールはまた本を家に忘れてきた。彼はとても忘れっぽい。
935 それは美しい車ですが，私が支払った値段の価値はありません。
936 スーパーマンは，ほとんど不死身で空を飛ぶこともできる，クリプトン星の最後の生存者です。
937 彼はクラシックからポップまで，あらゆる種類の音楽を演奏することができる。

933 respectfulの用法 ― be respectful of A

R

▶ **repectful**「礼儀正しい／敬意を表して」は，**be respectful of[to / toward] A** の形で「Aに敬意を表す／Aに礼儀正しい」の意味を表す。(→ TARGET 101)

○ **be respectful of each other's opinions**「お互いの意見に敬意を払う」で覚えておこう。

934 forgetfulの意味 ― forgettableとの区別

R

▶ **forgetful** は「(人が) 忘れっぽい／物覚えが悪い」, **forgettable** は「忘れられやすい」の意味を表す。(→ TARGET 101)

worth

172 KEY POINT

935 worthの用法 ― A is worth ＋名詞

▶ **worth** はかつて形容詞に分類されていたが，現在では前置詞と考えるのが一般的。名詞や動名詞を目的語にとり，**A is worth ＋名詞**で「Aは…の価値がある」の意味を表す。(→231)

✖ ③ valuable (×)「価値がある」は形容詞なので the price を目的語にとらない。

「可能」「不可能」を表す形容詞

173 KEY POINT

936 ableの用法 ― be able to do ...

S

▶ **be able to do ...** は「…することができる」の意味を表す。(→ TARGET 102, 105)

○ 本問は，almost invulnerable「ほとんど不死身で」から air までが形容詞から始まる分詞構文 (→269) で主語の補足説明をしている。almost の前に being を補って考えればわかりやすい。and は almost invulnerable と (　) fly through the air「空を飛ぶことができる」を結んでいるので，空所には形容詞が入る。(being) able to fly through the air と考えて① able to を選ぶ。

✖ ② can (×) は助動詞なので，(×) being can fly ... の形はとらない。③ capable (×) は **be capable of doing ...** の形をとるので，capable of flying ... なら可。

937 capableの用法 ― be capable of doing ...

▶ **be capable of doing ...** は「…できる」(= **be able to do ...**) の意味を表す。(→ TARGET 102)

✖ ① able (×) は **be able to do ...**「…することができる」(→936)，③ competent (×) は **be competent to do ...**「…することができる」, ④ possible (×) は **It is possible (for A) to do ...**「(Aは) …することができる」(→ TARGET 102) の形をとる。

933 ② 934 ① 935 ④ 936 ① 937 ②

938 □□□ In England (　　　) to abolish poverty without destroying liberty.

① you would make possible　② you would be possible
③ it would be possible　④ it would be you possible　〈同志社大〉

939 □□□ As Steve has just recovered from a serious illness ① recently, everyone ② is worried that he will be ③ impossible to climb that mountain next month. He'd ④ better try later when he's fully fit.　〈南山大〉

KEY POINT 174

940 □□□ I would like to see you tomorrow. What time (　　　)?

① are you convenient　② is convenient for you
③ is convenience　④ convenient are you　〈南山大〉

941 □□□ (　　　) to try this medicine without their parents consulting a doctor?

① Are young children dangerous
② Are young children danger
③ Is it dangerous for young children
④ Is it dangerous of young children　〈名古屋工大〉

942 □□□ (　　　) to read all the books on the list.

① We are necessary　② It is necessary that
③ It is necessary for us　④ We are in need　〈東北工大〉

938 イギリスならば，自由を破壊しないで貧困を絶やすことも可能でしょう。
939 スティーブは最近重い病気から回復したばかりなので，来月のあの山の登山ができないだろうと誰もが心配しています。彼は，体調が十分によくなってから後でトライした方がいいでしょう。
940 明日あなたに会いたいと思います。何時が都合がいいですか。
941 両親が医者に相談することなしに，幼い子どもがこの薬を試すのは危険ですか。
942 私たちはリストにあるすべての本を読む必要がある。

938 possible の用法 ― It is possible to do ...

► **possible** は形式主語をとって，**It is possible (for A) to do ...** の形で「(A は) …することができる」の意味を表す。(→ TARGET 102)

✖ ② you would be possible (×) は不可。「A は…できる」の意味で (×) A is possible to do ... の形はない。

939 unable の用法 ― impossible との区別

► **unable** は，**be unable to do ...** で「…することができない」の意味を表す (→ TARGET 102)。impossible は形式主語をとって It is impossible (for A) to do ... で「(A は) …することができない」の意味を表す。(→ TARGET 102)

○ ③ impossible を unable に修正すればよい。impossible を用いて表現するなら it will be impossible for him to climb ... となる。

PLUS **recover from A**「A から回復する」，**had better do**「…した方がよい」(→77)，**fit**「体調がよい」は重要。

「人」を主語にとらない形容詞 174 KEY POINT

940 人を主語にとらない convenient ― be convenient for A

► 原則として，**convenient は「人」を主語にとらない形容詞**。**be convenient for[to] A**「A (人) にとって都合がよい」で押さえておく。

941 人を主語にとらない dangerous ― It is dangerous for A to do ...

► 原則として，**dangerous は「人」を主語にとらない形容詞**。**It is dangerous for A to do ...**「A が…するのは危険だ」の形で用いる。

942 人を主語にとらない necessary ― It is necessary for A to do ...

► 原則として，**necessary は「人」を主語にとらない形容詞**。**It is necessary for A to do ...**「A が…するのは必要だ」の形で用いる。

938 ③ **939** ③ impossible → unable **940** ② **941** ③ **942** ③

KEY POINT 175

943 □□□ It is absolutely certain that most employees will not be dissatisfied with a salary that is (　　　) than average.

① longer　② more expensive
③ more inexpensive　④ higher 〈北里大〉

944 □□□ The taming of wild animals ① led directly to ② more human population by ③ yielding more food than the hunter-gatherer lifestyle ④ could provide. 〈中央大〉

945 □□□ This country is so (　　　) that it takes no more than a day to drive around it.

① large　② narrow　③ small　④ wide 〈センター試験〉

TARGET 103 high[low] や large[small] を用いる名詞

(1) high [low] を用いる名詞
- salary「給料」→943
- price「価格」
- cost「費用」
- wage「給料」
- pay「報酬」
- interest「利子」
- income「収入」 など

(2) large [small] を用いる名詞
- population「人口」→944
- crowd「群衆」
- audience「観衆」→1057
- amount「量」
- number「数」→902
- sum「金額」
- salary「給料」→943
- income「収入」 など

943 ほとんどの従業員が平均よりも高い給料に不満を感じていないということは，まったく確かなことである。
944 野性動物を飼育することで，狩猟と採集の生活が供給できるよりも多くの食糧を産出できるようになったが，それが直接人口増につながった。
945 この国は国土がとても狭いので，車で一巡りするのに1日しかかからない。

「高い」「安い」「多い」「少ない」などを表す形容詞 175 KEY POINT

943 high の用法 ― The salary is high.

► **high[low]** には，「(給料が) 高い [安い]」の意味を持つ用法がある (→ TARGET 103 (1))。**large[small]** も「(給料が) 多い [少ない]」の意味で使われることがある。(→ TARGET 103 (2))

✖ ③ more inexpensive (×) の inexpensive は「(品物などが) 高くない」の意味で expensive「(品物などが) 高い」の否定表現。

944 large の用法 ― large human population 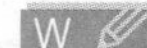

► **large[small]** には「(数・量・額が) 多い [少ない]」の意味を表す用法があり，**population**「人口」が「多い [少ない]」は **large[small]** を用いる。(→ TARGET 103 (2))

○「(…よりも) 多くの人口」は② more human population (×) ではなく a larger human population または larger human populations と表現する。

PLUS **the taming of A** は「A の飼育」，**the hunter-gatherer lifestyle** は「狩猟採集の生活様式」，**lead to A** は「A につながる」(= **cause A**) の意味。

945 small の用法 ― This country is small. 

► **small[large]** には「(大きさが) 狭い [広い]」の意味を表す用法がある。**a small country**「(面積の) 狭い国」，**a small room**「狭い部屋」などで押さえておこう。

✖ ② narrow (×) は「(幅が) 狭い」の意味。反意表現は④ wide (×)「(幅が) 広い」。

PLUS **so … that S + V 〜**「とても…なので〜」(→506)，**It takes ＋時間＋ to do …**「…するのに (時間が) 〜かかる」(→775)，**no more than A**「わずか A ／ A しか…ない」(= **only**) (→321) は重要表現。

---

943 ④
944 ② more human population → a larger human population / larger human populations
945 ③

KEY POINT 176

946 □□□ In modern ① times, it is ② our duty to protect ③ alive animals ④ from environmental pollution. 〈立命館大〉

947 □□□ Despite their efforts to capture the bear (　　　), they finally had to shoot it.

① lived　② lives　③ lively　④ alive 〈北里大〉

KEY POINT 177

948 □□□ It will be (　　　) autumn when you get to London.

① late　② lately　③ last　④ latest 〈センター試験〉

949 □□□ We got up at four in the morning. We had to make a very (　　　) start.

① early　② late　③ slow　④ soon 〈センター試験〉

950 □□□ (　　　) Mr. Johnson was a really considerate person. If anyone got sick, he was the first to visit and offer help.

① The late　② Late　③ Latest　④ The latest 〈上智大〉

TARGET 104 叙述用法［補語］でしか用いない形容詞

- **afraid**「恐れて」
- **alike**「よく似て」→916
- **alive**「生きて」→947
- **alone**「ひとりで／孤独な」
- **ashamed**「恥じて」
- **asleep**「眠って」→959
- **awake**「目が覚めて」
- **aware**「気づいて」
- **content**「満足して」
- **liable**「責任があって」

など

946 現代では，生きている動物を環境汚染から守ることが私たちの義務です。
947 その熊をなんとか生け捕りにしようとしたにもかかわらず，彼らは結局，それを射殺しなければならなかった。
948 あなたたちがロンドンに着くのは晩秋になるでしょう。
949 私たちは朝の4時に起きました。私たちはとても早く出発しなければならなかったのです。
950 故ジョンソン氏は本当に思いやりのある人でした。誰かが病気になると，最初に訪ねて行って援助を申し出る人でした。

live と alive

176 KEY POINT

946 live の用法 — live animals

R

▶ **live[láiv] は限定用法**（名詞を修飾する用法）**で用いる形容詞**で「生きている」の意味を表す。一方，**alive**「生きている」（→947, TARGET 104）**は叙述用法で用いる形容詞**。

○ alive animals（×）を live animals に修正すればよい。

PLUS **protect A from B**「A を B から守る」は重要表現。

PLUS **live**「生きている」が修飾する名詞は「動物・植物」。**live animals**「生きている動物」はよいが，(×)live people とは言わないことに注意。「生きている人々」は **living people** と表現する。**living**「生きている／生命のある」も，live と同様に限定用法で用いる形容詞。**living** は「動物・植物」にも使えるので，**live animals** は **living animals** と表現してもよい。

947 alive の用法 — capture A alive

R

▶ **capture[catch] A alive** は「A を生け捕りにする」の意味を表す。この表現の **alive**「生きている」**は目的格補語の役割を果たす叙述用法の形容詞**。

✖ ③ lively（×）「生き生きとした」では文意に合わない。

形容詞の late / early

177 KEY POINT

948 形容詞の late — late autumn

▶ **late** は「(予定より) 遅く／遅れて」の意味を表す副詞として用いられることも多いが，**「(時間・時期的に) 遅い」の意味を表す形容詞としても用いられる。**（→TARGET 105）

✖ ② lately（×），④ latest（×）は不可。**lately** は「最近」の意味を表す副詞。**latest** は形容詞では「最新の」，副詞としては「一番遅く」の意味を表す。（→951）

949 形容詞の early — a very early start

▶ **late**（→948）と同様に，**early にも形容詞用法があり「(時間・時期的に) 早い／早めの」の意味を表す**。late の反意表現として押さえる。

✖ ④ soon（×）にしないこと。**soon** は「すぐに／まもなく」の意味の副詞であって形容詞としては用いない。

950 形容詞の late — the late Mr. Johnson

▶ 形容詞の **late** を用いた **the[one's] late A** は「亡くなった A ／故 A」の意味を表す。late が限定用法で用いられ，定冠詞や所有格をともなう場合にこの意味になる。（→ TARGET 105）

946 ③ alive → live / living　**947** ④　**948** ①　**949** ①　**950** ①

951 Thomas is a smart dresser and always wears the (　　　) fashion.
□□□ ① earliest ② fastest ③ latest ④ most 〈学習院大〉

KEY POINT 178

952 Despite their names, some rare earth metals are (　　　) in large quantities in the Earth's crust.
□□□ ① present ② presented ③ represent ④ represented 〈関西学院大〉

953 出席していた人はみな彼の話に感動した。
□□□ (people / all / present / were / moved / the) by his speech. 〈龍谷大〉

KEY POINT 179

954 It was fortunate that he was taken to a (　　　) hospital right away after the accident.
□□□ 発展↑ ① near ② close ③ nearby ④ close by 〈上智大〉

TARGET 105 限定用法と叙述用法で異なる意味を持つ形容詞

	限定用法	叙述用法
able	「有能な」	「…することができる」→936 ＊ be able to do ... の形で。
certain	「特定の／確実な」	「確信して」
sure	「確実な／信頼できる」	「確信して」
late	「亡くなった／故…」→950 「遅い」→948	「遅れて」
likely	「格好の／適当な」	「ありそうな／起こりそうな」 →917
present	「現在の」	「出席して／存在して」 →952, 953

951 トーマスは服装に敏感で，いつも最新のファッションを身につけている。
952 その名前にもかかわらず，希少金属の中には地球の地殻の中に大量に含まれているものがある。
954 その事故の後すぐに彼が近くの病院に運ばれたのは幸運でした。

951 形容詞の latest ― the latest fashion

► **latest** は「一番遅く」の意味を表す副詞として用いることもあるが，**限定用法の形容詞として，「最新の」の意味を表す**。**the latest fashion** は「最新のファッション／最新［流行］の型」の意味。

PLUS この意味で，**our latest meat special**「最新の肉の特価品」のように所有格をつけたり，**the latest news**「最新のニュース」，**the latest trend**「最新の傾向」のように定冠詞をつけたりして用いる。

present　178 KEY POINT

952 present の意味 ― 叙述用法の場合

► 形容詞の中には，前置修飾（名詞を前から修飾する）の限定用法と叙述用法で意味が違うものがある（→ TARGET 105）。present はその代表例。**叙述用法の present は「存在して／出席して」の意味であり，限定用法の present は「現在の」の意味を表す**。以下は限定用法の用例。

What is your **present** address?（あなたの現住所はどこですか）

PLUS **present が後置修飾の場合は「存在して／出席して」の意味になる**ことに注意，例えば，**many people present at the meeting**「会議に出席している多くの人々」は，many people (who are) **present** at the meeting と考えればよい。

953 present の用法 ― 後置修飾の場合

○ 後置修飾の present（→952）を使った **all the people present**「出席者全員」を主語としてまとめられるかが本問のポイント。The people present を主語にして were all moved を続けてもよい。

PLUS **be moved**「感動する」は重要表現。

限定用法でしか用いない形容詞　179 KEY POINT

954 nearby の用法

► **nearby** は限定用法の形容詞として用いられ，**nearby A = A nearby** で「近くの A」の意味を表す（→ TARGET 106）。**a nearby hospital = a hospital nearby**「近くの病院」で覚えておこう。

✖ ① near（×），② close（×）にも「（場所的に）近い」の意味があるが，原則として，限定用法では用いず，叙述用法として **be near[close] to A**「A に近い」の形で用いることに注意。

951 ③　**952** ①
953 All the people present were moved / The people present were all moved
954 ③

955 □□□ 発展↑
この部屋こそ彼が彼女に会った部屋です。
(the / her / in / very / this / met / he / is / room). 〈西南学院大〉

956 □□□
Our PE teacher, a (　　　) professional basketball player, is coaching the school team.
① previous　② late　③ once　④ former 〈センター試験〉

957 □□□
The (　　　) half of the symphony was more beautiful than the former half.
① later　② late　③ latter　④ latest 〈関西学院大〉

KEY POINT 180

958 □□□
Please take care of these (　　　) children.
① lonely　② alone　③ sole　④ only 〈福岡大〉

TARGET 106 限定用法でしか用いない形容詞

- **current**「現在の」
- **elder**「年上の」
- **favorite**「お気に入りの」
- **former**「前半の／前者の」→956
- **latter**「後半の／後者の」→957
- **live**「生きている」→946
- **lone**「単独の／ただ1人［1つ］の」
- **main**「主要な」
- **mere**「ほんの」
- **nearby**「近くの」→954
- **only**「唯一の」
- **previous**「以前の」
- **total**「総計の」
- **upper**「上の」
- **lower**「下の」
- **very**「まさにその」→955　など

956 私たちの体育の先生は，元プロバスケットボール選手で，学校のチームのコーチをしています。
957 その交響曲の後半部分は，前半よりも美しかった。
958 ここにいる孤独な子どもたちの面倒をみてやってください。

955 形容詞の very ― the very＋名詞

► **very** には形容詞用法があって，「**the very ＋名詞**」の形で「ちょうどその…／ぴったりの…」の意味を表す。

○ 本問はまず，This is the very room「この部屋は，まさにその部屋だ」とまとめ，次に，the very room を先行詞とする，目的格が省略された関係代名詞節 (that[which]) he met her in を続ければよい。

PLUS **this very minute**「まさに今」，**that very day**「まさにその日」，**under your very eyes**「あなたのすぐ目の前で」などのように，**the のほかに this，that および所有格がくる**こともある。

956 former の意味 ― former A

► **former** は通例，限定用法の形容詞として用いられ，**former A** で「昔の A ／元［前］A」の意味を表す。**a former professional basketball player**「元プロバスケットボール選手」，**the[a] former mayor**「元［前］市長」などで覚えておこう。

✖ ① previous（×）にしないこと。**previous** は「(時間・順序が) 前の」の意味。**the previous evening**「前の晩」，**a previous engagement**「先約」などで覚えておこう。

PLUS PE teacher は **physical education teacher**「体育教師」の略。

957 the latter の意味 ― the latter half of A

► **latter** は「後半の／後者の」の意味を表す。**latter** の反意表現の **former** は「前半の／前者の」の意味を表す。**the latter half of A**「A の後半」，**the former half of A**「A の前半」で一緒に覚えておこう。

✖ ① later（×）は「もっと遅い／晩年の」の意味で，**a later train**「もっと後の列車」，**in later life**「晩年に」のように使う。② late（×）は「(時間・時期的に) 遅い」の意味。(→948)

PLUS **the latter**「後者」，**the former**「前者」のように名詞として用いることもある。
Of pork and beef, **the latter** is more expensive than **the former**.
(豚肉と牛肉では，後者が前者よりも値段が高い)

その他の注意すべき形容詞 180 KEY POINT

958 lonely の意味 ― alone との区別

► **lonely** は「孤独な／ひとりぼっちの」の意味を表す。限定用法，叙述用法のどちらでも用いる。

✖ ② alone（×）「孤独な」は，叙述用法だけで用いる形容詞で，限定用法では用いない。(→ TARGET 104)

955 This is the very room he met her in **956** ④ **957** ③ **958** ①

1 文法 2 語法 3 イディオム 4 会話表現

959 □□□ Tom laid himself on the sofa and instantly fell (　　).
① asleep ② sleep ③ slept ④ sleepy 〈西南学院大〉

960 □□□ Larry always comes to work late. If he is not more (　　), he may lose his job.
① accurate ② conscious ③ punctual ④ strict 〈南山大〉

961 □□□ A: Hello. Is Bill there?
B: No. I'm sorry. You have the (　　) number.
① wrong ② mistaken ③ different ④ bad 〈西南学院大〉

962 □□□ A: Is this the way to the university?
B: Yes, this is the (　　) way.
① fine ② right ③ true ④ wrong 〈獨協大〉

963 □□□ Hello! Are there any seats (　　) for the concert tonight?
① available ② unemployed ③ left behind ④ remained 〈同志社大〉

964 □□□ I am ①frightfully busy ②because I have just ③gotten back from a ④two-weeks vacation. 〈学習院大〉

959 トムはソファーの上に横になると，たちまち寝入ってしまった。
960 ラリーはいつも仕事に遅れてくる。もっと時間を守らなければ，仕事を失うかもしれない。
961 A: もしもし。ビルはいますか。
B: いいえ。残念ですが，あなたは番号を間違えています。
962 A: これは大学に通じる道ですか。
B: はい，こちらの道で合っています。
963 すみません。今夜のコンサートで購入できる座席はありますか。
964 私は2週間の休暇から帰ってきたばかりなので，ひどく忙しい。

959 asleep の用法 ― fall asleep

► **asleep**「眠って」は，**叙述用法でしか用いない形容詞**（→ TARGET 104）。**fall asleep** で「寝入る」の意味を表す。

✖ ④ sleepy（×）「眠い／眠そうな」は，fall と一緒に用いない。**feel sleepy**「眠く感じる」で押さえておこう。

PLUS **lay oneself**「横になる」（= **lie**）は重要表現。

960 punctual の意味 ― strict との区別

► **punctual** には「（人が）時間に対して厳密な／時間厳守の」の意味がある。

✖ ① accurate（×）は「（人が）間違いのない／誤りを犯さない」，④ strict（×）は「（人が）規則などに対して厳しい／厳格な」の意味を表す。どちらも本問では使えない。

961 wrong の用法 ― the wrong A

► **wrong** には **the wrong A** の形で「違う A／間違った A」の意味を表す用法がある。A には **number**，**train**，**direction**，**person**，**way** などがくる。

○ **the wrong number** を用いた **You have the wrong number.**「番号を間違えています」は頻出。wrong の代わりに different を用いて，（×）You have the different number. と表現することはできないことにも注意。

962 right の用法 ― the right A

► **the wrong A**（→961）の反意表現は **the right A**「正しい A」。**必ず定冠詞をつけることに注意。**

963 available の 2 つの意味

► **available** は「入手できて／利用できて」の意味を表す。

PLUS **available** には，「人」を主語にとり，「（手が空いて）面会できる／都合がつく」の意味を表す用法もある。ここで一緒に押さえておこう。
I'll be busy for the next few weeks. I won't be **available** until the fourth week of May.
（私はこれから数週間，忙しくなる。5月の第4週まで，会う暇がない）

964 形容詞の「数詞+名詞」

► **「数詞＋名詞」が形容詞的機能を果たして名詞を修飾する場合，**（×）**「数詞＋複数名詞」ではなく「数詞＋単数名詞」の形になる。**

○ 本問は，④ two-weeks を two-week に修正すればよい。

PLUS なお，数詞と単数名詞の間には本問のようにハイフンを用いるのがふつう。**two-week vacation**「2週間の休暇」，**a six-foot bear**「6フィートの熊」，**a five-year-old boy**「5歳の男の子」などで覚えておこう。

959 ①　960 ③　961 ①　962 ②　963 ①　964 ④ two-weeks → two-week

1 文法　2 語法　3 イディオム　4 会話表現

965 I found that the clock was (　　).
□□□ ① delayed ② late ③ past ④ slow 〈南山大〉

966 I phoned Mary, but the line was (　　). So I had to call again later.
□□□ ① busy ② full ③ off ④ taken 〈関西学院大〉

967 There is (　　) traffic on this street.
□□□ ① big ② great ③ heavy ④ strong 〈芝浦工大〉

968 My new watch is (　　). It never gains or loses more than three seconds a year.
□□□ ① absolute ② accurate ③ actual ④ adjustable 〈立命館大〉

969 Are there any good films (　　) this week?
□□□ ① at ② by ③ on ④ out of 〈早稲田大〉

970 I think replacing all the furniture may be very (　　).
□□□ ① expensively ② costly ③ richly ④ reasonably 〈防衛大〉

971 We need to get together to discuss this problem. Could you let me know when you are (　　)?
□□□ ① acceptable ② available ③ possible ④ convenient 〈南山大〉

972 When I bought the book ten years ago, it cost just (　　).
□□□ ① one and a half dollar ② one and a half dollars
③ one and half dollar ④ one and half dollars 〈センター試験〉

965 時計が遅れていることがわかった。
966 メアリーに電話をかけたが，話し中だった。それで，後でもう一度電話をかけなければならなかった。
967 この通りは，交通量が激しい。
968 私の新しい時計は正確です。1年に3秒以上進んだり遅れたりすることは決してありません。
969 今週はよい映画が上映されていますか。
970 すべての家具を入れ替えると，かなり費用がかかるかもしれないと思います。
971 私たちはこの問題について議論するために集まる必要があります。いつ都合がつくか私に知らせてくれますか。
972 私がその本を10年前に買ったとき，それはわずか1ドル50セントだった。

965 slow の意味 ― delayed, late との区別

▶ **slow[fast]** には「(時計が) 遅れて [進んで]」の意味を表す用法がある。

✖ ① delayed (×) は「(事故・悪天候などで) 遅れて」の意味。② late (×) は「(時計が) 遅れて」ではなく「(時間・時刻が) 遅い／ (人が) 遅刻して」の意味。(→948, TARGET 105)

966 busy の意味 ― The line is busy.

▶ **busy** には「**(電話が) 話し中で**」の意味を表す用法がある。**The line is busy.**「話し中です」は慣用的な表現として押さえておこう。

967 heavy の用法 ― heavy traffic

▶ **heavy[light]** には「(交通が) 激しい [少ない]」の意味を表す用法がある。「激しい交通量」は **heavy traffic** と表現する。

PLUS 名詞が traffic ではなくて, **street の場合は busy を用いる**ことに注意。
The streets were **busy** with shoppers. (通りは買い物客で混雑していた)

968 accurate の意味 ― My new watch is accurate.

▶ **accurate** には「(時計･計器などが) 誤差のない／精密な」の意味を表す用法がある。

969 形容詞の on ― be on

▶ **on** が形容詞で用いられると「(映画などが) 上映 [上演] 中で／進行中で」の意味を表す。**be on**「上映 [上演] 中である」で押さえておこう。

970 costly の意味

▶ **costly** は「高価な／費用のかかる」の意味を表す形容詞。

PLUS **costly** は, 名詞の cost「費用」に ly がついて形容詞の意味を表すが, 「名詞＋ ly」で形容詞になるのは, **friendly**「愛想のよい」, **timely**「時宜を得た」, **lovely**「すてきな」などを覚えておこう。また, 「形容詞＋ ly」は副詞になるのが原則だが, 形容詞になるものもある。**kindly**「思いやりのある」, **lonely**「ひとりぼっちの」, **cleanly**「きれい好きな」などを覚えておく。

971 「人」が主語の available の意味

○ 問題963で触れた **available**「都合がつく／ (手が空いて) 面会できる」が本問のポイント。

972 one and a half ＋複数名詞

▶「1ドル50セント」は **one and a half dollars** と表す。one and a half をひとまとまりとして考える。a half は「2分の1」だから **one and a half** は「1と2分の1の…」の意味を表すことになり, **修飾される名詞** (dollar) **は複数形にしなければならない**。

PLUS **one and a half dollars** は **one dollar and a half** とも表せる。それと同様に, 「1時間半」であれば, **one and a half hours**, **an hour and a half** で表せることもここで押さえておこう。

965 ④ **966** ① **967** ③ **968** ② **969** ③ **970** ② **971** ② **972** ②

第18章 副詞の語法

KEY POINT 181

973 I ordered that new book, but I haven't received it (　　　).
□□□
① yet　② still　③ before　④ already　〈同志社大〉

974 I was offered that job at the international company, but I (　　　) can't believe it.
□□□
① hardly　② seldom　③ still　④ yet　〈学習院大〉

TARGET 107 yet / already / still の用法

(1) yet の用法

● yet は**否定文**で「まだ（…していない）」の意味を表す。yet の位置は**文尾**。文語では**否定語の直後**。→973

He hasn't arrived here **yet**. = He hasn't **yet** arrived here.
（彼はまだここに到着していません）

● yet は**疑問文**で「もう（…しましたか）」の意味を表す。

Has the mailman come **yet**?（郵便屋さんはもう来ましたか）

(2) already の用法

● already は**肯定文**で用いて「**すでに**（…**した**）」という**完了**の意味を表す。→976

He has **already** arrived here.（彼はすでにここに到着しました）

● already は**否定文・疑問文**で「**もう／そんなに早く**」といった**意外・驚き**の意味を表す。否定文の場合は，付加疑問がつくことも多い。→975

She hasn't come **already**, has she?（まさかもう彼女が来たのではないでしょうね）
Have you finished your homework **already**?（もう宿題をやってしまったのですか）

(3) still の用法

● still は**肯定文・疑問文**で「**まだ**（…**している**）」という**継続**の意味を表す。

Somebody came to see you an hour ago and he is **still** here.
（1 時間前に誰かがあなたを訪ねてきて，まだここにいます）

● still は**否定文**で「**まだ**（…**していない**）」という**否定の状態の継続**を強調する意味を表す。still の位置は**否定語の前**。→974

You **still** haven't answered my question.（あなたはまだ私の質問に答えていません）

● **文頭**の still は接続詞的に用いられ，前述の内容を受け「**それでも**（**やはり**）」の意味を表す。→977

She turned down his marriage proposal twice. **Still**, he didn't give up.
（彼女は彼のプロポーズを2 回断った。それでも彼はあきらめなかった）

973 私はその新刊の本を注文したが，まだそれを受け取っていません。
974 私は国際的なその会社で仕事を受けたが，まだそのことが信じられない。

yet, still, already

181 KEY POINT

973 yet の用法

► **yet** は否定文で「まだ (…していない)」の意味を表す (→ TARGET 107 (1))。通例，文尾に置くが，否定語の直後に置くこともある。

○ 本問の I haven't received it **yet**. は yet を haven't の直後に置いて I haven't **yet** received it. と表現してもよい。

✖ ② still (×) も否定文で用いられると，「まだ (…していない)」の意味を表すが，I **still** haven't received it. のように，**still は原則として，否定語より前に置くことに注意**。④ already (×) には，完了時制の否定文で用いて「(まさか) もう」といった「意外・驚き」を強調する用法 (→ TARGET 107 (2)) があるが，本問の文意には合わない。

974 still の用法

○ 否定文で用いる **still**「まだ (…していない)」(→973, TARGET 107 (3)) が本問のポイント。**still は否定語より前に置くことに注意**。

✖ ④ yet (×) の位置は，文尾か can't の後なので不可。

I **still** can't believe it. = I can't believe it **yet**. = I can't **yet** believe it.
(私はまだそれを信じることができない)

1 文法 2 語法 3 イディオム 4 会話表現

973 ①　974 ③

975 Have you finished your homework (　　　)?
□□□ ① still　② just　③ already　④ ever 〈中央大〉

976 The president of the university has (　　　) arrived in New York and will meet with the Minister of Education on Monday morning.
□□□ ① still　② already　③ yet　④ any 〈早稲田大〉

977 His presentation was not so bad; (　　　), it left much to be desired.
□□□ ① so　② instead　③ thus　④ still 〈関西学院大〉

KEY POINT 182

978 The house, built ① before two hundred years, has begun to lean ② to one side; it ③ badly needs ④ repairing. 〈同志社大〉
□□□

979 ① In 1945, when he ② was born in the U.S.A., the war ③ had ended only a few months ④ ago. 〈甲南大〉
□□□

975 もう宿題を終えたのですか。
976 その大学の学長は，すでにニューヨークに到着しており，月曜の朝に文部大臣と会合する予定です。
977 彼の発表はそれほど悪くなかった。それでも，改善の余地はかなりあった。
978 その家は200年前に建てられたが，片側に傾き始めています。修理がきわめて必要です。
979 1945年，彼がアメリカで生まれたとき，その戦争は，ほんの数か月前に終わっていた。

975 疑問文で用いる already W

► **already** は疑問文で用いて「もう／そんなに早く」の意味を表す。(→ TARGET 107 (2))

976 肯定文で用いる already W

► **already** は肯定文で用いて「すでに(…した)」の意味を表す。(→ TARGET 107 (2))

977 文頭で用いる still 

► 文頭の **still** は接続詞的に用いられ，前述の内容を受け「それでも（やはり）」の意味を表す。(→ TARGET 107 (3), TARGET 114 (1))

PLUS **leave much to be desired**「改善の余地がかなりある」は重要。**leave nothing to be desired**「申し分ない」と一緒に覚えておく。

ago と before など

182 KEY POINT

978 ago の用法 ― before との区別 

► **ago** は常に過去時制で用い，時間を表す語句を前にともなって「今から…前に」の意味を表す。

○ 本問は，「その家は今から200年前に建てられた」の内容なので，① before two hundred years を two hundred years ago に修正する。

PLUS **before が ago のように時間を表す語句を前にともなう場合は，原則として過去完了とともに用いて「過去のある時点から…前に」の意味になる。**
I told her that I had seen him **a week before.**
(1週間前に彼に会ったと私は彼女に言った)
この例文の a week before は，「私が彼女に言った時点から1週間前に」という意味を表す。

979 before の用法 ― ago との区別 

○ 問題978で触れた，過去完了とともに用いる〈**時間を表す語句＋ before**〉「過去のある時点から…前に」が本問のポイント。ago は，過去完了ではなく過去時制で用いるので，④ ago を before に修正すればよい。

PLUS **ago** は時間を表す語句をともなわずに**単独で用いることはないが, before は単独で用いる用法がある**こともここで押さえる。単独の **before** を現在完了か過去形で用いると，「今より以前に」の意味を表し，過去完了で用いると，「その時よりも以前に」の意味を表す。
I've seen you somewhere **before.** (私は以前どこかであなたに会ったことがある)
I recognized him at once, as I **had seen** him **before.**
(私はすぐに彼だとわかった。というのも，その前に彼に会ったことがあったからだ)

---

975 ③ **976** ② **977** ④
978 ① before two hundred years → two hundred years ago **979** ④ ago → before

980 □□□ この本は彼が以前に書いたどの本ともちがっている。

(before / book / is / he / ago / unlike / written / has / anything / this). （1語不要） 〈東京家政大〉

981 □□□ I haven't seen him (　　　).

① ago　② yesterday　③ then　④ since 〈獨協大〉

KEY POINT 183

982 □□□ My mother (　　　) travels by plane because she's afraid of a plane crash.

① always　② rarely　③ frequently　④ sometimes 〈東京電機大〉

983 □□□ 毎朝，混んだ電車に立っているのが，ほとんど耐えられないので，車を買った。

I bought a car (stand / could hardly / trains / because / I / crowded / riding) every morning. 〈立命館大〉

984 □□□ A: Is Chris popular?

B: No, she has (　　　) friends.

① quite a few　② many　③ not a lot　④ hardly any 〈名古屋工大〉

TARGET 108 hardly[scarcely] / rarely[seldom] / almost の用法

(1) hardly[scarcely] の用法

● hardly[scarcely] は「程度」を表す準否定語で「**ほとんど…ない**」の意味。→983

I was so sleepy then that I **hardly[scarcely]** remember the story of the movie.

（そのときはとても眠かったので，私はその映画の筋をほとんど覚えていない）

(2) rarely[seldom] の用法

● rarely[seldom] は「頻度」を表す準否定語で「**めったに…ない**」の意味。→982

My father **rarely[seldom]** goes to the movies.

（私の父はめったに映画に行きません）

(3) almost の用法

● almost は否定の意味は含まない。「**ほとんど…**」の意味。

I **almost** always have popcorn at the movies.

（私は映画館でほとんどいつもポップコーンを食べます）

981 私は，その時以来，彼に会ってない。

982 母は飛行機事故が怖いので，めったに飛行機で旅行に出かけない。

984 A：クリスは人気がありますか。

B：いいえ，彼女には，ほとんど友人がいません。

980 単独で用いる before

▶ **before** が現在完了で用いられると「今より以前に」の意味を表す。(→979)

○ 本問は，**A is unlike B.**「A は B と違う」の形を想定し，B に anything を置き，目的格の関係代名詞が省略された関係代名詞節 (that[which]) he has written before を続ければよい。

981 単独で用いる since

▶ **since** は接続詞や前置詞として用いられるが，**before** と同様に，単独で用いて「その時以来ずっと」の意味を表す副詞用法がある。

✖ ② yesterday (×)，③ then (×) は，過去を表す副詞なので，現在完了ではなく過去時制で用いる。(→30, TARGET 4)

準否定の副詞

183 KEY POINT

982 rarely の用法

▶ **rarely[seldom]** は「頻度」を表す準否定語で「めったに…ない」の意味を表す。(→ TARGET 108 (2))

983 hardly の用法 − can hardly do ...

▶ **hardly[scarcely]** は「程度」を表す準否定語で「ほとんど…ない」の意味を表す。**hardly** は本問のように，**can hardly do ...**「ほとんど…することができない」の形で用いられることも多い。

○ because 節内は，**stand doing ...**「…するのを我慢する」の表現を想定してまとめればよい。

984 hardly の用法

▶ **hardly[scarcely]** には「**hardly[scarcely] any ＋名詞**」の形で「ほとんど…ない」の意味を表す用法がある。可算名詞，不可算名詞のどちらもとり，意味的には「few[little] ＋名詞」よりも強く，「no ＋名詞」よりも弱いことに注意。

PLUS「**few[little] ＋名詞**」「ほとんど…ない」は問題893，895参照。

PLUS「**hardly[scarcely] any ＋名詞**」は「**almost no ＋名詞**」と同意であることも押さえておきたい。
There is **almost no** difference. = There is **hardly[scarcely] any** difference.
(ほとんど違いはない)

---

980 This book is unlike anything he has written before (不要語：ago)　**981** ④
982 ②　**983** because I could hardly stand riding crowded trains　**984** ④

985 □□□ Scarcely (　　　) in the office knew what they were supposed to do when the alarm went off.

① everyone　② no one　③ anyone　④ still　〈学習院大〉

986 □□□ Have you (　　　) been to Canada?

① already　② yet　③ ever　④ still　〈関西学院大〉

987 □□□ A: I wouldn't say I don't watch TV, but I prefer listening to music.

B: Me, too. I hardly (　　　) watch TV these days.

① always　② ever　③ often　④ sometimes　〈学習院大〉

KEY POINT 184

988 □□□ He was (　　　) hit by the car while crossing the street.

① closely　② hardly　③ nearly　④ scarcely　〈龍谷大〉

985 警報が鳴ったとき，オフィスのほとんど誰も何をすべきかわからなかった。

986 あなたは今までカナダに行ったことがありますか。

987 A: テレビは見ないとは言いませんが，音楽を聴く方が好きです。
B: 私もです。最近は，めったにテレビは見ません。

988 彼は道路を横断中に，危うく車にはねられるところだった。

985　scarcely の用法 ― scarcely anyone

► **「scarcely any ＋名詞」**「ほとんど…ない」(→984) の「any ＋名詞」が代名詞の anyone になった **scarcely[hardly] anyone** は,「ほとんど誰も…ない」の意味を表す。

PLUS **be supposed to do …**「…することになっている」, **go off**「(警報などが) 鳴る」は重要表現。

986　ever の用法

► **ever** が疑問文で用いられると「これまでに／いかなる時でも」の意味になる。**ever は通例, 肯定文では用いない**ことに注意。

✖ ② yet (×) にしないこと。yet は文尾に置く。(→973, TARGET 107 (1))

PLUS **ever** が否定文で用いられると「これまでに (一度も／決して) …ない」の意味を表し, **never** と同じになることも重要。**not ever = never** と押さえておこう。
I have**n't ever** been to Canada. = I have **never** been to Canada.
(カナダには一度も行ったことがありません)

PLUS **ever** は通例, 肯定文では用いないが, 最上級を用いた以下の例の場合は肯定文でも用いる。定式化された表現として押さえておこう。
This is the most beautiful sunset I have **ever** seen.
(こんなに美しい夕日は今までに見たことがない←これは今までに私が見た一番美しい夕日だ)

987　hardly の用法 ― hardly ever

► **hardly[scarcely]** は程度, seldom[rarely] は頻度を表す準否定語であるが, **hardly[scarcely] ever** の形で「めったに…ない《頻度》」の意味を表し, 頻度を表す準否定語 **rarely[seldom] と同意**になる。

PLUS 同意表現の **almost never** も一緒に覚えておこう。
This mistake **almost never** occurs.
= This mistake **hardly[scarcely] ever** occurs.
= This mistake **rarely[seldom]** occurs.
(このような間違いはまず生じない)

nearly, narrowly, almost

184 KEY POINT

988　nearly の用法

► **nearly** には「危うく (…するところ)」の意味を表す用法がある。(→ TARGET 110)

PLUS **almost** にも「危うく (…するところ)」の意味を表す用法がある。**nearly** と **almost** はほぼ同意だが, **意味的には almost の方が強い**。**almost = very nearly** と押さえておく。
I **almost** missed my train. (危うく列車に乗り遅れるところだった)

985 ③　986 ③　987 ②　988 ③

989 □□□ 私は危うく車にひかれるところだった。
(a / over / by / being / I / escaped / narrowly / run / car). 〈東京家政大〉

---

990 □□□ I think I did well on the English listening test. I understood (　　　) on the CD.

① even anything　　② almost everything
③ only nothing　　④ probably something　　〈センター試験〉

KEY POINT 185

991 □□□ My dream is ① to go to abroad as ② an overseas exchange student ③ during ④ my time at university. 〈上智大〉

KEY POINT 186

992 □□□ I tried ① hardly to get tickets ② to the concert but had no luck – they were ③ completely sold out by the time ④ that I got to the sales window. 〈慶應義塾大〉

---

993 □□□ My bus came ten minutes ① lately, ② so the class ③ had already started when I ④ got to school. 〈北里大〉

TARGET 109 「動詞＋(名詞と間違えやすい)副詞」の重要表現

- **go abroad**「外国に行く」→991
- **go overseas**「海外へ行く」
- **go downstairs**「下の階へ行く」
- **go downtown**「町へ行く」
- **go outdoors**「屋外［野外］に行く」
- **come[go] home**「帰宅する」
- **get home**「家に（帰り）着く」
- **live nextdoor to A**「Aの隣に住む」
- **play upstairs**「上の階で遊ぶ」
- **stay indoors**「家［室内］にいる」

990 私は英語のリスニングテストはうまくできたと思う。CD(の音声)は，ほとんどすべて理解できた。
991 私の夢は，大学在学中に交換留学生として外国に行くことです。
992 そのコンサートのチケットをなんとか手に入れようとしたが，うまくいかなかった。チケットは販売窓口に行ったときには，完売していた。
993 私のバスは10分遅れてやって来たので，学校に着いたときには授業はすでに始まっていた。

989 narrowly の用法

► **narrowly** は「かろうじて（…する）」の意味を表す。

○ 本問は, **I narrowly escaped A**「かろうじてAをまぬがれた」を想定して, Aに **be run over by a car**「車にひかれる」を動名詞句にした形を入れてまとめればよい。

990 almost の用法 ― almost everything

► **almost** は副詞だが, **everything, everybody, anything, anybody, nothing, nobody, all** などの代名詞を修飾することができる。

○ 本問の **almost everything** は「ほとんどすべて」の意味を表す。

PLUS 「**almost every[any / no / all] ＋A(名詞)**」の形もここで押さえておこう。この形ではalmostは, 形容詞のevery[any / no / all]を修飾していると考えればよい。**almost every house, almost any books, almost no money, almost all people** などで覚えておこう。

名詞と間違えやすい副詞

185 KEY POINT

991 名詞ではなく副詞の abroad

► **abroad は「外国に［へ］」の意味を表す副詞**。したがって,「外国に行く」は **go abroad**（→ TARGET 109）。abroad の前に to などの前置詞を置かないことに注意。

'ly' の有無によって意味が異なる副詞

186 KEY POINT

992 hard の用法 ― hardly との区別

► **hard** は「一生懸命に」, **hardly** は「ほとんど…ない」の意味を表す。（→ TARGET 110）

○ ① hardly を hard に修正すれば, I tried hard to get tickets to the concert「私はコンサートのチケットをなんとか手に入れようとした」で文意に合う。

993 late の用法 ― lately との区別

► **late** は「遅く」, **lately** は「最近」の意味を表す。（→ TARGET 110）

○ ① lately を late に修正すれば, My bus came ten minutes late.「私のバスは10分遅れてやって来た」で文意に合う。

PLUS **get to A**「Aに着く」(= **arrive at A / reach A**) は重要。

---

989 I narrowly escaped being run over by a car　**990** ②
991 ① to go to abroad → to go abroad　**992** ① hardly → hard　**993** ① lately → late

1 文法　2 語法　3 イディオム　4 会話表現

994 Polluted air drifts all over. It even rises (　　　) above the Earth.
□□□ ① high ② highly ③ height ④ tall 〈広島工大〉

KEY POINT 187

995 That car is (　　　) too expensive for most families.
□□□ ① very ② much ③ pretty ④ fairly 〈立命館大〉

996 Our patient is in (　　　) the same condition as yesterday.
□□□ ① much ② very ③ even ④ far 〈南山大〉

TARGET 110 'ly' の有無によって意味が異なる副詞

'ly' 無し	**'ly' 有り**
great「順調に／うまく」	**greatly**「大いに／非常に」
hard「一生懸命に」→992	**hardly**「ほとんど…ない」→983
high「(物理的に) 高く／高いところに」→994	**highly**「非常に／(比喩的に) 高く」
just「ちょうど」	**justly**「公正に」
late「遅く」→993	**lately**「最近」
most「最も」	**mostly**「たいていは」
near「近くで」	**nearly**「危うく(…するところ)」→988
pretty「かなり(形容詞の前で)」	**prettily**「きれいに」
sharp「きっかりに」	**sharply**「鋭く」

TARGET 111 副詞 much の強調用法

● The taxi driver was driving **much** **too** fast. (too ... の強調) →995
(そのタクシー運転手はあまりにも速度を出しすぎていた)

● **Much** **to my joy**, he helped me carry my luggage. (前置詞句の強調)
(とてもうれしいことに，彼は私の荷物を運ぶのを手伝ってくれた)

● His room is **much** **larger** than mine. (比較級の強調)
(彼の部屋は私の部屋よりもずっと大きい)

● This is **much** **the best** way. (最上級の強調)
(これがずばぬけて一番よい方法だ)

994 汚染された空気は拡散する。それは地上高くまで上昇しさえする。
995 あの車は，ほとんどの家庭にとって，あまりにも値段が高すぎます。
996 私たちの患者は昨日とほぼ同じ状態です。

994 high の用法 ― highly との区別

▶ high は「(物理的に) 高く／高いところに」, highly は「非常に／ (比喩的に) 高く」の意味を表す。(→ TARGET 110)

PLUS **通例, 副詞の high は動詞を修飾し, highly は形容詞や過去分詞を修飾する。**以下の例文参照。

He lifted the stone **high** above his head. (彼はその石を頭上高く持ち上げた)
It is **highly** amusing to listen to them. (彼らの話を聞くのは非常におもしろい)
Her novel is **highly** regarded among young people.
(彼女の小説は若者の間で高く評価されている)

much

187 KEY POINT

995 much の用法 ― much too +形容詞 [副詞]

▶ much には強調語として「**too +形容詞[副詞]**」を強調する用法がある。(→ TARGET 111)

○ **much too expensive** で「あまりにも値段が高すぎる」の意味を表す。

996 much の用法 ― much the same +名詞

R

▶ much は the same の前で用いられると「だいたい／ほぼ」(= almost)の意味になる。「**much the same (+名詞)**」「ほとんど同じ (…)」(= almost the same (+名詞)) で押さえておこう。

○ **much the same condition as yesterday** で「昨日とほぼ同じ状態」の意味を表す。

1 文法 2 語法 3 イディオム 4 会話表現

994 ① 995 ② 996 ①

KEY POINT 188

997 You had better keep your mouth shut; (　　　) you'll get into trouble.
□□□ ① and　② however　③ otherwise　④ therefore 〈明治大〉

998 The bedroom is a bit too small, (　　　) the house is satisfactory.
□□□ ① but instead　② but otherwise
③ now that　④ unless that 〈早稲田大〉

999 彼らは彼を立派な学者と思っているが，わたしの意見は違う。
□□□ They (an eminent scholar / as / but / him / I think / look / otherwise / upon). 〈慶應義塾大〉
発展

TARGET 112 副詞 otherwise の３つの用法

(1) otherwise「さもなければ」→147, 997
She worked hard; **otherwise** she would have failed.
(彼女は一生懸命勉強したが，そうでなければ失敗していただろう)

(2) otherwise「別のやり方で／違ったふうに」→999
You can arrive earlier by bus than **otherwise**.
(バスで行けば他の方法よりも早く着きます)

(3) otherwise「その他の点では」→998
The collar is a little too tight, but **otherwise** it fits me.
(襟が少々きついが，その他の点ではぴったりだ)

997 あなたは黙っていた方がいいでしょう。さもないと，厄介なことに巻き込まれます。
998 寝室が少し狭すぎますが，その他の点では，その家は十分満足できます。

otherwise

188 KEY POINT

997 otherwise の用法 (1)

R

▶ 副詞の **otherwise** には「**さもなければ**」, 「**別のやり方で／違ったふうに**」, 「**その他の点では**」の3つの意味がある。(→ TARGET 112)

○ 本問の **otherwise** は「**さもなければ**」(= **if not**) (→ TARGET 112 (1), TARGET 114 (3)) の意味を表す。otherwise を if 節で書き換えると, if you don't keep your mouth shut「黙っておかないならば」となる。

PLUS **had better do ...**「…した方がよい」(→77), **keep one's mouth shut**「黙っている／秘密をもらさない」, **get into trouble**「問題に巻き込まれる」は重要表現。

998 otherwise の用法 (2)

○ **otherwise**「**その他の点では**」(= **in other respects**) (→ TARGET 112 (3)) が本問のポイント。

999 otherwise の用法 (3)

R

○ **otherwise**「**別のやり方で／違ったふうに**」(= **in a different way**) (→ TARGET 112 (2)) が本問のポイント。I think otherwise. (= I don't think so.) は頻出表現。本問は, 前半を **look upon A as B**「A を B とみなす」(→ TARGET 93) の表現でまとめ, but の後に I think otherwise を置けばよい。

PLUS **形容詞用法の otherwise**「それとは違う」もここで押さえておこう。対応する形容詞の反対の意味を表す。

Some are wise and some are **otherwise**. (otherwise = foolish)
(賢い人もいれば, そうでない人もいる)

997 ③ **998** ② **999** look upon him as an eminent scholar but I think otherwise

KEY POINT 189

1000 ( ) John put on his coat, and then he picked up his hat.
□□□
① At first ② First
③ For the first time ④ The first 〈津田塾大〉

1001 ( ) I didn't recognize Carly Simon. But when we started to talk I instantly recalled the dinner we had enjoyed together last year.
□□□
① At first ② First ③ Firstly ④ First of all 〈立教大〉

KEY POINT 190

1002 We have been lucky so far, but ( ), luck cannot last forever.
□□□
① although ② furthermore
③ in addition ④ unfortunately 〈慶應義塾大〉

1003 Julia is still at the airport because she ( ) her plane to Paris.
□□□
① almost missed ② is almost missing
③ is just missing ④ just missed 〈センター試験〉

TARGET 113 at first / first(ly) / for the first time の用法

(1) at first「初めのうちは／最初は」→1001

I was nervous **at first**, but I became relaxed later.
（初めのうちは緊張していたが，その後落ち着いた）

(2) first(ly)「（順序を意識して）まず第一に／まず最初に」→1000

First I did the laundry and then I cleaned my room.
（まず，私は洗濯をして，それから部屋を掃除した）

(3) for the first time「初めて」

When I met the boy **for the first time**, he was being shy.
（その少年に初めて会ったとき，彼は恥ずかしがっていた）

1000 ジョンはまずコートを着て，それから帽子を手に取った。
1001 初めはカーリー・サイモンだとわからなかった。しかし，話し始めると，私は昨年一緒に楽しんだディナーのことをすぐに思い出した。
1002 私たちは今まで幸運でしたが，残念ながら，幸運はいつまでも続かないでしょう。
1003 ジュリアはパリ行きの飛行機に一足違いで乗り遅れたため，まだ空港にいる。

副詞の first

189 KEY POINT

1000 firstの用法

► first(ly) は「(順序を意識して) まず第一に／まず最初に」の意味を表す。(→ TARGET 113 (2))

✖ ① At first (×) は「初めのうちは／最初は」(→ TARGET 113 (1)) の意味で，後から事態・状況が変わることを暗示する。ここでは文意に合わない。③ For the first time (×)「初めて」(→ TARGET 113 (3)) も文意に合わない。

1001 at firstの用法

S

○ 問題1000で触れた **at first**「初めのうちは／最初は」が本問のポイント。(→ TARGET 113 (1))

✖ ④の First of all (×) は first の意味を強めた語句で「(順序として) 何よりもまず」の意味を表すが，ここでは文意に合わない。

PLUS **recognize A**「A だとわかる」は重要。(→877)

その他の注意すべき副詞

190 KEY POINT

1002 文修飾の副詞 ― Unfortunately, S＋V ...

► **unfortunately** は文修飾の副詞で「残念ながら／不運にも」の意味を表す。

○ **unfortunately, luck cannot last forever.** は **It is unfortunate that luck cannot last forever.** と言い換えることができることも押さえておこう。

PLUS **last forever**「永遠に続く」は重要表現。

1003 justの用法

► 副詞の **just** には過去形・現在完了とともに用いて「ちょうど今／つい今しがた」の意味を表す用法がある。

✖ ① almost missed (×) にしないこと。almost は「危うく (…するところ)」の意味を表す (→988)。

PLUS イギリス英語では現在完了形 **have just done** が好まれるが，アメリカ英語では通例，本問のように「**just ＋過去形**」「ちょうど今…したところだ」を用いる。

PLUS **miss A**「A に乗り遅れる」は重要。(→ TARGET 97 (2))

PLUS **just** が現在進行形とともに用いられると「今まさに／今にも」の意味を表す。**be just doing ...**「今まさに…しようとするところだ」で押さえておこう。
We **are just leaving.** (私たちは今まさに出発しようとしているところだ)

1000 ②　1001 ①　1002 ④　1003 ④

1 文法　2 語法　3 イディオム　4 会話表現

1004 I (　　) wanted to tell him how much I missed Mary.
□□□ ① as ② badly ③ much ④ well 〈立教大〉

1005 It's (　　) a long time since I started to teach at this school.
□□□ ① much ② pretty ③ quite ④ so 〈センター試験〉

1006 It was not clear in the instructions whether the light should be left (　　) or turned off before leaving the room.
□□□ ① behind ② on ③ over ④ out of 〈上智大〉

1007 I don't like this dress.(　　), it is too expensive.
□□□ ① Although ② Beside ③ Besides ④ Though 〈青山学院大〉

TARGET 114 文と文の意味をつなぐ副詞（句）

(1) 連結・追加
- **also**「その上／さらに」
- **besides**「その上／さらに」→1007
- **moreover**「その上／さらに」→1008
- **in addition**「その上／さらに」
- **furthermore**「その上／さらに」

(2) 逆接・対立
- **however**「しかしながら」→1013
- **though**「しかしながら」→1014
- **nevertheless[nonetheless]**「それにもかかわらず」→1012
- **yet**「それにもかかわらず」
- **still**「それでもやはり」→977
- **all the same**「それでもやはり」

(3) 選択
- **or (else)**「さもないと」
- **otherwise**「さもないと」→997
- **instead**「その代わりに／それよりも」→1011

(4) 因果関係
- **therefore**「それゆえに」
- **consequently**「したがって／結果として」→1010
- **as a result[consequence]**「結果として」
- **hence**「それゆえに」→1009

(5) 説明・例示
- **namely**「すなわち」
- **that is (to say)**「つまり」
- **for instance[example]**「例えば」

1004 私がメアリーに会えなくて寂しがっていることを，彼になんとしても伝えたかった。
1005 私がこの学校で教え始めてから，かなり長い時がたった。
1006 照明はつけたままにすべきなのか，それとも部屋を出る前に消すべきなのか，説明書では明らかでなかった。
1007 私はこのドレスが好きではない。さらに，それは高すぎる。

1004 badly の用法

► **badly** は一般に「下手に／ひどく」の意味を表すが，動詞の直前に置き，動詞の強調語として「とても／ひどく」の意味を表す用法がある。動詞の **want, need** のほかに **be in need of A**「A を必要とする」などの表現も強調する。

PLUS **miss A**「A がいなくて寂しく思う」は重要。(→872, TARGET 97 (5))

1005 quite の用法

► **quite** には「**a ＋形容詞＋ A (名詞)**」を修飾し，「**quite a ＋形容詞＋ A**」で「かなり…な A ／なかなか…な A」の意味を表す用法がある。

○ 本問は，quite が a long time を修飾して，**quite a long time** で「かなり長い時間」の意味を形成する。

✖ ① much (×)，② pretty (×)，④ so (×) はよくない。これらの語は直後に不定冠詞 (a / an) を伴うことはない。例えば，pretty「かなり」は quite とほぼ同意であるが，(×) pretty a long time とは言えず，a pretty long time の語順となる。また so は「**so ＋形容詞＋ a ＋名詞**」の語順をとる副詞 (→655) で，so long a time となる。

PLUS 「**It is ＋時間＋ since S ＋過去形…**」「S が…してから〜になる」は重要表現。(→40)

PLUS 「**a quite ＋形容詞＋ A**」の形も通例は可であり，同意であるが，「**quite a ＋形容詞＋ A**」の形の方が口語では好まれることに注意。

1006 副詞の on の用法

► 副詞用法の **on** には，「(機械・電気製品などが) 作動して」の意味を表す用法がある。

○ 本問の be left on は，**leave A on**「A をつけたままにしておく」の受動態の形。(→672)

PLUS **turn off A / turn A off**「A を消す」は重要。

PLUS **on** の反意表現である副詞用法の **off**「(作用・機能・関係が) 切れて／止まって」もここで覚えておく。
Check the gas is **off.** (ガスが止まっていることを確かめなさい)
The deal is **off.** (取引は中止です)

1007 文と文の意味をつなぐ besides の用法 R

► **besides** は文と文の意味をつなぐ副詞として「その上／さらに」という「追加」の意味を表す。文のつなぎの役割を果たす副詞(句)の問題は急増中。英文読解においても英文内容をつかむための「目印」として重要。

PLUS **besides** と同様に，「その上／さらに」の意味を表す副詞 (句) として，**in addition / moreover / furthermore / also** を押さえておこう。

1004 ②　1005 ③　1006 ②　1007 ③

1008 I had to go to three different offices in City Hall. (　　), I had to wait at least thirty minutes in each before I could get all the documents completed.

① Nevertheless　② Therefore
③ Moreover　④ In addition to　〈西南学院大〉

1009 Salt purifies; hence it became the symbol of incorruptibility.

① also　② because　③ when　④ therefore　〈上智大〉

1010 It has snowed heavily for a week. Consequently, all the transportation in the city has stopped.

① Unfortunately　② As a result
③ In the meantime　④ Nevertheless　〈東海大〉

1011 Don't cling to old-fashioned concepts. (　　), adopt new ideas.

① Otherwise　② Instead　③ In spite　④ Except　〈福岡大〉

1012 He was injured in the semifinal match. (　　) he won the final and took the championship.

① Even though　② In spite of
③ Instead of　④ Nevertheless　〈京都産業大〉

1013 Kate loves candy. (　　), she was told not to eat any sweets for a while.

① Additionally　② Besides　③ However　④ Moreover　〈武蔵大〉

1014 発展 As we ① have seen, most of the money spent in the United States is ② in the form of checks. Not everyone, ③ although, can write out ④ a check.

〈慶應義塾大〉

1008 私は市庁舎で3つの異なる窓口に行かなければならなかった。その上，すべての書類を記入するまでに，それぞれの場所で少なくとも30分は待たされた。
1009 塩には浄化作用がある。それゆえに，それは清廉潔白さの象徴となった。
1010 1週間大雪が続いた。その結果，市内のすべての交通機関が止まってしまった。
1011 古くさい考え方にこだわるのをやめてください。その代わりに，新しい考え方を取り入れてください。
1012 彼は準決勝で負傷してしまった。それにもかかわらず，決勝戦で勝利し，優勝した。
1013 ケイトはキャンディーが大好きだ。しかしながら，彼女はしばらく甘いものは何も食べないように言われた。
1014 すでに見てきたように，アメリカで使われるほとんどのお金は，小切手の形をとっている。しかし，誰もが小切手を切れるわけではない。

1008 moreover の用法

▶ **moreover** は文と文の意味をつなぐ副詞として「その上／さらに」の意味を表す（→1007, TARGET 114 (1)）。

PLUS **get A done**「A を…してしまう」は重要。（→722）

1009 hence の用法

▶ **hence** は文と文の意味をつなぐ副詞として「それゆえに」という「因果関係」の意味を表す（→ TARGET 114 (4)）。**hence = therefore** で押さえておこう。

1010 consequently の用法

▶ **consequently** は文と文の意味をつなぐ副詞として「結果として」の意味を表す（→ TARGET 114 (4)）。**consequently = as a result[consequence]** で押さえておこう。

1011 instead の用法

▶ **instead** は文と文の意味をつなぐ副詞として「その代わりに／それよりも」という「選択」の意味を表す。（→ TARGET 114 (3)）

1012 nevertheless の用法

▶ **nevertheless** は文と文の意味をつなぐ副詞として「それにもかかわらず」(= **nonetheless**) という「逆接・対立」の意味を表す。（→ TARGET 114 (2)）

✖ ② In spite of（×）は不可。前文の内容を受ける指示代名詞 that を用いて, In spite of that とすれば可。

1013 however の用法

▶ **however** は文と文の意味をつなぐ副詞として「しかしながら」という「逆接」の意味を表す。（→ TARGET 114 (2)）

1014 副詞用法の though

▶ **though** には副詞として「しかしながら」という「逆接」の意味を表す用法がある（→ TARGET 114 (2)）。**副詞用法の though は，文中，文尾で用いる**ことに注意。同意表現の **however** は文頭でも用いられるが, though は不可であることも覚えておこう。

○ although には，副詞用法がないので，③ although を though[however] に修正する。

PLUS Not everyone can write out a check.「誰もが小切手を切れるわけではない」は部分否定。（→664）

1008 ③ **1009** ④ **1010** ② **1011** ② **1012** ④ **1013** ③
1014 ③ although → though / however

第19章 名詞の語法

KEY POINT 191

1015 □□□ I wonder ①if anyone ②can give me good ③advices about ④how to improve my English. 〈南山大〉

1016 □□□ We are thinking of buying (　　　).

① some new furnitures　② some new furniture
③ a few new furniture　④ new pieces of furnitures 〈立命館大〉

TARGET 115 入試でねらわれる不可算名詞

(1) 数を表すことができる不可算名詞
(two pieces of A「2個のA」などの形で)

- advice「忠告」→1015
- baggage「手荷物」
- luggage「手荷物」
- furniture「家具」→1016
- work「仕事」→1064
- housework「家事」
- homework「宿題」
- information「情報」→1017
- machinery「機械」
  (**machine** は可算名詞)
- equipment「装備」→1022
- news「知らせ」→1018
- paper「紙」
- poetry「詩」
  (**poem** は可算名詞)
- scenery「風景」
  (**scene** は可算名詞)
- evidence「証拠」

(2) 数を表すことができない不可算名詞

- mail「郵便物」
- stationery「文房具」
- damage「損害」→1021
- harm「損害」
- fun「楽しみ」
- progress「進歩」→1020
- traffic「交通(量)」
- weather「天候」→1019

＊ 日本人には数えられると思われる名詞で，不可算名詞であるものが入試に頻出。

1015 誰か，私が英語を上達させる方法についてよいアドバイスをくれないかと思う。
1016 私たちは，新しい家具をいくらか購入することを検討している。

不可算名詞

191 KEY POINT

1015 注意すべき不可算名詞 advice

W

▶ **advice**「忠告」は不可算名詞（数えられない名詞）なので，不定冠詞 an はつかないし，複数形もない。（→ TARGET 115 (1)）

○ **advice** は複数形がないので，③ advices を advice に修正する。

PLUS **wonder if S + V ...**「…かどうかと思う」は重要。（→885）

1016 some +不可算名詞 − some new furniture

W

▶ **furniture**「家具」は不可算名詞なので，不定冠詞の a はつかないし，複数形もない。（→ TARGET 115 (1)）

▶「**some +不可算名詞**」は「多少の…／いくらかの…」の意味を表す。ただし，漠然とした程度を表すので，日本語訳に対応する語が現れないことが多い。（→901）

1 文法 2 語法 3 イディオム 4 会話表現

1015 ③ advices → advice **1016** ②

1017 We got (　　　) from the teacher.
□□□
① a lot of homeworks　② a lot of information
③ lots of advices　④ a lot of informations 〈上智大〉

1018 Our teacher brought us a (　　　) of good news.
□□□
① few　② plenty　③ piece　④ number 〈東京理科大〉

1019 ①Since the weather report said we ②were going to have ③a bad weather ④over the weekend, we had to cancel the plan. 〈早稲田大〉
□□□ 発展↑

1020 ①Since you ②have been coming to me ③for piano lessons, you have made ④a great progress. 〈早稲田大〉
□□□ 発展↑

1021 The storm ①is bringing ②high winds and rain ③but causing no ④major damages. 〈早稲田大〉
□□□ 発展↑

1017 私たちは，その先生からたくさんの情報を得た。
1018 私たちの先生は，よい知らせを運んできてくれた。
1019 天気予報では，週末は悪天候になると言っていたので，その計画は中止しなければならなかった。
1020 あなたは私のところにピアノの練習に来ているので，大いに進歩しました。
1021 嵐が強い風と雨をもたらしているが，大きな損害は引き起こしていない。

1017 a lot of＋不可算名詞 － a lot of information

► **information**「情報」は不可算名詞なので，不定冠詞の a はつかないし，複数形もない。（→ TARGET 115 (1)）

► **a lot of[lots of] A**「たくさんの A」の A には，複数名詞だけでなく不可算名詞もくる。（→903）

✖ ① a lot of homeworks（×），③ lots of advices（×）は不可。**homework**「宿題」，**advice**「忠告」は不可算名詞なので複数形はない（→ TARGET 115 (1)）。**a lot of homework**，**lots of advice** にすれば可。

1018 a piece of＋不可算名詞 － a piece of good news

► 不可算名詞 **news**「知らせ」を数える場合は，**a piece of** を用いて **a piece of news**「1つの知らせ」と表現する（→ TARGET 115 (1)）。「2つの知らせ」の場合では，piece を複数形にして，**two pieces of news** と表現することも押さえておく。

✖ ① few（×）は不可。**a few of A**「A の中の少し［少数］」の A には，必ず定冠詞や所有格で限定された複数名詞や，us や them など目的格の代名詞がくる（→367）。② plenty（×）も不可。（×）a plenty of A の形はない。**plenty of good news** なら可（→903）。④ number（×）は **a number of A**（複数名詞）「たくさんの A」の形で用いる。（→608）

1019 形容詞＋不可算名詞 － bad weather

► **weather**「天候」は不可算名詞（→ TARGET 115 (2)）なので，形容詞がついても不定冠詞の a はつかない。

○ ③ a bad weather を **bad weather**「悪天候」に修正する。

PLUS **S say that 節**「S によれば…」は重要。（→800）

1020 形容詞＋不可算名詞 － great progress

► **progress**「進歩」は不可算名詞（→ TARGET 115 (2)）なので，形容詞がついても不定冠詞の a はつかない。

○ ④ a great progress を **great progress**「大きな進歩」に修正する。

PLUS **make great progress (in A)**「（A において）大いに進歩する」は重要表現。

1021 形容詞＋不可算名詞 － major damage

► **damage**「損害」は不可算名詞（→ TARGET 115 (2)）なので，形容詞がついても複数形にならない。

○ ④ major damages を **major damage**「大きな損害」と修正する。

1017 ②　**1018** ③　**1019** ③ a bad weather → bad weather
1020 ④ a great progress → great progress
1021 ④ major damages → major damage

1022 □□□ ① The proper equipments make ② the whole operation easier, so the scientists can ③ conduct more experiments, ④ which can often produce better results. 〈早稲田大〉

KEY POINT 192

1023 □□□ My brother's wife had a baby boy today. He is my first (　　).
① fellow　② nephew　③ niece　④ widow 〈立命館大〉

1024 □□□ 発展↑ The shepherd trained the dog to look after his (　　) of sheep.
① flock　② pack　③ herd　④ collection 〈慶應義塾大〉

1025 □□□ Professor Smith is so busy this week that students can only see her by (　　).
① reservation　② schedule
③ appointment　④ engagement 〈南山大〉

TARGET 116 意味が紛らわしい名詞

- **reservation**「(ホテルなどの) 予約」 / **appointment**「(診療·面会などの) 予約」→1025
- **view**「(特定の場所からの) 眺め」→1028 / **scenery**「風景」(不可算名詞)
- **shade**「日陰」→1029 / **shadow**「影」
- **flock**「鳥や羊の群れ」→1024 / **herd**「牛や馬の群れ」 / **school**「魚の群れ」
- **habit**「個人的な習慣／癖」→1027 / **custom**「社会的な慣習」
- **nephew**「甥(おい)」→1023 / **niece**「姪(めい)」
- **dentist**「歯医者」→1026 / **surgeon**「外科医」 / **physician**「内科医」
- **sample**「(商品) 見本」 / **example**「(人がまねる) 手本／見本」
- **rule**「(競技での) 規則／ルール」 / **order**「(社会の) 規律／秩序」
- **pessimist**「悲観的な人」 / **optimist**「楽観的な人」
- **rotation**「(天体の) 自転」 / **revolution**「(天体の) 公転」
- **lane**「道路の車線」 / **path**「(公園·庭園内の) 歩道」

1022 その適切な設備によって，すべての作業がより楽になり，科学者はより多くの実験をすることができ，それがしばしばよりよい結果を生むことができる。
1023 私の兄の妻は今日，男の赤ちゃんを産んだ。彼は私の初めての甥だ。
1024 その羊飼いは，彼の羊の群れの番をさせるために犬を訓練した。
1025 スミス教授は今週とても忙しいので，学生は面会の予約をした場合のみ会うことができる。

1022 形容詞+不可算名詞 − proper equipment

► **equipment**「装備」は不可算名詞なので，形容詞がついても複数形にならない。(→ TARGET 115 (1))

○ ① The proper equipments を **The proper equipment**「その適切な設備」に修正する。

意味が紛らわしい名詞

192 KEY POINT

1023 nephew と niece の区別

► **nephew** は「甥（おい）」，**niece** は「姪（めい）」の意味を表す。(→ TARGET 116)

1024 flock と herd の区別

► **flock** は「鳥や羊の群れ」，**herd** は「牛や馬の群れ」の意味を表す。(→ TARGET 116)

PLUS **look after A**「A の世話をする」は重要表現。

1025 appointment と reservation の区別

W

► **appointment** は「（面会の）予約／（医者・美容院などの）予約」，**reservation** は「（ホテル・列車・劇場などの）予約」の意味を表す。(→ TARGET 116)

1 文法 2 語法 3 イディオム 4 会話表現

1022 ① The proper equipments make → The proper equipment makes **1023** ②
1024 ① **1025** ③

1026 My mother is a ( ). Her work is filling, cleaning, and pulling out teeth.

① chemist ② dentist ③ nurse ④ surgeon 〈センター試験〉

1027 Smoking is just one of his many bad ( ).

① customs ② habits ③ acts ④ hobbies 〈立命館大〉

1028 I had a marvelous ( ) of Mt. Fuji through the window.

① viewpoint ② look ③ scenery ④ view 〈駿河台大〉

1029 During the day in hot countries, people prefer to stay in the ( ) of their houses.

① screen ② shadow ③ shade ④ shape 〈慶應義塾大〉

KEY POINT 193

1030 He shouted "No, you fool, the other way!" or words to that ( ).

発展

① effect ② sense ③ manner ④ indication 〈上智大〉

1031 あなたは厚かましいのね。

(have / nerve / you / mask / a / what)! (1語不要) 〈西南学院大〉

1026 私の母は歯医者です。母の仕事は歯に詰め物をしたり，クリーニングしたり，虫歯を抜いたりすることです。

1027 喫煙は，彼の数多くの悪癖の1つにすぎません。

1028 窓からは富士山がすばらしくよく見えた。

1029 暑い国では，日中に人々は自分の家の日陰にとどまっていようとする。

1030 彼は，「違うよ，間抜け，反対の方向だよ！」とか，そのような意味の言葉を叫んだ。

1026 dentist と surgeon の区別

▶ **dentist** は「歯医者」, **surgeon** は「外科医」の意味を表す。(→ TARGET 116)

1027 habit と custom の区別

W

▶ **habit** は「個人的な習慣／癖」, **custom** は「社会的な慣習」の意味を表す(→ TARGET 116)。

1028 view と scenery の区別

▶ **view** は「(特定の場所から目に入る)眺め」, 不可算名詞の **scenery** は「風景」の意味を表す(→ TARGET 116)。**view** は, **have[get] a marvelous[fine / good] view of A**「A がとてもよく見える」の形で用いられることも多い。

✖ ③ scenery (×) は不可算名詞なので不可。marvelous の前の不定冠詞 a に着目すること。

1029 shade と shadow の区別

▶ **shade** は「(光の当たらない)日陰」, **shadow** は「影」の意味を表す。(→ TARGET 116)

PLUS **prefer to do ...**「…するのを好む」は重要表現。(→888)

意外な意味を持つ名詞

193 KEY POINT

1030 effect の意味 ─ A to that effect

R

▶ **effect** には「趣旨／意味」を表す用法がある。**to that effect** で「そのような趣旨の［で］」の意味を形成する。

PLUS **to the effect that 節**「…という趣旨の［で］」も頻出なので, ここで覚えておこう。
The doctor wrote a letter **to the effect that** his daughter would soon get better.
(その医者は, 彼の娘がまもなくよくなるという趣旨の手紙を書いた)

1031 nerve の意味 ─ What a nerve you have!

▶ **nerve** には「厚かましさ／大胆さ」の意味を表す用法がある。**What a nerve (you have)!**「なんて厚かましいんだ」は慣用表現として, そのまま覚えておこう。

PLUS **have the nerve to do ...**「厚かましくも…する」もここで覚えておこう。
He **had the nerve to tell** a lie to our boss. (彼は厚かましくも上司に嘘をついた)

1026 ② **1027** ② **1028** ④ **1029** ③ **1030** ①
1031 What a nerve you have (不要語：mask)

1 文法 2 語法 3 イディオム 4 会話表現

1032 彼はフランス語が非常に達者である。

□□□ (French / command / has / speaks / good / a / of / he). (1語不要)

〈福岡大〉

1033 その後彼女がどうなったか，さっぱりわかりません。

□□□ (what / her / I / has / idea / become of / no / have) since. 〈明治大〉

発展↑

1034 どんなお仕事をしていますか?

□□□ What (in / work / you / of / are / line)? 〈慶應義塾大〉

1035 A：君の年ごろには，私たちはもっと勉強したものだよ。

□□□ B：昔はそうだったようですね。

発展↑

A: We worked a lot harder when we were your age.

B: (the / that / to / case / used / be) a long time ago. 〈慶應義塾大〉

1032 command の意味 ー have a good command of A

▶ **have a good command of A** は「A（言語など）を自由にあやつれる」の意味を表す慣用表現として押さえておく。この **command** は「（言語などを）自由にあやつる能力」の意味。

PLUS **command** には「見晴らし／展望」の意味もある。この **command** は **S have (the) command of A** の形で「S から A が見渡せる」の意味を形成するが，現在では形容詞 **commanding**「見晴らしのよい」の方がよく用いられる。
The hill **has (the) command** of the whole town.
The hill **has a commanding** view of the whole town.
（その丘から町全体が見渡せる）

1033 idea の意味 ー have no idea wh 節

▶ **idea** には，「見当／想像」の意味を表す用法があり，**have no idea wh 節 [of A]** の形で「…か［A について］まったくわからない」の意味を形成する。

○ 本問は，what 節内に **become of A**「A の身に…が起こる」(= **happen to A**) の表現を想定して what has become of her とまとめればよい。

PLUS 単独で用いる副詞の **since**「その時以来ずっと」は重要。(→981)

PLUS **have no idea wh 節 [of A]** の強意表現 **don't have the slightest[faintest / remotest / least] idea wh 節 [of A]** も頻出表現。
I **don't have the slightest[faintest / remotest / least] idea of** the result.
（その結果については，まったくわかりません）

1034 line の意味 ー What line of work are you in?

▶ **line** には，「商売／職業」の意味を表す用法があり，**What line (of work [business]) is S in?** で「S はどんな仕事をしていますか」の意味を形成する。

PLUS **line** には，「短い手紙／一筆」の意味もある。**drop A a line**「A に一筆書き送る」も頻出表現として覚えておく。
Please **drop** me **a line** to tell me if I may expect you on April 1st.
（4月1日にお会いできるかどうか，ご都合をご一報ください）

1035 case の意味 ー That used to be the case. 

▶ **case** には「真相／実情」の意味を表す用法があり，**be the case** で「本当である／真実である」(= **be true**) の意味を形成する。

○ 過去の状態を表す **used to do ...** (→82) を用い，**That used to be the case**「昔はそうであった」を作るのが本問のポイント。

1032 He has a good command of French（不要語：speaks）
1033 I have no idea what has become of her　**1034** line of work are you in
1035 That used to be the case

1036 ロンドンはまったく初めてです。
□□□ I am a complete (　　　) in London. 〈杉野女子大〉

1037 Everyone says that he is the very (　　　) of his father.
□□□ ① person ② figure ③ image ④ likelihood 〈東洋大〉
発展↑

1038 Though he talked like a man of (　　　), his actions were those of a fool.
□□□ ① feelings ② his word ③ means ④ sense 〈上智大〉
発展↑

1039 Don't blame me for what happened. It wasn't my (　　　) if you lost the instructions.
□□□
① fault ② defect ③ error ④ mistake 〈同志社大〉

1040 It's an awful (　　　) your wife couldn't come. I was looking forward to meeting her.
□□□
① shocking ② wrong ③ shame ④ deplore 〈慶應義塾大〉

1041 The president should be a man of his (　　　), so if he said he'd help, he should.
□□□
① side ② act ③ power ④ word 〈愛知工大〉

1037 誰もが，彼は父親にそっくりだと言っている。
1038 彼は分別のある人物のように話したが，彼の行動は愚か者のすることだった。
1039 起こったことについて私を責めないでください。あなたが説明書をなくしたとしても，それは私の責任ではありません。
1040 あなたの奥さんが来られないのは，とても残念です。私はお会いできるのを楽しみにしていたのです。
1041 社長というものは約束を守る人でなければならない。だから，手助けをすると言ったなら，そうすべきだ。

1036 stranger の意味 ― I am a stranger in London. S

► **stranger** には,「(場所に) 不案内な人／不慣れな人」の意味を表す用法がある。**I am a stranger in A.** で「A は初めてです」の意味を表す。

PLUS **stranger** には,「見知らぬ人」の意味もあるので注意。
Don't speak to **strangers**. (知らない人に話しかけてはいけません)

1037 image の意味 ― the very image of A

► **image** には,「よく似た人［もの］」の意味があり, **the image of A**「A の生き写し／A とそっくりな人」を用いた **S is the very image of A.** で「S は A とそっくりだ」の意味を表す。

PLUS 「**the very ＋名詞**」「ちょうどその…／ぴったりの…」もここで再確認しておこう。(→955)

1038 sense の意味 ― a man of sense

► **sense** には,「分別／良識」の意味がある。**a man[woman] of sense**「分別のある人」は慣用表現として押さえる。

PLUS **sense** には,「意味」(= **meaning**),「感覚／認識力」の意味もある。**in a broad[narrow] sense**「広い［狭い］意味では」, **a sense of direction**「方向感覚」, **a sense of humor**「ユーモアのセンス」などで覚えておこう。

1039 fault の意味 ― It wasn't my fault. S

► **fault** には,「責任」の意味を表す用法がある。**A's fault**「A の責任［過失］」で押さえておこう。

PLUS **blame A for B**「AにBの責任を負わせる」(→838),「**譲歩」を表す if節**は重要。(→502)

1040 shame の意味 ― It's a shame that 節

► **It's a shame that 節**は「…なのは残念だ」の意味を表す。この場合の **shame** は **pity** と同意で「残念なこと／遺憾なこと」の意味を表すことに注意。

✖ ① shocking (×) にしないこと。an awful ( ) は「an ＋形容詞＋名詞」となるはずだから, ( ) には名詞が入る。shocking「衝撃的な」は名詞ではなく形容詞。② wrong (×) は名詞用法もあるが, 可算名詞では「悪事／不正行為」の意味なので文意に合わない。④ deplore (×) は「…を遺憾に思う」の意味を表す動詞なので不可。

PLUS 同意表現の **It's a pity that 節**もここで押さえる。

1041 word の意味 ― a man of his word

► **a man[woman] of his[her] word** は「約束を守る人」の意味を表す。**word** は **one's word** の形で「約束」の意味を表すことがある。

PLUS **keep[break] one's word**「約束を守る［破る］」もここで押さえておこう。
I doubt that she will **keep her word**. (彼女が約束を守るとは思えない)

1036 stranger 1037 ③ 1038 ④ 1039 ① 1040 ③ 1041 ④

1 文法 2 語法 3 イディオム 4 会話表現

1042 "Sit down!" Morel repeated. Clara took off her things and laid them on the couch. She had a slight (　　) of resentment.

□□□ 発展

① color　② sound　③ nervousness　④ air　〈慶應義塾大〉

1043 I'm tired of talking about politics. Let's change the (　　).

□□□

① argument　② tune　③ story　④ subject　〈西南学院大〉

1044 The factory is working below (　　) because of a shortage of essential materials.

□□□

① capacity　② scope　③ range　④ extent　〈南山大〉

1045 Forty people are ①<u>already</u> ②<u>on the bus</u>, but there is still ③<u>a room</u> for ④<u>a few more people</u> in the back.　〈早稲田大〉

□□□

1042 「座りなさい！」モレルは繰り返した。クララは服を脱いでそれをソファーの上に置いた。彼女はいくぶん憤慨した様子だった。

1043 私は政治の話をするのは飽き飽きです。話題を変えましょう。

1044 その工場は必要な材料が不足しているために，生産能力以下で操業している。

1045 40人の人がすでにバスに乗っているが，後方にはまだ2，3人が座れる余地がある。

1042 air の意味 ― a slight air of resentment

▶ **air** は **an air** の形で「様子／態度／雰囲気」の意味を表す。「**have a ＋形容詞＋ air of A**」の形や「**with a ＋形容詞＋ air**」の形で用いることが多い。

○ 本問の **have an air of resentment** は「憤慨した様子だ」の意味。

PLUS **have an air of importance**「もったいぶった態度をとる」, **have an air of mystery**「神秘的な雰囲気がある」, **with a sad air**「悲しい様子で」などで覚えておこう。

PLUS 複数形の **airs** は「気取った様子」であり, **put on airs** で「気取る」(→ TARGET 121) の意味を表すことも押さえておく。
He **puts on** absurd **airs**. (彼はおかしなほど気取っている)

1043 subject の意味 ― Let's change the subject.

▶ **subject** には,「話題／主題」の意味があることに注意。**Let's change the subject.**「話題を変えましょう」や **Don't change the subject.**「話題をそらすな」で覚えておこう。

1044 capacity の意味 ― work below capacity

R

▶ **capacity** は「(潜在的な) 能力／才能」を表す名詞だが, 本問のように「(工場などの) 生産能力」の意味で用いられることがある。**The factory is working below capacity.** は「工場はフル稼働していない」の意味を表す。

PLUS **capacity** には「(建物・乗り物などの) 収容能力」の意味があることも押さえておこう。
The new stadium has a seating **capacity** of 50,000.
(新しい競技場は5万席の収容能力がある)

1045 room の意味 ― room for A

W

▶ 不可算名詞の **room** は「余地／場所／空間」の意味を表す。**room for A**「A の余地」の形で使われることも多い。**There is still room for A.**「A の余地がまだある」は頻出表現。

○ ③ a room を room に修正すればよい。

PLUS **There is no room for A.**「A の余地はまったくない」, **leave no room for A**「A の余地がない」, **make room for A**「A に場所を空ける」も頻出表現。
There is no room for doubt about your guilt.
= Your guilt **leaves no room for** doubt.
(あなたの有罪は疑いの余地がありません)
Could you possibly **make room for** my friend to sit down here?
(少しつめていただいて, ここに友人を座らせていただけませんか)

1042 ④ **1043** ④ **1044** ① **1045** ③ a room → room

1 文法 2 語法 3 イディオム 4 会話表現

KEY POINT 194

1046 Let's walk and save the bus (　　　).
□□□ ① fee　② bill　③ fare　④ ticket 〈群馬大〉

1047 I want to make a phone call but only have a five-dollar bill. I need some (　　　).
□□□ ① change　② small cash　③ little money　④ return 〈センター試験〉

1048 The word "(　　　)" means money to be paid by people or businesses to a government for public purposes.
□□□ ① income　② salary　③ tax　④ wage 〈センター試験〉

1049 The landlord told him to leave because he hadn't paid his (　　　).
□□□ ① due　② fee　③ rent　④ fare 〈慶應義塾大〉

1050 The word (　　　) means a sum of money that is paid as a percentage of a larger sum of money which has been borrowed or invested.
□□□ ① debt　② fare　③ fine　④ interest 〈センター試験〉

TARGET 117 「お金」に関する名詞

- **fare**「乗り物の運賃」→1046
- **fee**「専門職に対して支払う報酬［料金］／受験・入場・入会のための料金」→1055
- **admission**「入場料」
- **charge**「サービスに対して支払う料金／（電気・ガスなどの）公共料金／使用料」→1056
- **rent**「家賃／賃貸料」→1049
- **tuition**「授業料」
- **income**「収入」
- **expense**「費用」
- **cost**「経費／費用」→1051
- **pay**「（一般的な）報酬／手当」
- **salary**「給料／賃金」
- **wage**「給料／賃金」
- **commission**「手数料／歩合」
- **interest**「利子／利息」→1050
- **profit**「利益」→1053
- **tax**「税金」→1048
- **fine** [**penalty**]「罰金」→1054
- **cash**「現金」→1052
- **change**「小銭／つり銭」→1047
- **check**「小切手」

1046 歩いてバス代を節約しましょう。
1047 電話をかけたいのですが，５ドル札しかありません。小銭が必要なんです。
1048 「税金」とは公共の目的のために人々や企業が政府に支払うお金を意味する。
1049 彼は家賃を支払っていなかったので，家主は彼に出て行くようにと言った。
1050 「利子」という言葉は，借りたり投資されたりした大きな金額の分け前として支払われるお金のことを意味する。

「お金」に関する名詞

194 KEY POINT

1046 「お金」を表す名詞 ― fare

S

► fare は「乗り物の運賃」を表す。(→ TARGET 117)

✖ ① fee (×) は「専門職に対して支払う報酬［料金］」, ② bill (×) は「請求書／勘定（書）」の意味なので不可。

1047 「お金」を表す名詞 ― change

► change は不可算名詞で「小銭／つり銭」の意味を表す。(→ TARGET 117)

○「**some ＋不可算名詞**」は「多少の…／いくらかの…」の意味 (→901, 1016) なので, **I need some change.** は「(いくらか) 小銭が必要です」の意味を表す。(×) I need change. とは言わないことに注意。

✖ ② small cash (×) は不可。**cash** は「現金」の意味。(→1052, TARGET 117)

PLUS **change** を用いた **Keep the change.**「お釣りはいいですよ」は会話表現で頻出。

1048 「お金」を表す名詞 ― tax

► tax は「税金」の意味を表す。(→ TARGET 117)

✖ ① income (×) は「収入」, ② salary (×) と ④ wage (×) は「給料／賃金」を表す。

1049 「お金」を表す名詞 ― rent

► rent は「家賃／賃貸料」の意味を表す (→ TARGET 117)。pay one's rent「家賃を支払う」の形で覚えておこう。

1050 「お金」を表す名詞 ― interest

► interest は「利子／利息」の意味を表す (→ TARGET 117)。an interest rate「金利」も押さえておこう。

1046 ③ 1047 ① 1048 ③ 1049 ③ 1050 ④

1051 As the (　　　) of living is higher in Tokyo than in Nagoya, I decided to live in Nagoya.
□□□
① cost　② expensive　③ money　④ charge　〈南山大〉

1052 I have a little (　　　) — not enough for dinner, though.
□□□
① dollars　② checks　③ finance　④ cash　〈同志社大〉

1053 If you buy something and sell it for a higher price, the extra money is your (　　　).
□□□
① acquisition　② profit　③ salary　④ winning　〈慶應義塾大〉

1054 Slow down a bit. Otherwise, you'll have to pay a huge (　　　) for speeding.
□□□
① admission　② charge　③ fine　④ tuition　〈立教大〉

1055 How much is the entrance (　　　) to the amusement park?
□□□
① fare　② cost　③ expense　④ fee　〈兵庫医科大〉

1056 Your hotel can arrange a tour of the city, but you'll have to pay a small (　　　) for the service.
□□□
① money　② charge　③ expense　④ cost　〈南山大〉

1051 名古屋よりも東京の方が生活費が高いので，私は名古屋に住むことにした。
1052 現金は少しありますが，夕食代には足りません。
1053 何かを買って，それをより高い値段で売れば，その差額があなたの利益です。
1054 少しスピードを落としなさい。さもないと，スピード違反で高額の罰金を払わなければなりませんよ。
1055 その遊園地への入場料はいくらですか。
1056 ホテルで市内ツアーを手配することができますが，そのサービスに対して少額の手数料を払わなければならないでしょう。

1051 「お金」を表す名詞 － cost

S

► **cost** は「経費／費用」の意味を表す（→ TARGET 117）。**the cost(s) of living**「生活費」は頻出表現。

1052 「お金」を表す名詞 － cash

S

► **cash** は不可算名詞で「現金」の意味を表す。（→ TARGET 117）

○「**a little ＋不可算名詞**」は「少しの…」の意味（→892）なので，**I have a little cash.** は「現金は少しあります」。

✖ ① dollars（×）は不可。**a few dollars** なら可。

1053 「お金」を表す名詞 － profit

► **profit** は「利益／収益」の意味を表す。（→ TARGET 117）

1054 「お金」を表す名詞 － fine

► **fine** は「罰金」(= **penalty**) の意味を表す（→ TARGET 117）。**pay a fine for A**「Aの罰金を払う」の形で用いられることも多い。「駐車違反で100ドルの罰金を払う」であれば，**pay a fine of 100 dollars for illegal parking** と表せばよい。

1055 「お金」を表す名詞 － fee

► **fee** は通例複合語で「受験・入場・入会のための料金」を表す（→ TARGET 117）。**an entrance fee**「入場料」，**a membership fee**「会費」，**an admission fee**「入会金／入学金／入場料」，**an examination fee**「受験料」，**an insurance fee**「保険料」などで押さえる。

○ **the entrance fee to A** は「Aへの入場料」の意味を表す。

1056 「お金」を表す名詞 － charge

► **charge** は「サービスに対して支払う料金」を表す。（→ TARGET 117）

PLUS **an extra charge for A**「Aというサービスに対する追加［割り増し］料金」もよく用いる表現。

There is **an extra charge for** mailing packages by express mail.
（速達便で小包を郵送するのには追加料金がかかります）

1051 ①　1052 ④　1053 ②　1054 ③　1055 ④　1056 ②

KEY POINT 195

1057 A theater in London normally has a bar where the (　　) can enjoy drinks during the intervals.
□□□
① passengers ② passersby ③ lookers-on ④ audience 〈センター試験〉

1058 The people who watch a sporting event without taking part are called (　　).
□□□
① clients ② customers ③ guests ④ spectators 〈センター試験〉

1059 そのスーパーマーケットは，毎週日曜日になると買い物客で込み合う。
□□□
The supermarket is crowded with (　　) every Sunday.
① customers ② sellers ③ guests ④ visitors 〈成城大〉

1060 There were about 200 (　　) asleep in the hotel when it caught fire.
□□□
① audience ② clients ③ guests ④ passengers 〈慶應義塾大〉

1061 Will the next (　　) please go into the doctor's office? He will see you now.
□□□
① customer ② passenger ③ patient ④ passerby 〈城西大〉

TARGET 118 「客」を表すさまざまな名詞

- **guest**「宿泊客／招待客」→1060
- **audience**「(劇場などの) 観客／観衆／(講演などの) 聴衆」→1057
- **customer**「商店の客／顧客」→1059
- **shopper**「買い物客」
- **client**「(弁護士・建築家などの) 依頼人」→1063
- **passenger**「乗客」→1062
- **visitor**「訪問客／来客／見舞客」
- **spectator**「(スポーツなどの) 観客／見物人」→1058
- **patient**「患者」→1061
- **buyer**「(家や車など高価なものの) 購入者，買い手」
- **viewer**「テレビの視聴者／インターネットの閲覧者」

1057 ロンドンの劇場には普通，休憩時間に観客が飲み物を飲めるバーがある。
1058 スポーツのイベントに参加することなく，見ているだけの人は観客と呼ばれる。
1060 火事が発生したとき，そのホテルには就寝中のおよそ200人の宿泊客がいた。
1061 次の患者の方は，診察室へお入りください。先生が診察いたします。

「客」を表すさまざまな名詞

195 KEY POINT

1057 「客」を表す名詞 — audience

W

► **audience** は集合名詞で「(劇場などの) 観客／観衆／聴衆」の意味を表す。(→ TARGET 118)

✖ ① passengers (×), ② passersby (×), ③ lookers-on (×) は不可。**passenger** は「乗客」(→1062), **passerby** は「通行人」, **looker-on** (= **onlooker**) は「傍観者」の意味。

PLUS **audience**「観客／観衆／聴衆」を「多い [少ない]」で修飾する場合は, **large[small]** を用いるということも重要。(→ TARGET 103 (2))

The soccer game was shown on a big screen in front of a **large** audience.
(そのサッカーの試合は, たくさんの観衆の前の大きなスクリーンに映し出された)

1058 「客」を表す名詞 — spectator

W

► **spectator** は「(スポーツなどの) 観客／見物人」の意味を表す。(→ TARGET 118)

1059 「客」を表す名詞 — customer

W

► **customer** は「お店の客／顧客」の意味を表す。(→ TARGET 118)

PLUS **be crowded with A**「A で混み合っている」は重要表現。

1060 「客」を表す名詞 — guest

W

► **guest** は「宿泊客／招待客」の意味を表す。(→ TARGET 118)

1061 「客」を表す名詞 — patient

W

► **patient** は「患者」の意味を表す。(→ TARGET 118)

1 文法
2 語法
3 イディオム
4 会話表現

1057 ④ 1058 ④ 1059 ① 1060 ③ 1061 ③

1062 A (　　) in a vehicle such as a bus, boat, or plane is a person who is traveling in it, but who is not driving it or working on it.
□□□
① passenger ② conductor ③ stranger ④ driver 〈明治大〉

1063 Because of his great professional skill, the lawyer has a large number of (　　).
□□□
① guests ② passengers ③ customers ④ clients 〈南山大〉

KEY POINT 196

1064 Gillian has come to Scotland to ①do research works ②in archaeology. She intends to write ③a paper on ④the results of her excavations.
□□□
〈青山学院大〉

1065 Anna's parents were glad that she had managed to get a good (　　) with the company.
□□□
① business ② work ③ job ④ employment 〈南山大〉

1066 Takeshi has a lot of (　　) to turn in tomorrow morning.
□□□
① assignments ② duties ③ homeworks ④ works 〈南山大〉

TARGET 119 「仕事」を表すさまざまな名詞

- **business**「事業／職務」(不可算名詞) → 1067
- **work**「仕事」(不可算名詞) → 1064
- **job**「仕事」(可算名詞) → 1065
- **labor** [**toil**]「(work よりつらい) 骨の折れる仕事」
- **task**「課された仕事／任務／課題」
- **occupation**「職業」
- **profession**「専門職／知的職業」
- **trade**「職業／商売」
- **career**「経歴／(生涯の) 仕事」
- **assignment**「割り当てられた仕事／宿題」(可算名詞) → 1066

1062 バスや船や飛行機といった乗り物の passenger (乗客) は乗り物に乗って移動しているが，それを運転していたり，そこで働いていたりしてはいない人のことです。
1063 高度な専門的技術のため，その弁護士は数多くの顧客を抱えている。
1064 ジリアンは考古学における調査研究の仕事をするためにスコットランドにやってきた。彼女は発掘の結果を論文にまとめるつもりだ。
1065 アンナの両親は，彼女がその会社でよい仕事に就けたことがうれしかった。
1066 タケシには，明日の朝に提出すべきたくさんの宿題がある。

1062 「客」を表す名詞 — passenger

W

▶ **passenger** は「乗客」の意味を表す。(→ TARGET 118)

1063 「客」を表す名詞 — client

W

▶ **client** は「(弁護士などの) 依頼人」の意味を表す。(→ TARGET 118)

PLUS **a large number of A** (複数名詞)「かなりの数のA」は重要。(→905)

「仕事」を表すさまざまな名詞

196 KEY POINT

1064 「仕事」を表す名詞 — work

▶「仕事」の意味を表す **work は不可算名詞**であることに注意。(→ TARGET 115 (1), 119)

○ ① do research works を do research work に修正する。あるいは works をとって do research「研究を行う」としてもよい。

PLUS **a work of art**「芸術作品」のように，**work が「作品」の意味を表す場合は，可算名詞。**

1065 「仕事」を表す名詞 — job

▶ **job「仕事」は可算名詞であり，work「仕事」は不可算名詞**であることに注意。(→ TARGET 119)

○ good の前の不定冠詞の a に着目すれば，空所には可算名詞の単数形の③ job が入ることがわかる。

✖ ① business (×) は不可。**business は「事業／職務」の意味では不可算名詞。**

1066 「仕事」を表す名詞 — assignment

▶ **assignment「宿題／割り当てられた仕事」は可算名詞**で，**homework「宿題」は不可算名詞**であることに注意。(→ TARGET 119)

○ **a lot of A**「たくさんのA」のAには複数名詞も不可算名詞もくる (→903) ので，assignment「宿題」の複数形の① assignments を選ぶ。**a lot of assignments to turn in** は「提出すべきたくさんの宿題」の意味を表す。

✖ ③ homeworks (×) は不可。**a lot of homework**「たくさんの宿題」なら可。

PLUS **turn in A / turn A in**「Aを提出する」(= **hand in A / hand A in**) は重要。

1 文法　2 語法　3 イディオム　4 会話表現

1062 ①　**1063** ④　**1064** ① do research works → do research work / do research
1065 ③　**1066** ①

1067 This is a private (of / no / business / yours / matter / and).
□□□ 〈福岡大〉

KEY POINT 197

1068 Why don't you make (　　　) with that girl? She is very nice.
□□□ ① a friend ② friend ③ friends ④ the friend 〈東京医科大〉

1069 When the game ①was over, players ②from both teams came to the ③center of the court and ④shook hand. 〈慶應義塾大〉
□□□

1070 There was only one calculator, so they had to take (　　　) using it.
□□□ ① orders ② places ③ switches ④ turns 〈立教大〉

TARGET 120 慣用的に複数形を用いる表現

- **make friends with A**「A と友達になる」 → 1068
- **change trains**「列車を乗り換える」
- **change planes**「飛行機を乗り換える」
- **take turns (in / at) doing ...**「交代で…する」 → 1070
- **exchange business cards**「名刺を交換する」
- **shake hands**「握手をする」 → 1069

など

1067 これは私的な問題で，あなたの知ったことではない。
1068 あの女の子と友達になったらいいよ。あの子はとても親切だから。
1069 試合が終わったとき，両チームの選手がコートの中央に集まって握手を交わした。
1070 電卓が1つしかなかったので，彼らはそれを交代で使わなければならなかった。

1067 「仕事」を表す名詞 ― business

► **one's business** は「自分のやるべきこと／職務」の意味で，**no business of yours** (= none of your business) は「あなたとは無関係なこと←あなたがすべきことではまったくないこと」の意味を形成する。

○ 本問は，and の後に，**no business of yours** を置けばよい。

PLUS **Mind your own business.**「君の知ったことか［自分のことだけ気にかけろ］」もここで押さえておこう。

常に複数形を用いる表現

197 KEY POINT

1068 常に複数形を用いる表現 ― make friends with A

► **make friends with A** は「A と友達になる」の意味を表す（→ TARGET 120）。**friend は必ず複数形**になることに注意。友達になるには自分と相手という2人以上の人間が必要だと考えればわかりやすい。

1069 常に複数形を用いる表現 ― shake hands

► **shake hands** は「握手をする」の意味を表す（→ TARGET 120）。**hand は必ず複数形**になることに注意。

○ ④ shook hand を shook hands と修正すればよい。

PLUS **shake hands with A**「A と握手をする」も押さえておこう。

1070 常に複数形を用いる表現 ― take turns doing ...

► **take turns (in / at) doing ...** は「交代で…する」の意味を表す（→ TARGET 120）。turn は「順番」を表す名詞で，複数の人がいないと交代できないので，**複数形の turns** になると考えればよい。

○ **take turns using it**(= the calculator) は「それ（電卓）を交代で使う」の意味を表す。

1067 matter and no business of yours **1068** ③ **1069** ④ shook hand → shook hands **1070** ④

KEY POINT 198

1071 The boy took great (　　　) to solve the puzzle.
□□□ ① effects　② struggles　③ senses　④ pains　〈中央大〉

1072 He was one of the most famous men of (　　　) of his time.
□□□ ① books　② writings　③ letters　④ papers　〈獨協大〉

1073 彼は父親と何年にもわたって仲が悪い。
□□□ (related with / on bad / for / he / his father / has been / years / terms
発展 with).　(1語(句)不要)　〈中央大〉

1074 あなたが帰国したら，彼女によろしくお伝えください。
□□□ Please (when / regards / to / my / you / her / give / get) home.
〈関西学院大〉

1075 Credit cards can be useful, but they encourage some people to live
□□□ beyond their (　　　).
① ability　② means　③ power　④ ways　〈南山大〉

TARGET 121 複数形で特別な意味を持つ名詞と表現

- **be on ... terms (with) A**「(Aとは) …の間柄である」(**terms** は「間柄」の意味) → 1073
- **take pains**「苦労する」(**pains** は「苦労／骨折り」の意味) → 1071
- **put on airs**「気取る」(**airs** は「気取った様子」の意味) → 1042
- **a man of letters**「文学者」(**letters** は「文学」の意味) → 1072
- **give A my (best) regards = give my (best) regards to A**「Aによろしく伝える」(**regards** は「よろしくというあいさつ」の意味) → 1074
- **be in high spirits**「上機嫌である」(**spirits** は「気分」の意味)
- **arms**「武器」
- **customs**「関税／税関」
- **forces**「軍隊」
- **goods**「商品」
- **manners**「礼儀作法」
- **means**「資産／収入」→ 1075
- **works**「工場」

1071 その少年は，かなりの苦労をしてパズルを解いた。
1072 彼は，彼が生きた時代の最も有名な文学者の中の1人でした。
1075 クレジットカードは便利だが，そのせいで収入の範囲を超えて生活するようになる人もいる。

複数形で特別な意味を持つ名詞

198 KEY POINT

1071 pains の意味 ─ take great pains to do ...

▶ **take (great) pains to do ...** で「…するのに(大いに)苦労する」の意味を表す(→ TARGET 121)。不可算名詞の **pain** は「苦痛」の意味だが, 複数形の **pains** は「苦労/骨折り」の意味を表す。

1072 letters の意味 ─ a man of letters

▶ **a man[woman] of letters** は「文学者」の意味を表す(→ TARGET 121)。複数形の **letters** は「文学」(= **literature**) の意味。

PLUS 「**one of the＋最上級＋複数名詞**」「最も…な～の中の1つ[1人]」は重要表現。(→330)

1073 terms の意味 ─ be on bad terms with A

R

▶ **be on bad terms with A** は「Aとは仲が悪い間柄である」の意味を表す。**term** の複数形は, この表現では「間柄」の意味。(→ TARGET 121)

○ 本問は, この表現の現在完了を想定し, 最後に **for years**「何年も」を置けばよい。

PLUS bad の代わりに, **good**「仲がよい」, **friendly**「友好的な」, **speaking**「話を交わす」, **visiting**「行き来する」などの形容詞もよく用いられる。**be on good[friendly / speaking / visiting] terms with A** は「Aと仲がよい[友好的な/話を交わす/行き来する間柄である]」の意味を表す。

1074 regards の意味 ─ give my regards to A

S

▶ **give my (best) regards to A (= give A my (best) regards)** は「Aによろしく伝える」の意味を表す。慣用表現として押さえておく。この **regards** は「よろしくというあいさつ」の意味。(→ TARGET 121)

PLUS 同意表現の **remember me to A / say hello to A** もここで押さえておこう。本問は以下のように書き換えられる。

Please **give my regards to** her when you get home.
= **Remember me to** her when you get home.
= **Say hello to** her when you get home.

1075 means の意味 ─ live beyond one's means

W

▶ **live beyond one's means** は「収入の範囲を超えて生活する」の意味を表す。この **means** は複数扱いで「収入」(= **income**) の意味。(→ TARGET 121)

PLUS **encourage A to do ...**「Aに…するようにけしかける[励ます]」は重要。(→ TARGET 74)

PLUS **live within one's means**「生活の範囲内で生活する」も重要表現。また, **means** には, 「資産」の意味もある。**a man[woman] of means**「資産家」で押さえておこう。

1071 ④ **1072** ③
1073 He has been on bad terms with his father for years (不要語句: related with)
1074 give my regards to her when you get **1075** ②

KEY POINT 199

1076 There were three (　　　) of shoes by the door.
□□□ ① pieces　② pairs　③ slices　④ glasses　〈同志社大〉

1077 He tried to guess how much money had been stolen.
□□□ = He tried to guess the (　　　) of money stolen.
① amount　② heap　③ expectation　④ investigation　〈駒澤大〉

1078 (　　　) of students may now be twice as big as it used to be.
□□□ ① A number　② Numbers
③ The number　④ The numbers　〈慶應義塾大〉

1079 E-mail nowadays has become a new (　　　) of communication.
□□□ ① mass　② matter　③ means　④ media　〈南山大〉

TARGET 122 対になっている衣類・器具を表す名詞

- **stockings**「ストッキング」
- **shoes**「靴」→1076
- **socks**「靴下」
- **pants**「ズボン」
- **trousers**「ズボン」
- **gloves**「手袋」
- **glasses**「めがね」
- **spectacles**「めがね」
- **scissors**「はさみ」

1076 ドアの横には3足の靴があった。
1077 彼は，どのくらいの金額が盗まれたのか見積もろうとした。
1078 学生の数は，今やかつての2倍くらいのようだ。
1079 Eメールは今では新しいコミュニケーション手段の1つとなっている。

その他の注意すべき名詞

199 KEY POINT

1076 a pair of を用いる名詞 ― three pairs of shoes

S

► 対になっている衣類・器具を表す名詞（→ TARGET 122）を数える場合には **a pair of** を用いる。複数の場合には，pair を複数形にすることに注意。「3足の靴」は **three pairs of shoes** と表現する。

1077 the amount of A の意味と用法

W

► **the amount of A** は「A の総計／総量」の意味を表す（→610）。A には原則として「お金」・「時間」・「量」・「重さ」などを表す不可算名詞がくることに注意。

○ **the amount of money stolen** は「盗まれた金額」の意味を表す。

1078 the number of A の意味と用法

► **the number of A**（複数名詞）「A の数」が主語の場合は，**単数扱い**。The number of students を受ける it に着目すること。（→609）

✖ ① A number（×）は不可。**a number of A**（複数名詞）「多くの A」は複数扱いであることに注意。

1079 単数と複数が同じ形の名詞 ― means

► 「手段／方法」を意味する **means** は単数形と複数形が同じ形の名詞。**a new means of communication**「新しいコミュニケーション手段」の means は単数形。**several means of transport**「いくつかの交通手段」の means は複数形であることに注意。

✖ ④ media（×）「情報伝達手段」は不可。**media は medium の複数形**なので，new の前に不定冠詞の a はつかない。

1076 ②　1077 ①　1078 ③　1079 ③

R W

英文読解問題・英作文問題に挑戦！ 5

第 16 章 動詞の語法〜第 19 章 名詞の語法

問題

01 Although there are measures we can take to help us live longer, there may be an element of luck involved. 〈名古屋工大〉

02 This sensitivity allows us to distinguish other people's facial expressions and gestures, and to immediately sense, usually accurately, their psychological state. 〈熊本大〉

03 We should also be aware that doing intense exercise for a long time can briefly cause our brain to get tired and function poorly, so we should be careful to avoid excessive exercise before an examination, but it is certain that moderate exercise benefits our brain. 〈産業医科大〉

04 ふいにその男が立ち上がり近寄ってきたので私たちは身を硬くした。 〈京都教育大〉

05 Having coffee at a conference recently, I was reminded of an earlier conference where I accidentally spilled coffee on a distinguished philosopher. 〈東北大〉

01 help の用法 ― help A do ... (➔731)

○ 従節の Although there are measures (which[that]) we can take to help us live longer, は目的格関係代名詞が省略されている (➔415)。take measures to do ...「…する手段［対策］を取る［講じる］」, help A do ...「A が…するのに役立つ」から,「私たちがより長く生きるのに役立つのに取りうる対策はあるけれども」の意味を表す。主節の there may be an element of luck involved は, there may be S done の構造になっていて, S may be done とほぼ同意の表現。an element of luck「運の要素」, be involved「関係している／関わっている」から,「運の要素が関わっているかもしれない」の意味を表す。

02 allow の用法 ― allow A to do ... (➔734)

○ allow A to do ... は「A が…するのを可能にする」(= enable A to do ... ➔735) の意味を表す。本問は, S allows us to do ... and to do ～「S によって私たちは…し, そして～することができる」の構造になっている。主語の This sensitivity は「この敏感さ」, to do ... の to distinguish other people's facial expressions and gestures は, distinguish A「A を見分ける」, facial expressions and gestures「顔の表情やしぐさ」から,「他人の表情やしぐさを見分けること」の意味を表す。2つめの to do ～の to immediately sense, usually accurately, their psychological state は, sense A「A を感じる」, immediately「即座に」, accurately「正確に」, psychological state「心理状態」から,「即座に, そして通常は正確に, 他人の心理状態を感じ取ること」の意味を表す。

03 cause の用法 ― cause A to do ... (➔742)

○ We should also be aware that S + V ... は，「…ということも私たちは認識すべきだ」の意味を表す。poorly までの that 節内は，cause A to do ...「A が…する原因となる」が用いられ，S can briefly cause our brain to do ... and do ～「S が原因で，しばらくの間，脳が…して，～しかねない」の構造となっている。主語の動名詞句（➔206）doing intense exercise for a long time は，do intense exercise「激しい運動をする」から，「長時間激しい運動をすること」の意味を表す。so we should be careful to avoid excessive exercise before an examination は前文と同様に，be aware の that 節の範囲だが，be careful to do ...「…するように気をつける」，avoid A「A を避ける」，excessive「過度の」から，「だから試験前には過度な運動を避けるように気をつけるべきだ」の意味を表す。but で結ばれた it is certain that moderate exercise benefits our brain は，It is certain that S + V ...「…ということは確かである」，moderate「適度な」，benefit A「A のためになる／A の利益になる」から「（しかし）適度な運動は脳にとって有益であることは確かである」の意味を表す。

04 approach の用法 ― approach A (➔761)

○「ふいにその男が立ち上がり（私たちに）近寄ってきた」は suddenly「不意に／予期せずに」，stand up「立ち上がる」，approach A「A に近づく」（= come near to A）から，Suddenly(,) the man stood up and approached us, と表現できる。「（それで）私たちは身を硬くした」は，go + 形容詞「…になる」（➔755）の go stiff「固くなる／身を硬くする」を用いて，(so) we went stiff と表現できる。

05 remind の用法 ― remind A of B (➔806)

○ Having coffee at a conference recently, は分詞構文（➔252）で，conference「会議」から「（私は）最近，会議でコーヒーを飲んでいると［いて］」の意味を表す。I was reminded of an earlier conference は，remind A of B「A に B のことを思い出させる［気づかせる］」の受動態 A is reminded of B「A は B のことを思い出す」が用いられていて，「私は（それよりも）以前の会議を思い出した」の意味を表す。where I accidentally spilled coffee on a distinguished philosopher は関係副詞 where (= at which) を用いた関係詞節（➔420）で直前の名詞 conference を修飾している。accidentally「誤って／偶然に」，spill A on B「A を B にこぼす」，distinguished「著名な」から，「私がうっかりコーヒーをこぼして著名な哲学者にかけてしまった（以前の会議）」の意味を表す。

解答例

01 **私たちがより長く生きるのに役立つのに取りうる対策はあるけれど，運の要素が関わっているかもしれない。**

02 **この敏感さによって，私たちは他人の表情やしぐさを見分け，即座に，そして通常は正確に，他人の心理状態を感じ取ることができる。**

03 **長時間の激しい運動が原因で，しばらくの間脳は疲れて機能が低下しかねないので，試験前には過度な運動を避けるように気をつけるべきだということも私たちは認識すべきだが，適度な運動が脳にとって有益であることは確かである。**

04 **Suddenly, the man stood up and approached us, so we went stiff.**

05 **最近会議でコーヒーを飲んでいて，うっかりコーヒーをこぼして著名な哲学者にかけてしまった以前の会議のことを思い出した。**

問題

06 It is only human arrogance, and the fact that the lives of plants unfold in what amounts to a much slower dimension of time, that keep us from appreciating their intelligence and consequent success. 〈大阪市立大〉

07 あなたが帰国したら，ここでの経験をみんなに広めてほしいですね。 〈同志社大〉

08 Kids who learn that books are wonderful and contain great stories, and who come to think of reading books together with their parents as a very special time, are more likely to work to overcome any struggles they may encounter learning to read. 〈宮城教育大〉

09 We are all aware of the damage that modern industry can cause the world's ecology, but few people are aware of the impact widely spoken languages have on other languages and way of life. 〈佐賀大〉

06 keep の用法 ー keep A from doing ... (➔818)

○ 本問は，It is ... that ～「～は…だ」の強調構文 (➔697) の形となっており，It is only A, and B that keep us from appreciating ... の構造となっている。keep A from doing ...「A が…するのを妨げる」，appreciate A「A を正しく理解する」から，「私たちが…を正しく理解するのを妨げるのは，A と B にすぎない」の意味を表す。appreciating ... の appreciating their (= plants') intelligence and consequent success は，intelligence「知性」，consequent「結果として生じる」から，「(私たちが) 植物の知性とその結果として得た成功を正しく理解すること」の意味を表す。強調される「...」の only A, and B の A は，human arrogance「人間の傲慢」，B は同格の that 節 (➔475) を用いた表現の the fact that the lives of plants unfold in ...。the lives of plants「植物の生活」，unfold「展開する／広がる」から，「植物の生活が…の中で展開するという事実」の意味を表す。in what amounts to a much slower dimension of time は，関係代名詞 what (➔437) を用いた表現。amount to A「(結局) A になる／A に及ぶ」，a dimension of time「時間の長さ」から，「はるかにゆっくりとした時間の長さに及ぶ時の中で」の意味を表す。

07 share の用法 ー share A with B (➔827)

○「あなたが帰国したら」は，「あなたが帰国した後」と考えて，After you go back home, と表現できる。「ここでの経験をみんなに広めてほしいですね」の「A を B に広める」は share A with B「A を B と分かち合う」を使って表現できる。A の「ここでの経験」は，「あなたがここで経験したこと」と考えて，関係代名詞の what (➔437) を用いて，what you experienced here と表現できる。B の「みんなに」は，a lot of people で表せる。「広めてほしい」は，want A to do ...「A に…してもらいたい」(➔249) を用いて，(I) want you to share ... と表現すればよい。

08 think の用法 ー think of A as B (➔845)

○ 本問は，kids「子どもたち」の後に，kids を先行詞とする主格関係代名詞 who が導く節 (➔406)

が2つ and でつながれており，Kids who ..., and who ～という長い主語を形成している。who ... の who learn that books are wonderful and contain great stories, は learn that S + V ...「…ということを知る」，contain A「A を含む」から，「本はとてもすてきなもので，すばらしい物語を含んでいるということを知る（子どもたち）」の意味を表す。who ～の who come to think of reading books together with their parents as a very special time は，come to do ...「…するようになる」（➔ 887），think of A as B「A を B とみなす」（= regard A as B）から，「親とともに本を読むことを特別に大切な時間だと考えるようになる（子どもたち）」の意味を表す。述語の are more likely to work to overcome any struggles (that[which]) they may encounter は，目的格関係代名詞が省略されている（➔ 415）。be likely to do ...「…しそうである／…する可能性が高い」（➔ 916, 917），work to do ...「…しようと努力［勉強］する」，overcome A「A を克服する（= get over A）」（➔ 1098），struggle「苦労」，encounter A「A に遭遇する／A に出くわす」から，「（子どもたちは）遭遇するかもしれないどんな苦労も乗り越えようと頑張る可能性がより高い」の意味を表す。最後の learning to read は (in) learning to read と考えて「読書を習得するときに」と訳せばよい。

09 few の用法 ― few ＋複数名詞（➔ 895）

○ We are all aware of the damage (that S + V ...) は，「私たちは皆（…する）被害を認識している」の意味を表す。the damage that modern industry can cause the world's ecology は，that が目的格関係代名詞（➔ 421）で that 以下は damage「被害」を先行詞とする関係代名詞節。modern industry「近代産業」，cause A B「A に B をもたらす」（➔ 779），ecology「生態環境／生態（系）」から，「近代産業が世界の生態環境に対して及ぼしかねない被害」の意味を表す。「few ＋複数名詞」は「ほとんど…ない」という否定の意味を表すので，few people are aware of the impact は「影響を認識している人はほとんどいない」の意味を表す。the impact (which[that]) widely spoken languages have on other languages and way of life は，目的格関係代名詞が省略されている（➔ 415）。widely spoken languages「広く話されている言語」，have an impact on A「A に影響を与える」，way of life「生活様式」から，「広く話されている言語が他の言語や生活様式に与える影響」の意味を表す。

解答例

06 **私たちが植物の知性やその結果として得た成功を認識することを阻んでいるのは，人間の傲慢と，植物の生活がはるかにゆっくりとした時間の長さに及ぶ時の中で展開するという事実にすぎない。**

07 **After you go back home, I want you to share what you experienced here with a lot of people.**

08 **本はとてもすてきなもので，素晴らしい物語を含んでいるということを知り，両親とともに本を読むことを特別に大切な時間だと考えるようになる子どもたちは，読書を習得する際に遭遇するかもしれないどんな苦労も乗り越えようと頑張る可能性がより高い。**

09 **私たちは皆，近代産業が世界の生態環境に対して及ぼしかねない被害を認識しているが，広く話されている言語が他の言語や生活様式に与える影響を認識している人はほとんどいない。**

問題

10 賃金が低く抑えられていたので，日本製品は海外で安く売ることができたのである。〈岐阜大〉

11 私はこの本を最初に読んだとき，大きな感動を覚えたのに，1年経った今，何が書いてあったかほとんど覚えていない。〈中央大〉

12 It is not hard to imagine farming developing over many decades or centuries in much the same way that a hobby can turn into a profession.〈東京工大〉

13 今日の10時に歯医者の予約をしてあるんだ。〈愛媛大〉

14 私たちの高校では，1年生の半分以上が読書の習慣を持っていない。〈山梨大〉

10 low[high] の用法 ― Wages were kept low. (➜943, TARGET 103)

○ low[high] には，「(賃金が) 安い［高い］」の意味を表す用法がある。本問の「賃金が低く抑えられていた」は，keep O ＋ C［形容詞］「O を C のままにしておく」の受動態 be kept C の形で Wages were kept low. と表現できる。「ので，～」は「結果」を表す「, so (that) ～」「, それで［その結果］から」(➜511) で表現してもよいし，so ... that S ＋ V ～「とても…なので～」(➜506) で表現しても可。「日本製品は海外で安く売ることができたのである」は，「助動詞 ＋ be done」(➜52) で，Japanese products could be sold abroad at low prices. と表現できる。

11 準否定の hardly[scarcely] の用法 ― I can hardly remember A. (➜983)

○「私はこの本を最初に読んだとき，大きな感動を覚えたのに」は，be greatly moved by A「A に大いに感動する」(➜TARGET 100) から，I was greatly moved by this book when I first read it, but ～と表現できる。「1年経った今」は later を用いて，now one year later とすればよい。「(私は) 何が書いてあったか，ほとんど覚えていない」は，can hardly do ...「ほとんど…することができない」，what was written in it (=the book)「その中に何が書かれていたのか」から，I can hardly remember what was written in it と表現できる。

12 much の用法 － in much the same way that S + V ... (➜996)

○ It is not hard to imagine farming developing over many decades or centuries は，形式主語の it を用いた It is ... to do ～「～するのは…だ」(➜158)の形で，It is not hard to imagine A doing ... の構造となっている。imagine A('s) doing ...「A が…するのを想像する」(➜876)から，「A が…するのを想像するのは難しいことではない」の意味を表す。to imagine farming developing over many decades or centuries は，farming「農耕／農業」，develop「発達する」，「期間」を表す over A「A の間に／ A にわたって」から，「農耕が何十年，何百年の間に発達すると想像すること」の意味を表す。in much the same way that a hobby can turn into a profession は，how と同じ働きをする関係副詞の that を用いた表現 (➜428)。much は the same の前で用いられると「だいたい／ほぼ (= almost)」の意味になるので，in much the same way that S + V ... は「…するのとほぼ同じように」の意味を表す。that 以下の turn into A「A に変わる」から，「趣味が職業に変わることがあり得るのとほぼ同じように」の意味を表す。

13 appointment と reservation の区別 (➜1025)

○ 歯医者の「予約」は，appointment を用いる。appointment「(医者・美容院などの) 予約」と reservation「(ホテル・列車・劇場などの) 予約」の区別に注意。「(私は) 今日の10時に歯医者の予約をしてある」は，have an appointment with A「A の予約がある」，dentist「歯医者」から，I have an appointment with a dentist at ten today. と表現できる。

14 habit と custom の区別 (➜1027)

○ 読書の「習慣」は個人的なものなので，habit を用いる。habit「個人的な習慣」と custom「社会的な慣習」の区別に注意。「私たちの高校では，1年生の半分以上が読書の習慣を持っていない」は，have the habit of doing ...「…する習慣がある」の否定形 S don't have the habit of doing ... で表現できる。a first-year student「1年生」，more than half (of) A「A の半分以上」(➜ TARGET 57) から，In our high school, more than half (of) the first-year students do not have the habit of reading books. と表現できる。

解答例

10 **Wages were kept low, so that Japanese products could be sold abroad at low prices.**

11 **I was greatly moved by this book when I first read it, but now one year later, I can hardly remember what was written in it.**

12 **趣味が職業に変わることがあり得るのとほぼ同じように，何十年，何百年の間に農耕が発達すると想像するのは難しいことではない。**

13 **I have an appointment with a dentist at ten today.**

14 **In our high school, more than half (of) the first-year students do not have the habit of reading books.**

Part 3

イディオム

KEY POINT 200

1080 The sports festival will be <u>put off</u> if it rains.
□□□ ① canceled ② held ③ postponed ④ waited 〈獨協医科大〉

1081 Our school trip was ( ) off because of bad weather.
□□□ ① stopped ② called ③ canceled ④ taken 〈中央大〉

1082 I will put ( ) my coat if it gets cold.
□□□ ① from ② in ③ on ④ with 〈亜細亜大〉

1083 Please don't forget to ( ) your shoes when entering a house in
□□□ Japan.
① put off ② get in ③ turn off ④ take off 〈東邦大〉

1084 I wish I hadn't <u>turned down</u> that job offer.
□□□ ① became reality ② enrolled in ③ postponed ④ refused 〈東京理科大〉

1085 Fifth-year medical students need to ( ) in their completed
□□□ application forms by the end of October.
① arrive ② finish ③ hand ④ leave 〈日本大〉

1086 Some people in the world ( ) from famine and disease.
□□□ ① offer ② result ③ differ ④ suffer 〈名城大〉

1080 体育祭は雨が降る場合は延期されます。
1081 悪天候のために修学旅行は中止された。
1082 寒くなれば自分のコートを着るつもりだ。
1083 日本の家屋に上がるときは忘れずに靴を脱いでください。
1084 あの仕事の依頼を断らなければよかった。
1085 5回生の医学生は10月末までに必要事項をすべて記入した申込用紙を提出しなければならない。
1086 世界には飢饉や病気に苦しんでいる人々がいる。

動詞中心のイディオム

200 KEY POINT

1080 put off A / put A off「A を延期する」 S

= postpone A

○ 同意語は，postpone。

PLUS **call off A / call A off**「A を中止する」との混同に注意。

PLUS **put off A / put A off** は，「A (明かり) を消す／ A (水道など) を止める」の意味も重要。

1081 call off A / call A off「A を中止する」 W

= cancel A

PLUS **call off A / call A off** には「A (命令など) を取り消す」の意味もある。

1082 put on A / put A on「A を着る／身につける」 S

► put on A は「A を身につける」という行為を表す。

PLUS「身につけている」という状態は **wear** で表す。

○ 空所の後の目的語 my coat に着目して③を選び，put on とする。

1083 take off A / take A off「A を脱ぐ」

○「靴を脱ぐ」take off your shoes となるように④ take off を選ぶ。

✖ **put off A / put A off**「A を延期する」，**turn off A / turn A off**「A(明かり) を消す／ A (水など) を止める」も重要。

1084 turn down A / turn A down「A を拒絶する／断る」

= refuse A, reject A

○ 同意語は refuse。

PLUS **turn down A** には，「A (音量や温度) を下げる」の意味もある。

1085 hand in A / hand A in「A を提出する」

= turn in A / turn A in, put forward A / put A forward, submit A, present A

○ 空所には③ hand を入れて hand in their completed application forms「必要事項をすべて記入した申込用紙を提出する」という意味にする。

PLUS 同意表現 **turn in** も重要。

PLUS 動詞＋ in のイディオムでは，**send in A / send A in**「A を郵送する／送付する」も重要。

1086 suffer from A「A で苦しむ／ A に悩む」

○「飢饉や病気に苦しむ」という意味になるように④ suffer を入れる。

1080 ③　1081 ②　1082 ③　1083 ④　1084 ④　1085 ③　1086 ④

1087 Please refrain ( ) eating in the library.
□□□ ① for ② from ③ of ④ on 〈青山学院大〉

1088 I took ( ) extra work only a few weeks ago.
□□□ ① after ② out to ③ off ④ on 〈駒澤大〉

1089 Susan looked ( ) her father when he was sick.
□□□ ① about ② after ③ forward ④ into 〈津田塾大〉

1090 The room got cold after the sun went down, so we had to ( ) the heater.
□□□ ① turn on ② press on ③ push on ④ go on 〈群馬大〉

1091 He has succeeded ( ) explaining the new technology.
□□□ ① on ② in ③ to ④ with 〈大阪経済大〉

1092 I'm very sorry I'm late for dinner, but I happened to ( ) an old classmate from high school, and went to have a quick drink.
□□□ ① catch onto ② get together ③ run into ④ turn on 〈上智大〉

1093 I am looking forward to ( ) from you soon.
□□□ ① read ② hearing ③ write ④ listening 〈日本大〉

1094 They have <u>brought up</u> five children.
□□□ ① raised ② had ③ loved ④ educated 〈駒澤大〉

1095 Ken takes ( ) his father. They both have a talent for music.
□□□ ① after ② back ③ in ④ over 〈佛教大〉

1087 図書館で食事することは遠慮してください。
1088 私はつい2，3週間前に追加の仕事を引き受けた。
1089 スーザンは彼女の父親が病気のときに父親の世話をした。
1090 その部屋は日が沈むと寒くなったので，私たちは暖房をつけなければならなかった。
1091 彼は新しい技術をうまく説明してきた。
1092 夕食に遅れて本当に申し訳ないが，偶然高校時代の級友に出会って短時間飲みに行ったんだ。
1093 私はあなたからすぐに便りがあることを楽しみにしています。
1094 彼らは5人の子どもたちを育ててきた。
1095 ケンは父親に似ている。2人には音楽の才能がある。

1087 refrain from doing「～することを控える」 L

▶ **refrain** は「控える／慎む」という意味の自動詞。「～することを控える」という場合は **refrain from doing** という形をとる。

1088 take on A / take A on「A（仕事など）を引き受ける」 W

1089 look after A「A の世話をする」 S

= take care of A, care for A (→1294)

○ 自然な文意になるのは，looked after her father「父親の世話をした」だけ。

PLUS 同意表現は **take care of A**, **care for A** で，ともに重要。

1090 turn on A / turn A on「A（電灯・テレビなど）をつける／（ガス・水など）を出す」 S

⇔ turn off A / turn A off (→1279)

○「暖房をつける」という意味になるように① turn on を選ぶ。

PLUS **turn on to A**「A（チャンネル）をつける」という形もある。「テレビの1チャンネルをつける」は turn the television on to Channel 1と表すことができる。

1091 succeed in A「A に成功する」 

PLUS **succeed to A**「A（地位など）を引き継ぐ」も重要。

1092 run into A「A に偶然出会う」 

= run across A, come across A, happen to meet A

○「偶然高校時代の級友に出会った」となるように③ run into を選ぶ。

1093 hear from A「A から便りがある」 

PLUS 類似表現 **hear of A** は「A の消息を聞く／A のことを聞く」の意味。(→1247)

1094 bring up A / bring A up「A を育てる」 

= raise A

○ 同意語は raise。

1095 take after A「A に似ている」

= resemble A

▶ **take after A** は，血縁関係がある場合にのみ用いられる。

○ 空所には「父親に似ている」となるように① after を入れる。

1087 ② 1088 ④ 1089 ② 1090 ① 1091 ② 1092 ③ 1093 ② 1094 ①
1095 ①

1096 □□□ In the Kalahari desert, fruits, nuts, gums, berries, roots, and bulbs gathered by women (　　　) to 60 per cent of the daily caloric intake.

① contribute ② dine ③ open ④ quit 〈芝浦工大〉

1097 □□□ These shoes seem a bit tight for you. Why don't you try another pair (　　　)?

① in ② on ③ over ④ with 〈東北学院大〉

1098 □□□ It took Mary two weeks to (　　　) over her cold.

① come ② put ③ get ④ take 〈日本大〉

1099 □□□ Information technology has brought about a great change in our lives.

① took ② caused ③ occurred ④ indicated 〈清泉女子大〉

1100 □□□ When he met a famous movie star, Patrick asked for an autograph.

① bought ② chose ③ made ④ requested 〈芝浦工大〉

1101 □□□ Having received news of his death, they stopped looking (　　　) him.

① through ② for ③ against ④ forward 〈関西学院大〉

1102 □□□ The publication of Shinji's new book calls for a celebration.

① preserves ② reserves ③ deserves ④ serves 〈東京経済大〉

1103 □□□ The plane took (　　　) at 8:30, and we were finally on our way home.

① off ② on ③ over ④ up 〈金沢工大〉

1104 □□□ The hospital is (　　　) tests to find out what's wrong with this patient.

① carrying out ② clearing up
③ getting over ④ keeping in 〈日本大〉

1096 カラハリ砂漠では，女性によって集められる果物や木の実，樹脂，ベリー，根，球根が1日のカロリー摂取量の60%をもたらしている。
1097 この靴は君には少しきついようだ。別のを試しに履いてみたらどう？
1098 メアリーは風邪が治るのに2週間かかった。
1099 情報技術は私たちの生活に大きな変化をもたらした。
1100 パトリックはある有名な映画スターに会ったとき，サインを求めた。
1101 彼が死んだという知らせを受け，彼らは彼の捜索を中止した。
1102 シンジの新しい本の出版は祝賀パーティーを開くに値する。
1103 飛行機が8時30分に離陸し，私たちはようやく帰途についた。
1104 病院はこの患者のどこが悪いのかを突き止めるためにいくつかの検査を行っている。

1096 contribute to A「Aに貢献する／寄与する」 R

PLUS contribute は他動詞として **contribute A to B**「A(金など)をBに寄付［寄贈］する」の形でも用いられる。

1097 try on A / try A on「Aを試着する／身につけてみる」 S

1098 get over A「Aから回復する／Aに打ち勝つ」 W

= overcome A

○ **get over one's[the] cold** は「風邪から回復する」という意味。

1099 bring about A / bring A about「Aを引き起こす」 R

= cause A, lead to A

○ 同意語は cause。

1100 ask for A「Aを求める」 S

○ 同意語は request。

1101 look for A「Aを探す」 S

1102 call for A「Aを必要とする／Aに値する」

○ 本問の calls for a celebration は「祝賀パーティーを必要とする」, つまり「祝賀パーティーに値する」という意味で使われている。したがって正答は③ deserves になる。

1103 take off「離陸する」 L

1104 carry out A / carry A out「Aを実行する／成し遂げる」

= conduct A, perform A, accomplish A, fulfill A

○ 空所の後の tests「検査」に着目して① carrying out を選ぶ。

1096 ① 1097 ② 1098 ③ 1099 ② 1100 ④ 1101 ② 1102 ③ 1103 ①
1104 ①

1105 This year the rainy season will set (　　　) later than usual.
□□□
① to ② out ③ on ④ in 〈大阪医科大〉

1106 What does CEO stand for?
□□□
① recall ② replace ③ represent ④ resemble 〈日本大〉

1107 Mark is a really nice guy. He (　　　) along well with others.
□□□
① goes ② has ③ does ④ gets 〈南山大〉

1108 Our neighbor is having a big party. I can't (　　　) up with the noise.
□□□
① end ② have ③ cover ④ put 〈亜細亜大〉

1109 She came up (　　　) a new idea for increasing sales.
□□□
① into ② on ③ to ④ with 〈東京理科大〉

1110 We have (　　　) sugar, so we cannot make a cake now.
□□□
① cut up ② already bought ③ run out of ④ got out of 〈駒澤大〉

1111 When will you get through with painting the house?
□□□
① continue ② finish ③ progress ④ pause 〈青山学院大〉

1112 The government tried to do away with the entrance examinations, but it was impossible.
□□□
① abolish ② admit ③ agree ④ accept 〈駒澤大〉

1113 I always mistake Sarah (　　　) her sister. It's hard to tell them apart.
□□□
① for ② on ③ to ④ with 〈津田塾大〉

1114 The most popular sports event is (　　　) place now in New York.
□□□
① taking ② happening ③ in ④ being 〈名古屋学院大〉

1105 今年は雨季が例年よりも遅く始まるだろう。
1106 CEO は何の略ですか。
1107 マークは本当にいいやつだ。彼はほかの人たちとうまくやっている。
1108 隣家が盛大なパーティーを開いている。その騒音にがまんできない。
1109 彼女は売り上げを増やす新しい考えを思いついた。
1110 砂糖を切らしているので，今はケーキを作ることができない。
1111 いつ家の塗装を終えますか。
1112 政府は入学試験を廃止しようとしたが，できなかった。
1113 私はいつもサラを妹と見間違える。2人を見分けるのは難しい。
1114 最も人気のあるスポーツ大会が今ニューヨークで行われている。

1105 set in「(季節などが) 始まる／ (悪天候・病気などが) 起こる」

1106 stand for A「A を表す／ A の略である」 

= represent A

○ ここでの stand for A は「A の略である」という意味で③ represent が同意語になる。

PLUS **stand for A** は「A (考えなど) を支持する」(＝ **support A**, **back up A / back A up**) の意味も重要。

1107 get along with A「A と仲良くやる」

= get on with A (→1334)

PLUS **get along with A** は「A (仕事など) がはかどる／ A (仕事など) を先に進める」という意味でも用いられる。

1108 put up with A「A をがまんする」

= bear A, endure A, stand A, tolerate A

1109 come up with A「A (考え・計画など) を思いつく」

= think of A

1110 run out of A「A を切らす」 

○ ケーキを作れないのは砂糖を「切らしている」からと考え，③ run out of を選ぶ。

1111 get through with A「A (仕事など) を終える」

= finish A

○ 同意語は② finish。

1112 do away with A「A を廃止する」 

= abolish A

○ 同意語は① abolish。

1113 mistake A for B「A を B と間違える」

= take A for B

PLUS **tell A apart** は「A を見分ける」の意味。

1114 take place「行われる／催される」

= be held

○ 空所の後の place に着目して① taking を選ぶ。

1105 ④ 1106 ③ 1107 ④ 1108 ④ 1109 ④ 1110 ③ 1111 ② 1112 ①
1113 ① 1114 ①

1 文法 2 語法 3 イディオム 4 会話表現

1115 □□□ After thinking about it for a while, they finally made up their mind to stay at a five-star hotel.

① promised ② decided ③ argued ④ recommended 〈清泉女子大〉

1116 □□□ Take (　　) every chance to improve your communication skills.

① control of ② care of ③ pride of ④ advantage of 〈芝浦工大〉

1117 □□□ She was taken (　　) by her daughters.

① care ② care with ③ care after ④ care of 〈日本大〉

1118 □□□ I caught sight of land ahead of me.

① met ② saw ③ caught ④ arrested 〈関東学院大〉

1119 □□□ It is easy to find fault with the work of others.

① approve ② admit ③ criticize ④ refuse 〈玉川大〉

1120 □□□ Would you try to get in touch with me as soon as you come home?

① contact me ② give me advice
③ help me ④ remember me 〈中央大〉

1121 □□□ We shouldn't take our convenient lifestyles (　　) granted.

① at ② for ③ in ④ on 〈九州産業大〉

1122 □□□ Our presentation turned (　　) to be a great success.

① through ② in ③ out ④ over 〈亜細亜大〉

1123 □□□ Some countries have tried to get rid of English as their official language as a way of saving their native tongue.

① eliminate ② intensify ③ lend ④ represent 〈北里大〉

1115 彼らはしばらく考えた後で，最終的に5つ星ホテルに宿泊することに決めた。
1116 コミュニケーションの技能を向上させるためにあらゆる機会を利用しなさい。
1117 彼女は娘たちの世話になった。
1118 私は前方に陸地を見つけた。
1119 他人の仕事にけちをつけるのは簡単である。
1120 帰宅したらすぐに私に連絡するようにしてくれませんか。
1121 私たちは自分たちの便利なライフスタイルを当然のことと思うべきではない。
1122 私たちのプレゼンテーションは大成功だと判明した。
1123 自分たちの母語を守るやり方として，公用語としての英語を除外しようとする国もある。

1115 make up one's mind「決心する」 W

1116 take advantage of A「A を利用する」 R

= make use of A, harness A, utilize A

○「あらゆる機会を利用する」という意味になるように④ advantage of を選ぶ。

1117 take care of A「A の世話をする／A を処理する」

○ S take care of A. の受動態は A is taken care of by S. なので, ④ care of を選ぶ。(→56)

1118 catch sight of A「A を見つける」 R

⇔ lose sight of A (→1253)

1119 find fault with A「A のあら探しをする」

= criticize A

○ 同意語は③ criticize。

1120 get in touch with A「A と連絡をとる／接触をする」 R

= contact A

○ 同意語は contact。

PLUS **keep[stay] in touch with A**「A と連絡をとり合っている」も重要。

1121 take A for granted「A を当然のことと思う」 S

PLUS 形式目的語を用いた **take it for granted that** 節「…を当然のことと思う」の形も重要。

1122 turn out (to be) A「A だと判明する」 R

= prove (to be) A

1123 get rid of A「A を取り除く／片づける」

= eliminate A

○ 同意語は① eliminate。

1115 ②　1116 ④　1117 ④　1118 ②　1119 ③　1120 ①　1121 ②　1122 ③
1123 ①

1124 I hope we can go on a picnic tomorrow. It all (　　　) on the weather.
□□□ ① forecasts　② arranges　③ depends　④ affects　〈南山大〉

1125 She said, "I'll do my best but don't <u>count on</u> me."
□□□ ① say something to　② depend on
③ jump on　④ lift an eyebrow to　〈駒澤大〉

1126 Japan consists (　　　) four main islands.
□□□ ① in　② of　③ from　④ to　〈松山大〉

1127 I just don't know how to deal (　　　) this problem.
□□□ ① to　② with　③ for　④ by　〈青山学院大〉

1128 Please fill (　　　) this form to register for the course.
□□□ ① down　② out　③ on　④ over　〈成城大〉

1129 Could you (　　　) at the station, please? My train is due to arrive at 5:40 p.m.
□□□ ① take me a lift　② pick me up
③ drive me home　④ visit me　〈専修大〉

1130 People are dying (　　　) hunger by the tens of thousands in some parts of Africa.
□□□ ① at　② of　③ on　④ to　〈早稲田大〉

1131 The babysitter decided to (　　　) for the doctor, as the child was running a high temperature.
□□□ ① bring　② get　③ send　④ treat　〈中央大〉

1132 Let me (　　　) the role of the speaker.
□□□ ① catch up　② take over　③ see in　④ watch out　〈東京理科大〉

1124 明日ピクニックに行ければいいのだが。すべては天気次第である。
1125 彼女は「全力を尽くすけれどもあてにはしないでね」と言った。
1126 日本は4つの主要な島からなる。
1127 この問題への対処の仕方がどうしてもわからない。
1128 この講座に登録するにはこの用紙に必要事項を記入してください。
1129 駅に車で迎えに来てくれない？　私の電車は午後5時40分に到着する予定だよ。
1130 アフリカの一部では飢えが原因で何万人という単位で人々が亡くなっている。
1131 子どもが高い熱を出していたので，ベビーシッターは医者を呼ぶことにした。
1132 私が講演者の役割を引き継ぎます。

1124 depend on[upon] A「A による／A 次第である」 W

PLUS **depend on[upon] A** は「A に頼る／A を当てにする」の意味でも用いられる。

1125 count on[upon] A「A を当てにする」

= depend on[upon] A, rely on[upon] A (→1208), turn to A

○ 同意表現は② depend on。

1126 consist of A「A から成り立つ」 W

= be made up of A, be composed of A

✖ ① in（×）は不可。**consist in A** は「（本質が）A にある」という意味を表す。（→1264）

1127 deal with A「A を扱う／A に対処する」 

= cope with A, address A, handle A

PLUS **deal in A**「A を売買する」もここで押さえておこう。

1128 fill out A / fill A out「A（文書など）に必要事項を書き込む」 S

= fill in A / fill A in (→1272)

○ 空所の後の this form「用紙」に着目して fill out this form「この用紙に必要事項を書き込む」となるように② out を選ぶ。

1129 pick up A / pick A up「（車で）A（人）を迎えに行く［来る］」 S

PLUS **pick up A / pick A up** は，「A を買う」「A を手に取る」「A を身につける」「A を（中断したところから）再開する」などの意味でも用いられる。

1130 die of[from] A「A（病気など）が原因で死ぬ」 

○ die of[from] A は「A（病気など）が原因で死ぬ」の意味。A が死ぬ直接的な原因の場合には of，間接的な原因の場合には from が使われるのが一般的だが，区別なく使われることが多い。

► by the ～で「～の単位で」。

1131 send for A「A を呼びにやる」 R

PLUS **send for A** は「（商品など）を申し込む／取り寄せる」の意味でも使う。

1132 take over A / take A over「A を引き継ぐ」 

1124 ③　1125 ②　1126 ②　1127 ②　1128 ②　1129 ②　1130 ②　1131 ③
1132 ②

1133 I would like to (　　) physics in college.
□□□
① major　② major at　③ major in　④ major on　〈津田塾大〉

1134 It (　　) me that I had met the woman before somewhere.
□□□
① brought to　② happened to
③ occurred to　④ reminded to　〈日本女子大〉

1135 When he has trouble with his computer, he always turns to his brother.
□□□
① imitates　② blames
③ depends on　④ runs away from　〈駒澤大〉

1136 I couldn't figure out what the math teacher had said.
□□□
① hear　② say　③ resist　④ understand　〈日本大〉

1137 I want you to stay away from Bill, because he might have a bad influence on you.
□□□
① awake　② avenge　③ avoid　④ avert　〈青山学院大〉

1138 Though it was still September, Julia (　　) buying presents for Christmas.
□□□
① set about　② took out　③ ran into　④ came across　〈青山学院大〉

1139 No one can (　　) the possibility that a big traffic accident will happen again on this road.
□□□
発展↑
① come out　② make up　③ rule out　④ go out　〈西南学院大〉

1140 The film was so sad that she couldn't (　　) back her tears.
□□□
① allow　② hold　③ pass　④ take　〈中央大〉

1141 This sofa takes up a lot of room.
□□□
① creates　② leaves　③ occupies　④ offers　〈日本大〉

1133 私は大学で物理学を専攻したい。
1134 この女性に以前どこかで会ったことがあるという思いがふと心に浮かんだ。
1135 彼は自分のコンピューターに問題が起こったときはいつも兄に頼る。
1136 私は数学の教師が言ったことが理解できなかった。
1137 悪い影響を与えるかもしれないから，ビルには近づかないでほしい。
1138 まだ9月だというのに，ジュリアはクリスマス用のプレゼントを買い始めた。
1139 誰もこの道路で大事故がまた発生する可能性を排除できない。
1140 その映画はとても悲しく，彼女は涙を抑えることができなかった。
1141 このソファーは多くのスペースをとる。

1133 major in A「A を専攻する／専門にする」 S

1134 occur to A「(考えなどが) A の心にふと浮かぶ」

○ 本問の It は that 節を受ける形式主語。It occurred to me that ... で「…ということがふと心に浮かんだ」という意味になる。

1135 turn to A「A を当てにする／頼りにする」 R

= depend on[upon] A (→1124), rely on[upon] A (→1125), count on[upon] A

1136 figure out A / figure A out「A を理解する」

= make out A / make A out (→1146), take in A / take A in

PLUS **figure out A / figure A out** は「A を解決する」という意味でも用いられる。

1137 stay away from A「A を避ける／ A から離れている」

= avoid A

○ 同意語は③ avoid。

1138 set about A「A に取りかかる／ A を始める」 R

= go about A, begin A, start A

1139 rule out A / rule A out「A を除外する／否定する」 R

= exclude A, deny A

1140 hold back A / hold A back「A (感情など) を抑える／ A を秘密にしておく」 R

○「悲しい映画を見て涙が止まらなかった」となると考える。hold back her tears「涙を抑える」となるように② hold を選ぶ。

1141 take up A「A (時間・場所など) を占める」

= occupy A

○ 同意語は occupy。

1 文法 2 語法 3 イディオム 4 会話表現

1133 ③ 1134 ③ 1135 ③ 1136 ④ 1137 ③ 1138 ① 1139 ③ 1140 ②
1141 ③

1142 Why not (　　) a new sport when you start university?
□□□ ① take in　② take off　③ take to　④ take up 〈東北学院大〉

1143 The movie director insisted (　　) continuing despite the bad weather.
□□□ ① of　② on　③ in　④ to 〈駒澤大〉

1144 Please make sure you don't leave anything (　　) when you get off the train.
□□□ ① along　② around　③ behind　④ over 〈金沢工大〉

1145 We have just been to the airport to (　　) my daughter off to Chicago.
□□□ ① drive　② escort　③ see　④ take 〈学習院大〉

1146 I can't make (　　) what this statement means.
□□□ ① in　② at　③ out　④ after 〈青山学院大〉

1147 You have to <u>look over</u> the document.
□□□ ① remember　② renew　③ repeat　④ review 〈国士舘大〉

1148 I think my parents <u>went through</u> hard times when they were younger.
□□□ ① avoided　② enjoyed　③ experienced　④ declared 〈玉川大〉

1149 Parents tend to lay (　　) some money for their children's future.
□□□ ① about　② off　③ aside　④ on 〈駒澤大〉

1150 The couple <u>put aside</u> at least 80 dollars a month for children's education.
□□□ ① earn　② spend　③ estimate　④ save 〈日本大〉

1142 大学に入ったら新しいスポーツを始めてみたら？
1143 映画監督は悪天候にもかかわらず続行すると言って聞かなかった。
1144 電車を降りるときは何も置き忘れていないことを確認してください。
1145 私たちはシカゴに行く娘を見送るために空港まで行ってきたところです。
1146 この声明の言いたいことが理解できない。
1147 君はその文書をチェックしなければならない。
1148 両親は若い頃につらい時期を経験したと思う。
1149 親は子どもの将来のために多少の金を蓄えておく傾向がある。
1150 その夫婦は子どもの教育のために月に少なくとも80ドル蓄えている。

1142 take up A「A（スポーツや習い事など）を始める」 L

○ 空所の後の a new soprt に着目して④ take up を選ぶ。

PLUS **take up A** は，「A（時間・場所など）を占める」(→1141)，「A（問題など）を取り上げる／取り上げて検討する」の意味でも用いられる。

1143 insist on doing「～することを言い張る／～すると言って譲らない」 W

PLUS **insist on A doing** は，「A（人）に～するように強要する」という意味を表す。

1144 leave behind A / leave A behind「A を置き忘れる」

PLUS **leave behind A / leave A behind** には「A を後に残す」の意味もある。

1145 see A off「A を見送る」 S

PLUS **see A out**「A を外まで送る／玄関先まで送る」もここで押さえる。
PLUS 目的語が名詞でも通例，**see off A** とは言わない。

1146 make out A / make A out「A を理解する」 R

= figure out A / figure A out (→1136)，take in A / take A in，understand A, comprehend A

1147 look over A / look A over「A を調べる」 W

= review A，examine A，check A

○ 同意語は④ review。

PLUS **look over A** は「A に面する／A を見渡す」という意味でも用いられる。

1148 go through A「A（苦難など）を経験する」 R

= experience A

○ 同意語は experience。

PLUS **go through A** は，「A を詳細に調べる／A（確認のために書類など）を読み返す」の意味を表すこともある。

1149 lay aside A / lay A aside「（将来に備えて）A（金など）を蓄える／（客のために）A（商品など）を取っておく」 R

= save A，lay by A / lay A by，put aside[by] A / put A aside[by]

PLUS **lay aside A / lay A aside** は，「A を一時中断する／A（悪習など）をやめる」の意味でも用いられる。

1150 put aside A / put A aside「（将来に備えて）A（金など）を蓄える」

= save A，lay aside[by] A / lay A aside[by] (→1149)，put by A / put A by

○ 同意語は④ save。

1142 ④ 1143 ② 1144 ③ 1145 ③ 1146 ③ 1147 ④ 1148 ③ 1149 ③
1150 ④

1151 I ( ) an interesting book at the bookstore.
□□□ ① hit to ② got through ③ took in ④ came across 〈東京理科大〉

1152 Would you care ( ) another cup of tea?
□□□ ① at ② for ③ of ④ to 〈金沢工大〉

1153 Two weeks later the student finally ( ) the homework.
□□□ ① turned in ② gave out ③ got out ④ kept up 〈上智大〉

1154 Jessie tried to <u>put down</u> everything her teacher said.
□□□ ① recall ② write ③ repeat ④ forget 〈国士舘大〉

1155 He is supposed to arrive ( ) the airport at 2:30.
□□□ ① to ② among ③ with ④ at 〈亜細亜大〉

1156 It is unnecessary to ( ) every single mistake your student makes.
□□□ ① come after ② make correction
③ pick out ④ put around 〈青山学院大〉

1157 Be sure to <u>put out</u> the fire before you leave the campground.
□□□ ① blow ② extinguish ③ lay ④ light 〈玉川大〉

1158 The irritating passenger carried ( ) a long phone conversation on the train.
□□□ ① for ② in ③ on ④ out 〈早稲田大〉

1159 He finally showed ( ) when the reception was almost over.
□□□ ① to ② up ③ in ④ on 〈専修大〉

1151 その書店で興味深い本を見つけた。
1152 お茶をもう1杯いかがですか。
1153 その生徒はようやく2週間後に宿題を提出した。
1154 ジェシーは先生が言ったことをすべて書き留めようとした。
1155 彼は2時半に空港に到着することになっている。
1156 生徒がする1つ1つの誤りを取り上げる必要はない。
1157 必ず火を消してからキャンプ場を離れてください。
1158 そのいらいらさせる乗客は電車の中で長電話を続けた。
1159 彼は宴会がほとんど終わりかけた頃にやっと姿を見せた。

1151 **come across A「A を見つける」**

= find A

PLUS **come across A** には「A に偶然出会う」の意味もある。

1152 **care for A「A を好む」**

= like A

○「お茶をもう1杯いかがですか」は care for を使って Would you care for another cup of tea? と表現できる。

PLUS この意味の **care for A** は通例，疑問文・否定文・条件文で使う。
PLUS **care for A** には「A の世話をする」という意味もある。(→1294)

1153 **turn in A / turn A in「A を提出する」** 

= hand in A / hand A in，put forward A / put A forward，submit A，present A

1154 **put down A / put A down「A を書き留める」**

= write down A / write A down，take down A / take A down

○ 同意語は② write。

1155 **arrive at A「A（場所）に到着する」** 

= get to A (→1202)，reach A

1156 **pick out A / pick A out「A を選び出す／探し出す」** 

○ every single mistake「1つ1つの誤り」を目的語にして自然な意味になる語句は，③ pick out だけ。

✖ ② make correction (×)「訂正する」の後に目的語は置けない。

1157 **put out A / put A out「A を消す」** 

= extinguish A

○ 同意語は② extinguish。

1158 **carry on A「A を続ける」** 

= continue A

○「長い電話で会話を続けた」となると考える。したがって③ on が入る。

✖ ④は不可。**carry out A** は「A を実行する」だが，「計画，約束，命令」などを目的語にとる。

1159 **show up「現れる」**

= turn up (→1280)，appear，come

1151 ④ **1152** ② **1153** ① **1154** ② **1155** ④ **1156** ③ **1157** ② **1158** ③ **1159** ②

1160 □□□ Look out (　　) cars when you cross the street.

① against　② for　③ on　④ to　〈武蔵大〉

1161 □□□ The rude man broke in on our conversation.

① overheard　② ruined　③ interrupted　④ whispered　〈国士舘大〉

1162 □□□ As it was late at night, we had to (　　) at the hotel across from the station.

① run out　② take out　③ pick up　④ put up　〈大阪医科大〉

1163 □□□ With his bright green hair and loud voice, James really (　　) at the party.

① moved in　② blew away　③ stood out　④ held over　〈獨協大〉

1164 □□□ We are your perfect fashion store, and we keep (　　) with the latest trends in the world.

① back　② away　③ out　④ up　〈学習院女子大〉

1165 □□□ A brief nap in the daytime is a good way to (　　) up for lack of sleep.

① fill　② look　③ make　④ stay　〈中央大〉

1166 □□□ If they do not try harder, they will (　　) short of their goal.

① take　② fall　③ go　④ decrease　〈中京大〉

1167 □□□ We all looked up to him as our leader.

① inspected　② respected　③ insisted　④ reserved　〈国士舘大〉

1168 □□□ Sometimes it's hard for children to (　　) up to the expectations of their parents.

① start　② pass　③ draw　④ live　〈獨協大〉

1160 通りを横断するときは車に気をつけなさい。
1161 その失礼な男は私たちの会話に割り込んできた。
1162 夜遅くなったので，私たちは駅の向かいにあるホテルに宿泊しなければならなかった。
1163 髪の毛を派手な緑色に染め大声を上げているので，ジェームズはパーティーでとても目立った。
1164 当店は皆様の理想的な衣料品店です。世界の最新の流行にも遅れておりません。
1165 日中の短い昼寝は睡眠不足を補うのによい方法である。
1166 もしも彼らがもっと努力しなければ，彼らは目標に達しないだろう。
1167 私たちはみな彼を私たちのリーダーとして尊敬していた。
1168 子どもたちにとって時々親の期待に応えることが難しいこともある。

1160 look out (for A)「(Aに) 気をつける／注意する」 L

= watch out (for A)

1161 break in on A「A (話) に割り込む」

= cut in on A, interrupt A

1162 put up (at A)「(Aに) 泊まる」

= stay (at A)

○「ホテルに宿泊する」という意味になるように④ put up を選ぶ。put up at a hotel で「ホテルに宿泊する」の意味。

PLUS put up の他動詞用法 **put up A** は,「A (建物など) を建てる／A (ポスターなど) を貼る／A (金など) を払う」の意味。

1163 stand out「目立つ」 

○ ジェームズは派手な緑色の髪の毛をして大声を出しているので,「目立った」という意味になる③ stood out を選ぶ。

✕ ①, ②, ④はそれぞれ **move in**「中に入る」, **blow away**「吹き飛ぶ」, **hold over A**「A (劇など) を続ける／延期する」という意味。

1164 keep up with A「Aに遅れずについていく」 

○「理想的な衣料品店として, 最新の流行に…」という文脈に入れて自然な意味になる④ up を選ぶ。

1165 make up for A「Aを償う／埋め合わせる」 

○ 空所の後の lack of sleep「睡眠不足」に着目して, ③ make を選ぶ。

1166 fall short of A「A (目標・期待・基準など) に達しない」 

○ 空所の後の short of に着目して② fall を入れる。

1167 look up to A「Aを尊敬する」 

= respect A

⇔ look down on A (→1289), despise A

○ 同意語は respect。

1168 live up to A「A (期待など) に応える」 

○「期待に応える」となるように④ live を選ぶ。

PLUS「期待を裏切る」は **betray[fall short of] one's expectations**。(→1166)

1160 ② 1161 ③ 1162 ④ 1163 ③ 1164 ④ 1165 ③ 1166 ② 1167 ②
1168 ④

1169 Although John missed several weeks of classes, he (　　　) up with his studies very quickly.
□□□
① caught　② got　③ made　④ showed　〈中央大〉

1170 Even though Yumiko's parents were worried about the cost, they (　　　) to her wish to study in America.
□□□
① gave away　② gave in　③ gave back　④ gave up　〈南山大〉

1171 I was so physically exhausted that I had no choice (　　　) relax a while.
□□□
① but to　② except for　③ other than　④ besides being　〈福岡大〉

1172 The discovery of electricity gave (　　　) to thousands of the machines we use today.
□□□
① line　② body　③ model　④ birth　〈獨協大〉

1173 彼はジャンクフードの食べすぎで，少し太ってしまいました。
□□□
He ate too much junk food, so he (　　　) some weight.
① let up　② took out　③ put on　④ got in　〈東京理科大〉

1174 She makes it a rule to go to see a movie once a week.
□□□
① is in charge of going　② is in the habit of going
③ is just going to go　④ is about to go　〈玉川大〉

1175 To (　　　) early hours is good for your health.
□□□
① get　② have　③ make　④ keep　〈東洋大〉

1176 Steve can (　　　) his breath underwater for almost two minutes.
□□□
① take　② hold　③ catch　④ continue　〈南山大〉

1177 We've asked our neighbors to keep an eye (　　　) our house for a while.
□□□
① at　② in　③ on　④ toward　〈東京理科大〉

1169 ジョンは数週間授業を欠席したけれども，あっという間に勉強に追いついた。
1170 ユミコの両親は費用のことを心配したけれども，アメリカに留学するという彼女の希望に従った。
1171 私は肉体的にとても疲れ果てたのでしばらくリラックスせざるを得なかった。
1172 電気の発見によって私たちが今日使っている何千という機械が生まれた。
1174 彼女は1週間に1度は映画を見に行くことにしている。
1175 早寝早起きをすることは健康によい。
1176 スティーブは水中で2分近く息を止めておくことができる。
1177 私たちは近所の人たちにしばらく私たちの家を見守ってくれるように頼んだ。

1169 **catch up with A「A に追いつく」** S

PLUS **catch up** は，口語で「久しぶりに再会して話をする」の意味でよく用いられる。

1170 **give in to A「A に服従する」** R

○「折れて彼女の要望に従った」となるように② gave in を選ぶ。

✖ ① gave away は不可。**give away A** は「A を与える／寄付する／配る」の意味を表す。

1171 **have no choice but to do「～するしかない／～せざるを得ない」** W

○ 空所の前に had no choice とあるので「～するしかなかった／～せざるを得なかった」という意味になるように① but to を選ぶ。この but は「～以外に」の意味の前置詞。

✖「～以外の」の意味を表す②と③は，後ろに名詞（句）を続ける。

1172 **give birth to A「A を産む／生む」**

○「機械を生み出した」となるように④ birth を選ぶ。

1173 **put on weight「太る」**

= gain weight

PLUS「ずいぶん太る」と言いたい場合は put on a lot of weight という形で a lot of をつけるのが通例。

1174 **make it a rule to do「いつも…することにしている」** R

= make it a point to do，make a point of doing

○ 同意表現は be in the habit of doing。

1175 **keep early hours「早寝早起きをする」** R

= keep good hours，keep regular hours

○ 空所の後の early hours に着目して，keep early hours「早寝早起きをする」となるように④ keep を選ぶ。

1176 **hold one's breath「息を殺す／息を止める」**

PLUS **hold one's breath** は否定文で使われると「期待する」という意味になるので注意。
"Will we get the tickets soon?" "Don't **hold your breath**."
「すぐにチケットが取れるだろうか」「あまり期待しないで」

1177 **keep an eye on A「A から目を離さない／ A に気をつける」** L

○「私たちの家を見守る」という意味になるように③ on を選ぶ。

1169 ① **1170** ② **1171** ① **1172** ④ **1173** ③ **1174** ② **1175** ④ **1176** ②
1177 ③

1178 We must <u>take into account</u> the fact that these children are in harsh conditions.
□□□
① consider ② deny ③ indicate ④ infer 〈日本大〉

1179 The government is going to put a new law into (　　　).
□□□
① knowledge ② justice ③ quality ④ practice 〈亜細亜大〉

1180 The children <u>made fun of</u> little Mary because she didn't know how to swim.
□□□
① despised ② mocked ③ praised ④ admired 〈中部大〉

1181 You can help by taking part (　　　) our exciting global event.
□□□
① from ② in ③ of ④ with 〈金城学院大〉

1182 It must be hard for an actor to learn the script by (　　　).
□□□
① brain ② head ③ heart ④ mind 〈武蔵大〉

1183 You must come to (　　　) with the difficulties of working at a foreign company.
□□□
① a head ② pause ③ his senses ④ terms 〈東京理科大〉

1184 You run the risk of getting on people's (　　　) by sticking your nose into other people's business.
□□□
① heads ② hearts ③ nerves ④ way 〈関西学院大〉

1178 私たちはこれらの子どもたちが厳しい状況に置かれているという事実を考慮に入れなければならない。
1179 政府は新しい法律を施行するつもりである。
1180 子どもたちは幼いメアリーが泳ぎ方を知らなかったのでからかった。
1181 私たちのわくわくする世界的な行事に参加することで支援することができます。
1182 役者が脚本を暗記するのは難しいに違いない。
1183 みなさんは外国の会社で働くことの難しさに慣れなければなりません。
1184 君は他人の仕事に口出しをすることで，人々の神経にさわる危険を冒す。

1178 take A into account「A を考慮に入れる」

= consider A, take A into consideration (→1261), take account of A

○ 同意語は① consider。

○ 本問の take の目的語は the fact だが，その後に同格の that 節が続いているために，into account の後ろに移動して，take into acount the fact that ... という形になっている。

1179 put A into practice「A を実行する」

○「新しい法律を施行する」という意味になるように④ practice を選ぶ。

1180 make fun of A「A をばかにする／からかう」

= mock A, tease A

○ 同意語は mock。

1181 take part in A「A に参加する」

= join A, participate in A

1182 learn A by heart / learn by heart A「A を暗記する」

= memorize A

○ learn the script by という語の並びから **learn A by heart**「A を暗記する」となるように③ heart を選ぶ。

PLUS **learn by heart A** という並びになることもあるので，注意する。

1183 come to terms with A「A（病気・困難など）を受け入れる／A に慣れる」

○ 空所をはさんで come to と with があるので，**come to terms with A**「A（病気・困難など）を受け入れる／A に慣れる」となるように④ terms を選ぶ。

✖ ③は不可。**come to one's senses** は「正気を取り戻す」の意味を表す。

1184 get on A's nerves「A の神経にさわる」

= irritate A

○ 空所には「人々の神経にさわる」という意味になるように③ nerves を選ぶ。

PLUS **stick one's nose into A** は「A に口出しする」の意味。

1178 ①　1179 ④　1180 ②　1181 ②　1182 ③　1183 ④　1184 ③

1185 Please (　　　) to it that nothing goes wrong at the meeting.
□□□ ① see ② mind ③ care ④ consider 〈青山学院大〉

1186 Many staff members kept (　　　) working without a break.
□□□ ① with ② to ③ through ④ on 〈関西外大〉

1187 He made believe not to be interested in her.
□□□ ① concluded ② decided ③ believed ④ pretended 〈日本大〉

1188 Their user-friendly products and excellent customer service account for
□□□ the company's popularity and success.
① are the connection with ② are the outcomes of
③ are the principles of ④ are the reasons for 〈中央大〉

1189 Some old buildings do not conform to the present safety standards.
□□□ ① permit ② meet ③ introduce ④ compose 〈日本大〉

1190 We have to work overtime to (　　　) the deadline.
□□□ ① take ② catch ③ meet ④ get 〈関西外大〉

1191 Let me sum up the points we have discussed.
□□□ ① think ② judge ③ see ④ summarize 〈日本大〉

1192 The research revealed that habits (　　　) about 40 percent of our
□□□ behaviors on any given day.
① account for ② constitute of
③ are consisting ④ are represented 〈福岡大〉

1185 会議では問題が何も起こらないように気をつけてください。
1186 多くの職員が休みなしに働き続けた。
1187 彼は彼女に関心がないふりをした。
1188 使い勝手のよい製品と優れたカスタマーサービスが，この会社の人気と成功の原因である。
1189 古いビルの中には現在の安全基準に達していないものもある。
1190 私たちは締め切りに間に合わせるために残業しなければならない。
1191 私たちが話し合ってきた論点を要約させてください。
1192 その調査は，習慣的な行動が，いかなる日でも私たちの行動の約40%を占めていることを明らかにした。

1185 see to it that ...「…するように取り計らう／気をつける」 R

○ 空所の後の to it that に着目して① see を選ぶ。

PLUS to it がない **see that ...** の形もある。

1186 keep on doing「…し続ける」

= keep doing, go on doing

○ 空所の後の working に着目して,「働き続けた」という意味になるように④ on を選ぶ。

1187 make believe to do / that 節「…であるふりをする」

= pretend to do / that 節

○ 同意語は pretend。

1188 account for A「A の原因となる」

○ 同意表現は be the reasons for。

PLUS **account for A** はこのほかに「A について説明する／A（量・部分）を占める」という意味でも用いられる。

1189 conform to A「A に一致する／A（基準など）に到達する」

= meet A

○ 同意語は② meet。

PLUS **conform to A** には「A に従う」の意味もある。

1190 meet the deadline「締め切りに間に合わせる」

⇔ miss the deadline

1191 sum up A / sum A up「A を要約する／簡潔に述べる」 R

= summarize A

○ 同意語は④ summarize。

1192 account for A「A（量・部分など）を占める」

= make up A

✖ ② constitute of は不可。constitute は他動詞で「…を構成する／占める」の意味。

PLUS **account for A** はこのほかに「A について説明する」(= explain A) という意味でも用いられる。

1185 ①　1186 ④　1187 ④　1188 ④　1189 ②　1190 ③　1191 ④　1192 ①

1193 □□□ New plastics known as bioplastics have the advantage of being biodegradable, (they / which / when / down / means / disposed / break) of and do not harm the environment. 〈日本大〉

1194 □□□ How did he come (　　　) such a large amount of money?

① by　② in　③ from　④ to 〈畿央大〉

1195 □□□ We gave a gift to Mary to (　　　) her on her promotion.

① congratulate　② admire　③ promote　④ celebrate 〈南山大〉

1196 □□□ Mariko promised that she would meet me, but as is often (word / keep / she / the case / her / didn't). 〈獨協大〉

1197 □□□ It is important to discuss which criticisms to <u>make light of</u> and which ones to handle seriously.

① attack　② enlarge　③ minimize　④ settle 〈北里大〉

1198 □□□ Kaori is now devoting all her time and energy (　　　) the piano.

① plays　② to playing　③ to play　④ play 〈東洋大〉

1199 □□□ If you (　　　) to a university overseas, you will need at least three letters of recommendation.

① apply　② comply　③ imply　④ supply 〈中央大〉

1200 □□□ Many relationship problems (　　　) stress.

① are acknowledged for　② are resulted in

③ can be attributed to　④ lead from 〈早稲田大〉

1201 □□□ His presence always <u>contributes</u> a sense of calm to the conversation.

① adds　② donates　③ indicates　④ loans 〈東洋英和女学院大〉

1193 バイオプラスチックとして知られる新しいプラスチックには，生分解性であるという利点がある。つまり，廃棄されても分解するので環境に害を及ぼすことがない。

1194 彼はどのようにして，それほど多額のお金を手に入れたのか。

1195 私たちは，メアリーの昇進を祝って彼女に贈り物をした。

1196 マリコは私に会うと約束したが，よくあることだが彼女はその約束を守らなかった。

1197 どの批判を軽く考え，どの批判を真剣に取り扱うべきか議論することが大切だ。

1198 カオリは今，ピアノを弾くことに自分のすべての時間とエネルギーを注いでいる。

1199 もし海外の大学に出願するのなら，少なくとも3通の推薦状が必要になります。

1200 人間関係にまつわる問題の多くは，ストレスが原因となっている可能性がある。

1201 彼がいるおかげで，いつも会話に冷静さがもたらされる。

1193 **break down「分解する」**

► **dispose of A** で「A を捨てる」の意味。本問では when (they are) disposed of という受動態の形。副詞節中で「S + be 動詞」が省略されている。(→684, 685)

PLUS **break down** はこのほかに「(機械など) が故障する」という意味でも用いられる。

1194 **come by A「A を手に入れる」**

= get A

1195 **congratulate A on[upon] B「A（人）に B のことでお祝いを述べる」**

1196 **keep one's word「約束を守る」**

= keep one's promise

PLUS **as is often the case (with A)** は「(A には) よくあることだが」の意味。(→ TARGET 43)

1197 **make light of A「A を軽んじる／甘く見る」** R

= minimize A

⇔ make much of A (→1240)

○ 同意語は③ minimize。

1198 **devote A to B「A（時間・お金・労力など）を B（人・仕事・目的など）にささげる」**

= dedicate A to B

○ devote A to B の to は前置詞なので，B には動名詞がくる。

1199 **apply to A「A に出願する／志願する」**

PLUS **apply to A**「A に適用される／当てはまる」も重要。

1200 **attribute A to B「A（結果）は B が原因だと考える［言う］」**

= ascribe A to B

○ 本問は A を主語にした受動態の形。

1201 **contribute A to B「A（時間・お金・労力など）を B に与える／提供する」** R

= add A to B

○ 同意表現の add A to B になるように，① adds を選ぶ。

1193 which means they break down when disposed **1194** ① **1195** ①
1196 the case she didn't keep her word **1197** ③ **1198** ② **1199** ① **1200** ③
1201 ①

1 文法 2 語法 3 イディオム 4 会話表現

1202 He gave us very explicit directions on (　　) his summer house.
□□□
① how to get to　② how to lead to
③ the way of arriving　④ where to go　〈中央大〉

1203 You need to go (　　) the data again to make sure there are no mistakes.
□□□
① in　② on　③ under　④ over　〈関西学院大〉

1204 The present conclusion results (　　) a global survey carried out by the United Nations a few years ago.
□□□
① by　② from　③ in　④ on　〈関西学院大〉

1205 The (conclusions / important / in / experiment / resulted / several).
□□□
〈東京理科大〉

1206 I don't like him (agree / a / with / nor / person, / do / I / as) his opinions.
□□□
〈法政大〉

1207 The Japanese (depend / for / of / the majority of / the rest / the world / their food / upon) supplies.
□□□
〈東京理科大〉

1208 Your essay should not (　　) entirely on evidence from a single source.
□□□
① carry　② reject　③ rely　④ suggest　〈関西学院大〉

1209 It is hard for a musician to make enough money to (　　).
□□□
① live in　② live on　③ live through　④ live up to　〈立命館大〉

1210 I often run late, so I have to (　　) breakfast.
□□□
① do without　② do with　③ set off　④ set out　〈國學院大〉

1202 彼は，私たちに彼のサマーハウスへの道順をとてもわかりやすく教えてくれた。
1203 間違いがないように，あなたはデータをもう一度見直す必要があります。
1204 現時点での結論は，数年前に国連が実施した世界規模の調査から得られたものである。
1205 その実験の結果，いくつかの重要な結論が得られた。
1206 私は彼を一人の人間として好きではないし，彼の意見にも賛成しない。
1207 日本人は，食料供給源の大部分を世界のほかの地域に依存している。
1208 あなたの小論文は，1つの情報源からの根拠だけに頼るべきではない。
1209 ミュージシャンが生活していくのに十分なお金を稼ぐのは難しい。
1210 私はよく遅刻するので，朝食なしですまさなければならない。

1202 get to A「A（場所）に到着する」

= arrive at A, reach A

PLUS reach は他動詞なので，前置詞を伴わないことに注意。

1203 go over A「A（せりふ・説明など）を読み返す／（繰り返し）見直す」

1204 result from A「A（原因）から生じる」

1205 result in A「A（結果）に終わる」

PLUS **result from A**「A（原因）から生じる」（→1204）との意味の違いに注意する。

1206 agree with A「A（意見）に同意する／A（人）と意見が一致する」

PLUS 類似表現に **agree to A** があるが，A には「意見」などが入り，「人」は入らないことに注意。

1207 depend on[upon] A for B「A に B を依存する」

1208 rely on[upon] A「A に頼る／A をあてにする」 W

= depend on[upon] A（→1124）, count on[upon] A（→1125）

PLUS 同意語の **depend on** には「A による／A 次第である」の意味もある（→1124）。rely on, count on はこの意味では使えないので，注意。

1209 live on A「A（少額のお金）で生活する」

✖ ③ **live through A** は「A を生き延びる」の意味。④ **live up to A** は「A に基づいて［恥じない］行動をする」の意味。

1210 do without A「A なしですます」

= dispense with A（→1213）

1 文法 2 語法 3 イディオム 4 会話表現

1202 ① **1203** ④ **1204** ②
1205 experiment resulted in several important conclusions
1206 as a person, nor do I agree with
1207 depend upon the rest of the world for the majority of their food **1208** ③
1209 ② **1210** ①

1211 □□□ It was ( ) home to me how important health is to humans.
① brought ② felt ③ kept ④ served 〈関西学院大〉

1212 □□□ There are only a few hospitals which ( ) in treating this type of disease.
① special ② specialize ③ specially ④ specialty 〈青山学院大〉

1213 □□□ Now that I have found a job, I can dispense with his financial help.
① do without ② set up ③ ask for ④ refer to 〈名城大〉

1214 □□□ It is important to be consistent. You should ( ) to your conviction, no matter what other people may say.
① attach ② belong ③ get ④ stick 〈明治大〉

1215 □□□ He will surely hit upon a good solution to the problem.
① come close to ② come down with
③ come away with ④ come up with 〈国士舘大〉

1216 □□□ Ken's parents did not ( ) of his marriage to Lisa because he was too young.
① allow ② approve ③ admit ④ accept 〈南山大〉

1217 □□□ 発展 あらゆることがこれほど不安定な中，私たちはこの100年間続けてきた古いものの考え方に決別すべきなのかもしれない。
With (the old way / for the last one hundred years / with / everything / we may have to / of thinking / part / we have had / so unstable).
〈獨協医科大〉

1218 □□□ I (was / listening to / what / on / the teacher / concentrated / saying) during the class. 〈東邦大〉

1211 人間にとって健康がいかに大切なのか，私は痛感した。
1212 この種の病気の治療を専門にしている病院は，ごくわずかしかない。
1213 私は仕事を見つけたので，彼からの経済援助なしですませられる。
1214 首尾一貫していることが重要です。他人が何と言おうと，あなたは自分の信念を貫くべきです。
1215 彼は，きっとその問題について，うまい解決策を思いつくだろう。
1216 ケンの両親は，彼が若すぎるという理由でリサとの結婚を認めなかった。
1218 私は授業中，先生が言っていることを聞き取るのに集中した。

1211 bring A home to B「A(深刻さ・困難さ・危険性など)をB(人)に痛感させる」

PLUS このhomeは「(人の)胸を打つように，心にグサリと」の意味を表す副詞。

○ Aが長いためbring home to B Aという形になっている。本問は形式主語itを用いて受動態にした形。

1212 specialize in A「A(学問)を専攻する／A(仕事・研究など)を専門にする」

= major in A

1213 dispense with A「Aなしですます」

= do without A (→1210)

○ 同意表現は① do without。

1214 stick to A「Aにくっつく／固執する」

= cling to A

1215 hit on[upon] A「A（考え）を思いつく」

= come up with A (→1109)

○ 同意表現は④ come up with。

PLUS 類似表現の**occur to A**は「(考えなどが)Aの心にふと浮かぶ」の意味。(→1134)

1216 approve of A「Aを認める／Aに賛成する」

⇔ disapprove of A

✖ ①，③，④はいずれも他動詞なので，後に前置詞がつかない。

1217 part with A「Aを手放す」

► **with＋O＋C**で「OがCの状態で」の意味。本問ではOにeverything, Cにso unstableが入る。

1218 concentrate on A「Aに集中する／専念する」

1211 ①　1212 ②　1213 ①　1214 ④　1215 ④　1216 ②

1217 everything so unstable we may have to part with the old way of thinking we have had for the last one hundred years

1218 concentrated on listening to what the teacher was saying

1 文法　2 語法　3 イディオム　4 会話表現

1219 These birds are in danger of <u>dying out</u>.
□□□ ① distinction ② distraction ③ exclusion ④ extinction 〈日本大〉

1220 Do whatever you like, as it all (　　) to the same thing.
□□□ ① equals ② amounts ③ ends ④ arrives 〈関西学院大〉
発展↑

1221 AI (　　) to artificial intelligence.
□□□ ① defines ② looks ③ means ④ refers 〈法政大〉

1222 My birthday falls (　　) Christmas Day.
□□□ ① on ② in ③ at ④ by 〈名城大〉

1223 More than five candidates will (　　) for office in the coming election.
□□□ ① come ② participate ③ run ④ sit 〈関西学院大〉

1224 The man (the car / got / ran / seriously injured / over him / when).
□□□ 〈東邦大〉

1225 Our teacher always stands (　　) her principles no matter what happens.
□□□ ① after ② by ③ from ④ to 〈日本大〉

1226 Sally spoke ill of me even though I had (　　) many times before.
□□□ ① stood down with her ② stood at her
③ stood down for her ④ stood up for her 〈福岡大〉

1227 I woke up just past noon because I (　　) up late listening to a radio program last night.
□□□ ① made ② stayed ③ caught ④ kept 〈摂南大〉

1219 これらの鳥は絶滅する恐れがある。
1220 好きなようにしなさい。何をしても同じことだから。
1221 AI とは人工知能のことを指す。
1222 私の誕生日はクリスマスの日に当たる。
1223 今度の選挙では，5人以上の候補者が立候補する予定だ。
1224 その男性は，車にひかれたときに重傷を負った。
1225 私たちの先生は，何が起きても常に自分の方針を守る。
1226 サリーは，私が前に何度も彼女の味方をしたのに，私の悪口を言った。
1227 昨夜，私は夜更かしをしてラジオ番組を聞いていたので，ちょうど昼過ぎに目が覚めた。

1219 die out「絶滅する」

= become extinct

○ extinct「絶滅した」の名詞形の④ extinction「絶滅」を選ぶ。

1220 amount to A「A（好ましくない事）に等しい／なる」

○ amount to the same thing で「同じ（ようなもの）である」の意味。

PLUS **amount to A** には「A（数・量・額）に達する」の意味もある。

1221 refer to A「A を表す」

PLUS **refer to** には「A に言及する」（= **mention A, speak about A**），「A（資料など）を参照する／調べる」（= consult A）の意味もある。

1222 fall on A「A（休日・日程など）が A（特定の日）に当たる」 R

1223 run for A「A に立候補する」

1224 run over A「（乗り物などが）A をひく」

= run down A

1225 stand by A「A（約束など）を守る／A（意見など）を主張する」

PLUS **stand by** には「A（人）を支える」の意味もある。

1226 stand up for A「A に味方する／A（人・意見・権利など）を守る」

= support A, defend A

1227 stay up「（寝ないで）起きている」

= sit up

○ stay up late で「遅くまで起きている／夜更かしする」という意味を表す。

PLUS **sit up** は **stay up** より堅い言い方。また，**sit up** には「起き上がる」，「きちんと座る」という意味もある。

1 文法 2 語法 3 イディオム 4 会話表現

1219 ④ **1220** ② **1221** ④ **1222** ① **1223** ③
1224 got seriously injured when the car ran over him **1225** ② **1226** ④
1227 ②

1228 □□□ The Japanese government sent a team of scholars to New York to look into forging a new relationship with the United Nations.

① examine ② protest ③ see ④ seek 〈上智大〉

1229 □□□ It is important for new employees to be able to ( ) to the company culture if they want to work effectively.

① change ② adapt ③ acquaint ④ familiarize 〈南山大〉

1230 □□□ Melinda deeply believed ( ) Santa Claus until she became ten years old.

① for ② with ③ in ④ on 〈獨協大〉

1231 □□□ We have to answer for any errors in the complicated calculations.

① be responsible for ② hide ③ imagine ④ wait for 〈日本大〉

1232 □□□ 夜ふかしが続き，彼女の健康に悪影響が出始めている。

A succession of late nights are beginning to tell ( ) her health.

① from ② on ③ to ④ off 〈名城大〉

1233 □□□ Her role in the class is to see to the dog.

① go through ② look for ③ attend to ④ look into 〈駒澤大〉

1234 □□□ Tom (in / to / long / took / running / distances) an attempt to lose some weight. 〈東京慈恵会医科大〉

1235 □□□ A: Beth, which one do you like the most?

B: I can't tell them ( ). They all look the same to me.

① separate ② apart ③ alone ④ difference 〈金沢医科大〉

1228 日本政府は，国連と新たな関係を築くことに関して調査するために，研究者チームをニューヨークに派遣した。

1229 新入社員が能率よく仕事をこなしたければ，そこの企業文化に適応できることが大切になる。

1230 メリンダは，10歳になるまでサンタクロースの存在を固く信じていた。

1231 その複雑な計算に誤りがあれば，私たちは責任を取らなければならない。

1233 そのクラスでの彼女の役割は，犬の世話をすることです。

1234 トムは，体重を減らそうとして長距離を走る習慣がついた。

1235 A: ベス，どれが一番お気に入りなんだい？

B: どれも見分けがつかないわ。私には，どれも同じに見えて。

1228 look into A「A を調査する／研究する」 R

= investigate A, examine A, inspect A

○ 同意語は① examine。

PLUS **look into A** は口語的な表現。

1229 adapt to A「A（環境など）に適応する」

PLUS **adapt A to B**「A を B に適応させる」という形もある。なお，綴りの似た adopt は，**adopt A** で「A を採用する／養子にする」の意味。

1230 believe in A「A（の存在）を信じる／A（能力･人柄など）を信用する」

1231 answer for A「A の責任を取る」

= be responsible for A

○ 同意表現は① be responsible for。

1232 tell on A「A に（悪い）影響を与える」

1233 see to A「A の世話をする／A に気を配る／A を引き受ける／処理する」 R

= attend to A, care for A (→1294), deal with A

PLUS 類似表現の **see to it that ...** は「…するように取り計らう［気をつける］」の意味。(→1185)

1234 take to A「A が習慣になる」

► in an attempt to do は「…しようとして」の意味。

PLUS **take to A**「A を好きになる」も重要。

1235 tell A apart「A を見分ける」 R

= distinguish A

1 文法 2 語法 3 イディオム 4 会話表現

1228 ① **1229** ② **1230** ③ **1231** ① **1232** ② **1233** ③
1234 took to running long distances in **1235** ②

1236 □□□ In spite of each player's high individual capacity, the basketball team is (　　) because of the captain's bossiness.

① coming apart　　② coming off
③ coming away　　④ coming in　〈上智大〉

1237 □□□ I am not very artistic and can't (　　) good paintings from bad.

① say　② tell　③ speak　④ discuss　〈摂南大〉

1238 □□□ She pointed (　　) the problem in the project and suggested a solution.

① down　② in　③ out　④ up　〈学習院大〉

1239 □□□ One important goal of the new national budget is to (　　) that Canada continues to participate in big-science projects and other international networks.

① begin thinking　　② convince the belief
③ help starting　　④ make sure　〈中央大〉

1240 □□□ Company executives usually <u>make much of</u> what is practical, so we should be careful when we make a proposal.

① adapt　② explain　③ refrain　④ value　〈日本大〉

1241 □□□ (a) Whether she is famous or not doesn't matter.
(b) It makes no (　　) whether she is famous or not.

① difference　　② importance
③ exception　　④ representation　〈中央大〉

1236 そのバスケットボールチームは，それぞれの選手の個人的な能力は高いものの，キャプテンの独善的な態度のせいでまとまりがなくなっている。

1237 私にはあまり芸術がわからなくて，優れた絵画とそうでない絵画を区別することができない。

1238 彼女は，そのプロジェクトの問題点を指摘し，1つの解決策を提案した。

1239 新たな国家予算の重要な目標の1つは，カナダが引き続き大規模な科学プロジェクトやその他の国際的ネットワークに間違いなく参加できるようにすることである。

1240 会社の経営幹部というものは，たいてい実用的なことを重視しているから，私たちが提案をするときは注意が必要です。

1241 (a) 彼女が有名かどうかは重要ではない。
(b) 彼女が有名かどうかなんて関係ない。

1236 come apart「（人間関係が）壊れる／（物が）バラバラになる」

► in spite of A は「A にもかかわらず」の意味。(→1477)

1237 tell A from B「A と B を区別する」

= distinguish A from B (→1285)

1238 point out A / point A out「A を指摘する」 W

1239 make sure (that) ...「確実に…する／必ず…するようにする」

1240 make much of A「A を重視する／重んじる」

= value A

⇔ make light of A (→1197)

○ 同意語は④ value。

1241 make no difference「重要ではない／違いはない」

= do not matter

1236 ① 1237 ② 1238 ③ 1239 ④ 1240 ④ 1241 ①

1242 □□□ My roommate has a great sense of humor and loves (　　) my leg.
① pulling ② drawing ③ pushing ④ twisting 〈駒澤大〉

1243 □□□ My grandfather became impatient and angry quite easily, but my father does not. In fact I've never seen him lose his (　　) even when I misbehaved.
① face ② luck ③ sense ④ temper 〈東京理科大〉

1244 □□□ In order to achieve our goal, we should bear in (　　) the original objectives of our study.
① mind ② detail ③ common ④ turn 〈関西学院大〉

1245 □□□ Without sending any message to the teacher, she absented herself (　　) school.
① for ② from ③ of ④ to 〈中央大〉

1246 □□□ I <u>had words with</u> Tom over the result of the experiment.
① shared with ② coped with
③ quarreled with ④ celebrated with 〈日本大〉

1247 □□□ Our aunt left our village ten years ago and we have never (　　) her since.
① turned around ② held on ③ called off ④ heard of 〈成蹊大〉

1248 □□□ どうしたらその問題をうまく処理できるのか分かりません。
(cope / don't / how / I / know / problem / the / to / with). 〈中央大〉

1249 □□□ Since my mother cooks, my father always washes the dishes and (　　).
① puts them away ② puts them down
③ puts them in ④ puts them off 〈慶應義塾大〉

1242 私のルームメイトはとてもユーモアのセンスがあって，私をからかうのが大好きだ。
1243 私の祖父はすぐにいらいらして怒ったけれど，私の父はそうではありません。実際，私が行儀の悪いことをしても，父が腹を立てるのを見たことがありません。
1244 私たちが目標を達成するためには，自分たちの研究の本来の目的を心に留めておく必要があります。
1245 彼女は，先生に何の連絡もせずに学校を休んだ。
1246 私は，その実験の結果についてトムと口論をした。
1247 私たちのおばは10年前にこの村から出て行ったけれど，それ以来，彼女の消息はまったく聞いていない。
1249 母が料理をするので，父はいつもお皿を洗って片づけます。

1242 **pull A's leg「Aをからかう／（冗談で）だます」**

PLUS「足を引っ張る（邪魔をする）」は，**cause trouble** などと表現する。この意味で pull A's leg は使えない。

1243 **lose one's temper「腹を立てる」** R

= get angry

1244 **bear[keep] in mind A / bear[keep] A in mind「Aを心に留めておく／覚えている」** R

= remember A

► 本問ではAが長くなっているため in mind の後ろに置かれている。

1245 **absent oneself from A「Aを欠席する／留守にする」**

PLUS 類似表現の **be absent from A**「Aを欠席する」も重要。

1246 **have words with A「Aと口論する」**

= quarrel with A

○ 同意表現は quarrel with。

1247 **hear of A「A（人）のことを耳にする／A（人）のうわさを聞く」** S

PLUS 類似表現の **hear from A** は「A（人）から（電話や手紙で）便りがある／連絡がある」の意味。

1248 **cope with A「A（問題など）にうまく対処する／Aをうまく処理する」** W

= deal with A (→1127), address A, handle A

1249 **put away A / put A away「Aを片づける」** L

PLUS **clear A of B**「AからBを取り除いて片づける」(→816) も合わせて押さえておく。

1 文法　2 語法　3 イディオム　4 会話表現

1242 ①　1243 ④　1244 ①　1245 ②　1246 ③　1247 ④
1248 I don't know how to cope with the problem　1249 ①

1250 Jane had put away a good sum during her earning years.
□□□ ① paid for ② used up ③ laid aside ④ given away 〈立命館大〉

1251 私は15歳か16歳のころとても自意識が強くなって，母と買い物に出かけたとき，周りの人から親子に見られると思うときまりが悪かった。
□□□ I was getting so self-conscious at the age of 15 or 16 that (taken / thought / for / being / of / the) a mother and son was awkward for me when we went shopping together. 〈上智大〉

1252 この建物の名前は偉大な大統領ジョン F. ケネディにちなんでつけられています。
□□□ This building (after / named / a / great president / is), John F. Kennedy. 〈松山大〉

1253 The cargo ship was lost ( ) of in the dense fog.
□□□ ① track ② way ③ sight ④ voyage 〈中央大〉

1254 I had to ( ) my time hiking up the mountain because some sections were narrow and steep.
□□□ ① use ② take ③ spend ④ pass 〈南山大〉

1255 Most of the customers in the café looked like college students ( ) time between classes.
□□□ ① killing ② telling ③ breaking ④ leaving 〈獨協大〉

1256 The rule that you should give ( ) to traffic coming from your right still applies in some countries.
□□□ ① way ② away ③ off ④ in 〈獨協大〉

1257 指導者の近くにいる人間だけがのさばるなんて残念だ。
□□□ It is a pity that only those who are close to the leader ( ).
① push their own territory ② speak their own language
③ make their own runway ④ have their own way 〈東京理科大〉

1250 ジェーンは，仕事をしていた年月の間にかなりの額を貯金していた。
1253 その貨物船は，濃い霧の中で見えなくなった。
1254 その山の一部の区間は狭くて急勾配だったので，登るのに時間をかけなければならなかった。
1255 そのカフェのお客のほとんどは，授業の合間に時間をつぶしている大学生のように見えた。
1256 右方向から来る車に道を譲らなければならないという規則は，今でもいくつかの国々で採用されている。

1250 put away A / put A away「A(お金·時間·食べ物など)をとっておく／蓄える」

= save A, lay aside[by] A / lay A aside[by]

○ 同意表現は lay aside。

1251 take A for B「A を B だと思う」

PLUS **take A for B** には「A を B（別の人・物）と間違える」の意味もある。

1252 name A after[for] B「B にちなんで A に名前をつける」

► 本問は A に当たる this building が主語にきて，受動態になった形。

1253 lose sight of A「A を見失う／見落とす」 R

⇔ catch sight of A (→1118)

► 本問は A に当たる the cargo ship が主語にきて，受動態になった形。

1254 take one's time「ゆっくり／じっくり（時間をかけて）やる」

1255 kill time「時間をつぶす」 S

1256 give way (to A)「（A に）道を譲る／譲歩する／屈する」

= yield (to A)

1257 have one's own way「自分の思い通りにする」

1 文法 2 語法 3 イディオム 4 会話表現

1250 ③ **1251** the thought of being taken for
1252 is named after a great president **1253** ③ **1254** ② **1255** ① **1256** ①
1257 ④

1258 Plastics (　　) of many traditional materials such as wood.
□□□
① has taken charge　② have been granted
③ has ruled the world　④ have taken the place　〈青山学院大〉

1259 ヘザーがその賞を取ったことを誇るのも当然だ。
□□□ Heather (prize / in / may / pride / winning / take / the / well).
〈龍谷大〉

1260 All forms of abuse and neglect have harmful (　　) on children and
□□□ young people.
① effects　② interests　③ involvements　④ injuries　〈昭和女子大〉

1261 The new test needs to (　　) all these various factors into
□□□ consideration.
① think about　② take　③ analyze　④ discuss　〈福岡大〉

1262 During the meeting, the boss made an announcement that was so
□□□ unexpected that it was difficult to take in what he had said.
① transcribe　② quote　③ depict　④ comprehend　〈東海大〉

1263 新しい寮はさらに二百人の学生を収容することができるでしょう。
□□□ The new (able / additional / be / an / to / will / dormitory / take in)
200 students.　〈龍谷大〉

1264 Education does not consist (　　) forcing students to learn lists of
□□□ facts by heart.
① a　② from　③ in　④ through　〈立教大〉

1265 Mary made a face when she was asked to work late.
□□□ ① cried　② frowned　③ screamed　④ smiled　〈日本大〉

1266 I hope you keep up the good work at school.
□□□ ① continue　② stop　③ encourage　④ like　〈中部大〉

1258 プラスチックは，木材など，多くの従来からある材料に取って代わっている。
1260 あらゆる形態の虐待や育児放棄が，子どもたちや若者に悪影響を及ぼす。
1261 その新しい試験では，そうしたさまざまな要因をすべて考慮する必要がある。
1262 その会議中，上司があまりにも予想外の発表をしたため，彼の言ったことを理解するのに苦労した。
1264 教育とは，生徒に羅列された事実を暗記するように強いることではない。
1265 メアリーは，残業するように頼まれたとき，しかめ面をした。
1266 これからも，学校での勉強を頑張ってください。

1258 take the place of A / take A's place「A に取って代わる」 R

= replace A

PLUS **take place** は「行われる／催される」の意味。(→1114)

1259 take pride in A「A に誇りを持つ」

= be proud of A, pride oneself on A

PLUS **may well do …**「…するのも当然だ」は重要表現。(→95)

1260 have an effect on A「A に影響を及ぼす／効果がある」

= affect A, influence A

○ 空所の後の on に着目して① effects を選ぶ。

1261 take A into consideration「A を考慮に入れる」 R

= consider A, take A into account (→1178)

1262 take in A「A（新しい事実・情報など）を理解する」 R

= understand A, comprehend A

○ 同意語は④ comprehend。

1263 take in A「A を収容する／受け入れる」

= accommodate A

1264 consist in A「（本質が）A にある」 R

= lie in A

PLUS **consist of A** は「A から成り立つ」の意味。(→1126)

1265 make a face[faces] (at A)「（A に）しかめ面をする」

= frown (A)

○ 同意語は frown。

1266 keep up A / keep A up「A を維持する」

= maintain A, continue A

○ 同意語は① continue。

1 文法 2 語法 3 イディオム 4 会話表現

1258 ④ **1259** may well take pride in winning the prize **1260** ① **1261** ②
1262 ④ **1263** dormitory will be able to take in an additional **1264** ③ **1265** ②
1266 ①

1267 He called up his former boss.
□□□ ① consulted ② rang ③ shouted at ④ visited 〈日本大〉

1268 Who are you going to call on to help organize the party?
□□□ ① allow ② ask ③ examine ④ permit 〈日本大〉

1269 Please feel free to drop in anytime.
□□□ ① ask ② fall ③ visit ④ sink 〈青山学院大〉

1270 John was about to say something more, but then he seemed to (   )
□□□ better of it.
① know ② see ③ sense ④ think 〈立教大〉

1271 There is no hurry. You (to / the matter / of / have / think / several
□□□ days) over. (1語(句)不要) 〈畿央大〉

1272 Now let's start the test. Please (   ) the blanks in the conversation
□□□ between the man and the woman.
① enter in ② write in ③ put in ④ fill in 〈南山大〉

1273 She asked a favor (   ) me.
□□□ ① of ② with ③ to ④ on 〈川崎医療福祉大〉

1274 The young researcher's study gave rise to an interesting view on the
□□□ history of Greece.
① contained ② generated ③ improved ④ increased 〈日本大〉

1275 I could not make (   ) of the poem we studied in the class, so I spent
□□□ hours in the library studying the poet and historical events of his time.
① a rule ② sense ③ the best ④ way 〈東京理科大〉

1267 彼は，以前の上司に電話をかけた。
1268 あなたはパーティーを準備する手伝いを，誰に頼むつもりですか。
1269 いつでも，気軽にお立ち寄りください。
1270 ジョンはもっと何かを言おうとしていたが，考え直してやめたようだった。
1271 急ぐ必要はありません。あなたには，その件について検討するのに何日かあるので。
1272 それでは，試験を始めましょう。男性と女性の会話にある空欄を埋めてください。
1273 彼女は私に頼みごとをした。
1274 その若い研究者の研究は，ギリシャの歴史についての興味深い視点を生み出した。
1275 授業で学んだ詩の意味がわからなかったので，私は図書館で何時間もかけてその詩人と，彼が生きた時代の歴史上の出来事を調べた。

1267 call up A / call A up「A（人）に電話する」

= (tele)phone A, ring A

○ 同意語は ring。

1268 call on A to do「Aに…することを求める」

= ask A to do

○ 同意語は② ask。本問では疑問詞 who が A に当たる。

PLUS **call on A** は「A を訪ねる」(= visit A) という意味でも用いられる。

1269 drop in「立ち寄る」

= drop by, drop around, visit

○ 同意語は③ visit。

PLUS 「場所」に立ち寄る場合は **drop in at A**,「人の所」に立ち寄る場合は **drop in on A** という形になる。

1270 think better of A「Aを考え直してやめる」

PLUS 不定詞を伴う **think it better (not) to do …**「…する（しない）方がよいと思う」(→349) という表現も押さえておく。

1271 think over A / think A over「Aを熟考する」

1272 fill in A / fill A in「A（文書など）に書き入れる／記入する」 S

= fill out A / fill A out

PLUS 同意表現の **fill out** (→1128) は「必要事項のすべてを記入する」というニュアンスがある。

1273 ask a favor of A / ask A a favor「A（人）にお願いをする」

PLUS favor は「親切な行為」という意味の名詞。

1274 give rise to A「A（悪いことなど）を引き起こす」

= cause A, generate A

○ 同意語は generate。

1275 make sense of A「Aを理解する」

= understand A

PLUS **make sense** は「（発言・行動などが）理解できる」の意味。主語は「発言・行動など」である点に注意。

That **makes sense.**「それは納得できます」

1267 ② **1268** ② **1269** ③ **1270** ④
1271 have several days to think the matter（不要語：of） **1272** ④ **1273** ①
1274 ② **1275** ②

1276 □□□ すぐに始めた方がいい。そうしないと5時までに終わらない。
We (better / get / had / make / or / started, / we / won't) it by five o'clock. 〈龍谷大〉

1277 □□□ Honolulu's law allowing the police to fine pedestrians up to $35 for viewing electronic devices (　　　) in October 2017.
① became into force　② came into validity
③ took effect　④ acquired authority 〈法政大〉

1278 □□□ He (occurred / what / no / to / took / of / notice) his family. 〈芝浦工大〉

1279 □□□ You should <u>turn off</u> your cell phone during a movie.
① call off　② switch off　③ subject to　④ turn to 〈亜細亜大〉

1280 □□□ I'm sure she will (　　　) soon.
① let out　② deal with　③ pull over　④ turn up 〈東京理科大〉

1281 □□□ My job is to <u>wait on</u> all the customers.
① acknowledge　② await　③ serve　④ expect 〈駒澤大〉

1282 □□□ Mark's (a / broken / days / few / house / into / was) ago, but nothing was stolen. 〈立命館大〉

1283 □□□ My grandfather was born in the year that World War II <u>broke out</u>.
① continued　② ended　③ started　④ paused 〈中部大〉

1284 □□□ The conference will <u>break up</u> without achieving anything.
① skip　② seal　③ put off　④ be over 〈東京理科大〉

1285 □□□ The use of fire distinguishes humans (　　　) other animals.
① in　② from　③ of　④ among 〈昭和大〉

1277 電子機器を見ながら歩いている人に対し，警察が最高35ドルの罰金を科すことを認めるホノルルの法律が2017年10月に施行された。
1278 彼は自分の家族に何が起こったのか気づかなかった。
1279 映画の上映中は，携帯電話の電源を切っておかなければなりません。
1280 彼女はきっとすぐに姿を見せるよ。
1281 私の仕事は，すべてのお客様に応対することです。
1282 マークの家は2，3日前に泥棒に入られたが，何も盗まれなかった。
1283 私の祖父は第二次世界大戦が勃発した年に生まれた。
1284 その会議は何も成果を上げずに終わるだろう。
1285 火の使用によって，人間はほかの動物から区別される。

1276 make it「うまくいく／やり遂げる」 S

PLUS **make it**「(会議・電車などに)間に合う」も重要。

1277 take effect「(法律などが)効力を生じる」

= come into effect

PLUS **take effect**「(薬などが)効く」も重要。

1278 take notice of A「Aに注目する／気づく」

1279 turn off A / turn A off「(スイッチなどを動かして) A (装置)を止める」 S

⇔ turn on A / turn A on (→1090)

1280 turn up「(場所に)現れる／来る」

= show up (→1159), come, appear

PLUS **turn up**「(遺失物が)見つかる」も重要。

1281 wait on A「(店員が)A(客)に応対する」

= serve A

○ 同意語は③ serve。

1282 break into A「A(建物など)に侵入する／押し入る」

PLUS **break into A**は, **break into** two pieces「2つに割れる」のように,「割れて…になる」の意味でも用いられる。

1283 break out「(戦争・災害などが)突然発生する」

= start, happen

○ 同意語はstart。

1284 break up「(会議などが)終わる／解散する」

= be over

○ 同意表現は④ be over。

PLUS **break up**は,「(カップルが)別れる」という意味でも用いられる。

1285 distinguish A from B「AとBを区別する」

= tell A from B (→1237)

1 文法 / 2 語法 / 3 イディオム / 4 会話表現

1276 had better get started, or we won't make **1277** ③
1278 took no notice of what occurred to **1279** ② **1280** ④ **1281** ③
1282 house was broken into a few days **1283** ③ **1284** ④ **1285** ②

1286 It seems that happier employees (　　) for improved customer service.

□□□ 発展↑

① give　② do　③ make　④ set 〈法政大〉

1287 The doctor told the patient to (　　) salt.

□□□

① be equal to　② cut down on

③ make out of　④ take part in 〈日本大〉

1288 I usually don't (　　) words in a dictionary. I like to guess their meanings.

□□□

① catch up　② hold on　③ look up　④ make up 〈青山学院大〉

1289 Well, he said some kind words, but I still feel like he (　　) me. There was something disrespectful in the way he spoke.

□□□

① looks around for　② looks away from

③ looks down on　④ looks out for 〈成城大〉

1290 His first thought when the truth was exposed was to avoid losing (　　).

□□□

① leg　② sight　③ face　④ head 〈愛知大〉

1291 When my sister arrived, with her husband and two sons, our mother was holding me and crying, and my sister (　　) tears as I stood to embrace her.

□□□

① burst into　② dropped in　③ filled in　④ turned into 〈東京薬科大〉

1292 A: My mother just turned 75, but she is going to spend three months in New York this summer.

□□□

B: Good for her! I think she has been waiting for a chance to brush up her English.

① modify　② learn　③ improve　④ study 〈上智大〉

1286 幸福感がより高い従業員は顧客サービスの向上を生み出すようだ。

1287 その医者は，患者に塩分の摂取を減らすように言った。

1288 私はたいてい辞書で単語を調べない。その意味を推測するのが好きなので。

1289 確かに，彼は優しい言葉を言ったけれど，やはり私を見下しているような気がします。彼の話し方には失礼なところがあったからです。

1290 真実が明らかにされたときに彼が最初に考えたのは，面目を失うのを避けることだった。

1291 私の姉が夫と二人の息子と一緒に到着したとき，母は私を抱きしめながら泣いており，姉は私が彼女を抱きしめようと立ち上がると突然泣き出した。

1292 A: 母は75歳になったばかりですが，今年の夏はニューヨークで3か月間過ごす予定です。

B: それは何よりです！　お母様は英語力を磨く機会をずっと待ち望んでいたのだと思いますよ。

1286 make for A「A を生み出す／作り出す」

1287 cut down on A「A（数・量）を減らす」

= reduce A

PLUS on をつけずに **cut down A** としても同様の意味を表すことができるが，cut down A は「A（木など）を切り倒す／A（敵など）を倒す」の意味でも用いられる。

1288 look up A / look A up「A を（本などで）調べる」 R

PLUS **look up to A**「A を尊敬する」との区別に注意。

1289 look down on A「A（人）を見下す／軽蔑する」 S

= despise A，disrespect A

⇔ look up to A（→1167）

1290 lose face「面目を失う」

⇔ save face「面目を保つ」

1291 burst into A「急に A の状態になる」

= burst out doing

PLUS **burst into** の後は「名詞」，**burst out** の後は「動名詞」が続く。**burst into tears** は **burst out crying** とも表現できる。

1292 brush up A「A（知識や技術など）を磨き直す／勉強し直す」

= improve A

1286 ③ 1287 ② 1288 ③ 1289 ③ 1290 ③ 1291 ① 1292 ③

1293 彼女はとても物欲が強い。関心があるのは洋服と高級時計のことだけだ。
☐☐☐ She is very materialistic. (is / all / clothes / cares / about / she) and expensive watches. 〈東邦大〉

1294 メアリーがどうやって6人の子供の面倒を見ているか知らない。
☐☐☐ I don't know (care / for / how / manages / Mary / to) six children. 〈中京大〉

1295 度重なる会議への遅刻で彼は解雇されてしまった。
☐☐☐ Being (laid off / late for / to be / him / caused / meetings / many times). 〈日本大〉

1296 A delegation of German scientists left (　　) as scheduled.
☐☐☐ ① from Japan to China　② out Japan for China
③ Japan to China　④ Japan for China 〈日本大〉

1297 Many people praise his work, yet I think it (　　) much to be desired.
☐☐☐ ① leaves　② makes　③ stays　④ goes 〈慶應義塾大〉

1298 Many social problems came into (　　) owing to poverty.
☐☐☐ ① being　② birth　③ consequence　④ result 〈北里大〉

1299 My elder sister will <u>come of age</u> next year.
☐☐☐ ① become an adult　② become famous
③ reach the retirement age　④ graduate from school 〈駒澤大〉

1300 The new law will <u>come into effect</u> on April 1st.
☐☐☐ ① be talked about　② become more effective
③ start to be enforced　④ lose its power 〈東海大〉

1301 このシャツを2回も洗ったのに，ここの汚れがまだ落ちない。
☐☐☐ I washed this shirt twice but the stain here hasn't (　　) yet.
発展↑ ① gone out　② come out　③ dropped　④ fallen 〈国士舘大〉

1296 ドイツの科学者の代表団は，予定どおり日本を発って中国に向かった。
1297 多くの人たちが彼の作品を称賛しているが，それでもまだ物足りないところが多くあると思う。
1298 多くの社会問題が，貧困のせいで発生した。
1299 私の姉は来年，成人になります。
1300 その新しい法律は4月1日から施行されることになっている。

1293 care about A「Aに関心がある／Aを気にする／心配する」

1294 care for A「Aの世話をする」

= take care of A, look after A (→1089)

PLUS **care for A** は「Aを好む」の意味でも用いられる。(→1152)

1295 lay off A / lay A off「A（人）を（一時）解雇する」 R

1296 leave A for B「B（目的地）に向けてAを離れる」

1297 leave much to be desired「物足りない点が多い／改善の余地がかなりある」

⇔ leave nothing to be desired (→1305)

PLUS **desire** は「…を強く望む」の意味。したがって，**leave much to be desired** は直訳すると「強く望まれているものがたくさん残っている」という意味になる。

1298 come into being「生まれる／現れる」

= come into existence

PLUS **come into A** は「Aの状態になる」の意味。

1299 come of age「成人になる」

○ 同意表現は① become an adult。

1300 come into effect「（法律などが）効力を生じる」

= take effect

○ 同意表現は③ start to be enforced。

1301 come out「（染みなど）がとれる／（染色）がおちる」

PLUS **come out** には「（本などが）出版される」の意味もある。

1293 All she cares about is clothes **1294** how Mary manages to care for
1295 late for meetings many times caused him to be laid off **1296** ④ **1297** ①
1298 ① **1299** ① **1300** ③ **1301** ②

1302 If you buy goods worth more than \$20, we offer you a coupon which can
□□□ be exchanged ( ) a free soft drink in our in-store restaurant.

① against ② for ③ on ④ to 〈成城大〉

1303 Today, consumers play a (a / when / part / active / company / more)
□□□ determines the nature and design of its products. 〈青山学院大〉

1304 You should stop yelling at others over such a minor issue. You are just
□□□ making a ( ) of yourself.

① pity ② fun ③ fool ④ drama 〈國學院大〉

1305 I think that it's the best hotel in Tokyo. Their service leaves nothing to
□□□ be ( ).

① desired ② aspired ③ admired ④ inclined 〈青山学院大〉

1306 I ordered a meal ( ) Pizzabox around the corner, but it was not
□□□ warm at all.

① forward ② over ③ from ④ to 〈獨協大〉

1307 The truck drivers say that they cannot (price / living / a / because /
□□□ make / the) of gas is going up. 〈西南学院大〉

1308 彼女は寝る前に軽い運動を必ずすることにしている。
□□□ She (of / before / light exercise / a / she / point / doing / goes to bed / makes). 〈獨協医科大〉

1309 The solution <u>left out</u> a lot of important aspects of the problem we are
□□□ facing today.

① added ② connected ③ omitted ④ included 〈日本大〉

1302 20ドル以上の額の商品を購入されると，店内のレストランで無料のソフトドリンクと交換できるクーポン券を差し上げます。
1303 今では，企業が製品の機能やデザインを決めるときに消費者がより大きな役割を果たしている。
1304 あなたは，そんなささいな問題で人に当たり散らすのをやめるべきです。ただ自分を笑いものにするだけですよ。
1305 そこは東京で最高のホテルだと思います。そこのサービスはまったく申し分がありません。
1306 近くにあるピザボックスに料理を注文したけれど，ぜんぜん温かくなかった。
1307 そのトラック運転手たちは，ガソリンの価格が上がり続けているので生計が立てられないと言っている。
1309 その解決策は，私たちが現在直面している問題の多くの重要な側面を無視している。

1302 **exchange A for B「AとBを交換する」**

PLUS **exchange A for B**「AをBに両替する」も重要。

1303 **play a part「役割を果たす」**

= play a role

PLUS **play a part in A**「Aにおいて役割を果たす」という形を押さえておく。

1304 **make a fool of oneself「笑いものになる／恥をかく」** S

1305 **leave nothing to be desired「まったく申し分ない」** R

⇔ leave much to be desired（→1297）

1306 **order A from B「A（品物）をB（店・場所）に注文する」** W

1307 **make a living「生計を立てる」**

= make one's daily bread

1308 **make a point of doing「必ず…するように（努力）している」** R

= make it a rule to do

1309 **leave out A / leave A out「Aを除外する」**

= omit A

○ 同意語は omit。

1302 ② **1303** more active part when a company **1304** ③ **1305** ① **1306** ③
1307 make a living because the price
1308 makes a point of doing light exercise before she goes to bed **1309** ③

1310 Don't <u>let me down</u>. I believe that you can do that!
□□□
① please me ② disappoint me ③ faint me ④ excite me 〈駒澤大〉

1311 The good news is that everything has (　　) out for our new product, and it will be on the market in three months.
□□□
① found ② left ③ sought ④ worked 〈東京理科大〉

1312 Watch (　　)! There is a snake in the bush.
□□□
① off ② on ③ after ④ out 〈亜細亜大〉

1313 All the members were <u>worn out</u> by the time the meeting was finished.
□□□
① expired ② exploited ③ expelled ④ exhausted 〈日本大〉

1314 I finally decided to <u>level with him</u> about how I felt.
□□□ 発展↑
① break up with him ② show him the way
③ stop supporting him ④ tell him the truth 〈東海大〉

1315 Mike just got back from work, so I have to <u>hang up</u> now. See you tomorrow!
□□□
① start cooking dinner ② put clothes in a closet
③ go out on a date ④ end this call 〈東海大〉

1316 Even with all the studying I've been doing, I feel like I'm (　　) in some of my classes.
□□□
① backing down ② backing up
③ falling behind ④ going behind 〈慶應義塾大〉

1317 What time are you planning to <u>set off</u> tomorrow morning?
□□□
① leave ② cook ③ eat breakfast ④ wake up 〈中央大〉

1310 私をがっかりさせないでくださいね。私はあなたならできると信じていますから！
1311 幸いなことに，私たちの新製品はこれまですべて順調で，3か月後に販売される予定です。
1312 気をつけて！ その茂みにヘビがいるよ。
1313 その会議が終わる頃には，メンバーの全員が疲れ果てていた。
1314 とうとう私は，自分がどのように感じているのか彼に本当のことを言うことにした。
1315 ちょうど今，マイクが仕事から帰ってきたから，もう電話を切らなくちゃ。また明日ね！
1316 とても勉強を頑張ってきたけれど，いくつかの授業で遅れをとっているような気がする。
1317 明日の朝は何時に出発する予定ですか。

1310 let down A / let A down「A（人）を失望させる」

= disappoint A

○ 同意語は disappoint。

1311 work out「（事が）うまくいく／よい結果となる」 R

1312 watch out「気をつける／警戒する」 L

= look out

1313 wear out A / wear A out「A（人）をくたくたに疲れさせる」

= exhaust A

○ 同意語は exhaust。

PLUS 自動詞用法の **wear out**「（洋服・靴などが）すり減る」も重要。

1314 level with A「A（人）に本当のことを言う／腹を割って話す」

○ 同意表現は **tell A the truth**。

1315 hang up「電話を切る」 L

PLUS「電話を切らずにいる」は，**hold the line**。

1316 fall behind (in A)「（A で）後れをとる」

PLUS「A に遅れずについていく」は，**keep up with A**。（→1164）

1317 set off「（旅行などに）出発する」 R

= set out，leave

○ 同意語は① leave。

1310 ②　1311 ④　1312 ④　1313 ④　1314 ④　1315 ④　1316 ③　1317 ①

1 文法　2 語法　3 イディオム　4 会話表現

1318 I've been busy trying to ( ) a meeting to discuss plans for the school festival.
□□□
① call up ② fill in ③ set up ④ take over 〈慶應義塾大〉

1319 We had to rush through our presentation because we were running ( ) of time.
□□□
① late ② short ③ behind ④ along 〈南山大〉

1320 He was (passed / his mother / in / mid / when / thirties / his) away.
□□□
〈東邦大〉

1321 This survey revealed how much consumers ( ) attention to food labels.
□□□
① get ② pay ③ read ④ sell 〈摂南大〉

1322 Please take a ( ) at this picture.
□□□
① see ② mind ③ watch ④ look 〈東京理科大〉

1323 It's too late. You can't take back what you have said.
□□□
① explain ② forget ③ keep ④ withdraw 〈日本大〉

1324 Every time I try to talk to the director, her secretary gets in my way.
□□□
① stops me ② irritates me ③ offers me ④ receives me 〈中部大〉

1325 She hated having to share the hotel room ( ) a stranger.
□□□
① from ② in ③ with ④ by 〈名古屋学院大〉

1326 He was showing ( ) his new smartphone to everyone in class, but no one was interested.
□□□
① off ② into ③ up ④ in 〈名城大〉

1318 私は，学園祭の計画を話し合う会議の準備のためにずっと忙しい。
1319 時間が足りなくなってきたので，私たちは急いでプレゼンテーションを終えなければならなかった。
1320 母親が亡くなったとき，彼は30代の半ばだった。
1321 この調査によって，消費者が食品のラベルにどれだけ注意を払っているのかが明らかになった。
1322 この写真をちょっと見てください。
1323 もう手遅れです。言ったことを取り消すことはできません。
1324 私が長官と話をしようとするたびに，彼女の秘書がその邪魔をする。
1325 彼女は，ホテルに他人と相部屋で泊まらなければならないことが嫌だった。
1326 彼はクラスの全員に新しいスマートフォンを見せびらかしていたが，誰も興味を示さなかった。

1318 set up A / set A up「A（物・事）を準備する」 R

PLUS **set up A** には「A（会社・制度・施設など）を設立する」（= establish A）の意味もある。

1319 run short of A「A（お金・水・時間など）が不足する」 S

PLUS **run out of A** は「A を切らす」の意味。（→1110）

1320 pass away「（人が）亡くなる」

= die

PLUS **pass out**「意識を失う／気絶する」との混同に注意。

1321 pay attention to A「A に注意を払う」

1322 take[have] a look at A「A を見る」

= look at A

1323 take back A / take A back「A（言葉など）を取り消す／撤回する」

= withdraw A

○ 同意語は④ withdraw。

1324 get[stand] in A's way「A の邪魔をする」

= interrupt A, interfere A

1325 share A with B「A（物）を A（人）と共有する」 W

1326 show off A / show A off「A を見せびらかす」

1 文法 2 語法 3 イディオム 4 会話表現

1318 ③ 1319 ② 1320 in his mid thirties when his mother passed
1321 ② 1322 ④ 1323 ④ 1324 ① 1325 ③ 1326 ①

1327 □□□ いつも他人の悪口ばかり言うので，私は彼女のことが嫌いだ。
I don't like her (always speaks / because / she / ill / of / others).
〈東北学院大〉

1328 □□□ His car pulled up at the curb.
① broke ② burned ③ slipped ④ stopped 〈日本大〉

1329 □□□ 発展↑ Offering high value per volume, furs were an ideal colonial commodity that, like gold and silver, could ( ) their transatlantic transportation.
① enough to provide with ② mostly meet with
③ more than pay for ④ sufficiently need for 〈上智大〉

1330 □□□ I'm going down to the supermarket, Brad. Would you like me to ( ) any groceries for you?
① get up ② pick up ③ buy up ④ fill up 〈南山大〉

1331 □□□ The students were encouraged to ( ) the most of their time in college.
① give ② go ③ make ④ try 〈関西学院大〉

1332 □□□ In the San Francisco area, Asians ( ) about half the foreign-born population.
① make up ② rise up ③ stand up ④ build up 〈昭和女子大〉

1333 □□□ 発展↑ We'll have to ( ) this old TV until the other one is repaired.
① look forward to ② watch out for
③ run out of ④ make do with 〈明治大〉

1334 □□□ 発展↑ We might as well ( ) with our studying if we want to pass tomorrow's test.
① get on ② move up ③ put up ④ set off 〈東洋英和女学院大〉

1328 彼の車は縁石のところで止まった。
1329 体積当たりの価値が高い毛皮は植民地時代の理想的な商品で，金や銀と同様，大西洋を横断する輸送コストをまかなう以上の利益をもたらした。
1330 スーパーに行ってくるよ，ブラッド。何か食料品を買ってこようか？
1331 学生たちは，大学で学ぶ期間を最大限に活用するよう励まされた。
1332 サンフランシスコ地区では，アジア系住民が外国生まれの人口の約半分を占めている。
1333 もう一方のテレビが直るまでこの古いものですませなければならないだろう。
1334 明日の試験に合格したいのなら，私たちはこのまま勉強を続けるのがよいだろう。

1327 speak ill[badly] of A「A（人）をけなす」

= criticize A

⇔ speak well[highly] of A

1328 pull up「（車などが）止まる」

= stop

○ 同意語は stop。

1329 pay for A「A の代金を払う」

PLUS **pay for it**「罰が当たる」のように，**pay for A** は「A の報いを受ける」の意味でも用いられる。

1330 pick up A / pick A up「A を買う」 S

PLUS **pick up A / pick A up** は，「（車で）A（人）を迎えに行く［来る］」の意味でも用いられる。（→1129）

1331 make the most of A「A（機会・能力など）を最大限に活用する」

PLUS 類似表現の **take advantage of A**「A を利用する」も押さえておく。（→1116）

1332 make up A「A（割合）を構成する」 R

PLUS **make up A / make A up**「A（作り話など）をでっちあげる」も重要。

1333 make do with A「A（代用品など）ですます／間に合わせる」

= make A do，do with A

1334 get on with A「A（仕事など）を続ける」

PLUS **get on with A** には「A（人）と仲良くやっていく」の意味もある。

1327 because she always speaks ill of others **1328** ④ **1329** ③ **1330** ②
1331 ③ **1332** ① **1333** ④ **1334** ①

KEY POINT 201

1335 He wants to be independent (　　　) his parents.
□□□ ① by ② on ③ of ④ in 〈駒澤大〉

1336 He is particular about the coffee he drinks in the morning.
□□□ ① is fond of ② is picky about
③ is proud of ④ is accustomed to 〈日本大〉

1337 I enjoy playing tennis, but I'm not very good (　　　) it.
□□□ ① at ② on ③ for ④ with 〈南山大〉

1338 She was (　　　) of her son. He was always first in his class.
□□□ ① much ② praise ③ pride ④ proud 〈九州産業大〉

1339 The economic recession is (　　　) to continue.
□□□ ① willing ② anxious ③ used ④ likely 〈日本大〉

1340 Mary is (　　　) of running because it makes her feel refreshed.
□□□ ① afraid ② aware ③ fond ④ wary 〈学習院大〉

1341 This car is similar to mine, but it's not the same type.
□□□ ① matches ② resembles ③ belongs to ④ differs from 〈獨協医科大〉

1342 The old man is anxious about his daughter's operation.
□□□ ① worried about ② proud of ③ hostile to ④ in favor of 〈駒澤大〉

1343 What the author of the book is concerned (　　　) is Internet security.
□□□ ① about ② for ③ of ④ over 〈法政大〉
発展

1335 彼は親元を離れたがっている。
1336 彼は朝に飲むコーヒーに関して好みがうるさい。
1337 私はテニスを楽しんでいるが，あまり得意ではない。
1338 彼女は息子を誇りに思っていた。息子はいつもクラスで一番だった。
1339 景気の後退が続きそうである。
1340 メアリーが走ることが好きなのは，走ると気分爽快になるからである。
1341 この車はぼくの車に似ているが，同一の型ではない。
1342 その老人は娘の手術を心配している。
1343 この本の著者が心配しているのはインターネットのセキュリティ［機密保持］である。

形容詞中心のイディオム

201 KEY POINT

1335 be independent of A「A から独立している」 W

⇔ be dependent on[upon] A

PLUS 反意表現は **be dependent on[upon] A**「A に頼る」。前置詞の違いに注意。

1336 be particular about A「A について好みがうるさい」

○ 同意表現は be picky about A。

1337 be good at A「A が得意である」 S

⇔ be poor at A

1338 be proud of A「A を誇りに思う」

= take pride in A, pride oneself on A

1339 be likely to do「…しそうである」 R

⇔ be unlikely to do

○「景気の後退が続きそうである」という意味になる④ likely を選ぶ。

✕ **be willing to do**「…する気がある」, **be anxious to do**「…したがっている」は「人」を主語にとる。

1340 be fond of A「A が好きである」 S

= like A

○ 空所の後の because 以下の内容に着目して③ fond を選ぶ。

1341 be similar to A「A に似ている」 W

= resemble A

○ 同意語は resemble。

PLUS **be similar in A**「A（大きさ・形など）の点で似ている」という表現もここで押さえる。

1342 be anxious about A「A を心配している」 

= be worried about A, be concerned about A

○ 同意表現は be worried about A。

PLUS **be anxious for A**「A を切望している」との意味の違いに注意。

1343 be concerned about A「A を心配する／気にする」 R

= be anxious about A (→1342), be worried about A (→1359)

✕ ② for は不可。**be concerned for A** も「A を心配する」という意味を表すが，**be concerned for A's safety**「A の安否を心配する」のように目の前のことに対して用いる。

1335 ③ 1336 ② 1337 ① 1338 ④ 1339 ④ 1340 ③ 1341 ② 1342 ①
1343 ①

1344 The baseball player's name is (　　　) the whole world.
□□□
① being known to　② knowing
③ known to　④ widely known　〈東北学院大〉

1345 Gary started to go to work by bicycle because he got so (　　　) up with the inefficient bus service.
□□□
① shut　② fed　③ summed　④ put　〈中央大〉

1346 He seemed to be <u>reluctant</u> to join in the meeting.
□□□
① pleased　② relaxed　③ unwilling　④ decided　〈名城大〉

1347 How (start / be / you / the / soon / to / available / will) job?
□□□
〈関西学院大〉

1348 その生徒は読書に没頭していたので私が呼んでも聞こえないようだった。
□□□
The student (a / was / book / absorbed / that / in / so) he didn't seem to hear me.　〈日本大〉

1349 This department is concerned (　　　) sales.
□□□
① at　② of　③ upon　④ with　〈立命館大〉

1350 We are often (　　　) in daily life with the choice between our sense of duty and our own personal inclinations.
□□□
① faced　② insulted　③ neglected　④ opened　〈上智大〉

1351 His works are <u>familiar to</u> Japanese people.
□□□
① open to　② well-known to　③ used to　④ going to　〈長野大〉

1352 生後半年の赤ちゃんは立てないと思われているが，立てる子もいる。
□□□
Six-month-old (to / able / to stand / supposed / not / are / babies / be), but some can.　〈名城大〉

1344 その野球選手の名前は世界中に知られている。
1345 ゲイリーは非効率なバスの運行にあまりに嫌気がさしたので自転車で職場に通い始めた。
1346 彼は会合に参加することに気が進まないようだった。
1347 どれくらい早くあなたの手が空いて，その仕事を始められますか。
1349 この部署は，営業に関わっている。
1350 私たちは日常生活の中で，自分の義務感と個人的な意向のどちらかを選ばなければならない状況に直面することがよくある。
1351 彼の作品は，日本人によく知られている。

1344 be known to A「A（人）に知られている」

PLUS 類似表現の **be known for A**「A で有名である」, **be know as A**「A で通っている／A として知られている」との意味の違いに注意。

1345 get fed up with A「A に嫌気がさす／飽き飽きする」

PLUS **be fed up with A** は, 「A に嫌気がさしている／飽き飽きしている」の意味で状態を表す。

1346 be reluctant to do「…することに気が進まない」

= be unwilling to do

○ 同意表現は be unwilling to do。

1347 be available to do「…する手が空いている」

1348 be absorbed in A「A に熱中している」

= be enthusiastic for A, be keen on A

1349 be concerned with A「A に関わる」

PLUS **be concerned about A**「A を心配する／気にする」（→1343）との違いに注意。

1350 be faced with A「A に直面している」

1351 be familiar to A「（物事が）A（人）によく知られている」

= be well-known to A

○ 同意表現は be well-known to A。

1352 be supposed to do「…だと考えられている」

PLUS **be supposed to do** は「（義務・規則などによって）…することになっている」の意味。否定文で「…しないことになっている／してはいけない」という意味でもよく使われる。

1 文法
2 語法
3 イディオム
4 会話表現

1344 ③ **1345** ② **1346** ③ **1347** soon will you be available to start the
1348 was so absorbed in a book that **1349** ④ **1350** ① **1351** ②
1352 babies are not supposed to be able to stand

1353 The next train leaving this platform is (　　) for Tokyo.

□□□ ① provided ② exchanged ③ bound ④ suitable 〈摂南大〉

1354 The movie is (　　) the true story of an inventor living in the 19th century.

□□□ ① based on ② familiar to ③ fond of ④ present at 〈獨協大〉

1355 My father woke me up early because he was (　　) to go fishing before sunrise.

□□□ ① quick ② eager ③ desirable ④ necessary 〈南山大〉

1356 Jason is very <u>wealthy</u> and that's why he has a luxury car.

□□□ ① well known ② well off ③ well ordered ④ well organized 〈東海大〉

1357 I am quite (　　) Japanese history.

□□□ ① subject to ② similar to ③ familiar to ④ familiar with 〈東邦大〉

1358 The president was (　　) their new plan.

□□□ ① opposite with ② opposed with ③ opposite to ④ opposed to 〈法政大〉

1359 Tom could tell from our faces that we were worried (　　) him.

□□□ ① on ② about ③ of ④ at 〈日本大〉

1360 As he is very envious, he is (　　) of his cousin's success.

□□□ ① anxious ② concerned ③ jealous ④ zealous 〈松山大〉

1361 My sister is (　　) 1970s British music, and she spends most of her spare time listening to it.

□□□ ① keen to ② found in ③ keen on ④ fond to 〈駒澤大〉

1353 このホームを出発する次の電車は，東京行きです。
1354 この映画は，19世紀に生きていた発明家の実話に基づいている。
1355 私の父は，日が昇る前に釣りに出かけたがっていたので，私を早く起こした。
1356 ジェイソンはとても裕福で，それが彼が高級車を持っている理由だ。
1357 私は日本の歴史に精通している。
1358 社長は，彼らの新しい計画に反対だった。
1359 トムは，私たちの表情から私たちが彼のことを心配していることがわかった。
1360 彼はとても嫉妬深いので，自分のいとこの成功をねたんでいる。
1361 私の妹は1970年代のイギリスの音楽に熱中していて，ほとんどの空き時間をそれを聞いて過ごしている。

1353 **be bound for A「(乗り物が) A 行きである」**

1354 **be based on[upon] A「A に基づいている」**

1355 **be eager to do「しきりに…したがっている」**

1356 **be well off「裕福である」**

= be rich[wealthy]

1357 **be familiar with A「(人が) A (物事) をよく知っている」**

PLUS **be familiar to A** は「(物事が) A (人) によく知られている」(→1351)。前置詞の違いに注意する。

1358 **be opposed to A / doing「A […すること] に反対している」**

PLUS be opposed to の to は前置詞なので，後に動名詞が続き **to doing** の形になる場合がある。(→ TARGET 24)

1359 **be worried about A「A を心配する」** 

= be concerned about A (→1343)，be anxious about A (→1342)

1360 **be jealous of A「A をねたんでいる」**

= be envious of A

1361 **be keen on A / doing「A […すること] に熱心である」**

= be enthusiastic about A / doing

1353 ③　1354 ①　1355 ②　1356 ②　1357 ④　1358 ④　1359 ②　1360 ③
1361 ③

1362 It is clear for all to see that she really loves what she is doing right now.
□□□ ① postpones ② is crazy about ③ cannot stand ④ ruins 〈長崎大〉

1363 An accident is ( ) to happen sooner or later.
□□□ ① born ② bound ③ brought ④ built 〈聖心女子大〉

1364 The training schedule is ( ) to change due to weather conditions.
□□□ ① subject ② additional ③ typical ④ addictive 〈芝浦工大〉

1365 We are liable to be lazy when we are on vacation.
□□□ ① tend ② are relied ③ lie ④ are responsible 〈亜細亜大〉

1366 The nurse is in charge of the young patients.
□□□ ① responsible for ② paid by
③ in love with ④ free from 〈駒澤大〉

1367 Do you think there is a life free from worry and anxiety?
□□□ ① owing to ② over
③ without ④ for the purpose of 〈駒澤大〉

1368 彼は自分の答えにかなり自信があるようだ。
□□□ He (his answer / of / quite / seems / sure). 〈藤田保健衛生大〉

1369 It is estimated that about one-fifth of all African children ( ) child labor.
□□□ ① are included in ② use
③ are involved in ④ is used by 〈國學院大〉

1370 He is quite indifferent ( ) wealth or fame.
□□□ ① on ② to ③ for ④ with 〈畿央大〉

1362 彼女が今していることに夢中なことは，誰の目にも明らかだ。
1363 事故が遅かれ早かれ起こるにちがいない。
1364 トレーニングのスケジュールは，気象条件によって変更される場合がある。
1365 私たちは休暇のときは怠惰になりがちだ。
1366 その看護師は，その若い患者たちを担当している。
1367 あなたは，心配事や不安のない人生があると思いますか。
1369 アフリカの子どもたちのおよそ5分の1が児童労働に従事していると推定されている。
1370 彼は富や名声にはまったく関心がない。

1362 be crazy about A「Aが大好きである／Aに夢中である」 S

1363 be bound to do「…するにちがいない／きっと…する運命にある」

PLUS **be bound to do**には「…する義務がある」(＝be obliged[compelled / required] to do）の意味もある。

1364 be subject to A「Aの影響を受けやすい」 R

PLUS be subject to A の to は前置詞なので，本問の change は「変更」の意味の名詞であることに注意。

1365 be liable to do「…しがちである」

= tend to do，be likely to do (→1339)，be apt to do (→1373)

○ 同意表現は tend to do。

PLUS 同意表現の tend to do は，be 動詞を付けない点に注意。

1366 be responsible for A「Aに対して責任がある」

○ **in charge of** の同意表現は① responsible for。

1367 (be) free from[of] A「A（不安・束縛など）がない／A（料金など）が免除されている」

= without A

○ 同意語は③ without。

1368 be sure of[about] A / doing「A［…すること］を確信している」

PLUS **be sure to do**「必ず…する」もあわせて押さえておく。

1369 be involved in A「Aに関わっている」

PLUS **be involved in A** は，「A（事件・事故など）に巻き込まれる」という意味もある。

1370 be indifferent to A「Aに無関心である」 W

⇔ be concerned about A (→1343)

1362 ② **1363** ② **1364** ① **1365** ① **1366** ① **1367** ③
1368 seems quite sure of his answer **1369** ③ **1370** ②

1 文法 2 語法 3 イディオム 4 会話表現

1371 That (concert was / final / full / of / singer's) teenagers. 〈関東学院大〉
□□□

1372 I thought I was good at Japanese chess, but I am not (　　) to him.
□□□ ① equal ② same ③ near ④ comparative 〈東邦大〉

1373 We (apt / are / forget / how / of / to) important it is for us to have good
□□□ friends. (1語(句)不要) 〈津田塾大〉

1374 I am (　　) to know the results of the examination in chemistry.
□□□ ① anxious ② good ③ kind ④ rude 〈武蔵大〉

1375 As a child, I was extremely (　　) of frogs and snakes.
□□□ ① scaring ② frightening ③ troubled ④ afraid 〈亜細亜大〉

1376 There is someone who hopes to <u>become acquainted with</u> you.
□□□ ① advise ② meet ③ protect ④ warn 〈東海大〉

1377 A: You gave a very good speech at the Japanese speech contest.
□□□ B: Thanks, but actually I was very (　　) of my poor pronunciation.
① proud ② embarrassed ③ convinced ④ conscious 〈北海学園大〉

1378 To be regularly (　　) to strong sunlight may cause skin cancer.
□□□ ① exposed ② imposed ③ opposed ④ reposed 〈清泉女子大〉

1379 I am (　　) his reason for going to America.
□□□ ① familiar to ② ignorant of
③ short of ④ different from 〈北海道医療大〉

1371 その歌手の最後のコンサートは，ティーンエイジャーでいっぱいだった。
1372 私は自分が将棋が得意だと思っていたけれど，彼にはかなわない。
1373 私たちは，よい友達を持つことが自分にとってどんなに重要なのかを忘れがちだ。
1374 私は，化学の試験の結果をとても知りたい。
1375 子どもの頃，私はカエルとヘビがとても怖かった。
1376 あなたと知り合いになりたいと思っている人がいます。
1377 A: あなたは日本語スピーチコンテストで，とてもよいスピーチをしましたね。
B: ありがとう，でも実は発音の悪さがとても気になっていました。
1378 強い日光にいつもさらされていると，皮膚がんを引き起こす可能性がある。
1379 私は彼がアメリカに行く理由を知らない。

1371 be full of A「Aでいっぱいである／満ちている」

= be filled with A

1372 be equal to A「Aに匹敵する」

= match A

PLUS **be equal to A**「A（仕事など）をする能力がある」も重要。

1373 be apt to do「…しがちである」

= tend to do，be likely to do（→1339），be liable to do（→1365）

1374 be anxious to do「…したいと切望している」 W

= be keen to do

1375 be afraid of A「Aを恐れている」

PLUS **be afraid to do**「…することを恐れる／怖がって…しない」も重要。

1376 become[be] acquainted with A「Aと知り合いになる［知り合いである］」 R

○ 同意語は② meet。

PLUS **be acquainted with A**「Aの知識がある」も重要。

1377 be conscious of A「Aに気づいている／Aを意識している」

= be aware of A

1378 be exposed to A「Aにさらされている」

1379 be ignorant of[about] A「Aを知らない」

PLUS ignorant は **ignore**「…を無視する」の形容詞形。

1371 singer's final concert was full of **1372** ①
1373 are apt to forget how **1374** ① **1375** ④ **1376** ② **1377** ④ **1378** ①
1379 ②

KEY POINT 202

1380 □□□ He has to deal with any complaints about goods from customers right away.

① constantly ② definitely ③ eventually ④ immediately 〈中央大〉

1381 □□□ We meet now and (　　) in the supermarket.

① after ② then ③ today ④ before 〈駒澤大〉

1382 □□□ Off and on, the company and the clients had meetings.

① Together ② Alone ③ Regularly ④ Sometimes 〈東海大〉

1383 □□□ There are a few things that I don't like about my new job, but (　　) and large it's all right.

① about ② by ③ on ④ in 〈早稲田大〉

1384 □□□ I am scared of riding a bicycle, let (　　) a horse.

① along ② aside ③ away ④ alone 〈中央大〉

1385 □□□ You hung that picture (　　) down. The bottom part should be on top.

① being ② forward ③ upside ④ way 〈南山大〉

1386 □□□ I need a lot of money to buy a new computer, but I've only saved about 20,000 yen (　　).

① by far ② for long ③ so far ④ so long 〈東京経済大〉

1387 □□□ (　　) with this and that I have no time for friends.

① Due ② Since ③ What ④ Thanks 〈青山学院大〉

1380 彼は商品に関する顧客からのどのようなクレームにもすぐに対処しなければならない。
1381 私たちはときどきスーパーで会う。
1382 ときどきその会社と取引先は会議を開いた。
1383 新しい仕事について2，3の気に入らない点があるが，概して問題ない。
1384 私は馬に乗ることは言うまでもなく，自転車に乗るのも怖い。
1385 君は絵を逆さまに掛けたよ。下の部分が上でなければならない。
1386 私は新しいコンピューターを買うために多額のお金を必要としているが，これまでのところ貯めたお金は2万円ほどしかない。
1387 あれやこれやで友人に割く時間がない。

副詞中心のイディオム

202 KEY POINT

1380 right away「すぐに」 S

= right now, at once, immediately, instantly

○ 同意語は④ immediately。

1381 (every) now and then「ときどき」 R

= sometimes

PLUS **(every) now and again** と言うこともある。

1382 off and on / on and off「時折／断続的に」 L

= sometimes

○ 同意語は④ Sometimes。

✖ ③の regularly「定期的に／頻繁に」は反意語。

1383 by and large「概して」 

= as a rule, on the whole

1384 let alone A「A は言うまでもなく」 R

► **let alone A** は，否定文もしくは否定的な内容を表す文の後で用いる。A には名詞や動詞がくる。

1385 upside down「（上下）逆さまに／ひっくり返して」

1386 so far「今まで」 

= until[till] now

⇔ from now on

PLUS 反意表現は **from now on**「今後は／これからずっと」。

1387 what with A and (what with) B「A やら B やらで」 R

○ 空所の後の with に着目して what with A and B「A やら B やらで／A や B のせいで」となる③ What を選ぶ。

1380 ④ 1381 ② 1382 ④ 1383 ② 1384 ④ 1385 ③ 1386 ③ 1387 ③

1388 I know next to nothing about computer technology.
□□□
① everything ② little
③ almost everything ④ something 〈明海大〉

1389 She claimed that he as (   ) as promised to employ her.
□□□
発展
① good ② large ③ possible ④ soon 〈中央大〉

1390 会議は悪天候のため予定より一時間遅れています。
□□□
The meeting is (bad weather / an hour / schedule / running / because / behind / of). 〈日本大〉

1391 I went out in the typhoon and a strong wind turned my umbrella (   ).
□□□
① inside out ② under through ③ over it ④ upside over 〈東京理科大〉

1392 You will find him in his office (   ) in the afternoon.
□□□
① more than often ② not more than often
③ more often than not ④ often not more than 〈関西学院大〉

1393 This rice cooker is more or less what I want. As long as it does its job properly, that's fine with me.
□□□
① commonly ② nevertheless
③ approximately ④ precisely 〈亜細亜大〉

1394 My father announced once and for all that he would retire.
□□□
① again ② definitely ③ obscurely ④ repeatedly 〈日本大〉

1388 私は，コンピューター技術についてほとんど何も知らない。
1389 彼女は，彼が自分を雇うと約束したも同然だと主張した。
1391 台風の最中に外に出たら，強風で傘が裏返しになった。
1392 彼は，午後にはたいてい自分のオフィスにいるでしょう。
1393 この炊飯器は，だいたい私が望んでいるものです。きちんと機能を果たしてくれさえすれば，それでいいです。
1394 私の父は，きっぱりと引退すると明言した。

1388 next to A「ほとんど A」 R

= almost A

PLUS A には nothing のほか，否定の意味を表す形容詞（impossible など）がくる。

1389 as good as「…も同然」

= almost

PLUS **(as) good as** は動詞や形容詞，副詞の前で用いて「…も同然」の意味を表す。

1390 because of A「A の理由で」

= due to A（→1481），owing to A（→1480），thanks to A

PLUS（時間）**behind schedule**「（時間の分）予定より遅れて」も重要。

1391 inside out「裏返しに」

1392 more often than not「たいてい」 R

= as often as not，usually

1393 more or less「多かれ少なかれ／だいたい／ほとんど」

= approximately，almost

○ 同意語は③ approximately。

1394 once and for all「これを最後に／きっぱりと／決定的に」

= definitely

○ 同意語は② definitely。

1388 ②　**1389** ①
1390 running an hour behind schedule because of bad weather　**1391** ①
1392 ③　**1393** ③　**1394** ②

第23章 名詞中心のイディオム

KEY POINT 203

1395 The mind can affect the body. <u>For instance</u>, happy people tend to be healthy.
□□□
① For example ② In short ③ Instantly ④ Therefore 〈中部大〉

1396 I visit my grandparents in the country <u>once in a while</u>.
□□□
① frequently ② always ③ occasionally ④ often 〈中央大〉

1397 We arrived at the station just (　　) time for the train.
□□□
① at ② for ③ in ④ up 〈金城学院大〉

1398 He is getting better <u>by degrees</u>.
□□□
① easily ② eventually ③ gradually ④ speedily 〈国士舘大〉

1399 Kate is very friendly. I feel (　　) ease when I'm with her.
□□□
① at ② in ③ of ④ with 〈愛知学院大〉

1400 Don't mention this to anyone, <u>above all</u> my father.
□□□
① besides ② except ③ of course ④ particularly 〈関西外大〉

1401 The development project of the city is now (　　) way.
□□□
① for ② in ③ on ④ under 〈武庫川女子大〉

1402 You can buy tickets at the theater on the day of the show, but it's cheaper to buy them online in (　　).
□□□
① ahead ② first ③ advance ④ before 〈南山大〉

1403 He broke the vase <u>by chance</u>.
□□□
① accidentally ② carefully ③ completely ④ intentionally 〈神戸学院大〉

1395 精神が肉体に影響することがある。例えば，幸せな人々は健康である傾向がある。
1396 私はときどき田舎の祖父母を訪ねる。
1397 私たちは電車にぎりぎり間に合うように駅に到着した。
1398 彼は徐々に回復している。
1399 ケイトはとても優しい。彼女と一緒にいると安心する。
1400 このことは誰にも言わないで，特に父には。
1401 市の開発プロジェクトが現在進行中である。
1402 チケットはショーの当日に劇場で買うこともできるが，インターネットで事前に買っておく方が安い。
1403 彼はふとしたはずみでその花瓶を割った。

名詞中心のイディオム

203 KEY POINT

1 文法 2 語法 3 イディオム 4 会話表現

1395 for instance「例えば」

= for example

1396 (every) once in a while「たまに」 R

= occasionally, from time to time (→1419)

○ 同意語は③ occasionally。

1397 in time (for A)「(A に) 間に合って」 W

⇔ be late for A

1398 by degrees「徐々に／次第に」

= gradually, little by little (→1459)

○ 同意語は③ gradually。

1399 at ease「安心して／くつろいで」

⇔ ill at ease (→1415)

PLUS 反意表現は **ill at ease**「不安な／落ち着かない」。

1400 above all「とりわけ／特に」 R

= particularly, especially

○ 同意語は④ particularly。

1401 under way「進行中で」 R

= in progress

1402 in advance「あらかじめ／前もって」 S

= beforehand

1403 by chance「偶然に」

= accidentally, by accident

○ 同意語は① accidentally。

1395 ① 1396 ③ 1397 ③ 1398 ③ 1399 ① 1400 ④ 1401 ④ 1402 ③ 1403 ①

1404 I know you didn't break the vase on (　　　); it was just an accident.
□□□ ① purpose ② will ③ intention ④ consciousness 〈専修大〉

1405 He left his hometown for good.
□□□ ① better ② ever ③ longer ④ forever 〈日本大〉

1406 All the members helped one another to clean the meeting room in no time.
□□□ ① quickly ② timely ③ in the end ④ for a while 〈清泉女子大〉

1407 As a rule, I get up before seven on weekdays.
□□□ ① Widely ② Generally ③ Rarely ④ Strictly 〈桜美林大〉

1408 The photocopy machine in our office is currently out of (　　　), but it will be repaired by tomorrow morning.
□□□ ① date ② order ③ practice ④ stock 〈東京理科大〉

1409 Careless mistakes during tests must be avoided at all (　　　).
□□□ ① costs ② chances ③ ways ④ means 〈南山大〉

1410 All at once my car stopped in front of the bus stop.
□□□ ① Suddenly ② Actually ③ Slowly ④ Hardly 〈日本大〉

1411 My mother has a lot of faults, but I love her all the same.
□□□ ① nevertheless ② similarly ③ conditionally ④ definitely 〈国士舘大〉

1412 Have you seen Masa today by any (　　　)?
□□□ ① opportunity ② chance ③ way ④ time 〈芝浦工大〉

1404 君が故意に花瓶を割ったのではないことはわかっている。単なる事故だったのだ。
1405 彼は永遠に故郷を離れた。
1406 メンバー全員がすぐに会議室を掃除するためにお互いに助け合った。
1407 普段は，私は平日は7時前に起きます。
1408 会社のコピー機は現在故障しているが，明日の朝までには修理されるだろう。
1409 試験中はケアレスミスを何としても避けなければならない。
1410 突然私の乗る車がバス停の前で止まった。
1411 母には多くの欠点があるが，それでも私は母が大好きだ。
1412 今日ひょっとしてマサを見かけましたか。

1404 on purpose「故意に／わざと」

= intentionally, deliberately

⇔ by chance, accidentally, by accident

PLUS 反意表現は **by chance**「偶然に」である。(→1403)

1405 for good (and all)「永久に／これを最後に」

= forever, permanently

○ 同意語は④ forever。

1406 in no time「すぐに」

= quickly, immediately

○ **in no time** は直訳すれば「時間を置かずに」という意味。

○ 同意語は① quickly。

1407 as a rule「概して／大体のところ／一般に」

= generally, as a general rule

○ 同意語は② Generally。

1408 out of order「故障して」 

⇔ in order

○ 空所の後の it will be repaired「修理されるだろう」から，空所には② order を入れ **out of order**「故障して」とする。

PLUS 反意表現は **in order**「順調で」。

1409 at all costs「ぜひとも／どんな犠牲を払っても」 

= at any cost

1410 all at once「突然に」

= suddenly, all of a sudden (→1439)

○ 同意語は① Suddenly。

1411 all the same「それでもやはり」 

= nevertheless

1412 by any chance「ひょっとして／万一にも」 

► **by any chance** は疑問文で使われるイディオム。

1404 ①　1405 ④　1406 ①　1407 ②　1408 ②　1409 ①　1410 ①　1411 ①
1412 ②

1413 David wants to do a project ( ) his own.
□□□ ① for ② on ③ in ④ by 〈法政大〉

1414 When it comes to arm-wrestling, he is second to none.
□□□ ① has no power ② comes in second
③ tries very hard ④ is the best 〈桜美林大〉

1415 The first time I went abroad three years ago, I felt ill at ease.
□□□ ① disappointed ② excited ③ pleased ④ uncomfortable 〈日本大〉

1416 I can't give you a decision on the spot. I'll have to talk to my father.
□□□ ① effectively ② unfortunately ③ immediately ④ precisely 〈東海大〉

1417 What they proposed was out of the ( ).
□□□ ① action ② question ③ problem ④ solution 〈芝浦工大〉

1418 My apartment is small and uncomfortable. ( ), it's close to my school and the rent is reasonable.
□□□ ① On the one hand ② On the other hand
③ On the one side ④ On the other side 〈東京経済大〉

1419 We watch movies from time to ( ).
□□□ ① sometimes ② time ③ now ④ then 〈青山学院大〉

1420 Then, out of the blue, he sold his house and left the country.
□□□ ① as scheduled ② on second thought
発展↑ ③ sadly ④ unexpectedly 〈日本大〉

1421 Delivery is free of ( ) for orders greater than 5,000 yen.
□□□ ① chance ② change ③ charge ④ chase 〈青山学院大〉

1413 デイビッドは1人だけでプロジェクトに取り組みたい。
1414 腕相撲となると，彼は誰にも負けない。
1415 3年前に初めて外国に行ったときは不安な気持ちだった。
1416 すぐに結論を出すことはできない。父に相談しなければならない。
1417 彼らが提案したことはまったく論外だった。
1418 私のアパートは狭くて居心地が悪い。他方，学校に近くて家賃もそれなりに安い。
1419 私たちはときどき映画を見ます。
1420 それから突然，彼は自分の家を売り，国を離れた。
1421 5,000円以上ご注文いただいた商品の配達は無料になります。

1413 (all) on one's own「1 人で／独力で」 W

= alone

1414 second to none「誰［何］にも劣らない」

○ he is the best と同意になる。

1415 ill at ease「不安な／落ち着かない」 R

= uncomfortable

⇔ at ease (→1399)

1416 on the spot「即座に／直ちに」 

= immediately, right away (→1380), at once

▶ **on the spot** は「その場で」がもともとの意味で，ここから「即座に／直ちに」の意味でも使われる。

○ 同意語は③ immediately。

1417 out of the question「論外で／考えられない」 

1418 on the other hand「他方では」

PLUS on (the) one hand「一方では」と呼応して用いられることもある。

1419 from time to time「ときどき」

= occasionally, (every) once in a while (→1396)

1420 out of the blue「予告なしに／突然」 

= unexpectedly

○ 同意語は④ unexpectedly。

PLUS この the blue は「青天」という意味で，青空から突然雷が落ちるようなイメージ。

1421 free of charge「無料で」

= for free, for nothing (→1443)

1413 ②　1414 ④　1415 ④　1416 ③　1417 ②　1418 ②　1419 ②　1420 ④
1421 ③

1422 The crime rate in that area is extremely low <u>in proportion to</u> the population.
□□□
① in addition to ② in honor of
③ in relation to ④ in the sense of 〈日本大〉

1423 I intend to study abroad in Australia at my own (　　　).
□□□
① bill ② expense ③ money ④ budget 〈名城大〉

1424 私は彼を慰めようとしたが，何を言っていいか途方にくれて，頭に浮かぶことばかりを話しつづけていた。
□□□
I wanted to comfort him, but (a / anything / at / being / for / loss) to say, I just kept talking about whatever came into my head. 〈上智大〉

1425 You can use my books anytime (　　　) your disposal.
□□□
① of ② to ③ with ④ at 〈川崎医科大〉

1426 The information on the school notice board is out of (　　　).
□□□
① age ② date ③ period ④ time 〈学習院大〉

1427 Put the medicine out of (　　　) of your child.
□□□
① distance ② span ③ reach ④ extent 〈東邦大〉

1428 会議が紛糾したとき，議長は全員に対して落ち着くように言った。
□□□
(of / got / when / the / hand / meeting / out), the chairperson told everybody to settle down. 〈西南学院大〉

1429 I had told him that I wouldn't go to his dance party, but (　　　) I changed my mind.
□□□
① out of breath ② in the wrong
③ at first hand ④ on second thought 〈成蹊大〉

1422 その地域の犯罪率は人口のわりに極端に低い。
1423 私は自費でオーストラリアに留学するつもりだ。
1425 あなたは，私の本をいつでも自由に使っていいですよ。
1426 学校の掲示板に書かれている情報は古い。
1427 その薬は，子どもの手の届かないところに保管してください。
1429 私は，彼のダンスパーティーには行かないと伝えてあったけれど，考え直して気が変わった。

1422 in proportion to A「A のわりには／A と比べると」

= in relation to A

PLUS **in proportion to A** は「A に比例して(= **according to** A) ／ A と釣り合いがとれて」の意味でも使われる。後者の意味の反意表現は **out of proportion to A**「A と不釣り合いで」である。

1423 at one's (own) expense「自分を犠牲にして／自費で」

PLUS 類似表現に **at the expense of A**「A を犠牲にして／A の費用で」がある。

1424 at a loss「困って／途方に暮れて」 S

1425 at A's disposal / at the disposal of A「A の自由に」

PLUS disposal は「処理」の意味。**dispose of A** で「A を捨てる／処理する」の意味を表す。

1426 out of date「時代遅れの／旧式の」

= outdated

1427 out of reach of A「A の手の届かないところに」

PLUS この reach は名詞で,「届く範囲／距離」の意味。

1428 out of hand「手に負えない／制御が利かない」 S

= out of control

1429 on second thought(s)「再考した結果／よく考えてみると」

1422 ③ **1423** ② **1424** being at a loss for anything **1425** ④ **1426** ②
1427 ③ **1428** When the meeting got out of hand **1429** ④

1430 □□□ I enjoyed the party yesterday. The place was a little far from the subway station, but the food, <u>on the whole</u>, was good.

① for a while ② by and large ③ in return ④ at ease 〈名城大〉

1431 □□□ What you did was not a good thing; (　　) it was a terrible mistake.

① at last ② by the way
③ on the contrary ④ on the other hand 〈成城大〉

1432 □□□ 発展↑ ① <u>In spite of</u> all the scientific ② <u>evidence</u> ③ <u>on the contrary</u>, tobacco companies insisted that nicotine was not ④ <u>harmful to</u> one's health. 〈立命館大〉

1433 □□□ She tried a number of jobs and (　　) became a photographer.

① all the way ② as follows ③ in the end ④ on the one 〈桜美林大〉

1434 □□□ ① <u>By</u> the first time ② <u>in</u> his life, Allen went to Europe ③ <u>by</u> himself to learn ④ <u>how to</u> ride a horse. 〈日本大〉

1435 □□□ <u>For the time being</u>, the job will make us very busy.

① Eternally ② For now
③ Timelessly ④ For the sake of future 〈駒澤大〉

1436 □□□ A: Apparently, Melissa got dumped by her boyfriend.
B: From what I heard, it was (　　). It was her boyfriend who got dumped.

① in contrast ② in opposition
③ the other way round ④ between you and me 〈専修大〉

1430 私は昨日のパーティーを楽しんだ。その場所は地下鉄の駅から少し離れていたけれど，食事は全体的においしかった。
1431 あなたがしたことは，適切なことではなかった。それどころか，それはひどい間違いだった。
1432 それが逆であることを示す多くの科学的証拠があるにもかかわらず，たばこ会社はニコチンは健康に害がないと主張した。
1433 彼女は数多くの仕事をしてみた後で，結局は写真家になった。
1434 人生で初めて，アレンは乗馬を習うために一人でヨーロッパに行った。
1435 当分の間，その仕事で私たちはとても忙しくなるだろう。
1436 A: どうやら，メリッサは彼女のボーイフレンドに捨てられたようだね。
B: 私が聞いたところでは，その逆よ。捨てられたのは彼女のボーイフレンドの方だわ。

1430 on the whole「概して／全体的に」 R

= in general, generally, by and large (→1383), as a rule (→1407)

○ 同意表現は② by and large。

1431 on the contrary「それどころか」 R

1432 to the contrary「（修飾する語句の後で）それとは反対の」 R

○ on the contrary (→1431) は，前の名詞を修飾することができない。文頭で，On the contrary, ... と用いる。

1433 in the end「最終的に／結局は」

1434 for the first time「初めて」 S

1435 for the time being「さしあたり／当面の間は」 R

= for now

○ 同意表現は② For now。

1436 the other way round[around / about]「逆（方向）に」 R

✖ ① **in contrast**「対照的に」，② **in opposition (to A)**「（A に）反対して」は，補語として用いることができない。

1 文法
2 語法
3 イディオム
4 会話表現

1430 ② **1431** ③ **1432** ③ on the contrary → to the contrary **1433** ③
1434 ① By → For **1435** ② **1436** ③

1437 □□□ You have to judge ① a book ② to the reader's point of view, though opinions ③ may be divided ④ about that. 〈日本大〉

1438 □□□ As a matter (　　) fact, Mary does well in math and science.
① in　② the　③ of　④ a 〈広島修道大〉

1439 □□□ We were walking through the park at lunchtime, when (　　) the sky went black.
① first and foremost　② for a change
③ all of a sudden　④ few and far between 〈青山学院大〉

1440 □□□ I always have my favorite English dictionary close (　　) hand.
① at　② by　③ for　④ in 〈近畿大〉

1441 □□□ John has been interested in action movies of (　　).
① late　② least　③ little　④ long 〈青山学院大〉

1442 □□□ Now that I have lost my left sock, the right one is (　　) for nothing.
① any　② good　③ more　④ useful 〈関西学院大〉

1443 □□□ 欲しいなら，その自転車をただであげますよ。
I will give the bike (for / you / to / nothing) if you want it. 〈明治大〉

1444 □□□ The proposal has not been widely adopted (　　) due to the difficulty of implementing it.
① in terms　② in part　③ with reason　④ for short 〈神奈川大〉

1445 □□□ He was able to meet an online friend (　　).
① in person　② of person　③ to himself　④ for real time 〈亜細亜大〉

1437 本は読者の視点から評価する必要があるが，それについては意見が分かれるかもしれない。
1438 実は，メアリーは数学と科学の成績がよい。
1439 私たちが昼休みに公園を歩いていたら，突然空が真っ暗になった。
1440 私はいつもお気に入りの英語の辞書を手元に置いている。
1441 ジョンは最近アクション映画に興味を持っている。
1442 左足の靴下をなくしてしまったので，右足の靴下は何の役にも立たない。
1444 この提案は，実施が難しいということもあり，広く採用されるには至っていない。
1445 彼はネット友達に直接会うことができた。

1437 from a … point of view「…の視点［立場］から」

= from a … viewpoint

1438 as a matter of fact「実は」 R

= in fact

1439 all of a sudden「突然／不意に」

= suddenly

✖ ①②④は不可。それぞれ **first and foremost**「何よりもまず」，**for a change**「気分転換に」，**few and far between**「ごくまれで／ごく少ない」。

1440 at hand「近くに／手元に」

1441 of late「最近」 R

= lately, recently

PLUS 通常，late は形容詞もしくは副詞として用いられるが，このイディオムでは名詞の用法として用いられる。

1442 good for nothing「何の役にも立たない」

= useless, of no use

1443 for nothing「無料で」

= for free, free of charge (→1421)

PLUS **for nothing** には「無駄に」の意味もある。

1444 in part「一部分において／一つには」

1445 in person「（代理ではなく）本人が直接に／（電話やテレビなどではなく）直に」 R

1437 ② to the reader's → from the reader's **1438** ③ **1439** ③ **1440** ①
1441 ① **1442** ② **1443** to you for nothing **1444** ② **1445** ①

1446 □□□ We should be focusing on what we have (　　) rather than emphasizing our differences.

① by chance　② by nature　③ in common　④ in essence　〈東京医科大〉

1447 □□□ His friend's remarkable success motivated him to study in earnest.

① freely　② intentionally　③ profitably　④ seriously　〈桜美林大〉

1448 □□□ He didn't describe what had happened in (　　); he only told me the most important facts.

① detail　② difference　③ large　④ smallness　〈山梨大〉

1449 □□□ (a) Peter visits his grandmother every Sunday without fail.

(b) Peter doesn't (　　) to visit his grandmother every Sunday.

① cancel　② forget　③ plan　④ remember　〈佛教大〉

1450 □□□ The crowd proceeded to overturn cars and set them (　　) fire.

① in　② into　③ on　④ to　〈東京理科大〉

1451 □□□ My cousin is a quiet person (　　) nature, although she is a good sales person.

① on　② of　③ under　④ by　〈神戸学院大〉

1452 □□□ John took someone's umbrella (　　) mistake since it looked similar to his own.

① by　② with　③ in　④ at　〈関西学院大〉

1453 □□□ 発展↑ The suspect of the murder case is at large.

① has been arrested　② has not been arrested
③ has not been accused　④ has been accused　〈駒澤大〉

1446 私たちは，お互いの違いに注目するのではなく，共通点を重視すべきだ。
1447 彼の友人の目覚ましい成功によって，彼は真剣に勉強する気になった。
1448 彼は何が起こったのかを詳しく説明しなかった。彼は私に最も重要な事実を話してくれただけだった。
1449 (a) ピーターは毎週日曜日，欠かさず祖母を訪ねている。
(b) ピーターは毎週日曜日，忘れず祖母を訪ねる。
1450 群衆は車をひっくり返し，火をつけ始めた。
1451 私のいとこは優秀な営業部員だが，もともと穏やかな人だ。
1452 ジョンが誰かの傘を間違って持っていってしまったのは，それが自分のものと似ていたからだ。
1453 その殺人事件の容疑者は逃亡中だ。

1446 in common「共通の／共通に」

✖ ①②④は不可。それぞれ **by chance**「偶然に」, **by nature**「生まれつき」, **in essence**「本質的には」の意味。

1447 in earnest「真剣に」

= seriously

○ 同意語は④ seriously。

1448 in detail「詳細に」 R

1449 without fail「必ず／確実に」

= certainly, surely

1450 on fire「火がついて／燃えて」

► **set A on fire** (= **set fire to A**) で「A に火をつける」の意味を表す。

1451 by nature「生まれつき」

1452 by mistake「間違えて／誤って」

= accidentally, at fault

1453 at large「捕まらないで／逃亡中で」 R

= on the loose

○ 同意表現は② has not been arrested。

PLUS **名詞＋ at large** は,「全体としての…／一般の…」の意味を表す。

1446 ③ 1447 ④ 1448 ① 1449 ② 1450 ③ 1451 ④ 1452 ① 1453 ②

1454 I've lived in the same house (　　) ages.
□□□ ① during ② for ③ over ④ since 〈立命館大〉

1455 Instead of stopping, the three of us drove by turns throughout the night.
□□□ ① with joy ② carefully ③ alternately ④ slowly 〈桜美林大〉

1456 The damaged fishing boat was found drifting (　　) the coast of Shikoku.
□□□ ① at ② off ③ on ④ over 〈慶應義塾大〉

1457 Because Tom wasn't invited to the concert, he walked around with a long (　　).
□□□ ① ear ② hand ③ feet ④ face 〈畿央大〉

1458 Scientists now believe there is a high probability of a large quake occurring (　　) long.
□□□ ① as ② before ③ for ④ too 〈日本大〉

1459 Gradually, the sun set on the empire, and life became much better.
□□□ ① More and more ② Greatly
③ Little by little ④ All of a sudden 〈亜細亜大〉

1460 Good quality clothes will save you money in the long (　　).
□□□ ① expense ② history ③ shape ④ run 〈日本大〉

1461 There wasn't anything in (　　) I wanted to buy for my parents at the museum shop.
□□□ ① pain ② terms ③ order ④ particular 〈関西学院大〉

1462 In short, it was a very bad movie. I don't recommend it.
□□□ ① As they say ② For instance
③ With no time ④ To sum up 〈亜細亜大〉

1454 私はもう長いこと同じ家に住んでいる。
1455 (途中で) 止まることはせず，私たち3人は一晩中交代で運転した。
1456 その損傷を受けた漁船は四国沖で漂流しているのが発見された。
1457 トムはコンサートに招待されていなかったため，浮かない顔をして歩いていた。
1458 科学者たちは今，まもなく大地震が起こる可能性が高いと信じている。
1459 帝国は次第に衰退し，暮らしは以前よりずっとよくなった。
1460 高品質の衣服は，結局はお金の節約になる。
1461 そのミュージアムショップには，私の両親のために買いたいものは特に何もなかった。
1462 手短に言えば，それはとてもつまらない映画でした。それを見ることは，お勧めしません。

1454 for ages「長い間」

= for a long time

1455 by turns「順番に／代わる代わる」

= in turns, alternately

○ 同意語は③ alternately。

PLUS 複数形 (turns) になる点に注意。慣用的に複数形を用いる表現については，TARGET 120を参照。

1456 off the coast of A「Aの沖に［で］」

1457 with a long face「浮かない顔をして／不機嫌な顔をして」

1458 before long「まもなく／やがて」

= soon

1459 little by little「徐々に」

= gradually, by degrees (→1398)

1460 in the long run「長い目で見れば／結局は」 R

1461 in particular「特に」

= especially, particularly

1462 in short「要するに／手短に言えば」

= in a nutshell, to sum up

○ 同意表現は④ To sum up。

✖ ①②③は不可。それぞれ **as they say**「よく言われるように」, **for instance**「例えば」, **with no time (to do)**「(…する) 間もなく」の意味。

1454 ② 1455 ③ 1456 ② 1457 ④ 1458 ② 1459 ③ 1460 ④ 1461 ④ 1462 ④

1463 □□□ 作家は場面を描写するために言葉を用いることができる。画家はそれを描ける。音楽家，そして音響スタジオは，過去の音をある程度再現できる。

A writer can use words to describe a scene. A painter can paint it. A musician, and a sound-effects studio, can reproduce (to / sounds / extent / of / some / the) the past. 〈上智大〉

1464 □□□ 発展 The student's answer was short and to the point.

① relevant ② wrong ③ unexpected ④ interesting 〈東海大〉

1465 □□□ All the faculty members arrived on time for the meeting.

① according to the fixed schedule ② later than expected
③ earlier than usual ④ as often as possible 〈杏林大〉

1466 □□□ 発展 His uncle is on the go on weekends.

① is wasted ② is tired ③ is busy ④ is staying 〈駒澤大〉

1467 □□□ A nurse usually wears a white uniform when on duty.

① standing ② wearing ③ working ④ washing 〈明海大〉

1468 □□□ It snowed for several days on end.

① continuously ② immediately ③ off and on ④ temporarily 〈長崎大〉

1469 □□□ Jim was upset when he heard that his friends were speaking ill of him ( ).

① before his face ② above the head
③ behind his back ④ on the other hand 〈獨協大〉

1470 □□□ "In ( ), life is like a voyage," he said.

① a degree ② a meaning ③ a sense ④ an extent 〈甲南女子大〉

1464 その学生の答えは簡潔で，要領を得ていた。
1465 すべての教職員が，その会議に時間通りに到着した。
1466 彼のおじは週末働きづめだ。
1467 看護師はたいてい，勤務中は白い制服を着ている。
1468 数日間，雪が降り続いた。
1469 ジムは，自分の友人が陰で彼の悪口を言っていると聞いて腹を立てた。
1470 ある意味，人生は航海のようなものだ，と彼は言った。

1463 **to some extent「ある程度は」**

1464 **to the point「(説明などが) 要領を得た」**

= relevant

⇔ beside[off] the point

○ 同意語は① relevant。

1465 **on time「時間通りに」**

○ 同意表現は① according to the fixed schedule。この **according to A** は「A(計画など)にしたがって/A通りに」の意味。

PLUS **in time**「間に合って」(→1397)との混同に注意。

1466 **on the go「あちこち動き回って/働きづめで」**

○ 同意表現は③ is busy。

1467 **on duty「勤務中で」**

= at work

○ 同意語は③ working。

1468 **on end「続けて」**

= continuously

○ 同意語は① continuously。

1469 **behind A's back「Aのいないところで」**

1470 **in a[one] sense「ある意味で」**

1 文法 2 語法 3 イディオム 4 会話表現

1463 to some extent the sounds of **1464** ① **1465** ① **1466** ③ **1467** ③
1468 ① **1469** ③ **1470** ③

1471 (　　) of his accomplishments, he was given a promotion.
□□□
① At the sight　② At the mercy
③ In charge　④ In the light　〈名古屋学芸大〉

1472 It's obvious that this essay was written in (　　). It's full of errors.
□□□
① fast　② hurry　③ rapid　④ haste　〈南山大〉

1473 My uncle refused my request; (　　), his answer was "no."
□□□
① however　② in other words　③ it was　④ otherwise　〈京都産業大〉

1474 By (　　), Oxford is a much smaller city than London.
□□□
① comparison　② connection　③ contrasting　④ crossing　〈学習院大〉

1471 彼はそれまでの業績を考慮されて，昇進を手に入れた。
1472 この小論文が急いで書かれたことは明らかです。間違いだらけですから。
1473 おじは，私の頼みを断った。言い換えれば，おじの答えは「だめだ」だった。
1474 比較すれば，オックスフォードはロンドンよりもはるかに小さな都市だ。

1471 in (the) light of A「Aを考慮して／Aに照らして」

✖ ①②③は不可。それぞれ **at the sight of A**「Aを見て」, **at the mercy of A**「Aのなすがままに」(→1504), **in charge of A**「Aを担当して／Aの責任を負って」(→1503) の意味。

1472 in haste「急いで／あわてて」 S

= in a hurry

1473 in other words「言い換えれば」 W

= that is (to say)

1474 by[in] comparison (to A)「(Aと) 比較すると」

PLUS comparison は **compare**「…を比較する」の名詞形。

1471 ④ 1472 ④ 1473 ② 1474 ①

KEY POINT 204

1475 (　　) to the weather forecast, it is going to rain tonight.
□□□ ① Due　② Thanks　③ Owing　④ According　〈杏林大〉

1476 In (　　) to flowers and chocolates, I bought my wife a ring for her birthday.
□□□
① caution　② attention　③ addition　④ option　〈獨協大〉

1477 (　　) the strong wind, students had a barbecue in their teacher's yard.
□□□
① In spite of　② Though　③ Because of　④ While　〈東京電機大〉

1478 They gave us some food as (　　) as something to drink.
□□□ ① also　② good　③ nice　④ well　〈宮崎大〉

1479 The public library was closed <u>on account of</u> budget cuts.
□□□ ① but for　② except for　③ instead of　④ because of　〈名城大〉

1480 (　　) her hard work, Ms. Stanton got a promotion.
□□□ ① Because　② Despite　③ In spite of　④ Owing to　〈国士舘大〉

1481 She was absent from class <u>due to</u> a pain in her leg.
□□□
① at the cost of　② because of
③ in spite of　④ for the purpose of　〈名城大〉

1482 Today, <u>thanks to</u> the Internet, living in a foreign country is much easier than before.
□□□
① according to　② because of
③ in gratitude for　④ in spite of　〈亜細亜大〉

1475 天気予報によると，今夜は雨になる。
1476 妻の誕生日用に，花とチョコレートに加えて指輪も買った。
1477 強風にもかかわらず，学生たちは先生の家の中庭でバーベキューパーティーを開いた。
1478 彼らは私たちに飲み物だけでなく食べ物もくれた。
1479 予算削減のためにその公立図書館は閉鎖された。
1480 一生懸命に仕事をしたので，スタントンさんは昇進した。
1481 彼女は足に痛みがあるという理由で授業を欠席した。
1482 今日，インターネットのおかげで外国に住むことが以前よりもずいぶん楽になった。

群前置詞

204 KEY POINT

1475 according to A「A（情報源）によると」 R

PLUS **according to A** には「A（規則・計画など）にしたがって」の意味もある。（→1465）

1476 in addition to A「Aに加えて／Aのほかに」 W

= besides A

1477 in spite of A「Aにもかかわらず」

= with (all) A（→1510）

1478 A as well as B「Bと同様にAも／BだけでなくAも」 R

= not only B but (also) A

1479 on account of A「Aの理由で／Aのために」 R

= because of A（→1390）

○ 同意表現は④ because of。

1480 owing to A「Aの理由で」 R

= because of A（→1390）

1481 due to A「Aの理由で」

= because of A（→1390）

✖ ①③④は不可。それぞれ **at the cost of A**「Aを犠牲にして」, **in spite of A**「Aにもかかわらず」, **for the purpose of A**「Aの目的で」の意味。

1482 thanks to A「Aのおかげで／Aのせいで」 

= because of A（→1390）

1475 ④ 1476 ③ 1477 ① 1478 ④ 1479 ④ 1480 ④ 1481 ② 1482 ②

1483 They decided to eat at home (　　　) going out to a restaurant.
□□□ ① in case of　② in spite of　③ instead of　④ as long as　〈金沢医科大〉

1484 I would recommend that you watch CNN news in English with a view to
□□□ (　　　) your listening.
① strong　② strength　③ stronger　④ strengthening　〈松山大〉

1485 (　　　) all my effort, I could not get a satisfactory grade in the subject.
□□□ ① At　② Beyond　③ For　④ In　〈中央大〉

1486 His novels have fascinated many readers, (　　　) of age or sex.
□□□ ① aimless　② nevertheless　③ regardless　④ unless　〈日本大〉

1487 (　　　) to his expectations, Peter ran out of money halfway through his
□□□ vacation.
① Unlike　② Likely　③ Contrary　④ Following　〈上智大〉

1488 (　　　) for the details, please visit our website for more information.
□□□ ① On　② By　③ As　④ In　〈亜細亜大〉

1489 (　　　) the regular written work, you will be required to submit a long
□□□ essay at the end of the semester.
① Apart from　② As far as　③ Despite　④ In addition　〈玉川大〉

1490 If you need to talk to Peter, now might be a good time because he is not
□□□ doing anything (　　　) than reading a book.
① aside　② except　③ other　④ rather　〈慶應義塾大〉

1491 It's (　　　) you if you do it or not.
□□□ ① as for　② down with　③ out of　④ up to　〈関西学院大〉

1483 彼らはレストランに出かけずに家で食事することにした。
1484 あなたの聴解力を強化するためにCNNニュースを英語で見ることをお勧めします。
1485 努力したにもかかわらず，その教科では満足のいく成績を収められなかった。
1486 彼の小説は，年齢や性別に関係なく多くの読者を魅了してきた。
1487 ピーターは，彼の予想に反して，休暇の途中でお金を使い果たした。
1488 詳細につきましては，弊社ホームページの情報をご覧ください。
1489 通常の作文とは別に，みなさんは学期末に長文の小論文を提出することが義務づけられています。
1490 ピーターと話をする必要があるのなら，今がよい時期かもしれない，彼は読書しかしていないから。
1491 それをするかしないかは君次第だ。

1483 instead of A / doing「Aの代わりに／…しないで」

= in place of A (→1502)

○「レストランに出かけずに家で食事する」という意味になるように空所には③ instead of を選ぶ。

1484 with a view to A / doing「Aの目的で／…する目的で」

= for the purpose of A / doing (→1511), in order to do

▶ **with a view to doing** は「…する目的で」の意味を表す。to の後には動名詞がくることに注意。

○ 動名詞である④ strengthening を選ぶ。

1485 for all A「Aにもかかわらず」 R

= despite A, with (all) A (→1510), in spite of A

○ 文意を「努力したが，満足のいく成績を収められなかった」と考える。譲歩の意味を表すのは for all のみ。

1486 regardless of A「A（のいかん）にかかわらず」 R

1487 contrary to A「Aとは逆に／Aに反して」 R

1488 as for A「（文頭で）Aについて言えば」

1489 apart from A「Aは別にして／Aはさておき」 R

○ 空所には文意から「通常の作文は別にして」という意味の語句が入ると考え，① Apart from を選ぶ。

✖ ② As far as (×) は **as far as A** で場所について「Aまで」を表す。③ Despite (×) は **despite A** で「Aにもかかわらず（それに妨げられることなしに）」を表す。④ In addition (×) は **in addition to A** で「Aに加えて」を表す。

1490 other than A「A以外の」 R

PLUS **other than A** は否定語とともに用いられると「Aしか…ない」の意味になる。

✖ ④ rather (×) は **rather than A** で「Aというよりもむしろ」の意味を表す。

1491 (be) up to A「A（人）次第で（ある）／A（人）の責任で（ある）」 W

= depend on[upon] A (→1124)

PLUS **(be) up to A** は，「A（よくないこと）を企んでいる」の意味もある。

1483 ③ 1484 ④ 1485 ③ 1486 ③ 1487 ③ 1488 ③ 1489 ① 1490 ③
1491 ④

1 文法 2 語法 3 イディオム 4 会話表現

1492 □□□ Those who were <u>in favor of</u> higher sales taxes were the minority at that time.

① against ② beyond ③ for ④ with 〈日本大〉

1493 □□□ (　　) sound, this piano is the best.

① According to ② At the point of
③ By way of ④ In terms of 〈駒澤大〉

1494 □□□ They will go to New York (　　) way of Hawaii.

① over ② in ③ on ④ by 〈駒澤大〉

1495 □□□ <u>On behalf of</u> the class I would like to thank you all.

① Attending ② Moving ③ Representing ④ Speaking to 〈桜美林大〉

1496 □□□ Her father worked hard (　　) the expense of his health.

① in ② at ③ on ④ by 〈西南学院大〉

1497 □□□ (　　) rain, our sports day will be put off till next Sunday.

① If ② Unless ③ When ④ In case of 〈専修大〉

1498 □□□ 彼女は子どもの育て方について独特な考えを持っている。

She has her own (as / children / how / ideas / should / to) be brought up. 〈日本大〉

1499 □□□ (　　) convenience, our drug store is open 24 hours a day, seven days a week.

① Regardless of ② For the sake of
③ In favor of ④ Despite 〈横浜薬科大〉

1500 □□□ My son passed the exam by (　　) of your support.

① thank you ② due ③ effort ④ virtue 〈東京理科大〉

1492 当時，売上税の増税に賛成する人は少数だった。
1493 音質の点ではこのピアノが最高だ。
1494 彼らはハワイ経由でニューヨークに行く。
1495 クラスを代表してみなさまにお礼を申し述べたい。
1496 彼女の父親は自分の健康を犠牲にして一生懸命に働いた。
1497 雨天の場合は運動会は来週の日曜日まで延期されます。
1499 利便性のため，当ドラッグストアは週7日，24時間開店しております。
1500 私の息子は，あなたが支援してくれたおかげで試験に合格しました。

1492 in favor of A「A に賛成して／A を支持して」 R

= for A

⇔ against A

○ 同意表現は for A。

PLUS **in favor of A** には「A の利益になる」の意味もある。

1493 in terms of A「A の点から」 R

✖ ①②③は不可。それぞれ **acccording to A**「A（情報源）によると」(→1475)，**at the point of A**「A の間際に」，**by way of A**「A を経由して」(→1494) の意味。

1494 by way of A「A を経由して」

= via A

PLUS **by way of A** は「A として／A のつもりで」の意味で使うこともある。

1495 on behalf of A「A の代理として／ A の代表として」 R

= in behalf of A

○ 同意語は③ Representing。

1496 at the expense of A「A を犠牲にして」

= at the cost of A

1497 in case of A「A の場合には」 S

✖ ①②③はいずれも接続詞なので後に S V が必要。

1498 as to A「A に関して」

1499 for the sake of A「A の（利益の）ために」

✖ ①③④は不可。それぞれ **regardless of A**「A にもかかわらず／ A とは関係なく」，**in favor of A**「A に賛成して／A の利益になるような」，**despite A**「A にもかかわらず」の意味。

1500 by virtue of A「A のおかげで／A の理由で」

= because of A (→1390)

1492 ③　**1493** ④　**1494** ④　**1495** ③　**1496** ②　**1497** ④
1498 ideas as to how children should　**1499** ②　**1500** ④

1501 A memorial concert was held (　　　) the late singer.
□□□ ① at ease with ② for lack of ③ in honor of ④ on top of 〈中央大〉

1502 The letter K is sometimes used (　　　) thousand as in 4K, which
□□□ means four thousand.
① by means of ② in place of ③ in terms of ④ on behalf of 〈成城大〉

1503 I have been in (　　　) of financial affairs in this department since
□□□ December.
① interest ② use ③ charge ④ terms 〈成城大〉

1504 The recent series of random bombings clearly showed that the country,
□□□ which had fallen into anarchy, was (　　　) of terrorists.
発展↑
① on the border ② in the grace
③ in the face ④ at the mercy 〈法政大〉

1505 In (　　　) for filling out the survey, we will send you a coupon for 50%
□□□ off your next purchase of furniture in this shop.
① all ② return ③ short ④ sum 〈中央大〉

1506 I went to the kitchen <u>in search of</u> something to eat.
□□□ ① to buy ② to share with ③ to look for ④ to prepare 〈東海大〉

1507 The plane flew off in the (　　　) of Taiwan.
□□□ ① way ② rate ③ view ④ direction 〈畿央大〉

1508 In the (　　　) of any changes in your contact information, please let us
□□□ know as soon as possible.
① chance ② course ③ event ④ time 〈共立女子大〉

1501 最近亡くなったその歌手への敬意を示すために，追悼コンサートが開かれた。
1502 Kの文字は，時に1000の代わりに使われて，4Kのように表記されるが，これは4000を意味する。
1503 私は12月からこの部署で財務を担当している。
1504 最近の一連の無差別爆撃は，無政府状態に陥ったその国がテロリストたちのなすがままになっていることをはっきりと示していた。
1505 そのアンケートにご回答いただくと，次回，当店で家具を購入される場合に利用できる5割引のクーポンをお送りいたします。
1506 私は，何か食べるものを探しに台所に行った。
1507 飛行機は台湾の方向に飛び去った。
1508 あなたの連絡先に変更があった場合は，できるだけ早くご連絡ください。

1501 in honor of A「Aに敬意を表して」

✖ ④ **on top of A** は「Aの上に／Aに加えて (= in addition to A) ／Aをうまく処理して」の意味。

1502 in place of A「Aの代わりに」

= instead of A (→1483)

1503 in charge of A「Aを担当して／Aの責任を負って」

= responsible for A (→1366)

1504 at the mercy of A「Aのなすがままに」

✖ ① **on the border of A** は「Aの寸前で」, ②は（in ではなく）**by the grace of A** で「Aに恵まれて」, ③ **in the face of A** は「Aに直面して」の意味。

PLUS mercy は「慈悲，感謝すべきこと」の意味。

1505 in return for A「Aのお返しに」

○ 本問ではAに動名詞が用いられている。

1506 in search of A「Aを探して」 R

= looking for A

1507 in the direction of A「Aの方向へ」

PLUS 前置詞 in を to と間違えることが多いので注意。

1508 in the event of A「Aの場合には」

1 文法　2 語法　3 イディオム　4 会話表現

1501 ③ 1502 ② 1503 ③ 1504 ④ 1505 ② 1506 ③ 1507 ④ 1508 ③

1509 He had nothing to say with regard to the reason why his grandparents emigrated from Ireland.

□□□

① convincing ② concerning ③ convicting ④ concealing 〈兵庫県立大〉

1510 ① By all the discussion ② on global warming, singularly ③ little has been achieved ④ to date. 〈立命館大〉

□□□

発展↑

1511 We're going to go to that country for the purpose of helping the poor.

□□□

① at the mercy of ② in charge of
③ with a view to ④ in preference to 〈獨協医科大〉

1509 祖父母がアイルランドから移住してきた理由に関して彼が話すことは何もない。
1510 地球温暖化の議論が盛んに行われているにもかかわらず，その成果はほとんどない。
1511 私たちは貧しい人たちを支援するという目的で，その国を訪れることになっている。

1509 with[in] regard to A「A に関して」

= in[with] relation to A, concerning A, regarding A

1510 with all A「A にもかかわらず」

= for all A (→1485)

PLUS **with (all) A** には「A があるので」と「理由」を表す意味もある。
With all three children constantly calling for attention, it must have been difficult to concentrate.
(3人の子どもたちが自分に注意を引こうと絶えず叫んでいたので，神経を集中するのは難しかったに違いない)

1511 for the purpose of doing「…する目的で／…するために」

= with a view to doing (→1484), in order to do

✖ ①②④は不可。それぞれ **at the mercy of A**「A のなすがままに」(→1504), **in charge of A**「A を担当して」(→1503), **in preference to A**「A よりむしろ」の意味。

1509 ②　**1510** ① By → With　**1511** ③

Part 4

会話表現

第25章 会話表現

KEY POINT 205

1512 A: How's everything been (　　　)?
□□□ B: Great, thanks.

① going　② coming　③ bringing　④ keeping　〈駒澤大〉

1513 A: Jake, what have you been (　　　) to lately?
□□□ B: Oh, well, I've been getting by.

① down　② gone　③ off　④ up　〈学習院大〉

1514 A: It's been (　　　). How have you been?
□□□ B: Pretty good, thank you.

① long time　② a long time　③ for a long time　④ very long time　〈駒澤大〉

1515 A: Please give my best (　　　) to your family.
□□□ B: Thank you, I will.

① cares　② promises　③ regards　④ feelings　〈北里大〉

1516 A: I must be going now.
□□□ B: (　　　).

① You're welcome　② Not too bad
③ Nice meeting you　④ I'm afraid not　〈東洋大〉

1512 A: 調子はいかがですか。
B: とてもいいですよ。(聞いてくれて) ありがとう。

1513 A: ジェイク，最近どうしてた？
B: まあ，何とかやってるよ。

1514 A: ひさしぶりだね。元気にしていたの？
B: とても元気だよ，(聞いてくれて) ありがとう。

1515 A: ご家族の皆様によろしくお伝えください。
B: ありがとうございます。伝えます。

1516 A: もうおいとましなければなりません。
B: お会いできてよかったです。

会話表現

205 KEY POINT

1512 How's everything been going?「調子はどうですか」 L S

= How's everything been with you?

○ 自然な意味になるのは「お体の調子はどうですか」と相手の体調を尋ねる **How's everything been going?** である。

PLUS このほか下記も定型のあいさつとして覚えておこう。

- **How are things (with you)?**（お元気ですか）
- **How are you doing?**（いかがお過ごしですか）
- **How are you getting along?**（いかがお過ごしですか）
- **How are you getting along with your work?**（お仕事の進み具合はどうですか）

1513 What have you been up to lately?「最近どうしてたの?」 L S

≒ How have you been?

○ **What have you been up to lately?** は「最近どうしてたの？」と尋ねる表現。

PLUS この場合の **be up to A** は「A に従事している」という意味の口語表現。

PLUS B の発言にある **get by** は「何とかやっていく」の意味で使われている。

1514 It's been a long time.「ひさしぶりだね」 L S

= It's been a long time since I saw you last.

○ 自然な意味になるのは **It's been a long time.**「ひさしぶりだね」である。

PLUS 類似表現に **I haven't seen you for a long time.** がある。

1515 give my (best) regards to A「A によろしく伝える」 L S

= say hello to A

○「ご家族の皆様によろしくお伝えください」は，**Please give my best regards to your family.** と表現する。

1516 Nice meeting you.「お会いできてよかったです」 

○「もうおいとましなければなりません」に対する別れのあいさつで自然なものは，③ Nice meeting you「お会いできてよかったです」のみ。

1512 ①　1513 ④　1514 ②　1515 ③　1516 ③

1517 □□□
A: Hi, Bill. What's up?
B: (　　　).
① Nothing special　② Everything special
③ Anything is up　④ Anything good
〈駒澤大〉

1518 □□□
A: What's up?
B: Not much. What's (　　　) with you?
① getting in　② going on　③ throwing up　④ coming down
〈青山学院大〉

1519 □□□
A: Are you OK, Ayaka? You look pale. What's (　　　)?
B: I feel sick.
① wrong　② trouble　③ happen　④ on
〈群馬大〉

1520 □□□
A: You look worried. What's on your (　　　)?
B: Oh, nothing. I'm all right.
① brain　② face　③ heart　④ mind
〈学習院大〉

1521 □□□
A: Your English is really good. Where (　　　) born?
B: I was born in Japan, but I was brought up in Australia.
① did you say you were　② do you say you were
③ you said you were　④ you say you are
〈共立女子大〉

1522 □□□
A: So what do you do (　　　)?
B: I work in a supermarket.
① to win money　② to draw a winning number
③ for a living　④ for all I know
〈法政大〉

1517 A: こんにちは，ビル，何か変わったことはある？
B: 特に何もないよ。
1518 A: 何か変わったことある？
B: 特に何も。君のほうは何かあった？
1519 A: 大丈夫かい，アヤカ。顔色が悪いよ。どうしたの？
B: 気分が悪いの。
1520 A: 浮かない顔をしているね。何か心配なことでもあるの？
B: 別に，何も。大丈夫です。
1521 A: 君は英語が達者だね。どこで生まれたと言ったかな。
B: 私は生まれは日本ですが，オーストラリアで育ちました。
1522 A: それでどのようなお仕事をされているのですか。
B: スーパーで働いています。

1517 Nothing special.「特に何もない」

○ **What's up (with you)? / What happened?**「変わったことはある？／どうかしたの？／何かあったの？」に対して，「いや特に何もない」と答える場合は **Nothing special.** と言う。

PLUS 「大したことじゃないよ／特にないよ」と言いたいときは **Nothing much.** などと言う。

1518 What's going on with you?
「（君に）何かあったの？／（君は）一体どうしたの？」

○ **What's up?**「何か変わったことはある？」に対する応答として自然なのは **What's going on with you?**「君のほうは何かあったの？」である。

► **go on** は（通例，進行形で）「起こる」の意味。

PLUS 類似表現 **What's going on here?**「何事だ／どうしたんだ」もここで押さえる。

1519 What's wrong (with you)?「どうしたの？」

= What happened?, What's the matter (with you)?

PLUS 同意表現に What happened? / What's the matter (with you)? がある。

PLUS **What's up?** も同意だが，こちらはあいさつとして「やあ，どうだい」といった意味でもしばしば用いられる。

PLUS より丁寧な表現として **Is anything wrong with you?** がある。

1520 What's on your mind?「何か心配なことがあるの？」

○ 心配そうな顔をしている相手に「何か心配なことでもあるの？」と聞く場合は **What's on your mind?** と言う。**on one's mind** は「気にかかって」という意味。

PLUS **What's on your mind?** は，「何を考えているの？」という意味で使われることもある。

PLUS 類似表現に **have[get] A on one's brain**「いつも A を考えている」がある。

1521 疑問詞＋ did you say ＋S V?

○「君はどこで生まれたと言ったかな？」と言いたい場合は，「疑問詞＋ **did you say** ＋ S V」の語順で，**Where did you say you were born?** とする。

1522 What do you do (for a living)?
「どのようなお仕事についているのですか」

PLUS より丁寧には **May I ask what you do (for a living)?** と言う。

PLUS より直接的には **What is your occupation?** と言うが，これは警察官などが職務質問するときの言い方。

1517 ①　1518 ②　1519 ①　1520 ④　1521 ①　1522 ③

1523 □□□
A: What (　　　) is it today?
B: It's Friday.
① day ② week ③ period ④ date 〈駒澤大〉

1524 □□□
A: Isn't it time to call Mr. Suzuki about the meeting?
B: (　　　).
① I'll see you soon
② He is a very nice man
③ Thank you for reminding me
④ I'm glad you had a good conversation 〈東洋大〉

1525 □□□
A: Wait! You almost forgot your tickets, sir.
B: (　　　)
① After you. ② Where is my change?
③ Oh, yes. I appreciate it. ④ When is the next train? 〈立命館大〉

1526 □□□
A: I'm terribly sorry to have (　　　) you waiting so long.
B: That's all right. Actually, I only got here a few minutes ago.
① found ② kept ③ let ④ made 〈学習院大〉

1527 □□□
A: Sorry I'm late. I got stuck in traffic.
B: (　　　). Come on in and sit down.
① Don't worry about it. You are here anyway
② I couldn't be better. Thanks
③ Keep up the good work
④ It's a piece of cake 〈山梨大〉

1523 A: 今日は何曜日？
B: 金曜日だよ。
1524 A: スズキさんに会議の件で電話する時間ではありませんか。
B: 思い出させてくれてありがとう。
1525 A: 待って。チケットを持っていくのを忘れるところでしたよ。
B: 本当だ。どうもありがとうございます。
1526 A: すっかりお待たせしてしまって本当に申し訳ありません。
B: いいんですよ。実は，ここには2，3分前に着いたばかりなんです。
1527 A: 遅れてしまって申し訳ありません。渋滞につかまってしまいました。
B: 心配しないで。ともかくやって来たのだからね。中に入って席に着きなさい。

1523 What day is it today?「今日は何曜日ですか」 L S

= What day of the week is it today?

PLUS「今日は何日ですか」と聞く場合は **What's the date today?** あるいは **What day of the month is it today?** と表現する。of the week と of the month で意味が大きく異なるので注意。

1524 Thank you for doing ...「…してくれてありがとう」 L S

○ 自然な応答は Thank you for reminding me.「思い出させてくれてありがとう」である。

PLUS **remind**「思い出させる／気づかせる」は，下記の用法を押さえる。(→806, 807, 808)
- **remind me of[about] the meeting**「会議のことを私に思い出させる」
- **remind me to call Mr. Suzuki**「スズキさんに電話することを私に気づかせる」
- **remind me that I have to call Mr. Suzuki about the meeting**「スズキさんに会議の件で電話しなければならないことを私に気づかせる」

1525 I appreciate it.「感謝します／どうもありがとうございます」 L S

○「チケットを持っていくのを忘れるところでしたよ」と注意されたことに対する応答として，感謝の言葉である③を選ぶ。

✖ ① **After you.**（×）は「お先にどうぞ」，② **Where is my change?**（×）は「私のおつりはどこですか」の意味。

1526 I'm terribly sorry to have kept you waiting so long.「すっかりお待たせしてしまってたいへん申し訳ありません」 L S

○ **keep A doing** で「A（人・物）を…の状態にしておく」という意味。(→241)

PLUS I'm sorry to keep you waiting. と言うこともある。

1527 Don't worry about it.「心配しないで」 L S

○ 遅刻したことを詫びている相手に「中に入って席に着きなさい」と言っているので，空所には Don't worry about it. You are here anyway.「心配しないで。ともかくやって来たのだから」が入る。

✖ 他の選択肢の意味は次の通り。② I couldn't be better. Thanks.「とても元気です。ありがとう」，③ Keep up the good work.「この調子でがんばってください／引き続きよろしくお願いいたします」，④ It's a piece of cake.「朝飯前ですよ」。

1 文法 2 語法 3 イディオム 4 会話表現

1523 ①　1524 ③　1525 ③　1526 ②　1527 ①

1528 A: I'm sorry I'm late for the meeting.
□□□ B: That's OK. I'll (　　　) you off this time.
発展↑
① accept ② let ③ send ④ wait 〈共立女子大〉

1529 A: I'm starving. There's nothing to eat in the refrigerator.
□□□ B: All right. Then, (　　　)
① let's eat out. ② shame on you!
③ may I try this on? ④ we wish we could more. 〈日本大〉

1530 A: Oh, this table's heavy.
□□□ B: Here, let me (　　　).
① take it easy ② get the hang of it
③ give you a hand ④ put up with it 〈法政大〉

1531 A: What name shall I register our group under?
□□□ B: (　　　)
① What is the name again?
② You should use the registration form.
③ How about yours?
④ You saved my name. 〈国士舘大〉

1532 A: (　　　) stay here until the rain stops?
□□□ B: Yeah, let's wait.
① Why do we ② How about
③ Why don't we ④ How do you want to 〈駒澤大〉

1528 A: 会議に遅れてしまい申し訳ありません。
B: いいよ。今回は大目に見よう。
1529 A: おなかがペコペコだ。冷蔵庫に食べるものがない。
B: わかったわ。それじゃあ，外食することにしましょう。
1530 A: ああ，このテーブルは重いわ。
B: ほら，手伝うよ。
1531 A: 私たちのグループは何という名義で登録しようか。
B: 君の名前を使うのはどう？
1532 A: 雨がやむまでここにとどまっていませんか。
B: そうですね，待つことにしましょう。

1528 I'll let you off this time.「今回は大目に見てあげよう」 L S

○ 会議などに遅れた相手に「今回は大目に見てあげよう」と言うときは **I'll let you off this time.** と言う。**let A off** は「A を大目に見る」の意味。

1529 Then, let's eat out.「それなら，外食することにしましょう」 L S

PLUS「家で食べる」は **eat at home** と言う。

✖ 他の選択肢の意味は次の通り。② shame on you!「恥を知れ」，③ may I try this on?「これを試着してもいいですか」，④ we wish we could (have / eat) more.「もっと食べられたらいいのですが（たくさんいただきました）」。

1530 Let me give you a hand.「手伝うよ」 L S

○ **give A a hand** で「A（人）を手伝う」という意味。

PLUS 類似表現に **give A a hand with B**「A（人）の B を手伝う」がある。
I'll **give you a hand with the bag.**（かばんを運ぶのを手伝うよ）

✖ 他の選択肢の意味は次の通り。① take it easy「のんびりやる／（命令文で）むきになるな」，② get the hang of it「コツを飲みこむ／そのやり方を覚える」，④ put up with it「それを我慢する」。

1531 How about A / doing?「A はいかがですか／…しませんか」 L S

○ 本問の A の質問は **register our group under the name (of) A**「私たちのグループを A という名義で登録する」を疑問文にしたもの。それに対する応答として，ここでは How about yours (= your name)?「あなたの名義にしてはどうですか」が正解になる。

1532 Why don't we stay here until the rain stops?「雨がやむまでここにとどまっていませんか」 L S

○ 提案を表す表現 **Why don't we do ...?**「…しませんか」が正解。

✖ ② How about も提案を表す表現を形成するが，後ろに名詞か動名詞がくる。**How[What] about A / doing?**「A はいかがですか／…しませんか」（→634）。

PLUS 相手に行動を促す提案は **Why don't you do ...?**「…したらどうですか」と表現する。

1528 ②　1529 ①　1530 ③　1531 ③　1532 ③

1533 □□□ A: I'm sorry to (　　) you, but could you show me where the nearest bus stop is?

B: Sure. Go down this street and turn left. It's on the corner.

① bother　② tell　③ accept　④ refuse　〈群馬大〉

1534 □□□ A: I love J-pop.

B: (　　).

① I love so　② So I love　③ So I do　④ So do I　〈群馬大〉

1535 □□□ A: I don't like jogging. And I don't really think it's good for you.

B: (　　). I think swimming is much better.

① So do I　② I don't think so　③ Never mind　④ Neither do I　〈山梨大〉

1536 □□□ A: It's really cold in here. I wonder if you could shut the door.

B: (　　)　No problem.

① So what?　② I don't think so.　③ Sure.　④ I object.　〈駒澤大〉

1537 □□□ A: Could you bring me a glass of water?

B: (　　), sir. I'll be back soon.

① Possibly　② Certainly　③ Probably　④ Likely　〈駒澤大〉

1538 □□□ A: May I take one of these brochures?

B: (　　). Help yourself.

① All the time　② By all means　③ In every way　④ That's enough　〈東京電機大〉

1533 A: お手数ですが，最寄りのバス停がどこにあるか教えていただけませんか。
B: いいですとも。この通りを行って左に曲がってください。その角の所にあります。

1534 A: Ｊポップが大好きなんだ。
B: 僕もだよ。

1535 A: ジョギングは好きじゃないな。それにジョギングが体にいいとはどうも思えない。
B: 僕もだよ。水泳のほうがずっと体にいいと思うよ。

1536 A: ここはとても寒いですね。ドアを閉めてくださいませんか。
B: いいですよ。問題ありません。

1537 A: 私に水を１杯持ってきてくれませんか。
B: かしこまりました。すぐにお持ちいたします。

1538 A: このパンフレットを１部いただいてもいいですか。
B: どうぞ。ご自由にお取りください。

1533 I'm sorry to bother you, but ...「お手数ですが…」 L S

▶ **I'm sorry to bother you, but ...** は，「おじゃましてすみませんが…／お手数をおかけしてすみませんが…」という意味を表す。「ご迷惑かもしれませんが」という気持ちが入るので丁寧な言い方である。

1534 So do I.「私もです」 L S

○ 選択肢から so の用法が問われていると見抜く。「私も大好きだ(love)」と言いたい場合は **So do I.** と倒置表現が使われる。

PLUS be 動詞を使った文に対して「私もです」と言いたい場合は **So am I.** となる。

1535 Neither do I.「私もそう思わない」 L S

○ 空所の前後の文脈から B は A の「ジョギングは体にいいとは思えない」という意見に賛成している。したがって，「私もそう思わない」という④ Neither do I が正解。否定語が文頭にくるので倒置表現として使う。

PLUS be 動詞を使った否定文に対して「私もです（私もそうではありません）」と言いたい場合は **Neither am I.** となる。一般動詞の場合，be 動詞の場合ともに使える表現として，**Me, neither.** がある。

✖ ③ Never mind. は相手のお礼やお詫びに対して「気にするな」という意味で用いる。「大きなお世話だ／ほっといてくれ」という意味もある。

1536 Sure.「いいですよ」 L S

○ 本問の A の表現，**I wonder if you could ...** は，丁寧な依頼の表現として「…していただけませんか」を意味する。**I wondered if you could ... / I was wondering if you could ...** という表現になることもある。これに対して「いいですよ／わかりました」と答えるときに適切な表現は③ Sure.。Of course. なども使われる。

1537 Certainly, sir.「かしこまりました」 L S

○「水を1杯持ってきてくれませんか」と客から頼まれたときの普通の返事として「かしこまりました」と言うときは **Certainly, sir.** と言う。**All right, sir. / Very well, sir.** などと同じ。

✖ 他の選択肢の意味は次の通り。① possibly「たぶん／ひょっとすると」，③ probably「たぶん」，④ likely「ありそうな」。

1538 By all means.「いいですとも」 L S

○ 自然な意味になるのは「はい，どうぞ」と承諾している **By all means.** である。承諾・同意を伝える丁寧な表現になる。**Certainly. / Of course.** と同意。

PLUS **Help yourself.**「ご自由にどうぞ」も重要な決まり文句。

PLUS 反対に「いえ，だめです」と言う場合は，**I'm afraid not. / I'd rather you didn't.** などと言う。

1533 ① 1534 ④ 1535 ④ 1536 ③ 1537 ② 1538 ②

1 文法 2 語法 3 イディオム 4 会話表現

1539 □□□
A: Are you interested in seeing that new movie?
B: (　　　).
① Kindly　② Usually　③ Absolutely　④ Separately　〈駒澤大〉

1540 □□□
A: How's your backache? Is it still bothering you?
B: (　　　). Now I can't move. I'll have to see a doctor.
① It's much better　② I'm afraid so　③ No, thanks　④ Yes, I will　〈山梨大〉

1541 □□□
A: We're planning to have a party tonight. Why don't you join us?
B: (　　　). Thank you for asking me, anyway.
① My pleasure　② I'm afraid I can't
③ I'm sorry I will　④ Because I'm pleased　〈駒澤大〉

1542 □□□
A: Can you believe Ryan can't speak French?
B: What's the big deal? (　　　).
① Either can I　② Neither can I　③ I can either　④ I can neither　〈東洋英和女学院大〉

1543 □□□
A: Are you going home to your family for the New Year holiday?
B: I wish I (　　　). But I have to stay in the city and work.
① can　② could　③ go　④ will　〈学習院大〉

1544 □□□
A: Do you mind if I borrow the book for a week or so?
B: (　　　). Please do.
① Don't mention it　② I hope so　③ Not at all　④ Yes, you may　〈中央大〉

1539 A: その新作映画を見てみたいですか。
B: もちろんですとも。

1540 A: 腰の痛みはどう？　今も続いているの？
B: そうなんだ。今では動けないほどだよ。医者に診てもらわなくちゃいけない。

1541 A: 今夜パーティーを開くつもりなんだ。君も来ないか？
B: 残念だけど行けそうにないわ。いずれにしても，誘ってくれてありがとう。

1542 A: ライアンがフランス語が話せないなんて信じられるかい？
B: そんなの大したことじゃないわ。私も話せないもの。

1543 A: 正月休みには家族のもとに帰るのですか。
B: そうできればいいのですが。街にとどまって仕事をしなければなりません。

1544 A: その本を1週間ほど貸してくれませんか。
B: いいですよ。そうしてください。

1539 Absolutely.「まったくその通り／もちろん」 L S

○ 相手の発言に強く同意する **Absolutely.**「まったくその通り」が正解。

PLUS「まったく違う／絶対にダメだ」と言う場合は **Absolutely not.** と言う。
PLUS **Certainly.** にも，「その通りです／もちろんです」という意味を表す用法がある。
PLUS 口語では **be interested in doing** や **be interested to do** が「…したい」の意味で使われることがよくある。

1540 I'm afraid so.「残念ですが，そうなんです」 L S

○ 腰の痛みを聞かれて Now I can't move.「今では動けないほどだ」と言っているので，空所には，② I'm afraid so「残念ですが，そうなんです」が入る。この so は My backache is still bothering me.「腰の痛みが今も私を悩ませている」という内容を指す。

1541 I'm afraid I can't.「残念ですが，できそうにありません」 L S

○ Thank you for asking me, anyway.「いずれにしても，誘ってくれてありがとう」から，空所には断りの言葉が入ると考える。パーティーに誘われて，「行けない」と言いたいときは **I'm afraid I can't.** と言う。誘いに対して断るときによく使われる表現。

✖ ① My pleasure は，お礼を言われたときに，「どういたしまして」という意味で使う。③ I'm sorry I will (join you) は返事として不自然。

1542 Neither can I.「私もできない」 L S

○ 空所の前で **What's the big deal?**「何を大騒ぎしているの？／そんなの大したことじゃない」と言っているので，空所にはそう言った理由になる② Neither can I「私も話せない」が入る。否定語が文頭にきているので倒置表現で使うのが正しい。

1543 I wish I could.「そうできればいいのですが」 L S

○ 家族のもとに帰りたいけれども帰れないという状況で，自然な意味になるのは仮定法過去を使った「そうできればいいのに」という意味になる **I wish I could.** である。

PLUS この表現は相手に手伝いを頼まれたときにやんわりと断るときにも使われる。
"Could you help me with this report?" "I wish I could (help you)".「このレポートを手伝ってくれませんか」「お役に立てなくてすみません（= I'm sorry I can't help you.）」

1544 Not at all.「いいですよ」 L S

= Of course not., Certainly not.

○「その本を1週間ほど貸してくれませんか」という依頼に Please do. と承諾していることに着目する。空所には **Do you mind if ...?**「…すると気にしますか」に対する定型の承諾の答え③ Not at all「まったく気にしない／いいですよ」が入る。

PLUS 気にする場合は，**I'd rather you didn't.** などと言う。

1539 ③　1540 ②　1541 ②　1542 ②　1543 ②　1544 ③

1545 A: Hi! I brought my skirt in for cleaning last week. Is it ready yet?
□□□ B: Yes, here you ( ). Thank you very much.
① come ② like ③ go ④ stay 〈愛知学院大〉

1546 A: Do you know her? What is her name?
□□□ B: It's on the tip of my ( ), but I can't remember it.
① chin ② toes ③ head ④ tongue 〈北里大〉

1547 A: We won the baseball game!
□□□ B: ( ), Jack!
① Way to go ② On your way
③ Have it your way ④ It's under way 〈国士舘大〉

1548 A: According to the TV weather report, it's going to rain all day.
□□□ B: ( ). We were hoping to have a picnic.
① That's a shame ② That sounds fine
③ Don't worry about it ④ I couldn't be happier 〈立命館大〉

1549 A: Do you mind if I ask you how much you earn?
□□□ B: That's none of your ( )! I don't like talking about money.
① asking ② business ③ doing ④ secret 〈学習院大〉

1550 A: Come on, let's go swimming for a change.
□□□ B: ( ) I don't feel like doing anything right now.
① Leave me alone. ② That's just what I need.
③ With pleasure. ④ Are you ready? 〈名城大〉

1545 A: どうも！ 先週スカートをクリーニングしていただこうと持ち込みました。もうできあがっていますか。
B: はい，さあどうぞ。毎度ありがとうございます。
1546 A: 彼女知ってる？ 彼女なんていう名前なの？
B: 口から出かかっているんだけど，思い出せないんだ。
1547 A: 野球の試合に勝ったぞ！
B: やったわね，ジャック！
1548 A: テレビの天気予報によると，（今日は）1日中雨が降るそうです。
B: それは残念です。ピクニックに出かけることができたらなと思っていたのですが。
1549 A: あなたの所得がどのくらいか，お尋ねしてもよろしいでしょうか。
B: 大きなお世話ですよ！ 私はお金の話はしたくありません。
1550 A: ねえ，気分転換に泳ぎに行こうよ。
B: ほっといて。今は何もする気がしないの。

1545 Here you go.「さあどうぞ／お待たせいたしました」 L S

○ クリーニング店で「洗濯物ができていますか」と尋ねる客に対する応答として，**Yes, here you go.**「はい（できあがっております），さあ，どうぞ」が入る。

1546 It's on the tip of my tongue.「口から出かかっている」 L S

= It's at the tip of the tongue.

○ 口から出かかっているのだが，もう少しのところで思い出せない場合は It's on the tip of my tongue, but I can't remember it. と言う。**the tip of one's[the] tongue** で「舌先」を表す。

PLUS **have a ready[smooth / bitter / long] tongue**「雄弁である［口がうまい／口が悪い／おしゃべりである］」などの表現も押さえる。

1547 Way to go!「よくやった！」 L S

= Good job!, Well done!

○ 本問は野球の試合に勝った相手を「よくやった！」と賞賛するときの表現，① Way to go が入る。

✖ ③ Have it your way は「勝手にしろ／好きにしろ」，④ It's under way は「それ（計画など）は進行中です」という意味。

1548 That's a shame.「それは残念です」 L S

○ 空所の後の We were hoping to have a picnic. は「ピクニックに出かけることができたらなと思っていたのですが」という意味。したがって，空所には，① That's a shame「それは残念です」が入る。

✖ ④ I couldn't be happier は「これ以上ないくらい最高に幸せです」という意味。

1549 That's none of your business!「大きなお世話だ」 L S

= It's none of your business!

PLUS より強く言う場合は，**Mind your own business**! と言う。

1550 Leave me alone.「ほっといてくれ」 L S

○「泳ぎに行かないか」という相手の誘いを「今は何もする気がしないから」と断っているので，空所に入るのは① Leave me alone.「ほっといてくれ」。

✖ 他の選択肢の意味は次の通り。② That's just what I need.「それこそ私が必要としているものだ」，③ With pleasure.「いいですよ／喜んで」，④ Are you ready?「用意はできましたか」。

1545 ③ 1546 ④ 1547 ① 1548 ① 1549 ② 1550 ①

1 文法 2 語法 3 イディオム 4 会話表現

1551 A: Judy, something (　　　) up and I can't attend the meeting.
□□□ B: Oh, really? That's fine, Peter. I think I can manage on my own.

① brought　② came　③ made　④ went　〈青山学院大〉

1552 A: Can you come over here and help me, Beth?
□□□ B: Sorry, (　　　).

① I've just done something　② I'm at the other end of it
③ I'm beginning to do it　④ I'm in the middle of something

〈国士舘大〉

1553 A: How much do I owe you for dinner?
□□□ B: (　　　)

① Say hello to the waiter.　② No, it's on me.
③ May I take your order?　④ It was delicious.　〈東洋大〉

1554 A: I'm taking my driving test today. Wish me luck.
□□□ B: OK. I will keep my (　　　) crossed.

① fingers　② hands　③ heart　④ mind　〈東京理科大〉

1555 A: I'm afraid Mr Smith is out. May I take a message?
□□□ B: Please could you ask him to call me (　　　)? It's urgent.

① afterward　② again　③ back　④ yet　〈学習院大〉

1551 A: ジュディ，急用ができて会議に出られないんだ。
B: まあ，そうなの？　大丈夫よ，ピーター。私1人でもなんとかこなせると思うわ。

1552 A: こちらに来て私を手伝ってくれないかい，ベス。
B: ごめんなさい，今手が離せないのよ。

1553 A: ディナーの私の支払い額はいくらになりますか。
B: いいえ，私のおごりです。

1554 A: 今日運転免許試験を受けるんです。うまくいくように祈ってください。
B: わかった。幸運を祈っているよ。

1555 A: あいにくスミスさんは外出しています。ご伝言を承ります。
B: 私に折り返し電話するよう彼に頼んでもらえませんか。緊急なんです。

1551 Something came up.「急用ができました」 L S

○ 空所には② came を入れ,「急用ができた」という表現 **Something came up.** にする。この場合の **come up** は「(事が) 起こる」という意味。

PLUS **come up** は「(行事などが) 近づく」という意味でも使う。
The presidential election is **coming up** soon. (大統領選挙はもうすぐだ)

1552 I'm in the middle of something.「今手が離せないんだ」 L S

► 相手の依頼を断るときに使う表現として「今何かの最中なんだ→今手が離せないんだ」という意味で **I'm in the middle of something.** と言うことがある。I'm too busy right now. と同じ表現。

PLUS この表現は I'm in the middle of eating my lunch.「今昼食を食べているところなんだ」のように **in the middle of doing ...** の形をとることもある。

1553 It's on me.「私のおごりです」 L S

= It's my treat.

○「ディナーの私の支払い額はいくらになりますか」という質問に対する応答として自然なものを選択肢から選ぶと, ② No, it's on me. となる。No, (you don't owe me anything), it's on me. のカッコ内が省略されている。

✖ ③ May I take your order? (×) は「ご注文をお伺いします」という意味。

1554 I will keep my fingers crossed.「幸運を祈っているよ」 L S

► **keep one's fingers crossed** で「幸運を祈る」の意味。中指を人差し指の上に重ねて置く仕草のこと。

○ 本問では, Wish me luck.「うまくいくように祈ってください」という A の言葉に対して, B が OK. と答えているので, 空所には① fingers を入れて, **I will keep my fingers crossed.** とする。

1555 Please could you ask him to call me back?「私に折り返し電話するよう彼に頼んでもらえませんか」 L S

○ **call back A / call A back** で「A に折り返し電話する」の意味。

PLUS このような場合, **Could you tell him that I called?**「私から電話があったと彼に伝えていただけますか」などもよく使われる。

1551 ② 1552 ④ 1553 ② 1554 ① 1555 ③

1556 A: You've reached the accounting department. How can I help you?
□□□ B: (　　　)

① Have I? Am I in time?
② Oh, I went the wrong way.
③ Oh, I'm sorry. I have the wrong number.
④ I'm just looking. Thank you. 〈国士舘大〉

1557 A: Hello. Can I make a reservation for a single room for Saturday, the 14th?
□□□ B: Yes, sir. May I have your name and address? I'll (　　　) it for you.

① preserve　② book　③ occupy　④ contain 〈北里大〉

1558 A: Good morning. I want to check in.
□□□ B: (　　　)?

① Do you have an opening　② Did you appoint yourself
③ Do you have a reservation　④ Are you booked up for tonight
〈東洋大〉

1559 A: (　　　)?
□□□ B: I'm sorry, we only accept cash.

① How can that be　② How much is that
③ Do I owe you money　④ Can I use my credit card 〈立命館大〉

1560 A: Can you come to our party?
□□□ B: Sorry. I can't make (　　　).

① it　② that　③ those　④ thing 〈駒澤大〉

1556 A: 経理部です。どのようなご用件ですか。
B: ああ，すみません。番号を間違えました。

1557 A: もしもし。14日の土曜日にシングルを1部屋予約できますか。
B: ええ，予約できます。お名前とご住所をお願いします。予約しておきます。

1558 A: おはようございます。チェックインしたいのですが。
B: お部屋の予約をされていますか。

1559 A: クレジットカードは使えますか。
B: 申し訳ありません，当店は現金しかお取り扱いしておりません。

1560 A: 私たちのパーティーに来られる？
B: 申し訳ない。行けないよ。

1556 I have the wrong number.「番号を間違えました」 L S

○ 自然な流れになるのは，間違い電話を告げる③ Oh, I'm sorry. I have the wrong number.「ああ，すみません。番号を間違えました」である。

✖ 他の選択肢の意味は次の通り。① Have I? Am I in time?「到着したのですか。間に合いましたか」，② Oh, I went the wrong way.「ああ，道を間違えてしまいました」，④ I'm just looking. Thank you.「ちょっと見ているだけです。ありがとう」(洋服店などでの応答)。

PLUS 電話での定型表現，**Could I speak to A?**「A さんをお願いできますか」もよく問われるので覚えておこう。

1557 I'll book it for you.「予約しておきます」 L S

► **book A** は「A を予約する」の意味。

1558 Do you have a reservation?「お部屋の予約をされていますか」 L S

○ ホテルに到着した客がフロントに「チェックインしたいのですが」と言ったときのフロントの応答を考える。「お部屋の予約をされていますか」と聞く③ Do you have a reservation が正解。

✖ ④ Are you booked up for tonight は，客がフロントに「今夜は予約でいっぱいですか」と聞くときの表現。

1559 Can I use my credit card?「クレジットカードは使えますか」 L S

○「申し訳ありません，当店は現金しかお取り扱いしておりません」と言われているので，A は **Can I use my credit card?**「クレジットカードは使えますか」と聞いたと考える。

1560 Sorry. I can't make it.「申し訳ない。行けないよ」 L S

○ **make it to A** で「A に出席する」の意味を表す。本問の英文を省略せずに言うと I can't make it to the party. である。こちらの方が丁寧な言い方。

PLUS **make it** にはこのほか「間に合う／うまくいく」という意味もある。
I'm sure you'll **make it** into college.（君はきっと大学に入れるよ）

1556 ③ 1557 ② 1558 ③ 1559 ④ 1560 ①

1 文法 2 語法 3 イディオム 4 会話表現

1561 A: How often does the shuttle bus run?
□□□ B: (　　　).
① For an hour　② Every ten minutes
③ Only when it is running late　④ It's just an idea about frequency
〈東洋大〉

1562 A: You will go to New Zealand this fall, won't you?
□□□ B: Yes, if I can get (　　　).
① time off　② grand time　③ on time　④ time in　〈法政大〉

1563 A: The government is warning of a possible flu epidemic this year.
□□□ B: (　　　), we'd better go to the doctor and get injections.
① Besides　② In that case　③ On the other hand　④ Otherwise
〈学習院大〉

1564 A: When will your term exams begin?
□□□ B: We are (　　　) to have them at the end of this month.
① considered　② meaning　③ supposed　④ willing　〈中央大〉

1561 A: シャトルバスはどのくらいの頻度で運行しているのですか。
B: 10分おきです。
1562 A: この秋にニュージーランドに行くんだよね？
B: ええ，休暇が取れたらね。
1563 A: 今年はインフルエンザが流行するかもしれないと政府が警告しているよ。
B: そういうことなら，私たちお医者さんに行って注射をしてもらった方がいいわね。
1564 A: 期末試験はいつ始まるのですか。
B: 今月末に行われる予定です。

1561 Every ten minutes.「10 分おきです」  

○ シャトルバスの運行頻度を尋ねる質問に対する応答を考える。② Every ten minutes「10分おきです」が正解。

✖ ① For an hour（×）は「1時間です」という意味で，所要時間を答えているので誤り。

1562 Yes, if I can get time off.「ええ，休暇が取れたらね」

► **time off** は「休暇」の意味。

PLUS「休暇」を表す名詞はこのほかに **a day off**，**a holiday**，**a vacation**，**a leave** などがある。「取る」はいずれも **take** あるいは **get** を使う。

1563 in that case「その場合は／そういうことなら」 

○ 接続表現の問題。自然な流れになるのは「そういうことなら」という意味の② In that case である。通例，後にコンマを置く。

✖ 他の選択肢の意味は次の通り。① Besides「その上」，③ On the other hand「他方では」，④ Otherwise「さもないと／そうでなければ」。

1564 be supposed to do「…することになっている」 

► **be supposed to do** は下記のような多様な意味を持つ表現。

・「…することになっている」（予定）
・「…しなければならない」（義務）
・「…するはずである」（当然）
・《否定文で》「…してはいけない」（禁止）

○「期末試験はいつ始まるのか」という質問に「今月末に行われる予定です」と答える表現は We **are supposed to** have them (= our term exams) at the end of this month. となる。

1561 ② **1562** ① **1563** ② **1564** ③

Index

さくいん

英語さくいん

太い数字は問題番号を示しています。そのうち赤の数字は主項目として扱っている問題番号です。また，斜体で *p.000* となっている数字は，頁数を示しています。T26（*p.116*）とあるのは「*p.116* の【TARGET 26】に掲載されている項目」という意味です。

A

B

C

I

J

K

O

T

Y

日本語さくいん

太い数字は問題番号を示しています。そのうち赤の数字は主項目として扱っている問題番号です。また，斜体で *p.000* となっている数字は，頁数を示しています。T26（*p.116*）とあるのは「*p.116* の【TARGET 26】に掲載されている項目」という意味です。

●英文校閲　Karl Matsumoto
●編集協力　株式会社交学社
●写真提供　Getty Images

営業所のご案内

札幌営業所 / 仙台営業所 / 東京営業所	(03) 5302-7010
大阪営業所 / 広島営業所	(06) 6368-8025
福岡営業所	(092) 923-2424

POWER STAGE［パワーステージ］英文法・語法問題
New Edition

2016年12月10日　初　版第1刷発行
2022年10月10日　改訂版第1刷発行

編著者　瓜生 豊
発行人　門間 正哉
発行所　株式会社 桐原書店
〒114-0001　東京都北区東十条3-10-36
TEL：03-5302-7010（販売）
www.kirihara.co.jp
装丁　塙 浩孝（ハナワアンドサンズ）
本文レイアウト　川野 有佐
組版　有限会社マーリンクレイン
印刷・製本　図書印刷株式会社

ISBN978-4-342-20911-6
Printed in Japan

群動詞（句動詞）❸

		get	
at （点）		get at **A** 「Aに達する／Aを目指す」	**work hard to get at a solution** （解決策を得るために一生懸命努力する）
on （接触）		get on **A** 「A（比較的大きな乗り物）に乗る」	**get on a bus** （バスに乗る）
in （内部）		get in **A** 「Aに入る／（車などに）乗り込む」	**get in a taxi** （タクシーに乗る）
to （方向＋到達）		get to **A**（→ 1202） 「A（場所）に到着する」	**get to the destination** （目的地に到着する）
out （外）		get out（**of A**） 「外へ出る」	**get out of the bedroom** （寝室から出る）
away （離れて）		get away（**from A**） 「離れる／逃げる」	**get away from a city** （都市から離れる） **get away from the police** （警察から逃げる）
off （離れて）		get off **A** / get **A** off 「A（比較的大きな乗り物）から降りる」	**get off a bus** （バスから降りる）
up （上）		get up 「起きる」	**get up early** （早起きをする）
down （下）		get down **A** 「Aから降りる」	**get down from a tree** （木から降りる）
over （上方一帯）		get over **A**（→ 1098） 「Aから回復する／Aを克服する」	**get over a cold** （風邪から回復する） **get over my fear of flying** （飛行機に乗る恐怖を克服する）
back （戻る）		get back 「戻る」	**get back from a trip** （旅行から帰る）

群動詞（句動詞）❹

		look		see
at （点）		look at **A** 「A を見る／調べる」	**Look at the bird on the tree!** （木にとまっている鳥を見て！）	
on （接触）		look on 「傍観する／ ～とみなす（as）」	**They just looked on after the accident happened.** （その事故が起きた後，彼らはただ傍観していた）	
into （内部へ）		look into **A** **(→** 1228**)** 「A を調査する／研究する」	**look into the cause of the fire** （その火事の原因を調査する）	see into **A** 「A を見抜く／ のぞき込む／ 調査する」
to （方向＋到達）		look to **A** 「A をあてにする」	**look to him for advice** （彼の助言をあてにする）	see to **A** (→123 「Aの世話をする／ 気を配る／Aを引き ける／処理する」
out （外）		look out **(for A)** **(→** 1160**)** 「（A に）気をつける／ 注意する」	**look out for cars** （車に気をつける）	see out **A /** see **A** out 「Aを送り出す／ Aを最後まで見届け
for （方向）		look forward to **A** **(→** 213**,** TARGET 24**)** 「A を楽しみに待つ」	**look forward to the summer vacation** （夏休みを楽しみに待つ）	
off （離れて）				see **A** off **(→** 1145**)** 「A を見送る」
up （上）		look up **A /** look **A** up **(→** 1288**)** 「A を（本などで）調べる」	**look up the word in a dictionary** （その単語を辞書で調べる）	
down （下）		look down on **A** **(→** 1289**)** 「A（人）を見下す／ 軽蔑する」	**Don't look down on people in need.** （困窮する人を見下してはならない）	
over （上方一帯）		look over **A /** look **A** over **(→**1147**)** 「A を調べる／ ざっと目を通す」	**look over the document before the meeting** （会議前に，資料に目を通す）	see over **A** 「A（塀・壁など）越 に見える」
back （戻る）		look back **(on A)** 「（A を）振り返る／ 回想する」	**look back on the past year** （前年を振り返る）	